평생 찬송가와 함께 살아온
맹꽁이 오소운 목사의 자서전

찬송가 4000년
약사(略史)

찬송가 4000년 약사
맹꽁이 오소운 목사 자서전(自書傳) ❷

초판 1쇄 발행 2017년 5월 15일

글 오소운
펴낸이 김영진
펴낸곳 (유)성서원
주소 경기도 고양시 덕양구 덕은로 60-12
출판등록 1997년 7월 8일(제2013-000059호)

주문 및 문의 전화 02-765-0011~17
팩스 02-743-6811

ISBN 978-89-360-2117-7 03230

이 책은 저작권법에 따라 보호받는 저작물이므로 무단전재와 무단복제를 금지하며, 이 책 내용의 전부 또는 일부를 이용하려면 반드시 저작권자와 리더북스의 서면동의를 받아야 합니다.

잘못 만들어진 책은 구입하신 서점에서 교환해 드립니다.

찬송가 4000년 약사(略史)

오소운 목사 자서전 ❷

성서원

머리말을 대신하여;

나는 평생을 글 쓰고, 작곡하며 살면서 나름대로 사명감을 가지고 열심히 살아 왔다. 2016년 5월 〈자서전〉이 나와 친구에게 주었다.

"어디 보자, [오소운 목사 자서전 ❶]이라니, 자서전을 연작으로 쓰려나?"

"아닌데…, 성서원과 네 권의 책을 내기로 하고 첫째 권을 〈自敍傳〉으로 하고 다음 책들은 다른 이름으로 낼 계획이었는데…."

그랬더니 그 친구 허허 웃으며, 이렇게 말한다.

"평생 쓴 글들을 모아서 내는 게니까 〈自敍傳〉이 아니라 〈自書傳〉으로 생각하고 계속 쓰면 되겠구먼. 하하하…. [오소운 목사 자서전 ❷], 기대가 되는데 열심히 써 보게."

이리 해서 2-4권은 〈自書傳〉으로 쓰기로 했다. 〈찬송가 4,000년 약사(略史)〉라고 거창한 이름을 붙인 것은 역사학자가 아닌 아동문학가의 글이니까, 이름이라도 거창하게 붙이자 생각한 것이다.

왜 4,000년인가? 찬송가 작사자가 성경에 나타난것은 모세 때이기 때문이다.

"2천년이 되면 예수님이 재림하신다." 이런 세대주의 종말론(世代主義終末論)1) 학자

---

1) 세대주의 종말론은 부활하신 예수님의 승천이후 사도시대의 초대교회 시대 이래 기다려온 성서적인 재림이 아니라 영국성공회 성직자였던 존 다르비(John Nelson Darby)가 1830년대부터 가르치기 시작하여 기존의 성경적 재림신앙에 큰 혼란을 일으키고 있는 "세대주의"(世代主義) 종말론이라는 것이다. 이 세대주의는 다르비 자신이 1859년과 1874년 사이에 여섯 차례나 미국을 드나들며 열심히 보급한 결과 19세기 말에는 미국에

들의 기대와는 다르게 '곧 오마' 하신 주님은 천년을 하루같이 여기시는지 아니면 아직도 구원 받아야 할 죄인들이 많아서 〈때〉를 기다리시는가 보다.

누구 말마따나, '내일 지구가 멸망한다 해도 나는 오늘 사과나무를 심으리라,' 하는 각오로 2000년 새해 벽두에 [신작 찬송가, 373곡집]을 출판한 나는 이 책 한 보따리를 싸 들고 2000년 1월 초 일본 오오사까로 날아갔다. 재일본 한국교회 관서지방 신년 청년 세미나 주강사로 초청을 받은 것이다. 1박 2일 세미나를 마치고 총회장 이성우 목사네 교회에서 1박 2일 청년 집회를 하고, 교포 컴퓨터 전문가 목사들을 모아 놓고 2박 3일 동안 작곡 프로그램인 ENCORE 2.25 교육을 하였다.

목사가 웬 컴퓨터 교육인가? 나는 한국에 컴퓨터라는 게 들어온 초기에 컴퓨터를 샀다. 막내아들(正煥)이 전산과(電算科) 출신이기 때문에 그에게 부탁해 샀는데, 그의 친구가 용산전자상가에서 컴퓨터 가게를 하고 있어서 거기서 사, 거기 가서 배우기로 했는데, 막상 가게에 가보니까 너무 바빠 안 되겠다 싶어 집에서 혼자 공부를 했다.

당시 나는 찬송가공회 전문위원으로 일을 돕고 있었는데, 마침 악보 그리는 소프트웨어가 나왔다 해서 도스(DOS) 시절 도스 ENCORE 프로그램을 붙잡고 씨름하기 시작했다. 나는 물었다 하면 죽기까지 놓지 않는 진돗개 스타일이다. 실패에 실패에 또 실패를 하며 기계와 싸우고 있는데, 소프트웨어가 발전하여 도스에서 윈도우즈로 바뀌고, ENCORE 프로그램도 윈도우즈판이 나왔고 이는 아주 쉬웠다.

이렇게 하여 찬송가공회에서 신작찬송가들을 ENCORE 프로그램으로 입력하고 있는데, 재일본 한국교회연합회 회장 이성우 목사가 공회에 들렀다가 내가 ENCORE 프로그램으로 찬송가를 입력하는 것을 보고는 일본 교포 찬송가를 만들 수 있도록 와서 교육을 시켜 달라 해서 일본엘 간 것이다. 당시만 해도 일본 교포 찬송가는 우리 찬송가를 사다가 일본어 가사를 덧붙여 쓰고 있었기 때문에 보기에 좋지 않았던 것이다. 새로 직접 그려 출판하도록 도와달라는 것이었다.

도 깊은 뿌리를 내리게 된 것이다.

그런데 문제가 생겼다. 피교육자들이 컴퓨터는 잘하는데 음악을 전혀 모르는 것이었다. 악보를 볼 줄 모르는 사람들에게 악보 그리는 법을 가르친다는 것은 법을 모르는 사람에게 변호사 일을 하라는 것과 마찬가지 아닌가.

2박3일 동안 가르쳐도 진전이 없자 이성우 목사님이 내가 시범하며 설명하는 장면을 동영상으로 만들어 그 동영상을 나누어 주어 각자 자기 교회에 돌아가 연습하게 하자는 기발한 아이디어를 내어, 장장 두 시간짜리 동영상을 촬영하여 주고 돌아왔다.

서울에 돌아오자 [국민일보]에서 인터뷰 요청이 왔다. 무슨 인터뷰냐 했더니, [신작 찬송가] 351장에 있는 "쿵쿵쿵쿵 월세계 토끼님" 작곡에 대한 자세한 뒷이야기를 듣고 싶단다. 별거 아니라고 사양했는데도 일방적으로 날짜를 잡고 찾아 와 인터뷰를 한 일이 있다 그 인터뷰 기사는 다음과 같다.

[아름다운 사람] 어린이 찬송가 만들기 외길…오소운 목사
[국민일보] 2000. 02. 25.

1944년 2차대전 말, 경기도 용인 아리실교회 예배당에는 유치부 어린이들의 성탄절 무용극 '토끼의 성탄절'이 진행되고 있었다. 토끼 분장을 한 어린이들이 절구공이를 들고 떡을 찧는 시늉을 하자 천사복장을 한 합창단이 입장해 노래를 불렀다.

"쿵쿵쿵쿵 월세계 토끼님
예수님이 탄생하신 이 밤에
떡을 찧어요 떡을 찧어요…"

무대 뒤에서 관객들의 뜨거운 박수 소리를 듣는 14세의 한 소년은 그 순간 찬송가 작가로 살 것을 하나님께 서원한다.

그 서원대로 일평생 동안 어린이 찬송가를 만들어 온 오소운 목사[70].당시 교회학교 교사였던 그가 4개의 현 중 2개의 현만 남은 바이올린으로 작곡한 '토끼의 성탄절'을 처음으로 무대 위에 올린 것이었다.

오목사는 그동안 어린이찬송가만 3백 여곡, 성인찬송가 2백 여곡을 비롯해 6백 여곡의 찬송가를 만들었다. 어린 시절 교회학교를 다닌 사람이라면 그가 작사·작곡한 한 두 곡의 찬송은 불러봤다. '보고싶어 보고싶어 예수님 얼굴', '산골에 사는 주의 어린이' 등은 지금도 애창되고 있다. 특히 오목사가 아끼는 곡은 '예수를 믿고'이다.

"예수를 믿고 예수를 배워 바른 길 가니
서로가 돕고 서로가 아껴 언제나 즐거워

후렴
우리우리 즐거운 가정
우리우리 가정 복 받은 가정

이 가사 말은 믿음의 가정의 모형을 나타낸다.

그는 목사, 작가, 음악가 등의 많은 직함을 갖고 있다. 친구들은 한 가지만 하라고 충고하지만 그의 일생은 어린이를 위한 것, 한 가지로 일관돼 있다고 대답한다. 어린이를 위한 설교, 동화, 노래극, 노래집 등 어린이를 위한 것은 무엇이든 했다.

그는 1957년 아동문학가 강소천 씨의 추천으로 월간 【새벗】에 동화 '네거리의 플라타나스'로 등단한 후 대한기독교계명협회 편집인으로 지내다 63년부터 나운영선생에게 작곡 사사를 4년 반 받았다.
1965년에 첫 작곡집 [할렐루야]를 발간한 후 어린이 찬송가와 교회학교 노래를 작사·작곡했다. 한국찬송가위원회 신작찬송가 작곡현상공모(78~86년)해 7년 연속 당선

됐으며 83년에 '모리아산 제단 위에'(55장), '진리요 생명이신'(177장) 등의 두 곡이 미국 감리교찬송가 57장과 73장에 채택됐고, '주안에 기쁨 있네'(154장), '빛나는 아침에'(68장) 등의 두곡이 일본기독교교단의 《讚美歌21, 1997》에 196장과 398장에 채택 됐다. 그는 그동안 아마츄어 인생을 살았다고 겸손해한다.

"목회도, 작곡도, 작사도, 문학도, 음악도 저는 아마츄어로 살았어요"

그는 초등학교 졸업장과 신학대학원졸업장이 전부다. 나머지는 검정고시로 공부했다. 음악을 정식으로 전공하지 않았다는 이유로 지난 75년, [어린이 성가 100곡집]을 출간했을 때 몇몇 음악가들의 곱지 않은 시선을 받았다. 그러나 그는 "어린아이가 호산나를 안 부르면 돌멩이가 호산나를 부르듯, 작곡을 전공한 당신들이 300곡집을 내지 않으니 길가의 돌멩이 같은 내가 100곡집을 냈다"고 말했다. 그는 월간 [새가정] 편집장, 월간 [基督教思想] 초대 편집장, 월간 [기독교교육] 편집인, 관악여자상업고등학교 교목실장 등을 역임했다.

오목사의 일관된 생은 신앙에서 비롯됐다. 그의 부친은 경기도 용인군 아리실교회 장로였다. 아리실교회는 스크랜톤 대부인 선교사가 세운 교회였다. 부모로부터 받은 신앙으로 신학교 시절 죽음의 고비를 넘었다. 조선신학교 1학년 때였다. 그는 순교적 각오로 공산군에게 복음을 전하라는 송창근 학장님의 설교를 가슴에 품었다. 공산군이 점령한 서울은 그야말로 생지옥이었다. 그는 인민군 장교로부터 공산당에 입당할 것을 권고 받았다. "어서 결단하시오. 예수믿고 죽갔소, 예수를 배반하고 살갔소" 하며 장교는 그의 머리에 권총을 겨누었다. "난 예수를 믿고 살겠소. 동무가 권총으로 안 죽여도 이 육체는 언젠가 죽을 것이요. 동무가 죽이는 것은 육체일 뿐이요. 내 영혼은 총이나 대포로 못 죽이오. 난 예수를 믿고 영원히 살겠소" 잠시 후 총성 한발이 정적을 깼다. 인민군은 허공을 향해 총을 쏘았고 그를 풀어 주었다.

그때 일을 통해 죽기를 각오하면 하나님께서 언제나 길을 열어주신다는 것을 확신했다. 현재 그는 정년퇴직을 했지만 지금도 가사가 떠오르면 곡을 붙이고 곡이 떠오르면 가사를 붙여 컴퓨터로 직접 사보(寫譜)까지 한다. 밤 낮을 가리지 않고 일에 매달리며 아직도 청년의 삶을 보내고 있다. / 이지현 jeehl@kukminilbo.co.kr

언론의 전파력은 실로 대단했다. [국민일보] 신문에 난 이 기사를 보고 CBS방송, 신문, 잡지 등에서 연속적으로 인터뷰 요청이 왔다. 그 중 [기독음악저널] 편집인 정인준 목사의 인터뷰 기사를 싣는다. 왜 이런 인터뷰 기사를 싣는지는 기사 말미에 기록되어 있다.

『어린이 찬송가 만들기 외길』 오소운 목사

[기독음악저널] 2000년 5월호 Cover Story

글·정인준 목사(본지 편집인)

"저는 음악가가 아닙니다. 시인도 아닙니다. 그러한 제가 외람스럽게도 어린이 성가집을 낸 것은, 오로지 하나님을 찬양하려는 붉은 정성, 간절한 마음 하나 때문입니다."
　35년 전에 첫 작곡집 [할렐루야]를 내면서 머리말에 밝힌 오소운 목사의 고백이다.
　'내일의 희망'이라는 어린이를 위해 한평생 동화와 동요만을 쓰며 무수히 많은 어린이 찬송을 지어온 '아름다운 사람', 그가 바로 오소운 목사다. 본래 이름은 오신근(吳信根)이고 소운(小雲)은 그의 아호인데 이 아호는 신학교 재학 시절[2] 은사 김정준 목사가 열왕기상 18장 44절 말씀에 나오는 '사람의 손 만한 작은 구름(小雲)'처럼 시작은 미미해 보여도 큰비를 내리는 사람이 되라고 붙여준 것이다.
　[基督敎思想] 창간호 편집장을 지내던 1957년에 그가 쓴 동화 '등대지기 소년'을 눈여겨본 아동문학가 강소천 씨의 추천으로 월간 [새벗]에 동화 '네거리의 플라타나스'로 등단하였고, 1963년부터는 나운영 선생에게 작곡을 4년 반 동안 사사하기도 했다.

---

2) 1953년 4월 19일 오후 3시

그 이후로도 [기독교교육] 편집인, 관악여자상업고등학교 교목실장 등을 역임한 그는 목사, 언론인, 아동문학가, 작곡가 등의 많은 직함을 갖고 있다. 친구들은 한 가지만 하라고 충고하지만 그의 일생은 다양성 속에서도 중심은 늘 어린이를 위한 것, 그 한 가지로 일관돼 있다. 오목사는 어린이를 위한 설교, 동화, 노래극, 노래집 등 어린이를 위한 것은 무엇이든 만들어온 분이다. 그리고 그의 어린이 사랑은 어린이를 천하보다 더 귀중히 여기셨던 예수님 사랑이라는 큰 틀 속에 지극히 작은 한 부분일 따름이다. 그는 그동안 자신이 아마추어 인생을 살았다고 겸손해 한다.

"목회도, 작사·작곡도, 문학도, 음악도 저는 아마추어로 살았어요."

큰비를 몰고 오는 작은 구름, 프로보다 더 프로처럼 살아온 아마추어, 고희를 넘긴 평생 소년 오소운 목사를 가정의 달에 만나보는 일은 이래저래 커다란 기대와 즐거움으로 다가왔다.

신앙과 음악적 배경

오소운 목사의 외길 인생의 뿌리는 3대를 이어온 대물림 신앙에서 찾을 수 있다. 그의 부친 오연영(吳連泳)은 경기도용인군 아리실교회 장로였는데, 아리실교회는 스크랜톤(Mrs. Scranton, 한국이름 時蘭敦) 선교사의 전도를 받은 오목사의 조부 오린선(吳隣善)이 1895년에 세운 교회다. 선친 오연영 장로는 훗날 대한기독교서회 총무를 지낸 김춘배 목사에게 전도하여 예수 믿게 한 분이다.

오목사는 원래 14남매 중에서 13째로 태어났지만 위로 열 명이 모두 어려서 세상을 떠났으므로 누나 둘과 오목사, 그리고 남동생 영근(榮根)만 남았다. 결국 4남매 중 장남이 된 셈이다. 일제 치하였던 그 시절, 일본인들이 세운 '소학교'에는 주로 일본인 자녀들과 이른바 엘리트 그룹이 다니고 나머지 우리나라 어린이들은 한국인이 세운 '강습소'에 다니던 때였는데 같은 마을에서 지원한 5명의 어린이 가운데 오신근만이 유일하게 소학교에 합격했을 정도로 뛰어났다. 남사공립심상소학교(南四公立尋常小學校) 1학년 여름방학 때 갑자기 관절염에 걸려 한 달간 세브란스병원에 입원 양다리를 잘라야하는 위기를 겪었는데 부모님의 간절한 기도를 들으신 하나님의 은혜로 완쾌되는 기적을 경험하기도 했다.

소학교 4학년에 재학 중이던 1944년부터는 장로로서 교회를 담임했던 부친의 권면으로 주일학교 교사를 맡아 봉사하고 있었는데, 친척 형들이 맡고 있던 다른 반 아이들까지 옮겨올 정도로 '가장 재미있게 가르치는' 반사로 인기가 있었다. 어느 날 [기독신보]에 실린 '토끼의 성탄절'이라는 동시를 읽고 그 내용이 마음에 들어 네 줄 가운데 1, 4번 선이 끊어져 두 줄만 남은 바이올린을 기타처럼 퉁기면서 가락을 붙여 보게 된다. 그 해 겨울, 아리실교회 예배당에서는 유치부 어린이들의 무용극 '토끼의 성탄절'이 초연되었다. 토끼 탈을 쓴 아기들이 나와 맞절구질을 하자 뒤이어 천사복장을 한 합창단이 입장해 춤추며 노래를 불렀다.

쿵쿵쿵쿵 월세계 토끼님
함박눈이 내리는 이 밤에
떡을 찧어요 떡을 찧어요.

쿵쿵쿵쿵 월세계 토끼님
예수님이 탄생한 이 밤에
떡을 찧어요 떡을 찧어요

무대 뒤에서 관객들의 뜨거운 박수 소리를 듣던 14세의 소년 오신근은 그 순간 평생 찬송가 작가로 살 것을 하나님께 서원하게 된다.

그러나 소학교 2학년 때 이미 루팡전집 등 소설을 탐독하는 수준의 조숙한 문학도였던 그가 교회음악으로 방향을 선회하게 된 결정적 계기는 1945년 1월에 교회에서 열린 부흥회에 참석하면서였다. 당시 유명한 부흥사 유재헌(劉載獻) 목사가 강사로 오셨는데 그때 함께 부르자며 나누어주신 [복음성가] 책자가 어린 마음에 불을 질렀던 것이다. 그는 부흥회 기간 내내 그 복음성가를 부르면서, 자라서 찬송가를 작사 작곡하는 목사가 되어야겠다는 결심을 갖게 되었다.

하지만 현실은 그에게 작곡 공부와 음악 활동을 하도록 내버려두지 않았다. 대학 과정을 거의 마칠 무렵, 김춘배 목사가 당시 집안 살림을 책임져야 했던 청년 오신근을 대한기독교서회에 취직시켜 주었고, 그 결과 음악은 잊고 문학 활동에만 전념하게 되었던 것이다.

1960년 어느 날 대한기독교교육협회에서 개최한 기독교교육 집필자 훈련 프로그램에 참석했다가 마침 율동과 동요를 맡아 가르치던 이예련 교수의 강의가 무척 재미있어서 그 날 배운 노래를 숫자 악보로 받아 적어 보여주었더니 깜짝 놀란 이 교수가 함께 동요를 만드는 작업을 하자고 제의, 그 이후 본격적으로 찬송가를 쓰기 시작하여 지금까지 어린이찬송가 3백여 곡, 성인찬송가 2백여 곡 등 모두 6백여 곡의 다양한 찬송가를 만들게 되었다. 필자를 비롯하여 어린 시절 교회학교를 다닌 사람이라면 누구나 그가 작사·작곡한 찬송을 한 두 곡쯤은 불러본 경험을 갖고 있을 것이다. '보고 싶어 보고 싶어 예수님 얼굴', '산골에 사는 주의 어린이' 등의 전설적인 작품들은 지금도 애창되고 있다. 특히 오목사가 아끼는 곡은 '예수를 믿고' 라는 가정노래다.

1절
예수를 믿고 예수를 배워 바른 길 가니
서로가 돕고 서로가 아껴 언제나 즐거워
후렴
우리우리 가정 즐거운 가정
우리우리 가정 복받은 가정
2절
부모를 공경 자식을 사랑 웃음꽃 피우니
이웃이 웃고 주님이 웃고 모두가 즐거워 (후렴으로)
3절
내 몸과 같이 이웃을 사랑 다정히 지내고
온 정성 다해 주님을 사랑 교회를 받드네 (후렴으로)
이 노랫말이 믿음의 가정의 모형을 나타내고 있다.3)

---

3) 이 어린이 찬송은 1963년 12월 15일에 서울마포구도화동 산꼭대기 집에서 기독교교육협회 유년부 계단공과를 쓰다가 "예수 믿는 가정"이란 제목에 맞춰 작사하고 그 자리에서 작곡한 것이다. 책상도 없던 시절, 장판방 바닥에 엎드려 먼저 기독교가정의 요소를 적어 보았다. 기독교 가정은 예수를 믿는 가정이다, 예수를 배우는 가정이다, 바른 길을 가는 가정이다. 서로 돕고 서로 아끼는 가정이다. 고로 즐거운 가정이요 하나님께 복받은 가정이다…. 계단공과에 실린 다음 내 작곡집 [할렐루야] 2장에 "즐거운 우리 가정"이란 제목으로 실리고, 찬송가 위원회에서 발행한《찬송가(어린이용), 1973》162장에 실리면서 이후 모든 어린이 찬송가에 채택되었다.

오소운 목사에게는 부모로부터 받은 신앙 덕분에 신학교 시절 죽음의 고비를 넘은 경험이 있다. 1950년, 조선신학교 1학년 때였다. 사변이 터지자 귀향길에 오르는 신학도들에게 "순교를 각오하고 인민군에게 복음을 전하라"고 외치신 학장 송창근 목사님의 설교가 그의 가슴에 깊이 박혔다. 인민군이 점령한 서울은 그야말로 생지옥이었지만 귀향하는 내내 그는 일부러 인민군 부대를 찾아다니며 전도하였다. 평양 어느 교회 장로의 아들인데도 스스로 무신론자라고 주장하는 한 인민군 사단장을 만나 한 시간 반이 넘도록 유신론과 무신론을 주제로 토론을 한 일도 있는데, 사단장으로부터 '우리 공산당에는 당신같이 똑똑한 청년이 꼭 필요하다'면서 공산당에 입당할 것을 권고 받았다. 부대가 이동하게 되자 시간이 없는 사단장은 그의 머리에 권총을 겨누며 말했다.

"이제 결단하시오. 예수 믿고 죽갔소, 예수 배반하고 살갔소?"

"예수를 믿고 살겠소. 동무가 권총으로 안 죽여도 이 육체는 언젠가 죽을 것이오. 동무가 죽이는 것은 육체일 뿐이오. 내 영혼은 총이나 대포로 못 죽이오. 난 예수를 믿고 영원히 살겠소"

이렇게 대답하자 사단장은 그의 머리에 권총을 겨누었다. 이제 마침내 순교자가 되는구나 기뻐하며 눈을 감고 마지막 감사기도를 드리는데 한 발의 총성이 정적을 깼다. 눈을 떠 보니 권총은 허공을 향해 있었다. 사단장은

"오늘 진짜 하나 만났네." 하더니 "실은 네가 '예수 배반할 테니 살려 주세요' 라고 했더라면 너는 벌써 죽었다. 나는 어제도 '예수 배반할 테니 살려 주세요' 하는 자들을 12명이나 죽였거든. 나는 이런 자들이 정말 밉다. 너 같은 자가 공산당이 되면 나처럼 철저해질 것이다. 우리 공산당에서 다시 만나자" 라면서 악수를 청했다. 오신근은 "하늘나라에서 다시 만납시다" 라고 맞받았다. 사단장은 이 대답에 몹시 화가나 "이거 갖다 저기 개굴창에 던져버려!" 라고 소리쳤다. 순간 괴뢰군 네 명이 달려들어 사지를 잡고 논도랑에 갖다 던졌다. 순교자가 못된 오신근은 다리를 절면서 고향 집으로 갔다.

고향에 돌아온 다음 날 국민학교 동창 셋이 빨갱이가 되어 찾아 와 공산당 혁명노래를 가르치라 명령했다. 거절하면 온 집안 식구 몰살시킨다는 공갈이었다. 그는 서울로부터 150리 길을 걸어왔기 때문에 피곤하다며 주일 지나서 만나자고 했다. 그들이 돌아가자 하나님께 "아군이 들어올 때까지만 저를 반신불수로 만들어주십시오." 라고 간절히 기도하고서 자리에 누워버렸다. 기도는 당장 이루어졌다. 급성설사로 계속 설사를 하고 금세 왼팔도 마비가 된 것이다. 월요일 다시 찾아왔던 빨갱이 친구들은 '아까운 친구 하나 망가졌다'며 포기하고 돌아섰다. 음식은 전혀 못 먹고 하루 참외 한 개만을 먹는데, 8월이 되자 참외밭이 없어져 개똥참외로 연명하던 중 서울 수복의 소식을 듣게 되었다. 아군의 대포 소리를 듣고 있던 어느 날 "이제 일어날 때가 되었다"는 확신이 들자 누구의 도움도 없이 일어나게 되었고 바로 그 날부터 미음을 먹으면서 원기를 되찾는 기적이 일어났다.

나운영의 제자

오소운 목사가 가장 존경하는 음악인은 역시 스승인 작곡가 나운영이다. 장로이며 민속음악가였던 나운영은 한 때 원불교의 찬불가를 작곡해 주었다는 사실이 알려지면서 기독교계에서 경원시했던 분이다. 이화여대 출신으로 기독교에서 원불교로 개종한 황모씨가 원불교가 부흥하려면 기독교처럼 찬송가를 가져야한다고 생각하여 몇몇 유명 작곡가에게 찬불가 작곡을 의뢰하였고, 이때 나운영은 자신이 기독교인이므로 할 수 없노라고 거절했으나 작곡자의 종교와 상관없이 곡만 만들어달라고 집요하게 요청하는 바람에 할 수 없이 '기독교 정신으로 작곡하여' 넘겼다 한다.

찬불가에 실린 작곡자를 보면 구연소(1곡), 김대현 (1곡), 박도유(2곡), 김달성(3곡), 김인수(5곡), 김성태(6곡), 송관은(9곡), 김희조(10곡), 진순용(10곡), 나운영(11곡), 정회갑(12곡), 이홍렬(14곡), 김세형(16곡), 김동진(18곡), 등이다.

이것이 그 이후 나운영에게 평생 아킬레스건이 되고 말았다. 곧바로 기독교계의 질책이 쏟아지기 시작했는데, 나운영은 하나님 앞에 충심어린 회개를 했으며, 1990년 8월 14일에 열린 '제1회 아시아 찬송가 국제 세미나' 석상에서 공개적으로 회개한다며 사과를 했다. 이 자리에는 집요하게 찬불가 문제를 제기하는 감리교단의 K 장로도 함께 있었다. 그리고 나운영은 속죄하는 심정으로 여생을 신작찬송가 작곡에만 전념하다 세상을 떠났다.
　(필자 주 : 이 이야기는 나운영의 제자인 오목사의 회고이며, 본지 1996년 12월호 커버스토리 내용과는 시각 차이가 있다.)

여기에서 오소운 목사는 우리 모두가 깊이 생각해 보아야 할 만한 질문을 던지고 있다. 간음죄를 짓고도 부족해서 살인까지 했던 다윗의 시편이 그토록 위대한 것은 그가 회개했기 때문이며, 하나님의 아들을 저주하면서까지 모른다고 잡아떼었던 베드로와 초대교회를 엄청나게 박해했던 바울의 서신이 성경에 포함되어 있는 것 또한 그들의 회개 때문이다. 간음 현장에서 잡혀온 여인에게 예수께서 하신 말씀은 "나도 너를 정죄하지 아니하노니 가서 다시는 죄를 짓지 말라."는 것이었다. 그렇다면 '하나님 앞에 회개했다고 하는 나운영을 우리는 무슨 자격으로 아직까지 정죄하고 있는가?' 회개의 진실 여부는 필경 하나님께서 판단하실 일이며, 우리는 마땅히 그의 고백을 받아들여야 한다는 것이다. 만일 그렇지 않다면 다윗의 시편이나 베드로와 바울의 서신을 성경으로 인정하지 말아야 옳을 것이다. 갑자기 예수님의 음성이 들리는 듯하다.

"너희 중에 죄 없는 자가 먼저 돌로 쳐라."

진보적인 교회음악관

오소운 목사의 교회음악관은 시각에 따라서 이른바 진보적 성향으로 보일 수 있다. 그는 교회음악이란 단순히 "하나님을 찬양하는 노래"를 가리킨다고 정의한다. 따라서 곡조는 '그릇'에 불과하므로 곡조가 어떠한가는 전혀 문제가 되지 않는다는 것이다. 예를 들어서, 종교개혁가 마르틴 루터가 "성경에서 가르치는 '신령한 노래'는 신작, 곧 후대의 작사·작곡이다"라면서 그레고리 성가나 세속민요 가락을 모두 가져다가 콘트라팍타(새로운 시를 만들어 옛 가락에 붙이는 것) 찬송을 만든 일이나, 세계 각 나라 민요가락이 찬송가에 수없이 많고, 우리나라의 민요 '아리랑' 가락이 외국에서는 찬송가로 불리는 현실처럼, 그 곡조에 지난날 무엇을 담았든지 상관하지 않고 오늘날 하나님 찬양만 담겨 있으면 그것이 곧 찬송이 될 수 있다는 주장이다. 물론, '무조건'은 아니고 '의미가 있는 것', '품위 있는 것'을 가려야 한다는 신중론도 빠뜨리지 않았다.

그리고 이 주장의 성경적 배경으로 고넬료의 사건을 이야기한다. 사도행전 10장에서 사도 베드로는 환상 가운데 하늘이 열리고, 큰 보자기 같은 그릇이 네 귀퉁이에 끈이 달려서 땅으로 내려오는 것을 보았다. 그 속에는 네 발 달린 온갖 짐승들과 땅에 기어 다니는 것들과 공중의 새들이 골고루 들어 있었다. 그 때에 "베드로야, 일어나서 잡아먹어라" 하는 음성이 들려 왔다. 베드로가 대답하였다. "주님, 그럴 수 없습니다. 저는 속되고 부정한 것은 한 번도 먹은 일이 없습니다." 음성이 다시 들려 왔다. "하나님께서 깨끗하게 하신 것을 속되다고 하지 말라" 이런 일이 세 번 있은 후에 베드로가 고넬료의 집에 방문하여 말씀을 전하고 세례를 베풀고 함께 먹고 그 집에서 묵었다.

사도행전 11장에 보면 예루살렘교회가 베드로의 해명을 요구할 때 베드로는 이렇게 힘주어 말한다.

"내가 누구이기에 감히 하나님을 거역할 수 있었겠습니까?"

이 말을 듣고 예루살렘교회는 잠잠하였다. 그들은 하나님께 영광을 돌리고 "이제, 하나님께서 이방 사람들에게도 회개하여, 생명에 이르는 길을 열어 주셨다"하고 말하였다. 이 사건에 비추어볼 때 세속적인 가락에 붙인 찬양은 '하나님께서 깨끗하게 하신 것'일 수 있다는 것이다.

따라서, 하나님 찬양을 위해서만 시를 쓰고 곡을 붙인 것이 교회음악으로서 가장 좋은 것은 사실이지만, 무조건 "수직적인 노래만이 하나님 찬양"이라고 주장하는 것은 오히려 모순이라는 생각이다. 왜냐하면, 시편의 대다수가 수평적인 찬양 권유요, 헨델의 오라토리오 '메시야'도 처음부터 예배용이 아닌 무대용으로 작곡된 작품이었기 때문이다. 또한 피아노나 오르간 따위의 서양악기 뿐 아니라 거문고, 가야금, 장고 등의 우리나라 악기도 찬양 악기로 써야 한다고 주장한다. 출애굽기 15장 20절에 미리암과 여인들이 춤을 추며 들고 나왔던 소고(小鼓)는 하나님을 찬양하기 위해 만들어진 악기가 분명 아니었다. 오히려 애굽의 이방신들을 섬기는 의식에 쓰이던 악기였을 가능성이 더 크다. 이 대목에서 오목사는 눈에 띨만한 예를 하나 든다. 컴퓨터를 배우던 초보 시절, 공연히 이것저것 키보드를 눌러보다가 멋도 모르고 중요한 파일들을 지워 컴퓨터를 깡통으로 만들어 본 경험들을 누구나 한 번쯤은 가지고 있으리라. 같은 맥락으로 찬송가에서도 오래된 곡, 잘 모르는 곡, 재미없는 곡이라 하여 함부로 빼어버리고 지우는 것도 마땅히 삼가야 한다는 것이다.

예배 찬송을 선택할 때 초신자나 아직 주님을 영접하지 못한 이들을 위한 시각으로 골라야 한다. 처음 교회에 나온 이들을 위한 배려가 찬송가 선곡이나 설교에 마땅히 반영되어야 옳다는 생각이다. 따라서 예배 시간에 처음에는 경배 찬송을, 중간에는 회개와 감사 찬양을, 마지막에는 복음찬송을 불러야 할 것이다. 하나님께서 독생자까지 보내실 정도로 사랑하신 '사람'을 위한 '복음찬송'도 소중하게 여겨야 한다는 말이다. 또한 주일은 [작은 부활절]이므로 특별한 절기가 아닌 주일에도 부활 찬송을 자주 부를 것을 주장한다. 부활절이 기독교의 가장 큰 절기이며, 그런 까닭에 성탄절 찬송보다 부활절 찬송이 더 귀하다는 것이다.

교회음악인들에게 주고픈 이야기

오소운 목사는 후배 교회음악인들에게 세 가지 권면을 주고 싶어했다.

첫째로, '사람을 보지 말고 작품을 보라'고 권면한다. 찬송가에 누구의 작품이 몇 곡 들어갔는가를 따지지 말자는 것이다. 덴마크의 찬송가에는 그룬드비의 작사가 95%나 들어가 있지만 아무도 그것을 시비하지 않는 것을 타산지석으로 삼자고 한다. 같은 관점에서, 학벌을 따지는 것도 한국적 풍토에서 사라져야 할 것으로 지적한다. 자신을 이어 평범한 장로가 될 것을 바라던 부친이, 농사나 지으면서 봉사하면 되는데 공부는 해서 무엇 하겠느냐며 극구 반대하시는 바람에 소학교를 마친 후에는 정규 학교를 다니지 못하게 되었고 영수학관(교장 김현문 선생)을 통해 1년 동안 중학교 4년 과정을 모두 수석으로 마치는 등 검정고시로만 진학했기 때문에 고등학교는 물론 대학 졸업장도 없어 소학교와 대학원 졸업장이 그가 가진 졸업장의 전부다.

그는 나운영 선생에게 개인적으로 작곡 지도를 받았을 뿐 이른바 정규 음악대학을 나온 적이 없다. 그러나 한국찬송가위원회에서 성인용 신작찬송가를 현상 공모할 때, 주위 친구들의 권유에 못 이겨 응모한 것들이 의외로 7회 연속 채택되는 영광을 안게 되어 당초 어린이만을 위한 찬송가 작곡에서 범위를 넓혀 어른용도 작사 · 작곡하기에 이르렀다. 지난 1975년, '어린이 성가 100곡집'(보이스사)을 출간했을 때 음악을 정식으

로 전공하지 않았다는 이유로 교회음악가들의 곱지 않은 시선을 받기도 했다. 그러나 그는

"어린아이가 호산나를 안 부르면 돌멩이가 호산나를 부르듯 음대 작곡과를 졸업한 당신들이 '300곡집'을 내지 않으니 길가의 돌멩이 같은 내가 '100곡집'을 냈소"

이렇게 말했다. 작곡을 전공한 이들이 정작 자신들은 작곡하지 않으면서 남이 만든 곡들에 대해서 학벌을 논하며 비판만 일삼고 있는 것은 건강하지 못하다는 생각이다.

둘째로, '돈을 따라다니지 말라'고 권한다. 지휘자 사례금을 조금 더 준다고 큰 교회로 옮기거나 여러 교회 지휘를 맡아 분주하게 왔다 갔다 하면서[4] 돈벌이하는 것은 삯군이나 다를 바 없다는 것이다. 연주자들의 경우, 찬양을 듣고 싶어 하는 사람이 있는 곳이면 아무 조건 없이 그냥 가서 하나님을 찬양하여야 옳다. 돈 주면 가고 안주면 안 가겠다는 것은 교회음악인이 가질 태도가 아니다. 실제로 오목사는 같은 기간에 두 곳에서 강의 부탁이 들어오면 언제나 상대적으로 규모나 사례가 부족한 쪽을 선택해 왔고, 현재 은퇴목사로 섬기고 있는 중앙교회에서도 주일예배 찬양대를 지휘할 때에도 보수를 받지 않고 섬긴 경력이 있다.

셋째로, '약속을 지키라'고 권한다. 약속을 지키지 못하는 사람은 하나님을 섬기는 사람이 아니며, 식언을 밥 먹듯이 하는 사람이라면 교회음악을 할 자격이 없다. 왜냐하면 기독교는 약속(언약)의 종교이기 때문이다.

교회학교 음악교육에 대하여

우리나라의 교회학교 음악교육에 대한 오소운의 견해는 자못 심각하다. 크게 세 가지 내용으로 접근하게 되는데 어린이교육 전문가의 날카로운 시각으로 현실을 정확하게 진단했다.

우선, 어린이찬송가에 대해 건강한 의식 전환이 필요하다는 것이다. 찬송가공회

---

[4] 내가 아는 어느 지휘자는 같은 주일에 세 교회 찬양대를 지휘하고 있다며 내게 자랑을 하는 것이었다.

에서 통일찬송가를 심의할 때 시(詩)의 상징성이나 의인화를 인정하지 않는 신학자가 있었다. 그는 만물도 찬양한다는 사실을 부인했다. 그러나 시편 148편을 보면 "주의 모든 천사들, 주의 모든 군대, 해와 달, 빛나는 별들, 하늘 위의 하늘, 하늘 위에 있는 물, 바다의 괴물들과 바다의 심연, 불과 우박, 눈과 서리, 그분이 명하신 대로 따르는 세찬 바람, 모든 산과 언덕들, 모든 과일나무와 백향목들, 모든 들짐승과 가축들, 기어 다니는 것과 날아다니는 새들, 세상의 모든 임금과 백성들, 세상의 모든 고관과 재판관들, 총각과 처녀, 노인과 아이들, 주의 모든 성도들, 주님을 가까이 모시는 백성들, 이스라엘 백성(표준새번역)" 등 모든 피조물에게 찬양하라, 명하고 있다. 이 성경말씀은 어떻게 해석할 것인가. 또 국내의 어느 교단에서 는 생존해 있는 사람이 작곡한 작품은 실리면 안 된다는데, 그 이유가 궁색하기 짝이 없다. 그 사람이 앞으로 타락할지 모르기 때문이라는 것이다. 이러한 무지한 어른들의 편견과 쓸데없는 고집이 어린이들에게 어른 찬송과 서양 찬송을 강요하게 되었고 이는 필연적으로 어린이들이 찬송에 대한 흥미를 잃게 만드는 결과로 나타났다는 것이 오목사의 생각이다.

또한 현실적으로 우려되는 문제는, 오늘날 대부분의 교회학교에서 부르는 노래가 '가스펠' 일변도가 되었다는 사실이다. 게다가 주일학교에서 손 유희(율동)가 없이는 찬송이 불가능한 것처럼 여기는 경향마저 생겼다. 동화나 손 유희(율동)는 교육 학습활동의 하나일 뿐으로, 복음과 찬송을 부드럽게 받아들이게 만드는 당의정(糖衣錠)에 다름 아니다. 동화나 율동이 빠지면 어린이들이 재미없어 한다지만, 어린이들이 좋아한다고 사탕만 먹일 수는 없는 법이다. 예배시간에는 율동도 하지 말고 오로지 '찬송'만 불러야 옳다. 그리고 동화든 율동이든 알맹이는 언제나 복음, 곧 성경이어야 한다.

교회의 성인찬양대가 발전하기를 원한다면 먼저 '새싹'인 어린이찬양대를 키워야 한다. 유치부 찬양대도 정식으로 가운 입히고 찬양하는 훈련을 시켜야 한다. 오늘날의 현실은 새싹은 안 키우면서 열매 맺기만 기다리는 것과 같다. 어린양은 돌보지 않으면서 젖 짜고 털 깎는 데만 신경을 쓰는, 그래서 남의 양을 훔쳐 가는 자들도 있지 않은가.

근황, 그리고 앞으로의 계획

오소운 목사는 하나님께서 천부적으로 주신 뛰어난 암기력을 아직까지 유지하고 있다. 한국찬송가 558장의 가사와 멜로디는 물론이고 심지어 소학교 때 배웠던 노래까지 모두 외우고 있는 것이다. 그래서인지 그가 즐겨듣는 음반은 주로 기악으로 연주한 찬송 CD나 테이프이다. 주로 휴식 시간에 찬송가 기악 연주를 들으면서 마음속으로 그 가사를 되새긴다. 찬송가 외에는 바흐나 모차르트, 비발디 등의 조용한 음악을 주로 듣는 편이다. 그러다 보니 꿈속에서도 악상이 떠오르고 가사가 떠오르는 남다른 경험을 자주 갖는다. 그렇게 가사가 떠오르면 즉시 일어나 곡을 붙이고 곡이 떠오르면 가사를 붙여 컴퓨터의 앙코르(ENCORE) 프로그램으로 직접 악보를 입력한다. 밤 아홉시면 잠자리에 들었다가 새벽 세시에 일어나 아침 일곱 시까지 컴퓨터 앞에 앉아 원고도 쓰고 작곡도 하니 그야말로 밤낮을 가리지 않고 일에 매달리는 셈인데, 아직도 청년인 듯 팽팽한 건강을 유지하고 있다. 컴퓨터 경력 20년을 넘긴 그의 노익장은 후배들의 귀감이 될 만하다.

오목사는 최근 고희를 맞아 400쪽 분량의 [신작찬송가]를 펴냈다. 이 신작찬송가에는 '가시밭 돌작밭'을 비롯한 3백73곡의 신작 찬송가와 어린이 찬송가가 수록되어 있다. 오목사는 이 책의 머리말에서 "우리나라 어린이들이 주님을 찬양하는 노래를 많이 가지고 있지 못한 것을 퍽 안타깝게 생각해 왔다"며 "그래서 기도하는 가운데 느껴지는 시 아닌 시에 곡을 붙여 본 것"이라고 밝혔다. 이 책에 실린 것 외에 아직 발표하지 않은 작품도 2백곡이 넘는다고 한다.

지난 3월 4일(토) 오후 4시, 서울 종로구 인사동 하나로빌딩 11층 중앙감리교회(담임 정영관 목사) 예배당에서는 특별한 행사가 열렸다. [신작찬송가 봉헌예배]가 있었던 것이다. 이 색다르고도 뜻 깊은 행사는 오소운 목사를 위해 그의 자손 15명이 마련한 자리였다. 이날 오목사의 차남 오성환 교수(경희대 음대 성악과, 성민교회 지휘자), 3남 오진환 교수(연세대 음대 성악과, 수색감리교회 지휘자), 셋째 자부 임정원 교수(서울대 음대 성악과, 수색감리교회 독창자), 4남 오정환 씨(세종증권 전산실장, 중앙감리교회 집사), 장손녀 오세정 양(배재대 성악과 3학년 재학)이 노래하고, 당질녀 오정섭 씨의 자부 강민선 교수(세종대 음대)가 반주하면서 오목사의 신작찬송을 연주하는 이색 무대가 마련되었다.

25시 주인공처럼 자기 의지대로 살아본 적이 없다는 오목사는 그래도 남은 생애를 이 시대에 알맞은 노래를 정성껏 만들어, 보리떡도 즐겨 받으시는 하나님께 바치고 싶다고 한다. 그는 현재 [월간 목회](발행인 박종구 목사)에 '목회자를 위한 우리말 바른말'을 3년이 넘도록 연재하고 있기도 하다. 이 칼럼은 원래 1년 예정으로 시작했는데 독자들의 폭발적인 호응을 얻어 무기한 연재하기로 결정된 상태이며[5] 이 커버스토리가 나갈 때쯤이면 그동안 연재된 칼럼들이 한데 묶여 【크리스천을 위한 우리말 바른말(제1권)】(신망애출판사)이라는 제목의 신간으로 선보일 예정이다.

최근호 [월간 목회]에 실린 이 칼럼에서 그는 자신의 신앙고백과 같은 애창 찬송으로 364장(내 주를 가까이)를 소개했는데, 외국 찬송가에는 실려 있지만 우리 찬송가에는 빠져있는 5절 가사를 자신이 직접 지어 불러왔다고 한다. (내 주를 가까이 5절)

내 생명 끝난 후 천국 갈 때
천사의 손잡고 올라가리.
영원히 영원히 늘 찬송하면서
주님을 섬기기 원합니다.

이 고백처럼 주님 앞에 가서는 하늘나라 본 찬양대(Main choir)를 지휘하는 것이 소망이라고 천진스런 어린아이처럼 꿈꾸듯이 말한다. 자녀들을 모두 출가시키고 부인

---

5) 이 연재는 100회로 마무리되었다.

장석금(張昔今) 여사와 오순도순 지내고 계신 오목사 댁에서 저녁식사까지 대접받으며 이야기꽃을 피우다 깜짝 놀라 일어서고 보니 벌써 밤이 깊었다. "이 아름다운 일을 이 땅에서 숨이 마칠 때까지 계속하다가 하늘나라에 가서도 할 수 있도록 은총을 베풀어 주옵소서. 아멘." 오소운 목사의 마지막이자 가장 큰 소원을 곱씹으며 현관을 나섰다. 그의 기도가 꼭 이루어지는 것을 천국에서 함께 확인해 보고 싶다. (이하 생략)

정인준 목사는 헤어지면서 나에게 아주 보람 있는 부탁을 하였다.
"목사님, 우리 [기독음악저널]지에 무언가 연재를 해주셨으면 하는데요."
나는 그 자리에서 쾌히 승낙하였다.
"좋습니다. 내가 꼭 쓰고 싶은 글이 있는데,「성경으로 본 찬송가학」- 어때요?"
"좋습니다. 그 제목으로 연재를 해 주십시오. 다만 회사 사정상 원고료는 못 드립니다."
"돈 같은 건 바라지 않습니다. 글 쓸 기회를 주셔서 내가 오히려 고맙습니다."
이렇게 하여 매월 200자 원고지 50-60매씩 3년을 연재하였다.

여기 이 책《찬송가 4,000년 약사》는 [기독음악저널] 2000년 6월부터 쓴 글을 중심으로 가감 수정 보완하여 만든 것이다.
서론이 너무 길어졌다. 이제 본론으로 들어가자.

[서론] 머리말을 대신하여   004

[아름다운 사람] 어린이 찬송가 만들기 외길 오소운 목사   006

『어린이 찬송가 만들기 외길』오소운 목사   009

CHAPTER • 1
구약시대 찬송가

01. 하나님의 우주와 인간 창조의 목적   040
02. 찬송가의 기원   043
    1) 만물의 찬양 노래   047
    2) 세 종류의 음악   048
03. 찬송가의 정의(定義)   050
    1) 나를 증거하라! 내 증인이 되라!   050
    2) 찬양으로 증거하고 말씀으로 증거하라   050
    3) 복음송과 복음 찬송   051
    4) 찬송가의 정의   051
       ❶ 마틴 루터의 찬송가 정의   051
       ❷ 존 칼빈의 찬송가 정의   052
       ❸ 존 웨슬리의 찬송가 정의   052
04. 최초의 찬송가 작사자 모세   054
       ❶ 모세의 찬양   054
       ❷ 미리암의 찬양   056
    5) 최고의 찬송가 작사자 다윗과 그의 찬양대   056
       ❶ 반주 악기   057
       ❷ 연주 방식   057
    6) 다윗 이후 왕조 찬양대   058

CHAPTER • 2
신약시대의 찬양

01. 예수님의 생애와 찬양   062
02. 예수님이 승천하신 후   063
03. 악기 사용 문제   068
04. 찬송가 금지령   071
05. 민중가   073
   1) 라우다   073
   2) 캐럴   074
06. 초대교회의 예배와 찬양   078
   1) 안식일에는 성전과 회당에   078
   2) 주일에 사가에 모여서   078
   3) 초대교회 찬양 곡조   078
     ❶ 종교적인 히브리 전통의 노래   078
     ❷ 헬라적인 예술노래   078
     ❸ 라틴적인 퇴폐적인 노래   079
   4) 새벽 찬송회   079
   5) 〈신작 찬송가〉와 콘트라팍타 문제   079
   1) 찬송가 콘트라팍타의 기원   080
     ❶ 히브리 전통의 곡조   083
     ❷ 헬라 전통의 곡조   083
     ❸ 라틴 전통의 곡조   083

CHAPTER • 3
종교개혁 이후 찬송가

01. 종교개혁과 30년 전쟁	088
02. 30년 전쟁 중의 찬송가	090
1) 구스타프 왕	090
2) 마틴 링카르트	091
3) 게오르그 바이셀	092
4) 파울 게르하르트	093
03. 루터의 독일 코랄(Chorale)	094
1) 살아있는 복음의 소리, 찬송	095
2) 루터가 만든 찬송가	097
04. 스웨덴 찬송가	100
05. 재세례파의 찬송가	101
06. 칼빈과 제네바 시편가	105
1) 스위스의 종교개혁	105
2) 칼빈의 음악관	107
3) 칼빈의 〈시편가〉	107
07. 츠빙글리의 종교개혁 찬송가	109
08. 바울이 분류한 찬송가와 그 해석들	112
1) 마틴 루터의 해석	113
2) 칼빈의 해석	113
09. 칼빈의 〈시편가〉의 성립	114
1) 〈시편가〉의 특징	117
※ 칼 바르트의 일화	118
2) 우리 찬송가에 있는 〈제네바 시편가〉	119
10. 영국 종교개혁 시대의 찬송가	120

    1) 헨리 8세의 종교개혁 이유   120

    2) 머베크의 〈음악이 있는 기도서〉   123

    3) 엘리자베스 여왕 시대   124

    4) 〈영국 시편가〉의 시작   124

        ❶ 마일즈 커버데일   124

        ❷ 죠지 뷰캐넌   125

        ❸ 토머스 스턴홀드와 존 홉킨스   125

    5) 스코틀랜드 시편가   125

    6) 테이트와 브래디의 〈새번역 시편가〉   126

11. 아이자크 왓츠와 영국 찬송가   127

    1) 천재 아이자크 왓츠   127

    2) 일곱 살 때 쓴 답관체 시   128

    3) 왓츠의 첫 찬송가 작사   129

    4) 왓츠의 생애와 찬송가   131

    5) 왓츠 찬송의 특징   133

12. 영국 침례교회 찬송가   134

    1) 문맹 많았던 18세기 영국   134

    2) 침례교회의 탄생   134

    3) 침례교 찬송가의 난립   135

    4) 헨델의 오라토리오 〈메시야〉의 영향   136

    5) 존 번연의 〈천로역정(天路歷程)〉의 영향   138

13. 진젠돌프와 헤른후트 공동체   139

    1) 진젠돌프와 존 웨슬리   142

    2) 진젠돌프와 헤른후트 찬송가   144

14. 영국 감리교회 찬송가   146

    1) 존 웨슬리와 감리교회   146

    2) 찰스 웨슬리와 감리교 찬송가   149

3) 박해받는 초기 감리교   153
4) 웨슬리 형제의 《감리교 찬송가》   154
5) 찰스 웨슬리의 어린이 찬송가   155
6) 찬송가는 이렇게 불러라   157
7) 웨슬리 찬송가의 특징   158
    ❶ 운율의 특징   158
    ❷ 교리적 특징   159

15. 미국 찬송가   159
1) 콜럼버스와 신대륙   159
    ❶ '신대륙 발견'이라니!   160
    ❷ 미국 원주민들은 우리와 같은 종족   160
    ❸ 유럽인들의 신대륙 이민 가는 목적   161
2) 흑인 노예들의 노래   163
3) 저 천국 없으면 난 어떻게 하나   164
4) 신자 되기 원합니   165
5) 흑인영가와 스펠   167
    ❶ 백인영가(White Spiritual)   167
    ❷ 흑인영가(Negro Spirituals)1)   168
    ❸ 흑인들의 예배와 백인들의 비판   170
    ❹ 흑인 가스펠송의 기원과 특징   174
5) 아메리카 원주민 〈시편가〉   175
6) 가창학교(歌唱學教)   176
7) 셰이프노트 찬송가   178
8) 윌리엄 빌링스와 남부 교회음악2)   181
9) 르네상스와 신앙부흥 운동   183
10) 대각성운동과 어린이 찬송가   184

---

1) 검은 피부를 가진 사람들의 인권을 위해서 요즈음에는 negro란 말 대신 아프리카-미국인(Afro-American)이란 말을 쓴다.
2) 〈The Story of Christian Music〉 (by Andrew Wilson-Dickson, Portress Press. 186p.

11) 미국 대표적 찬송가 작가   185
    1) 로웰 메이슨(Lowell Mason, 1792-1872)   185
    2) 드와이트 무디(Dwight L. Moody, 1837-1899)   186
    3) 아이라 D. 생키(Ira D. Sankey, 1840-1908)   187
    4) 패니 J. 크로스비(Fanny J. Crosby, 1820-1915)   189
    5) 하워드 돈(W. Howard Doane, 1832~1915)   190
    6) 필립 폴 블리스(Philip Paul Bliss, 1838~1876)   191

CHAPTER • 4
한국찬송가 약사

01. 복음으로 밝아오는 아침의 나라   196
02. 찬송가는 언제 한국에 들어왔는가   197
    1) 중국어 찬송 '쥬 예수 아이워(主耶穌愛我)'   197
    2) 미션 스쿨의 영어 찬송   199
03. 교육선교와 의료선교   200
    1) 교육선교   200
    2) 의료선교   201
04. 처음부터 3분된 찬송가   202
    1) 감리교단의 《찬미가, 1892》   202
    2) 언더우드의 《찬양가, 1894》   203
    3) [하나님]이란 신명(神名) 사용문제   203
    4) 심각해진 갈등   205
    5) 곤당골의 유래   207
    6) 《찬미가, 1895》와 《찬셩시, 1895》   207
       ❶ 번역의 어려움   208
       ❷ 경어의 어려움   210

  ❸ 인쇄의 어려움 / 한글 활자체   211
  ❹ 악보 편집의 어려움   212
05. 언더우드《찬양가, 1894》   213
 1) 판형과 편집 체제   213
 2) 격식을 갖춘 곡조 찬송   214
 3)《찬양가, 1894》출처   216
 4) 한국인 창작 가사   216
 5) 순 한글 출판으로 한글 살려   218
  ❶ 어투 문제 : '-이'와 '-가' 등 접미사(接尾辭) 문제   219
  ❷ '-라고', '-하고' 따위의 격조사 문제   219
  ❸ 사도신경 문제   220
 6) [독립신문]과 애국가   221
 7) 한국판 [부림절]   226
06. 감리교단의《찬미가, 1895》   227
 1) 언더우드의 번역   227
 2) 배위량 선교사 부인(안애리)의 번역   228
 3) 안애리 선교사의 애국 위로 찬송   229
07. 감리교단의《찬미가, 1897》,《찬미가, 1900》   231
08. 감리교단의《찬미가, 1905》   232
 1) 례배절츠   232
 2)《찬미가, 1905》의 원곡 출처   235
09. 북장로회의《찬셩시, 1895》   236
 1) 편집 체제   236
 2)《찬셩시, 1895》의 번역자   236
 3) 한국인의 창작   238
 4) 선교사들의 번역   239
10. 북장로회의《찬셩시, 1898》   239

1) 셔 문 240

2) 번역자들 241

3) 《찬셩시, 1898》의 특징 245

　1) "한국인은 음치가 아니다" 246

　2) 재미있는 사실 / 고요한 바다로 248

11. 북장로회의 《찬셩시, 1900》 250

12. 북장로회 《찬셩시, 1902》 250

13. 북장로회의 《찬셩시, 1905(곡조판)》 258

　1) 영문 머리말 번역 258

　2) 편집체제 259

　3) 원 자료 출처 260

　4) 번역자와 작사자 260

　5) 한국찬송가에 큰 공을 세운 이들 264

14. 장감 합동 《찬숑가, 1908》 265

　1) 피득 선교사가 발행인 된 이유 265

　2) 번역이 완벽에 가깝다 269

　3) 한국 전통곡조도 채택하였다 270

　4) 전문가의 체험담 273

　5) 사도신경·주기도문·십계명의 통일 274

　6) 백만명 복음화 찬송 274

　7) 《찬숑가, 1908》의 영향 276

15. 성결교단 찬송가 276

　1) OMS와 한국 성결교회 276

　2) 성결교단의 첫번째 찬송가 《복음가, 1907》 277

　3) 사사오 데쓰사부로 목사 작사 278

　4) 미다니 다네끼지 목사 작사 278

　5) 《韓國聖潔教會史, 1992》의 오류 279

16. 성결교회의 공식 찬송가 《신증복음가, 1919》 280
    1) 서언(序言) 280
    2) 내용분류 281
    3) 특색 있는 찬송가들 282
    4) 번역의 오류들 285
    5) 콘트라팍타 찬송들 286
    6) 일본 〈구세군가〉에서 번역한 찬송가 289
    7) 일본 유행가 291
    8) 일본 군가 〈용감한 수병(水兵)〉 곡조 295

17. 《신증 복음가, 1919》의 증보판 《부흥성가, 1930》 298
    1) 부흥성가 출판에 대하여 298
    2) 오늘까지 애창되는 찬송들 299

18. 감리교만의 찬송가가 된 《신정 찬송가, 1931》/ 301
    1) 찬송가 인쇄소의 빈번한 화재 301
      ❶《찬송가, 1908》화재로 늦게 나옴 301
      ❷「청년 찬송가」는 화재로 내지 못함 302
      ※16원 50전 303
      ❸《신정 찬송가, 1931》도 화재로 늦게 나옴 304
    2) 《신정 찬송가, 1931》의 애국 찬송 305
      ❶ 219장 : 삼천리반도 금수강산 305
      ❷ 126장 : 캄캄한 밤 사나운 바람 불 때 307
      ❸ 250장 : 엄동설한 지나가면 309
      ❹ 304장: 아침 해가 돋을 때 310
    3) 개정 원칙 311
    4) 셔 문 311
    5) 역대 찬송가들의 개정 원칙 314
    6) 편찬위원 선발에 문제 있다 315

7) 전문가의 날카로운 비판   316

8) "찬송가로 장사를 하려는가?"   318

9) 갈등과 수난의 시대   319

10) 발악을 하는 일제(日帝)   321

11) 만신창이가 된 찬송가   323

12) 《찬송가, 1908》(「신정」채택 부록판)   325

13) 《신편 찬송가, 1935》의 출판과 혼란   327

    1) 노회들의 반발   327

    2) 이광수 번역 찬송가의 문제   329

    3) 《신편 찬송가, 1935》의 편집체제   331

    4) 장점과 특색   331

14) 매우 유감스러운 일, 표준어 〈하느님〉 문제   333

    ❶ 「하나님」과 「하느님」의 싸움   334

    ❷ 《공동번역 성경》가톨릭 식으로 「하느님」으로 통일   336

15) 선교사들과 하나님   338

    ❶ 언더우드(H. G. Underwood) 목사의 글   338

    ❷ 게일(J. S Gale) 목사의 글   338

    ❸ 헐버트(H. B. Hulbert) 선교사의 글   338

20. 《합동 찬송가, 1949》   339

    1) 《합동 찬송가, 1949》가 나오기까지   339

       ◎ 종교교육부(보고)   339

       ◎ 합동찬송가의 가사를 장·감·성 4대 3대 2의 비율   341

    2) 서 문   341

    3) 《합동 찬송가, 1949》의 출처   342

       ❶ 《찬송가, 1908》에서 채택한 것   224곡   343

       ❷ 《부흥성가, 1930》에서 채택한 것   137곡   343

       ❸ 《신정 찬송가, 1931》에서 채택한 것   90곡   343

	❹《신편 찬송가, 1935》에서 채택한 것　135곡	343
	4)《합동 찬송가, 1949》의 문제점	344
	(1) 첫째로 곡조 운에 맞지 않는 가사	344
	◎ 84장 · 나의 좋은 친구와	344
	(2) 둘째로 2중으로 채택된 것이 여러 장	345
	5) 편집에 유감스러운 점	346
	(1) 곡명색인을 삭제한 점	346
	6) 맺는 말	346
21.	〈청년 찬송가, 1959〉와《새찬송가, 1962》	347
	1) 한국 장로교회의 핵분열	347
	2)《청년 찬송가, 1959》출판	349
	(1) 구하기 힘든《신편 찬송가, 1935》	349
	(2) 서　문	350
	(3)《청년 찬송가, 1959》의 출처	351
	(4) 작품 해설	352
	(5) 새로 번역한 것 128곡	354
22.	보수파 장로교의《새찬송가, 1962》	355
	1) 판형과 특이한 점	355
	2) 출　처	355
	3)《새찬송가, 1962》의 특색	356
	(1) 머리말	356
	(2) 장로교 교리에 철저	357
	(3) 한국인 작사·작곡 찬송 모두 배제	360
	(4) 이중으로 번역해 넣은 것	360
	(5) 처음으로 시도된 것들	361
23.	《개편 찬송가, 1967》	361
	1) 머리말	362

2) 특이한 점	365
3) 부록으로 수록 된 성결교단 찬송들	368
4) 새로 채택된 독일 코랄《합동 찬송가, 1949》에서 빼버린 것	368
5) 한국인 신작 찬송가 22곡 추가	369
6) 도태된 찬송가 4곡	370
7) 한국인 작사 작곡 찬송들 해설	370
8) 편집 형태	398
9) 여담(餘談)]	398
10) 작사자 이름이 잘못 된 것	403
24.《통일 찬송가, 1983》	404
1) 한국찬송가위원회 총회에서 된 일	404
2) 한국찬송가공회 창립과 《통일 찬송가, 1983》발행	405
3) 머리말	405
4) 선곡 작업	407
5) 살아 있는 한국인 작사·작곡 문제	407
6) 보수교단 고집 때문에 2중으로 채택된 찬송	408
7) 빼 버릴 번 하다 살아남은 찬송	408
8) 갈대밭과 홍해	409
9) 아쉬운 점	411

APPENDIX
이삭 줍기

01. 곽안련 선교사의 찬송가 사용법	414
02. 우리 찬송가의 표절 찬송가들	415
1) 유치부 찬송가의 〈하얀 어린 양〉	415
2) 이일래 작곡 〈하나님은 나의 목자시니〉	418

CHAPTER 1

구약시대 찬송가

01. 하나님의 우주와 인간 창조의 목적

하나님은 왜 이 우주와 인간을 만드셨을까? 왜 동식물과 곤충들을 만드셨을까? 성경은 이렇게 답을 한다.

"이 백성은 내가 나를 위하여 지었나니, 나의 찬송을 부르게 하려 함이니라.〈사 43:21〉

하나님은 참으로 자상하시다. 피조물에게 찬송 받기 위해 인간을 만드신 하나님은 인류 최대의 선지자 모세에게 찬송을 작사하여 가르치라고, 이렇게 말씀하셨다. 신명기 31장을 보자. 표준새번역으로 인용한다.

주께서 모세에게 하신 마지막 지시

19 ○이제 이 노래를 적어서, 이스라엘 백성에게 가르쳐 부르게 하여라. 이 노래가 이스라엘 자손에게 내가 무엇을 가르쳤는지를 증거할 것이다.

20 내가 그들의 조상에게 맹세한 젖과 꿀이 흐르는 땅에 그들을 인도하여 들인 뒤에, 그들이, 살이 찌도록 배불리 먹으면, 눈을 돌려 다른 신들을 섬기며 나를 업신여기고, 나와 세운 언약을 깨뜨릴 것이다.

21 그리하여 그들이 온갖 재앙과 환난을 당하게 될 것이다. 그러나 사람들이 이 노래를 부르는 한, 이 노래가 그들을 일깨워 주는 증언이 될 것이다. 비록 내가 아직 약속한 땅으로 그들을 인도하기 전이지만, 지금 그들이 품고 있는 생각이 무엇인지를 나는 알고 있다."

22 ○그 날에 모세는 이 노래를 적어, 이스라엘 백성에게 가르쳐 주었다.

23 ○주께서 눈의 아들 여호수아에게 말씀하셨다. "너는 이스라엘 자손을 인도하여, 내가 그들에게 약속한 땅으로 들어갈 것이니, 마음을 강하게 먹고 용기를 내어라. 내가 너와 함께 있겠다."

24 ○모세는 이 율법의 말씀을 다 책에 기록한 뒤에,

25 주의 언약궤를 메는 레위 사람들에게 말하였다.

26 "이 율법책을 가져다가 주 너희 하나님의 언약궤 옆에 두어서, 너희에게 증거가 되게 하여라.

27 내가 너희의 반항심과 센 고집을 안다. 지금 내가 살아 있어서 너희와 함께 있는데도 너희가 주님을 거역하거늘, 내가 죽은 다음에야 오죽하겠느냐!

28 너희 각 지파의 장로들과 관리들을 모두 내 앞에 불러 모아라. 내가 이 말씀을 그들의 귀에 들려주고, 하늘과 땅을 증인으로 세우겠다.

29 나는 안다. 내가 죽은 뒤에 너희는 스스로 부패하여, 내가 지시하는 길에서 벗어날 것이다. 너희가 주님 앞에서 악한 일을 하고, 너희가 손대는 온갖 일로 주를 노엽게 하다가, 마침내 훗날에 너희가 재앙을 받게 될 것이다."

모세는 주님이 명령하신 바로 '그 날'에 일대 서사시(敍事詩)로 하나님이 하신 일을 찬양 가사로 만들어 이스라엘 백성에게 가르쳐주었다. 죽음을 앞둔 모세는 죽기 전에 할 일이 너무 많았다. 그는 하나님이 주신 율법을 다 기록하여 책으로 만든다. (신 31:24-26).

하나님은 당신의 택한 백성 이스라엘을 애굽에서 건져내기 위하여 모세라는 지도자를 택하셨다. 그리고 당시 세계의 최강국이며 최고의 문명을 자랑하는 애굽의 박사들에게 '왕자(王者) 교육'을 받게 하시고, 엄마 품에서는 이스라엘의 '선민(選民) 교육'을 받게 하신다. 때가 되자 광야로 내몰아 '사막에서 살아남는 훈련'도 시키신다. 그리고 하나님은 80세의 고령인 모세를 지도자로 부르신다. 40년 간 그를 통하여 이스라엘 백성을 인도하신 하나님은, 이제 그의 역할이 끝나는 마당에, 당신의 하신 일을 노래로 만들어 가르칠 것을 명령하시고, 또 율법을 기록하여 언약궤 곁에 두라고까지 자상하게 명령하신 것이다.

인간은 약하기 때문에 어그러진 길로 가기가 쉽다. 이를 바로 잡아주는 것은 첫째가 찬양이요, 둘째가 말씀이다. 찬양은 노래에 곡조가 붙어 있어서 기억하기 쉽다는 장점이 있다. 가사는 모든 내용을 요약한 진수(眞髓)요, 따라서 짧은 가사에 많은 것을 함축시킬 수가 있기 때문에 하나님은 먼저 노래로 가르쳐 기억하게 하고, 율법을 적어 언약궤 옆에 간직하고 수시로 읽어, 하나님의 뜻이 무엇인지 깨달아 회개하고 돌아오게 하시는 것이다.

오늘도 마찬가지다. 어려서는 주를 믿었으나 한 때 타락하여 딴 길로 가던 사람이, 어느 날 문득 들려오는 찬송 소리에 회개하고 돌아온 이야기는 수도 없이 많다. 우리가 어린이에게 부지런히 하나님 찬양의 노래와, 그가 이루신 일들을 노래로 만들어 가르쳐야 할 이유가 여기 있는 것이다.

성경 내용을 담은 노래는, 하나님께 드리는 노래는 아니다. 인간에게 하나님의 뜻을 알려서 구원의 길로 인도하는 노래다. 하나님이 가장 기뻐하시는 일이 무엇인가. '택한 백성의 구원' 아닌가. 이를 위해 독생자까지 보내시지 않았는가!

그러나 가나안에 들어간 이스라엘 백성들이 '살이 찌도록 배불리 먹으면, 눈을 돌려 다른 신들을 섬기며 하나님을 업신여기고, 하나님과 세운 언약을 깨뜨릴 것이기 때문'에, 하나님은 당신이 하신 일을 노래로 지어서 백성들에게 가르치라고 명령하시며 이렇게 말씀하시는 것이다. "사람들이 이 노래를 부르는 한, 이 노래가 그들을 일깨워 주는 증언이 될 것이다."

오늘도 서구라파의 부자 나라 사람들은 '살이 찌도록' 배불리 먹으니까 저 잘 나 잘 사는 줄 착각하고 신앙을 버리고 있다. 우리도 마찬가지다. 그래서 주님은 "가난한 자가 복이 있다." 하신 것이다.

하나님은 당신이 하신 일을 노래로 만들어 가르치면, 곁길로 간 자들을 깨우쳐줘 회개하게 할 것이라고 강조하신다. 이래서 찬송가는 우리 인간이 살아 있는 동안에 찬양할 노래요, 기도요, 우리 신앙의 이정표다.

우리나라 찬송가 학자 중에는 '어거스틴의 망령'에 사로잡혀서 '수직적인 찬송만이 찬송가다'란 고정관념에서 벗어나지 못하고 있는 이들이 많다. 그들은 찬송가 개편 때마다 '수평적인 찬송가는 찬송가가 아니다. 다 빼야 한다.' 라고 강력히 주장하지만, 작업의 진도만 늦출 뿐 '하나님이 하신 일을 선포하는 수평적인 찬양'을 어찌 뺄 수가 있겠는가. 그들은 왜 루터의 찬송가 정의인 '찬송은 살아있는 복음의 소리'라는 말은 받아들이지를 않고, 어거스틴의 주장 중의 '일부'만 따르는지 모르겠다. 어거스틴이 시편 148편을 강해하면서 내린 찬송가 정의, '찬송은 하나님을 찬양하는 노래다'란 구절은 그의 찬송가 정의중의 일부이다. 그는 그 말 바로 다음에 이렇게 계속해서 말하고 있다.

"어거스틴은 계속하여 말한다. "70인역 성경을 보면(14절), '홈노스 파시 토이스 호시 오이스 아우투'라는 말이 나오는데, 이것은 무슨 뜻일까? '모든 주님의 성인(聖人)들에게 찬양을?'이라니…. 이 말은 '모든 주님의 성인들이 찬양을 받게 하라', '모든 주님의 성인들이 찬양을 하게 하라'는 뜻이 아닌가."(Julian: A Dictionary of Hymnology p. 640).

가톨릭은 어거스틴의 이 주석을 따라, 성모 마리아는 물론, 교황이 명명(命名)한 이른바 '성인'들에게도 찬양은 물론 기도도 드리지만, 우리는 오직 삼위일체 하나님께만 찬양을 드리며 기도한다.

02. 찬송가의 기원

온 우주 만물의 창조주이신 우리 하나님은 음악의 창조주이시며, 위대한 음악가이시다. 주님은 우리의 「찬송 중에 거하신다.」(시 22:3). 온 우주 만물을 창조하시되 완전히 음악으로 창조하시고, 그 안에 계시기 때문이다. 일찍이 「음악의 아버지」 요한 세바스찬 바하는 이런 말을 했다.

"모든 음악의 최종 목표는 하나님의 영광과 인간영혼의 소생(蘇生) 이외의 아무 것도 아니다. 만일 이를 등한히 하면 그것은 참 음악이 아니라 사탄적인 소음일 뿐이다."1)

참으로 명언이다. 그러니까 「교회음악」 뿐만 아니라 「모든 음악」의 종국적인 목적은 「하나님 찬양과 인간 영혼의 소생」이란 말이다. 이를 만들고 연주하는 인간의 능력은 다 하나님이 선물로 주신 은사(恩賜)를 재활용하는 기쁨일 따름인 것이다. 우리가 하나님을 거룩한 음악으로 찬양할 때 하나님은 영광을 받으시고 우리 영혼을 소생시켜주신다. 따라서 찬양대가 정성껏 준비한 찬양을 할 때, 아멘으로 화답하는 우리 영혼은 기운을 되찾아, 속칭 「은혜를 받는」 것이다. 어떤 사람은 이렇게 말한다.
"찬양대의 찬양에서 은혜를 받는다는 말은 하나님 모독이다. 찬양의 주체이신 하나님의 영광 찬양을 어찌 인간이 가로채려 하는가?"
나는 모든 음악이 「하나님의 영광과 인간영혼의 소생」을 목표로 하고 있다는 바하의 말에 전적으로 동의한다. 따라서 찬양은 하나님께 영광을 돌리는 동시에, 그 찬양 가사와 곡조에 성도들이 은혜를 받아 영혼이 소생되어, 찬양대와 함께 하나님을 찬양하는 마음으로 변화되어 「아멘!」 하고 화답하며 찬양대의 찬양을 나의 찬양으로 하나님께 드리게 될 때 하나님은 가장 기뻐하시는 것이다.

바하는 작곡 기법에 대해서 이런 말도 했다.
"음악은 감정의 표현 능력이 있는데, 고통, 기쁨, 분노, 사랑, 질투, 미움 등도 음악으로 나타낼 수 있다…."
"기쁨은 우리 생명의 영이 확장되는 것이기 때문에, 크고 확장된 음정으로 가장 잘 표현될 수 있을 것이다. 다른 한편, 슬픔이란 우리 몸의 바로 그 미세한 부분들이 수축하는 것이므로 가장 좁은 음정을 사용하는 것이 적당함을 쉽게 알 수가 있다…."

쉽게 말하면, 이 말은 기쁨을 나타내는 곡조는 도약적(跳躍的)인 진행으로 나타내고,

---

1) "The aim and final end of all music should be none other than the glory of God and the refreshment of the soul. If heed is not paid to this, it is not true music but a diabolical bawling and twanging." (J. S. Bach)

슬픔을 나타내는 곡조는 높낮이의 변화를 적게 주는 순차진행(順次進行) 형식으로 나타낸다는 말이다.

이의 예를 들어보자. 찬송가 「기쁘다 구주 오셨네」는 헨델의 가락을 빌려 로웰 메이슨이 패러디한 곡조인데, 기쁨의 찬송답게 멜로디가 높은 음에서 「도시라솔파 미레도」로 내려왔다가, 「솔라라 시시도」로 올라간다. 이후는 펄쩍펄쩍 뛰듯이 가락이 진행되는데, 「도 도시라솔 솔파미, 도 도시라솔 솔파미」 그리고 「미미미미미파솔 파미레레레레미파」 하고 잔잔한 가락이 진행되다가, 「미레 도도라 솔파미파 메레도」로 옥타브 도약을 하고 끝맺는다. 자세히 분석해보자.

(1) 「기쁘다 구주 오셨네」
「도시라 솔파 미레도」하고, 하늘에서 주님이 내려오시듯, 멜로디가 고음에서 한 옥타브를 순차적으로 쏟아져 내려온다.

(2) 「만 백성 맞으라」
「솔랄라 시시도」, 이 땅의 인간들이 두 팔을 벌리고 하늘을 향해 반기는 형상이다.

(3) 「온 교회여 다 일어나」
「도 도시라솔 솔파미 도 도시라솔 솔파미」 힘찬 고음에서 세상을 향해 외치는데, 같은 가락이 반복된다.

(4) 「주 찬양하여라 주 찬양하여라」
「미미미 미미파솔 파미레레 레레미파」 옆 사람에게 속삭이듯, 조용히 호소하는 멜로디가 순차적으로 진행된다.

(5) 「주 찬양 찬양 하여라」
「미레 도도라 솔파미파 미레도-」 속삭임이 끝나고, 찬양하라고 외치는 소리가 옥타브를 뛰어 올라간다.

이번에는 슬픔의 노래를 보자.
"미국 찬송가의 아버지" 로웰 메이슨(Lowell Mason, 1792-1872)이 그레고리오

(Gregorio) 곡조를 편곡한 「주 달려 죽은 십자가」를 보면, 처음부터 끝까지 순차진행만 한다.

「도-도레 미-레미 파-미레 미」

「미-미미 파-미레 도-시도 레」

「도-도레 미-레미 파-미레 미」

「미-미미 레-도- 레-미레 도」

이를 숫자악보(Numerical Notation)로 적어보면 더욱 확실해진다.

F Major
4/4
1-12 | 3-23 | 4-32 | 3--- |
3-33 | 4-32 | 1-71 | 2--- |
1-12 | 3-23 | 4-32 | 3--- |
3-33 | 2-1- | 2-32 | 1---‖

앞서 말한 바하의 이런 기법은 50년이 지난 1797-8 년에 작곡된 프란츠 요셉 하이든(Franz Josef Haydn, 1732-1809)의 오라토리오(Oratorio)「천지창조」(Die Schöpfung)에서 웅장하게 증명된다.

전3부 32곡으로 된 「천지창조」는, 제1부 제11곡 「넷째 날 해와 달을 창조하시는 부분」인데, 우주의 첫 일출(日出) 장면은 장엄하기 그지없이 작곡되었다. 하이든의 가장 영감이 충만한 너무나도 감동적인 표현이다.

하이든은 일출 장면을, C음에서 한 음씩 위로 천천히 크레센도 하며 e음까지 9도를 올라가는 곡조로 표현했다. 각 소절마다 새로운 악기가 관현악을 연주하는데, 마지막 음에 가서 압도적인 포르티시모(ff) 이후 피아니시모로 변한다.

찬란한 태양의 광채는 부점(附點) 리듬으로 나타낸다.

그 직후, 「조용한 밤이 몰래 스며들어오는」 묘사는, 전체 관현악에 의한 낭랑한 음향 이후, 피아니시모로 처리하였는데 아주 효과적이다.

1) 만물의 찬양 노래

하나님은 지으신 모든 만물에게 아름다운 음악을 입력해주셨다. 짐승에서부터 곤충에 이르기까지 「사랑 노래」를 주셨다. 많은 나라 민족들이 짐승이나 곤충들이 「운다」고 말하지만, 그것은 짝을 찾는 「사랑 노래」인 것이다. 태초에 하나님은 생명 있는 모든 것을 만드시고 이렇게 복을 주셨다.

"생육하고 번성하여 땅에 충만 하라."(창 1:22, 28, 9:1, 7.)2)

만물들은 이 말씀을 이루기 위하여 짝을 찾는 사랑 노래를 부르는데, 그들은 태고적부터, 하나님이 작곡하여 입력해 주신 그 노래를 어제도 불러왔고, 오늘도 부르고 내일도 또 부를 것이다.

이루 다 열거할 수 없을 만치 많은 짐승과 곤충들이 저마다 자유로이 「사랑 노래」를 부르는데, 지휘자도 없이, 청중도 의식 않고, 그 옛날부터 철을 따라 해마다 부르는 그 노래가, 들어도 또 들어도 새롭고 아름다우니 이상하지 않은가.

그러나 조금만 생각해 보면 하나도 이상할 게 없다. 저 미물들은 하나님이 작곡하시고 창법(唱法)까지 입력해 주신 「하나님의 음악」을 연주하기 때문에 완전한 다양성 중의 하모니를 이루고 있고, 우리는 이를 「아름답다」고 하는 것이다.

어찌 곤충뿐이겠는가. 나는 새들, 기는 짐승들, 헤엄치는 물고기들도 저 나름의 노래를 부르고 있으며, 땅위의 식물들도, 삼림의 나무들도 음악을 연주하건만 우리가 듣지 못할 뿐이다. 시냇물도 노래하고, 바닷물도 노래한다. 천둥의 장엄한 소리, 폭포의 시

---

2) 하나님의 〈명령적인 이 복〉을 전면 거부하는 자들이 늘어나고 있다. 섹스만 즐기고 생육은 않겠다는 동성애자들이 바로 그들이다.

원한 소리, 벼락을 치는 짜릿한 소리…. 얼마나 멋진 음악인가!

2) 세 종류의 음악

뿐만이 아니다. 지구가 돌아가는 엄청난 소리! 아니, 태양계와 우리 은하계, 또 100억이 넘는다는 모든 은하계 속의 뭇 별들이 돌아가며 내는 소리를 우리는 들을 수가 없지만, 분명 아름다운 하모니로 하나님의 영광을 나타내고 있는 것이다. (시 19:1).

그래서 그리스의 철학자요 수학자인 피타고라스와 플라톤은 이를 수학과 결부시켜 해석을 하였는데, 초대교회에서는 이를 받아들여 우주 안의 행성들이 조화로운 운동(harmonious movement)을 통하여 우주적인 음악을 연출하고 있다고 생각했다.

6세기 로마의 음악 철학자로서 그리스도인인 아니키우스 보에티우스(Boethius, 480년~524)는 음악에는 다음 세 종류가 있다고 주장했다.

① 우주의 음악 (musica mundana)
② 인간의 음악 (musica humana)
③ 어떤 악기들의 음악 (musica instrumentis constituta)

보에티우스는 이렇게 설명하였다.

-첫 번째 종류인 우주의 음악은…. 그토록 빠르게 움직이는 천체의 운행에 어찌 소리가 없겠는가. 이는 불가능한 일이다. 별들의 운행이 완전한 구조로 되어 있는데, 여기서 생겨나는 소리도 완전한 하모니가 아니겠는가!

보에티우스는 망원경(望遠鏡)적으로 「우주의 음악」을 언급하였지만, 나는 현미경(顯微鏡)적으로 생각하여, 꽃과 나비, 물방울과 아지랑이의 음악을 생각해본다. 나비가 꽃을 찾아다니며 부르는 노래, 꽃이 나비를 반기는 노래, 물방울이 하늘에서 내려오며 부르는 노래와, 수증기가 되어 하늘로 올라가며 부르는 수증기의 찬송, 이는 나 같은 동화 작가의 환상적인 헛소리가 아니다. 과학자들의 말이다.

인간의 60억 개나 되는 모든 세포도 주인이 기뻐할 때 같이 기뻐하여 활성화 되고, 주인이 스트레스 받을 때 병들어 암을 일으킨다고 하지 않는가. 인간 내부에 살고 있는 100조개나 되는 미생물도 모두가 살아있는 생명체로서 우리가 찬양할 때 함께 찬양하고, 우리가 시험에 빠져 낙담할 때 변형되어 인체에 해독을 준다 하지 않는가. 지구의 70% 이상을 차지하고 있는 물에도 감정이 있어서, 사랑, 기쁨, 감사 같은 말을 듣거나 물병에 적어주고 얼리면 아름다운 6각 결정체로 변한다 하지 않는가![3]

성령의 감동을 받은 다윗은 이렇게 노래하였다.
"내 영혼아, 여호와를 송축하라. 내 속에 있는 것들아 그 성호를 송축하라!" (시 103:1).

칼빈은 이 시편의 「내 속에 있는 것들」을 주석하기를, 「인간의 생각과 마음 및 그것들의 모든 기능을 가리킨다.」 이렇게 풀이했지만,[4] 나는 한 걸음 더 나아가서 거기에다 이렇게 추가한다.

"내 몸에 있는 70 퍼센트에 달하는 물과, 60억 개나 되는 세포들과, 25조가 넘는 적혈구와 백혈구, 그리고 100조개나 되는 각종 세균들까지도 주님의 이름을 찬양하라!"

왜냐하면 내 속에 있는 「그것들」도 살아있는 생명체요 하나님의 피조물이 아닌가. 성경은 「모든 피조물들이 주님께 감사 찬송을 드린다」고 말씀하기 때문이다.

"주님, 주께서 지으신 모든 피조물이 주님께 감사 찬송을 드리며, 주의 성도들이 주님을 찬송합니다." (시 145:10).

---

3) 에모도 마사루(江本勝, 1943~) 박사는 그의 저서 [水からの傳言, The Message from waters], 1999. 6. 1. 초판)에서 '오늘도 물에게 고맙다고 하자(今日も水にありがとう)' 라는 운동을 벌이고 있다.
4) 존 칼빈 原著 舊約聖經註釋 (10), 1990년 성경교재간행사 발행, 232쪽

03. 찬송가의 정의

1) 나를 증거하라! 내 증인이 되라!

앞서 말했지만, 신명기 31장에는 하님께서 모세에게 내리신 두 가지 명령이 기록되어 있다.

① 노래를 써서 이스라엘 자손에게 가르쳐서 그 입으로 부르게 하여, 이 노래로 나를 위하여 이스라엘 자손에게 증거가 되게 하라. (신 31:19).

② 율법책을 기록하여 언약궤 곁에 두어, 너희에게 증거가 되게 하라. (신 31:26).

즉 찬양으로 하나님을 증거하고 말씀으로 증거하라는 명령이다. 예수님께서도 〈땅 끝까지 이르러 내 증인이 되라〉 하셨다.

"오직 성령이 너희에게 임하시면 너희가 권능을 받고 예루살렘과 온 유대와 사마리아와 땅 끝까지 이르러 내 증인이 되리라 하시니라." (행 1:8)

신구약 성경의 핵심은 〈증거〉에 있음을 알 수 있다.

2) 찬양으로 증거하고 말씀으로 증거하라

이 말씀을 그대로 실천한 사람이 종교개혁자 마틴 루터요, 18세기 미국의 대부흥사 무디 목사와, 복음찬송가의 개척자 생키 목사다.

루터는 극도로 미신화하고 배금주의와 우상숭배로 동성성교로 썩어버린 가톨릭을 목숨 걸고 개혁하였다. 그러나 교황이란 자가 높은 자리에 앉아 스스로가 하나님 행세를 하며 하나님의 자녀들인 회중들에게서 성경과 찬송을 박탈하였으므로,[5] 먼저 성경을 독일어로 번역 출판하고, 찬송가를 출판하여 회중들이 찬송을 부르게 함으로써 〈말씀과 찬송으로 증거〉 하게 한 것이다.

한편 19세기 미국의 골드러시(gold rush) 때, 황금에 눈이 어두워 미쳐 날뛰는 동족들

---

[5] 가톨릭은 신도들이 성경 읽는 것을 금지하여 성경을 가지고 있는 자는 사형에 처하기도 하였고, 찬송도 신부들이 일반 신도가 모르는 라틴어로만 하여 신도들을 바보로 만드는 우민(愚民) 정책을 썼던 것이다.

을 구원하기 위해 부흥의 횃불을 높이 든 무디 목사는, 생키 목사와 손을 잡고 〈설교자와 찬양자의 팀〉을 만들어 〈대각성운동〉 (Great Awakening)을 일으켜, 수많은 백성들을 하나님께로 인도하였는데, 그들이 포스터에 내건 슬로건은 다음과 같았다.

"무디 목사는 복음을 설교하고, 생키 목사는 복음을 노래할 것입니다."
"Mr. Moody will Preach the Gospel, and Mr. Sankey will Sing the Gospel."

3) 복음송과 복음 찬송

그들은 늘 함께 다니며 전도를 하였는데, 설교자의 설교 제목이 결정되면, 찬양자는 그 내용을 찬송으로 만들어 청중과 함께 불렀다. 거의가 글을 모르는 사람이던 그 시절, 새노래를 즉석에서 가르치려다보니 〈코러스〉 'Chorus' 란 새로운 음악양식이 생겨났다. 즉 독창자는 미리 청중에게 신작찬송의 코러스(후렴) 부분을 가르쳐 준다. 그리고는 자기가 1절을 부르고는 "다 함께 부릅시다!" 'Sing together!' 하고 외치면, 모두가 독창자와 함께 후렴을 부른다. 이런 식으로 2절, 3절을 계속해 부른다.

그래서 미국에서 발행한 《복음 찬송가》 'Gospel Hymns'에는 거의 모두 후렴이 있다. 우리나라 초기 찬송가들은, 그 방식을 따라 후렴을 〈코-라쓰〉라고 찬송가책에 표기하였던 것이다.

4) 찬송가의 정의

찬송가란 과연 무엇인가? 여러 사람의 정의가 있지만, 위대한 교회 지도자들의 정의를 알아본다.

❶ 마틴 루터의 찬송가 정의

1523년, 마틴 루터는 회중 찬송가 제작의 뜻을 굳히고, 친구인 게오르그 슈팔라틴 (Georg Spalatin, 1494-1545) 목사에게 이런 편지를 썼다.

"나는 예언자들과 초대교회 교부들의 모범을 따라, 회중을 위한 독일어 찬송을 만들어서, 노래란 매체를 통하여 하나님의 말씀이 그들 속에 살아있게 하기를 원합니다."

루터의 회중 찬송가 정의는, 회중들의 입술로 증거하는, 〈살아있는 복음의 소리〉

'viva vox evangelii'란 한 마디로 요약된다. 그리하여 그는 37편의 회중 찬송가를 작사 혹은 작곡하여 후대 사람들은 그를 〈복음찬송의 아버지〉라 부르게 되었다.

❷ 존 칼빈의 찬송가 정의

존 칼빈[6]의 생각은 어떠했는가. 그는 《제네바 시편가, 1543》 서문에 이렇게 썼다.

"우리는 어떤 노래를 부를 것인가? 우리에게는 하나님을 찬양하며 기도하도록 격려하는 진실하고 거룩한 노래가 있어야겠다. 하나님이 하신 일을 생각나게 함으로써 우리로 하여금 하나님을 사랑하고, 두려워하고, 영광 돌리게 하는 노래가 있어야 하겠다…."

위의 문장에서 칼빈의 찬송가 정의는 다음 세 마디로 요약된다.

① 하나님을 찬양하며 기도하도록 격려하는 거룩한 노래

② 하나님께서 하신 일을 증거하는 노래

③ 하나님을 사랑하고 두려워하고 영광을 돌리는 노래

전 세계 찬송가는 이 세 가지 원칙에 의해 편찬되고 있다.

❸ 존 웨슬리의 찬송가 정의

존 웨슬리 목사는, 1779년에 출판한 《사람들이 Methodist 라고 부르는 사람들을 위한 찬송가 모음》[7] 머리말에서, 자신감을 가지고 이렇게 말하고 있다.

--PREFACE 5. (…) 이 시대 어떤 출판물에 그리스도교를 이처럼 단순 명료하게 증거한 책이 있는가. 신앙의 높이와 깊이, 이론과 실제를 이처럼 극명하게 선포한 책이 어디 있는가.(….) 또한 주님의 부르심에, 우리의 응답에 대한 확신을 주어 하나님을 두려워하는 마음으로 성화에 이르는, 확실하고 명백한 지시가 이 찬송가 외에 어디 또 있는가?

---

6) 이 명칭은 원어 발음으로 안 하고 영어 발음으로 하였다.

7) A Collection of Hymns for the use of the people called Methodist, London., Oct. 20, 1779. p. 2

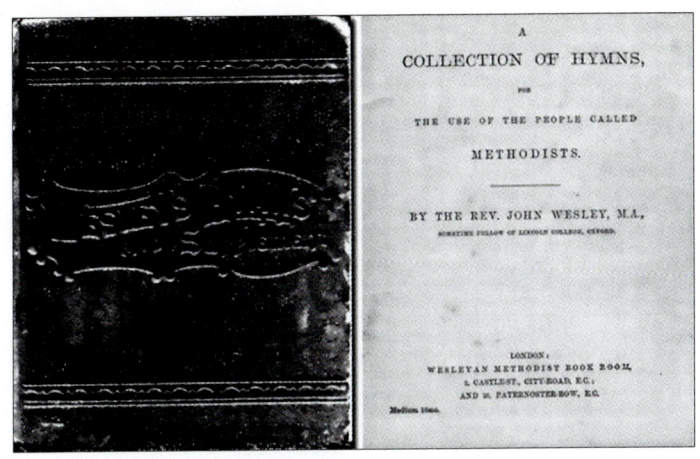

최초의 감리교 찬송가 표지와 안표지

이 서문에 의거하여 존 웨슬리의 찬송가 정의를 간추려본다.
① 그리스도를 증거하는 노래
② 신앙을 선포하는 노래
③ 부르심에 대한 응답의 노래
④ 성화(聖化)에 이르도록 지시하는 노래

표현만 다를 뿐 우리 개신교의 위대한 세 개혁자들은 다 같은 뜻으로 정의하고 있음을 알 수가 있다.

앞의 사진은 존 웨슬리가 1779년에 최초로 출판한 〈감리교도라 불리는 사람들을 위한 찬송가 모음〉(A Collection of HYMNS, for the Use of People Called METHODISTS) 표지와 안표지다. 2006년 여름 영국 헌책방에 단 한 권 남아있는 것을 주문하여 산 내 보물이다. 이 찬송가에는 총 1,026 편의 찬송 가사가 곡조 없이 수록되어 있다. 당시만 해도 찬송가에는 지정 곡조가 없었다. 가사의 운율(TUNE)만 맞으면 어떤 곡조로 불러도 상관없었던 것이다.

4) 최초의 찬송가 작사자 모세

하나님은 셈의 후손 중에서 아브라함을 택하셔서 인류 구속사업을 이루어 나가신다. 하나님의 언약을 무조건 믿는 아브라함, 하나님의 명령에 무조건 순종하는 아브라함, 하나님 앞에 언제나 겸손한 아브라함의 후손들은 간 데마다 제단을 쌓고 하나님께 예배를 드리는데, 어찌 찬양이 없었으랴. 하지만 성경에는 기록된 것이 없다. 최초의 하나님 찬양의 기록, 완전한 찬송의 가사가 등장한 것은 출애굽기 15장이다.

❶ 모세의 찬양

"내가 주를 찬송하련다. 그지없이 높으신 분,
말과 기병을 바다에 처넣으셨다.
2 주는 나의 힘, 나의 노래, 나의 구원,
주가 나의 하나님이시니,
내가 그를 찬송하고,
주가 내 아버지의 하나님이시니,
내가 그를 높이련다.
3 주는 용사이시니, 그 이름 주님이시다.
4 바로의 병거와 그 군대를 바다에 던지시니,
빼어난 장교들이 홍해에 잠겼다.
5 깊은 물이 그들을 덮치니,
깊은 바다로 돌처럼 잠겼다.

6 주님, 오른손이 권능으로 영광을 드러내셨습니다.
주님, 주의 오른손이 원수를 쳐부수셨습니다.
7 주께서 큰 위엄으로 주를 대적하는 사람들을 내던지셨습니다.
주께서 분노를 일으키셔서, 그들을 검불처럼 살라 버리셨습니다.
8 주의 콧김으로 물이 쌓이고, 파도는 언덕처럼 일어서며,

깊은 물은 바다 한가운데서 엉깁니다.

9 원수는 말하기를 '내가 그들을 뒤쫓아 따라잡고,
약탈물을 나누며, 나의 욕망을 채우겠다.
내가 칼을 뽑아 그들을 멸망시키겠다' 합니다.

10 그러나 주께서 바람을 일으키시니,
바다가 그들을 덮었고, 그들은 거센 물속에
납덩이처럼 잠겨 버렸습니다.

11 주님, 신들 가운데서 주와 같은 분이 어디에 있겠습니까?
주와 같이 거룩하시며, 영광스러우시며,
찬양받을 만한 위엄이 있으시며, 놀라운 기적을 일으키시는,
그런 분이 어디에 있겠습니까?

12 주께서 오른팔을 내어미시니,
땅이 대적을 삼켜 버렸습니다.
13 주께서 한결같은 사랑으로, 손수 구원하신
이 백성을 이끌어 주시고, 주의 힘으로 그들을
주의 거룩한 처소로 인도하여 주십니다.

14 이 이야기를 듣고, 여러 민족이 두려워서 떱니다.
블레셋 주민이 겁에 질려 있습니다.
15 에돔의 지도자들이 놀라고, 모압의 권력자들도 무서워서 떨며,
가나안의 모든 주민도 낙담합니다.
16 그들이 모두 공포와 두려움에 사로잡혀 있습니다.

주님, 주의 권능의 팔 때문에, 주의 백성이 다 지나갈 때까지,
주께서 속량하신 이 백성이 다 지나갈 때까지,
그들은 돌처럼 잠잠하였습니다.

17 주께서 그들을 데려다가 주의 소유인 주의 산에 심으실 것입니다.
주님, 이곳이 바로 주께서 계시려고 만드신 곳입니다.
주님, 주께서 손수 세우신 성소입니다.
18 주께서 영원무궁토록 다스리실 것입니다."

❷ 미리암의 찬양
20 그 때에, 아론의 누이요 예언자인 미리암이 손에 소구를 드니,
여인들이 모두 그를 따라 나와, 소구를 들고 춤을 추었다.
21 미리암이 노래를 메겼다.
"주를 찬송하여라. 그지없이 높으신 분,
말과 기병을 바다에 던져 넣으셨다."

모세는 애굽 궁전에서 음악도 공부했음을 필론(Phylon Judaeus, 주전15?~주후 45?)도 확인한 바 있다. 필론은 그리스어를 사용한 유대 철학자로서 헬레니즘 유대주의를 대표하는 가장 중요한 인물이다. 그의 저작들은 디아스포라에서의 유대주의의 발전에 관한 가장 명확한 견해를 제공해준다. 계시신앙과 철학적 이성을 종합하려고 한 최초의 인물로서 철학사에서 독특한 위치를 차지하는 신학의 선구자이다.

5) 최고의 찬송가 작사자 다윗과 그의 찬양대

하나님께서는 만물들에게는 당신이 직접 작곡해서서 입력시켜 주셨지만, 하나님의 형상대로 지음받아 자녀 된 우리들에게는 창의력을 주셔서 "새노래로 하나님을 찬양하라!"고 명하시는 것이다. 이 일을 가장 성공적으로 평생 해낸 사람이 다윗이다. 인간적

으로 볼 때 다윗은 장점이 많은 사람이지만, 한편으로는 흠도 많았다. 수많은 처첩을 거느리고 있으면서도 밧세바와 간통을 하고 지은 죄를 은폐하려고 충직한 장군 우리아를 지능적으로 살해한 다윗, 그러나 나단 선지자의 직언으로 하나님 앞에 눈물로 회개하고 이 사실을 참회의 노래로 ^(시 51편) 써 남겨놓은 다윗은, 죄를 짓고도 회개는커녕 오히려 남에게 손가락질을 며 덮어씌우는 우리들이 본받아야 할 귀감이 되는 것이다.

다윗은 왕권이 확립 된 다음 언약궤를 다윗성 곧 예루살렘으로 옮겨오는데, 찬양대를 동원하여 찬양을 하게 한다. 찬양대원은 모두 다 모시로 만든 가운을 입히고, 지휘자도 있었고, 반주 악기도 다양하였다. 다윗 찬양대의 반주 악기를 보자.

❶ 반주 악기
① 거문고
② 수금
③ 심벌즈
④ 놋 심벌즈
⑤ 뿔 나팔 등

❷ 연주 방식
두 가지가 소개되었는데
① 알라못 방식과
② 스미닛 방식이다.

① 알라못 방식은 개역에는 '여창 ^(女唱)에 맞추는 자'라 번역하였는데, 멜로디 악기가 아닌가 생각되며,
② 스미닛 방식을 개역에는 '여덟째 음에 맞추어 인도하는 자'라고 번역하였는데, 옥타브 아래나 위의 반주 악기가 아닌가 생각된다.

다윗왕의 찬양대 전통은 대대로 이어진다. 그 기록의 장수만을 열거한다.

6) 다윗 이후 왕조 찬양대

2. 솔로몬 왕의 찬양대(대하 5:12-14)

3. 히스기야 왕의 찬양대(대하 29:25-30)

4. 에스라의 찬양대(에 3:10-13)

5. 느헤미야의 찬양대(느 7:1, 67)

6. 288 명의 찬양대 (12명씩 24개 반, 대상 25:1-3)

7. 4,000 명의 찬양대(대상 23:5)

"4,000은 다윗이 찬송하기 위하여 지은 악기(대상 23:5)로 여호와를 찬송하는 자라." 연주는="공교(工巧)히 연주하라." (시 33:3)

여호와 하나님께 예배드릴 때 얼마나 웅장한 찬양을 드렸는가에 대해서 성경은 이렇게 기록하고 있다.

> "노래하는 레위 사람들인 아삽과 헤만과 여두둔과 그들의 아들들과 친족들이 모두, 모시옷을 입고 심벌즈와 거문고와 수금을 들고 제단 동쪽에 늘어서고, 그들과 함께 나팔 부는 제사장 백 이십 명도 함께 서 있었다. 나팔 부는 사람들과 노래하는 사람들이 일제히 한 목소리로 주께 찬양과 감사를 드렸다. 나팔과 심벌즈와 그 밖의 악기가 한데 어우러지고, '주님은 선하시다. 그 인자하심이 영원하다!' 하고 소리를 높여 주님을 찬양할 때에, 그 집, 곧 주의 성전에는 구름이 가득 찼다. 주의 영광이 하나님의 성전을 가득 채워서, 구름이 자욱하였으므로, 제사장들은 서서 일을 볼 수가 없었다." (표준새번역, 대하 5:12-14)

CHAPTER 2

신약시대의 찬양

01. 예수님의 생애와 찬양

예수님의 이 땅 위에서의 생애는 찬양으로 시작하여 찬양으로 끝났다. 4복음서 저자 중 누가는 음악을 좋아하고 잘 알았던 것 같다. 그는 예수의 생애 중 수 많은 찬미를 인용하였다.

① 천사 가브리엘의 찬미(눅1:28)
② 성모 마리아의 찬미(눅1:46-55)
③ 사가랴의 찬미(눅1:68-79)
④ 천군 천사들의 찬미(눅2:14)
⑤ 시므온의 찬미(눅 2:29-32)
⑥ 예수님이 나사렛 회당에서 찬양(눅4:16-19)
⑦ 예루살렘 입성시 호산나 찬양(눅19:38)
⑧ 마지막 만찬의 찬양(마26:30)
⑨ 십자가상의 찬양(마27:46)

우리 주님 예수께서도 안식일에 회당에서 예배드릴 때 유대인의 전통을 따라 시편으로 찬양을 하셨다. 주님이 찬송하신 기사는 성경 한 군데에 기록되어 있다. 최후의 만찬 기사에 이어 사도 마태는 이렇게 짤막하게 기록을 남겼다.

"그들은 찬송을 부르고 올리브산으로 갔다"(마 26:30).
물론 이 때 부른 찬송은 유대인들이 유월절에 부르는 할렐루야가 들어 있는 시편이었을 것이다.

02. 예수님이 승천하신 후

예루살렘에서 시작된 그리스도교의 성령 불길은 온 유대에 퍼지고, 사마리아를 거쳐 소아시아와 그리스·로마·이집트 등 세계로 번져나간다. 찬송가도 헬라어 찬송가, 라틴어 찬송가, 디아스포라의 찬송가 등으로 다양해지고, 각 민족과 각 지역에서 불리고 창작된다. 유대인 역사가 요세푸스(Josephus, 주후 37/38-100년 경)는, 네로의 박해시절 투기장에서 사자의 밥이 되어 죽어 가는 순교자들이 한 목소리로 하나님을 찬양하는 모습을 이렇게 기록하고 있다.

"투기장에서 굶주린 사자의 밥이 되는 처참한 죽음 앞에서도, 그리스도인들은 어찌나 큰 소리로 즐겁게 주를 찬양하는지, 수많은 사자들의 으르렁거리는 소리보다 크게 들렸고, 피에 굶주린 투기장 관객들의 아우성 소리보다 더 크게 들렸다."

당시 그들이 함께 부른 찬송은 《통일 찬송가, 1983》 2장과 4장, 〈아버지께 영광(Gloria Patri)〉이란 찬송이었다고 한다.

> 성부 성자와 성령
> 영원히 영광 받으옵소서.
> 태초로 지금까지
> 또 길이 영원 무궁
> 영광! 영광! 아멘! 아멘!

죽어 가면서도 삼위일체 하나님께 영광을 돌리고 죽은 그들! 진정 하늘나라를 믿는 자는 육신의 죽음 따위는 겁내지 않는다. 죽음 앞에서도 웃으며 주님을 찬양할 수가 있는 것이다.

다음 날 이른 새벽 투기장을 둘러본 네로는 기겁을 하였다는 것이다. 사자에게 물려 죽은 사람들의 얼굴이 한 결 같이 웃음으로 가득하여, 단 한 사람도 겁에 질리거나 일그러진 얼굴이 없었다는 것이다. 찬송은 그리스도인들이 모이면 언제 어디서나 필수적인 하나님 찬양이었다.

테르툴리아누스(Tertullianus, 155경-220 이후)는 초기 그리스도교의 주요 신학자요, 최초의 라틴 교부(教父)로서 그 뒤 1,000년 동안 서방 그리스도교의 어휘 및 사상 형성의 기초를 이룩했는데, 그는 이런 글들을 남겼다.

"우리 그리스도인 집회에서, 모든 그리스도인들은 손을 씻은 후 빛이 있는 데로 나와, 자기가 작사한 찬송가를 부르기도 하고, 성경에 있는 찬송으로 하나님을 찬양하였다…."

교회가 모여 예배할 때, 자기가 작사한 찬송으로 찬양을 드린다는 것은 진심에서 우러나는 신앙고백인 것이다.

흔히들 찬송가 가사를 절대적인 것으로 알고, 조금 바꿔 부르면 지옥 가는 줄 알지만, 나는 경우에 따라 그 때에 맞게 바꿔 부를 때에 더 큰 감동을 주는 것을 그 때 경험했다. 해방 직후 혼란한 나라를 보며 부흥회를 인도하시던 유재헌(劉載獻) 목사님은 '울어도 못하네'의 후럼, '나를 구원하실 이 예수 밖에 없네'를 '조선 구원하실 이 예수 밖에 없네'로 고쳐 불러서 선교의 중요성을 강조하셨는데 그렇게 은혜로울 수가 없었다. 그렇다고 쓸데없이 마구 고쳐 부르자는 말은 아니다.

성경도 마찬가지이다. 이사야서에는 다음과 같은 말씀이 있다.
"야곱아, 너를 창조하신 여호와께서 이제 말씀하시느니라. 이스라엘아, 너를 조성하신 자가 이제 말씀하시느니라. '너는 두려워 말라. 내가 너를 구속하였고 내가 너를 지명하여 불렀나니 너는 내 것이라.'" (사 43:1).

나는 여고 교목으로 16년 간 성경을 가르칠 때, 이 구절을 노트에 쓰게 하면서 [야곱아, 이스라엘] 대신에 각자 그 자리에 자기 이름과 별명을 써넣고, 마음속으로 열 번씩 읽으라고 권하였는데, 소녀들의 반응이 참으로 좋았다. 그래서 나는 비슷한 말씀인 이사야 44:21에는, 내가 늘 보는 성경책에, 아예 야곱 대신 내 본명인 信根을, 이스라엘 대신에는 새 이름인 小雲을 써넣고, 이 구절을 묵상할 때마다 내 이름을 부르며 이렇게 묵상한다.

"信根아, 小雲아, 이 일을 기억하라. 너는 내 종이니라. 내가 너를 지었으니 너는 내 종이니라. 小雲아 너는 나의 잊음이 되지 아니하리라."(사 44:21).

테르툴리아누스는 또 이런 말도 남겼다.

"어떤 그리스도인 형제가 불신자와의 결혼을 반대하였는데, 그 이유는 불신자와 결혼하면 함께 찬송을 부를 수 없기 때문이라고 하였다. 반면에 그리스도인과 결혼하면, 그들 부부는 함께 시와 찬미와 신령한 노래로 하나님을 찬양하며, 누가 더 찬양을 잘하나 내기도 할 것이 아니겠는가?"

세상에 우리나라 사람만큼 노래 부르기를 좋아하는 민족도 없을 것이다. 일본에서 시작한 '가라 오께'(から・オケ)가 일본에서는 별로 호응을 못 받았는데, 우리나라에 들어와서 [노래방]이 되어 공전의 히트를 치고 있다. 친구들과 모여, 또는 가족끼리 함께 즐겁게 노래를 부르며 기뻐하는 모습을 TV에서 보면서(저렇게 온 교우가 교회에서 하나님께 찬양으로 제사를 드리면 얼마나 좋을까?)하는 생각을 한다. 요즘 찬송가 노래방 기기가 나와 있으니, 오후 집회에는 그 기기를 틀어놓고 자원하는 사람이 나와, 기쁨으로 찬양을 드리면 얼마나 좋을까. 위의 인용구에서 테르툴리아누스는 근 2000년 전에 남편과 아내가 찬양으로 내기를 하라고 권고하고 있다.

교회가 확장되어 가자 신작 찬송가도 늘어나고, 예배 방식과 찬양 방식도 다양해진다. 하나님은 다양성의 하나님이시다. 만드신 만물이 같은 것이라곤 하나도 없단다. 물방울조차 같은 게 없다는 것이다.

뻐꾸기와 꾀꼬리와 소쩍새의 노래가 다르고, 매미와 쓰르라미와 말매미의 노래가 다르고, 개구리와 맹꽁이, 여치와 귀뚜라미의 노래가 다르지 않은가. 노래하는 장소도 각각이요, 창법도 각각이요, 그들에게 주신 노랫말이나 곡조도 제각각 아닌가.

하나님이 주신 음성도 다양하다. 맑은 소리를 내는 꾀꼬리가 있는가 하면, 탁한 소리를 내는 찌르레기와 말매미도 있고, 콧소리를 내는 맹꽁이도 있다. 큰 소리를 내는 황소가 있는가 하면 들릴 듯 말 듯한 병아리 소리, 나나벌이의 소리도 있다.

인간의 목소리도 똑같은 게 없어서 성문(聲紋)으로 범인을 잡는 세상이다. 찬양 방식도 매한가지다. 히브리인은 히브리 식으로, 헬라인은 헬라식으로, 로마인은 로마식으로, 한국인은 한국식으로 찬양을 하고 자기네 전통 악기로 찬양의 반주를 하는 게 정상이다. 그래서 초대교회는 자기 나름의 찬송가를 만들고, 자기네 곡조로 부르고 자기네 방식대로 불렀다.

히브리 곡조로 다윗의 시편을 노래한 시편창의 전통은, 기보법이 없이 전승되어 왔기 때문에 다소 변형되었으리라고 짐작은 가지만, 현대 유대인 회당에서 그 전통이 계속 이어지고 있다. 그레고리오 성가를 들어보면 대충 그 정서를 가늠할 수가 있다.

현재까지 전해 오는 가장 오래 된 헬라 찬송의 악보와 가사로는 〈옥시린쿠스 찬송가〉(Oxyrhynchus Hymn)로 알려진 파피루스 단편이 가장 오래된 것이다.(그림 참조)

옥시린쿠스란 고대 상(上)이집트의 19번째 노모스주의 주도인데, 나일 강 유역 서쪽 끝 알민야 총독구에 있었다. 처음에는 B. P. 그렌펠과 A.S. 헌트(1897-1907), 그리고 나중에는 20세기 초 이탈리아 학자들이 많은 양의 파피루스를 발견한 곳으로 알려져 있다. 주전 250~주후 700년의 것으로 추정되는 이 파피루스들은 주로 그리스어와 라틴어를 비롯해 민중들이 사용하는 이집트어·콥트어·히브리어·시리아어·아랍어 등으로 쓰였으며 사라피스의 기적, 〈신약성서〉의 초기 사본, [도마 복음서] 같은 여러 외경(外經) 등의 종교적인 교본들뿐 아니라, 그리스 고전 문학의 걸작들을 담고 있다.

그 가운데는 초기 그리스의 서정시인 핀다로스나 메난드로스·칼리아코스 같은 희극작가의 선집을 비롯해 옥시린쿠스 역사가의 연설문이나 역사에 관한 글 같은 수많은 산문들이 들어 있는데 이러한 글은 이전까지는 유실된 것으로 생각되어 왔다. 현재 이 자리에는 '알바나사'라는 마을이 들어서 있다.

이 옥시린쿠스 고적에서 1918년에 발견된(문서번호 1786), 주후 270년경의 헬라 찬송가를 〈옥시린쿠스 찬송가〉라고 하는데, 헬라 문자악보로 된 것을 현대 기보법으로 고친 것은 다음과 같다. 판독된 헬라어를 영어로 번역한 것을, 우리말로 중역한 여러 역문을 참고하여, 곡조에 맞춰 가사를 붙여보면 다음과 같다.

03. 악기 사용 문제

교회가 성장하여 교권화(教權化) 되고 획일주의가 되면서, 찬송가와 악기 사용 문제에 여러 가지 비판과 부정적인 견해들이 쏟아져 나온다.

먼저 바울의 악기에 대한 견해를 보자.

"내가 사람의 방언과 천사의 말을 할지라도, 사랑이 없으면 소리 나는 구리와 울리는 꽹과리가 되고"(고전 13:1).

바울이 말한 '소리 나는 구리'(銅鑼=징)나, '울리는 꽹과리'가 예배 때 사용된 악기인지는 알 수 없다. 고린도 교회의 무질서한 방언의 폐해를 말하며, 결론적으로 '사랑'이 모든 은사 중에 최상임을 강조한 [사랑장] 서두에서, 바리새인의 전통을 이어받은 바울은 위와 같이 타악기에 대해서 약간 부정적인 생각을 피력했다.

알렉산드리아의 클레멘스는 이렇게 경고하고 있다.

"사람들이 만일 퉁소나 현악기, 찬양대, 춤, 애굽인들이 치는 손뼉, 그리고 이와 비슷한 부질없는 일만을 중시한다면, 그들의 무절제는 아무도 못 말리게 될 것이다. 그리고 징이나 소고를 두드리고, 헛된 악기를 써서 소음만을 일으킬 것이다."

여기서 우리는 초대교회에 여러 가지 악기를 사용하고 열정적인 예배를 드리고 있었음을 명백히 알 수가 있다.

① 퉁소, ② 현악기, ③ 찬양대, ④ 춤, ⑤ 손뼉, ⑥ 징, ⑦ 소고

위의 것들은 우리가 구약시대의 성전 예배에서 하나도 이상할 게 없는데도, 찬송가 작자인 클레멘스는 이런 것들을 비난하며 수금만을 사용할 것을 주장했다고 러셀(S. N. Russel)은 그의 저서 (Church Music, p. 46)에서 이렇게 말하고 있다.

"노래 부르는데는 보통 퉁소가 따르게 마련인데, 알렉산드리아의 클레멘스는 이것을 아주 금하고, 수금(harp)만을 쓰도록 했다."

그런가 하면 찬송가의 멜로디는 성령께서 주시는 '당의정(糖衣錠)'과 같은 것이라고 주장한 교부도 있다. 초대 교회의 교부 바실리우스(Basilius, Basil the Great, 329경-379)는, 이단 아리우스주의에 맞서 정통신앙을 옹호하였는데 그의 설교문에 이런 말을 남겼다. "인간이 선을 행하지 못하고 잘못 기울어지면 쾌락에 빠져, 의로운 생활을 외면하게 된다. 성령께서 이를 보시고 어떻게 하셨을까. 그는 지혜로운 의사가 환자에게 쓴 약을 먹일 때, 그릇 가장자리에 꿀을 바르는 것처럼, 소리의 유쾌함과 부드러움을 통하여, 말씀 가운데 유용한 것을 부지중에 받도록 하기 위하여 교리에 멜로디의 기쁨을 섞으셨다."

앞서도 살펴보았지만, 초대교회의 찬송가는 하나님 찬양을 위한 것보다는, 이단과 대항하기 위하여 교리교육에 중점을 두고 있었다. 바실리우스는 성령께서 이 어려운 교리를 달콤한 곡조의 당의정을 입혀서, 어린 심령들에게 먹여주신다는 것이다. 거듭 말하지만 초대교회의 찬송가는 찬양의 목적도 있었지만, 교육의 목적 또한 중요했던 것이다.

'찬송가란 하나님을 찬양하는 노래다'란 어거스틴의 정의를 '성경말씀'처럼 믿는 사람들 중에는, 주일학교 찬송가에 실린 성경 이야기 노래나 교육노래를 다 빼버려야 한다고 주장하기도 하는데, 천만의 말씀이다. 소설 속에 나오는 가사로 만든 찬송인 '예수 사랑하심은'을 나는 최고의 찬송가라고 생각한다. 세계 어느 나라에를 가든지 선교사가 가장 먼저 가르치는 찬송이 이 찬송이다. 가사가 단순하고 곡조가 감미로워 당의정 속에 담은 듯한 이 곡은, 어느 민족 어디를 가든지 쉽게 전파되고 애창된다. 이 찬송가에는 이런 에피소드가 있다.

20세기의 대 신학자인 칼 바르트(Karl Barth, 1886-1968)는 시카고신학대학에서 은퇴

강연을 마치고, 자기 신학의 핵심을 말해달라는 질문에, 조용히 이렇게 찬송을 불렀다는 것이다.

> Jesus loves me this I know,
> For the Bible tells me so;
> Little ones to Him belong,
> They are week but He is strong.
>
> Yes, Jesus loves me!
> Yes, Jesus loves me!
> Yes, Jesus loves me!
> The Bible tells me so.

예수님의 사랑·성경·나의 죄·돌보심·하늘나라 등 신학의 모든 주제가 평이한 말로 씌어 있고, 1절만으로도 성서신학의 핵심 사상을 나타낼 수가 있다는 것이다.

우리는 수직적인 하나님 찬양을 하기 위해서, 먼저 가르칠 노래가 있다. 복음 선포의 노래, 성경 교육의 노래, 즉 수평적인 찬양을 먼저 열심히 가르쳐서 하나님의 백성의 숫자를 늘려야, 그들과 함께 수직적인 찬양을 할 것이 아닌가. 수평적인 찬양은 주님이 명하신 대로, [주님의 증인]이 가장 열심히 해야 할 '말씀선포 찬양'인 것이다.

내 이 주장을 뒷받침하기라도 하는 듯, '찬양이란 하나님이 하신 일을 선포하는 것'이라고 말한 위대한 교부가 있다. 라틴 교부들 가운데 가장 학식이 높은 인물로 평가받는, 히에로니무스(Eusebius Hieronymus, 347경-419/420)는 [불가타] 성경을 번역한 분으로도 유명한데, 그는 '찬송은 주님의 능력과 위엄을 선포하며, 계속적으로 하나님의 업적과 사랑을 찬양하는 것이라고' 이렇게 말했다.

"시와 찬미와 신령한 노래들로 서로 화답하며 너희의 마음으로 주께 노래하며 찬송하며"(엡 5:19)…. 시편·찬송 그리고 신령한 노래가 어떻게 서로 다른가는 시편집에서 가장 잘 배울 수가 있다. 여기서 간단히 말하면, 찬송은 주님의 능력과 위엄을 선포하며, 계속적으로 하나님의 업적과 사랑을 찬양하는 것이며…. 시편은 육신의 기관(器官)에 의하여, 무엇이 이루어져야 하며, 무엇이 이루어지지 말아야 할 것인지 알게 하도록 에토스(ethos, 습관·성격을 뜻하는 그리스어, 필자 주)의 자리에 적절한 영향을 미치게 한다. 그러나 이러한 것을 물어보며, 이 세계의 조화와 질서와, 모든 인류의 화합을 검사하는 민감한 도덕가는 신령한 노래를 부른다. 순진한 사람에게 우리의 의견을 명백히 표현한다면, 시편은 몸을 향한 것이고, 신령한 노래는 마음을 향한 것이다."

그는 어떤 사람이 틀린 곡조로 노래한다 할지라도, 그가 마음으로부터 하나님을 찬양하는 한, 하나님은 기뻐 받으신다는 것이다. 하나님은 무식한 사람의 곡조, 틀린 찬양도 기뻐 받으시는 것이다. 할렐루야!

04. 찬송가 금지령
- 라오디게아 총회 결의 -

교회는 가는 데마다 열심히 찬송을 부르는데, 여러 나라·여러 민족·여러 전통 곡조로 찬송가가 작사·작곡 또 연주되다 보니, 오늘날도 그렇지만, 성경적으로·신학적으로·예술적으로 권장할 만한 찬송보다는, 직설적이거나 유치한 가사와 곡조와 창법으로 된 찬송이 더 많이 불리게 되고, 대중음악과의 교류가 활발해지면서 찬송가의 정통성과 경건성에 문제가 생기는 것이었다. 더군다나 이단이 끼어들어 이단 선전 노래로 교회를 혼란하게 하지를 않는가.

그래서 주후 341년에 열린 '라오디게아 교회총회'(Synod of Laodicea (4th Century))에서는 오랜 논란 끝에 그 15번째 법령에 이런 결정을 넣었다.

"교회에서는 설교단에 올라가서 책을 가지고 노래하는 지정된 가수 이외에는 찬양을 해선 안 된다."1)

초대교회에서 성행하던 '성령의 감동을 받아 부르는 즉흥 찬양'을 금지하고, 자작 찬송을 금지하려니 이런 결정을 내릴 수밖에 없었으리라. 그리고 예배드릴 때에는 성경에 있는 찬송(Canticle)만을 불러야 하는데, 그것도 전문가인 찬양대만이 부를 수 있도록 한 것이다.

주후 578년에는 한 걸음 더 나아가서 '여자들은 여자 수도원 밖에서는 찬양대도 할 수 없다.'고 법으로 금지였는데 그 이유가 궁색하다. 여자들의 음성을 들으면 남자들의 마음이 흔들려 경건성에 지장이 온다는 것이다. 신부들의 독신주의로 말미암아 오는 마음의 동요를 막기 위한 방편이라고 볼 수밖에 없다. 하긴 '여자들에게는 영혼이 없다'느니, 유색인종에게는 영혼이 없다고 주장하던 시절이니 말해 무엇 하랴. 따라서 교회 합창의 여성 파트는 소년 합창단이 담당하였다. 그런데 다 아는 대로, 사내아이들은 사춘기가 되면 변성이 되어 갑자기 한 옥타브 음역이 낮아진다. 모처럼 훈련시킨 소년이 변성되어 소프라노 파트를 담당할 수 없는 일이 빈번히 일어나자 교회는 그들을 거세(去勢)를 시켜 목소리를 유지하게 하는 인권유린도 서슴지 않았다. 또 사람에 따라서는 스스로 목소리를 위하여 거세하는 사람도 생겨났다. 이들을 '카스트라토(castrato)'라고 부르는데, 백과사전에서 카스트라토를 찾아본다.

카스트라토(castrato, evirato라고도 함.) 여성 음역인 소프라노 또는 콘트랄토 성부를 노래하는 남성 가수. 넓은 음역, 유연성, 힘을 지닌 이들의 소리는 사춘기 전에 거세를 함으로써 얻었다. 카스트라토는 여성들이 교회 찬양대나 무대에 서는 것이 금지되었던 16세기에 나타났고, 17, 18세기 오페라에서 최고의 전성기를 누렸다. 카스트라토는 비인간적·불법적인 거세 행위로부터 나왔지만 성인 남자의 폐활량과 신체적 중량에서 비롯되는 대단한 힘을 지닌 성인 목소리를 낼 수 있었다. 목소리의 독특한 음질과 대

---

1) Canon 15 : No others shall sing in the Church, save only the canonical singers, who go up into the ambo and sing from a book.

단히 어렵고 화려한 성악 악구를 연주할 수 있도록 받은 강한 훈련에 힘입어 카스트라토 가수는 오페라 청중에게 최고의 인기를 얻었으며, 이탈리아 오페라가 전 유럽에 퍼지는 데 기여했다. 18세기 남성 가수의 상당수가 카스트라토였으며 가장 유명한 이탈리아의 카스트라토는 카를로 브로스키(일명 파리넬리)였다.

회중찬송은 이렇게 말살되었다. 회중들은 예배당에 가서 찬양대가 부르는 찬송을 감상(?)만 하고 부르지는 못하게 되었고, 작사·작곡을 해도 안 되는 것이었다.

세월이 흐르자 이에 불만을 품은 지방 교회들이 예배드릴 때에 다시 찬송을 부르기 시작하는데, 주후 506년에 열린 포르투갈 종교회의는 예배드릴 때에 찬송 부르기를 권장했고, 주후 630년에 열린 제6차 톨레도 회의(Council of Toledo)에서는 헌법 제 13조에 "찬송을 부르는 것은 예수님과 사도들이 보여주신 모범이므로 골(Gaul) 지방과 스페인 전역에서 자유롭게 찬송을 부르며, 또 창작을 해도 좋다. 이를 어기는 자는 파문에 처한다."라고 넣음으로써, 라오디게아 회의의 찬송가 금지령을 정면으로 번복한다. 이 결정은 많은 나라 교회에 영향을 주었으나, 가톨릭은 끝까지 라오디게아 회의의 전통을 지키다가 12 세기에 와서부터 차차 누그러진다.

05. 민중가

1) 라우다

하나님 찬양을 하려는, 또 이런 새노래를 작사·작곡하려는 민중들의 열망을 누가 막으랴. 교회에서는 못 불러도, 교회 예배에서 안 불려도 민중들은 '새노래'를 만들어 하나님 찬양하기를 그치지 않았으니 그것이 바로 '민중가'란 것이다. 라틴어의 '비예전찬송'(Laudi Spirituali)을 뜻하는 '라우다', 영어의 캐럴(Carol), 그리고 독일어의 라이제(Leise)가 그것들이다.

라우다는 복수형으로 laude, laudi 라고도 하는데, 이탈리아어로 '찬송가·찬미가'라는 뜻이다. 예수님·성모 마리아·성자들을 찬양하는 이탈리아 시, 또는 예배에 사용되지 않는 종교 노래를 말하는데, 그 시작은 라우데시(Laudesi)라고 불리는 평신도 형제단들이 무리를 지어 다니며, 방랑시인(Jongleurs)처럼 복음적인 노래를 부르며 전도한 데서 비롯된다. 라우다는 13세기 중엽부터 16세기까지 이탈리아에서 인기를 끌어 당시 종교결사라든지 찬양을 위한 노래로 사용되었다. 가장 유명한 라우다는 성 프란시스의 '태양의 찬미 Laudes creaturarum o Cantico del Sole'이다. 이것을 줄여서 만든 찬송가가 '온 천하 만물 우러러'(통일 33장)이다.

라우다 시인들은 많이 있었지만 유명한 라우다 작곡가들은 별로 없었다. 그래서 민요 선율에 붙여 콘트라팍타 찬송을 만들기도 했다. 13세기에 나타난 최초의 라우다는 단성 음악이었으며 16세기쯤에는 수직화음 양식으로 된 다성 라우다가 등장했다.

2) 캐럴(carol)

캐럴(carol)은 유절(有節) 가사에 후렴이 붙은 민요적인 그리스도교 노래다. 중세어 'carol'과 'carole'(프랑스와 노르망디 지방에서 사용)은 이교적 맥락을 지닌 민중적인 춤 노래, 궁정의 춤이나 춤 노래, 충성을 다짐하는 민중의 노래, 특정 양식의 다성 노래, 민중적인 종교 행렬 노래를 의미했다.

영국 캐럴의 황금기(1350경-1550)에 대다수 캐럴은 유절 노래의 성격을 갖게 되었고, 14세기 초부터 본질적으로 민중적 종교 노래로 고정되었다. 당시의 많은 캐럴 선율과 500개 정도의 가사가 전래되고 있는데, 대개 성모 마리아나 아기 예수, 크리스마스 이후의 성인들의 축일을 기리는 것들이다. 그밖에 가사 내용이 사랑이나 도덕·풍자·시사와 관련된 수난 캐럴과 부활 캐럴도 있다. 가사로 사용되는 시는 기교·재능·효과에 있어 뛰어나며 2개의 언어(보통 영어와 라틴어)를 함께 사용한 마카로니 캐럴이 많다.

15세기에도 캐럴은 계속 대중적인 종교 노래로 남게 되며, 예술음악과 문학형식의 하나로도 발전하여 영국 중세 음악 중에서도 상당히 비중 있는 음악 가운데 하나가 되었다. 음악 형식은 정교해졌으며, 대개 2명의 독창자가 후렴을 노래하면 3성부 합창이 이어지며 2성부 절은 합창의 후렴으로 끝날 수도 있다. 그러나 다성 캐럴은 전문 음악가들이 훈련받은 합창단을 위해 쓴 것이다.

이후 캐럴은 급속히 자취를 감추어 종교개혁과 함께 완전히 소멸되었고, 대신 아이자크 왓츠의 시편 찬송가가 등장했다.

캐럴은 18세기 후반 다시 나타나기 시작했으며 당시 최고의 크리스마스 찬송가인 찰스 웨슬리의 '천사 찬송하기를'(126장)은 아직도 각국에서 불리고 있다. 캐럴의 부활은 「전래의 브로드사이드 곡집」(Collections of traditional broadsides)에 힘입어 이루어지게 되었는데 이 책에는 '첫번 크리스마스, The first Noel'(123장)이 실려 있다.

미국에서 발달한 근대 캐럴은 그리스도교의 본질을 멀리 떠나, 산타클로스를 앞세운 상업주의적인 노래로, 먹고 마시며 즐기자는 향락주의 노래로 변질되어, 상당수가 캐럴이란 이름만 붙어 있을 뿐 캐럴이라 할 수 없는 것들이다. 몇 가지 예를 들어보자.

- 창밖을 보라

창밖을 보라. 창밖을 보라. 흰 눈이 내린다.
창밖을 보라. 창밖을 보라. 찬 겨울이 왔다.
썰매를 타는 어린애들은 해가는 줄도 모르고
눈길 위에다 썰매를 깔고 즐겁게 달린다.

긴긴 해가 다 가고 어둠이 오면,
오색 빛이 찬란한 거리거리의 성탄 빛
추운 겨울이 다 가기 전에 마음껏 즐기자.
맑고 흰 눈이 새 봄빛 속에 사라지기 전에

이게 어찌 성탄 노래인가. "마음껏 즐기자"는 향락주의의 노래가 아닌가.

• 루돌프 사슴 코

루돌프 사슴 코는 매우 반짝이는 코.
만일 네가 봤다면 '불붙는다!' 했겠지.
다른 모든 사슴들 놀려대며 웃었네.
가엾은 저 루돌프 외톨이가 되었네.

안개 낀 성탄절 날 싼타 말하길
"루돌프 코가 밝으니 썰매를 끌어 주렴."
그 후론 사슴들이 그를 매우 사랑했네.
루돌프 사슴 코는 길이길이 기억되리.

이 노래는 미국의 성탄 동화를 노래로 만든 것인데 재미는 있지만 성탄 노래가 아니다. 성탄 노래라면 예수님을 찬양해야 하는데, 이 노래는 예수님의 뜻을 따라 선행을 했다는 성 니콜라스가 변한 싼타클로스의 썰매를 끄는 사슴의 코를 '길이길이 기억하자'는 노래다.

이 노래의 주인공을 성탄과 관련해서 도식(圖式)으로 만들면:
예수님 → 성니콜라스 → 산타클로스 → 썰매 → 썰매 끄는 사슴 → 루돌프 → 코
가 되어 코를 찬양한 게 된다. 예수님 찬양한다며 사슴의 코를 노래하고는, 예수님께 찬양 드렸다고 할 수 있겠는가.

• 징글벨 영어 가사를 보자

Dashing through the snow in a one-horse open sleigh,
O'er the fields we go laughing all the way.
Bells on bobtail ring, making spirits bright,
What fun it is to ride and sing a sleighing song tonight.

Jingle bells, jingle bells, jingle all the way,
Oh what fun it is to ride in a one-horse open sleigh. ^(반복)

이 노래는 밤에 썰매를 타고 가면서 잘린 개 꼬리 끝에 달린 방울 소리를 노래한 것인데 어찌 성탄 노래라 할 것인가.

이런 예를 들자면 한이 없다. 팻분이 부른 '화이트 크리스마스'^(White Christmas)는 눈이 온 성탄절에 카드를 보내는 것을 노래한 것이요, '실버 벨'^(Silver bell)은 성탄 나무 장식용 은종^(silver bell)을 만들며 성탄을 기다린다는 노래요, '홀을 장식하자'^(Deck the hall)는 노래는 홀을 아름답게 장식하고 신나게 춤을 추며 즐기자는 노래다.

청소년들이 부르는 가짜 「크리스마스 캐럴」 가사를 목회자들은 잘 살펴 부르지 못하게 금지해야 한다. 교회마다 예수님 찬양은 어디로 가고 향락과 상업주의가 판을 치는데 이는 재물의 귀신^(鬼魖) 2), 귀신의 왕 맘몬^(Mammon, 바알세불)3)의 장난이다. 이런 가짜 성탄 노래들을 불러 성탄의 주인이신 주님을 슬퍼하시게 하고, 귀신의 왕을 기뻐하게 하는 일이 없어져야겠다.

2) 우리가 흔히 [귀신 신]이라 부르는 神 자는 "하나님 신" 자다. 줄이기를 잘하는 8만의 귀신을 섬기는 왜놈들이 식민지시절 그렇게 만들었다. 큰 옥편에 보면 [귀신 신] 자는 귀신 鬼 변에 납 申 자를 쓴 [魖] 자가 맞다.
3) 신약성경에서 〈맘몬〉은 눅 16:13과 마6:24에 "한 사람이 두 주인을 섬기지 못할 것이니 혹 이를 미워하며 저를 사랑하거나 혹 이를 중히 여기며 저를 경히 여김이라 너희가 하나님과 재물(Mammon-KJV)을 겸하여 섬기지 못하느니라."에 언급되었는데, 흠정역(KJV) 성경은 〈재물〉을 'Mammon'이라 번역했고, 갑바도기아의 주교 그레고리우스(Gregorius)는 〈맘몬〉이 〈귀신의 왕 바알제불〉(마 12:24)의 또 다른 이름이라고 확인을 했다.

06. 초대교회의 예배와 찬양

1) 안식일에는 성전과 회당에
주님이 승천하신 후 제자들은 안식일에는 유대인의 전통대로 성전이나 회당에서 유일신 하나님께 시편으로 찬양을 드렸다.

2) 주일에 사가에 모여서
그러나 '안식 후 첫날' 곧 주님이 부활하신 「주의 날(Lord's day)」에는 사가(私家)에 모여 창조주 하나님과, 그리스도이신 예수님과, 보혜사 성령님, 곧 삼위일체 하나님을 찬양하며 예수님의 말씀을 듣는 새로운 형태의 그리스도교 예배가 시작된다. 당시 예배 형식을 성경에서 찾아보자.

① 사도들의 가르침 받아(Didake)
② 서로 교제하며(Koinonia)
③ 떡을 떼며(애찬-성찬, Communion)
④ 기도하기를 전혀 힘 쓰니라. (행 2:42-47)

이 예배 때에는, 앞서도 언급했지만, 예수 그리스도 찬양은 시편에 없으므로 "성령의 감동에 따라 즉흥 찬양"을 드릴 수밖에 없었다. 누구든지 영감을 받으면 즉석에서 자작 찬송을 불렀는데 가사는 신작이지만 곡조는 자기가 아는 곡조에 붙여서 불렀다.
당시 유대 나라는 로마의 지배하에 있었고, 오랜 동안 헬라의 지배도 받았기 때문에 노래들은 다음 세 가지가 있었다.

3) 초대교회 찬양 곡조
❶ 종교적인 히브리 전통의 노래
❷ 헬라적인 예술노래

❸ 라틴적인 퇴폐적인 노래

따라서 각자가 좋아하는 곡조에 맞춰 그리스도를 찬양하였다. 이는 우리나라에 한국 전통음악과 왜색 창가음악과 미국의 재즈음악이 있는 것과 흡사하다.

4) 새벽 찬송회

오늘날은 한국교회는 새벽에 모여 〈새벽 기도회〉를 하지만 초대 교회 성도들은 새벽에 모여 하나님이신 그리스도께 〈새벽 찬양회〉로 모여 예배하였다.

플리니우스(Plinius, Gaius P. Caelius, 62-114 A.D. 경)가 로마 황제 트라야누스에게 보낸 편지를 보면 다음과 같은 구절이 있다.

"저들(그리스도인들-필자 주)은 해 뜨기 전에 모여 하나님과 동등한 그리스도에게 교송가(交頌歌)를 부릅니다. (Plinius 書簡集 X93).

당시 새벽 찬양회의 찬송은 구약시대의 전통을 따라 우리나라 메기고 받는 식의 교창(交唱·antiphonal)이었음을 알 수가 있다.

5) 〈신작 찬송가〉와 콘트라팍타 문제

이미 있는 노래에서 가사는 버리고 곡조만 채택하여 새노래를 만드는 것을 음악에서는 콘트라팍타(Contrafacta)라 하는데, 모든 나라에서 이런 '가사 바꾸기'는 수 없이 행해지고 있다. 우리나라의 예로는 '달아달아 밝은 달아'와 '새야 새야 파랑 새야'가 같은 곡조인데 어느 것이 원 가사인지 알 수가 없다. 아리랑 가사만 해도 수없이 많은 콘트라팍타 가사가 있지 않은가! 우리가 가지고 있는 찬송가 중에도 콘트라팍타가 많이 들어 있다. 외국 민요곡도 있고, 국가도 있고, 가곡도 있고, 대중 가요곡도 있다.

외국 사람들은 자기네 나라 민요나 가곡곡조에 찬송가 가사를 붙여서 콘트라팍타를 만든다. 쉬운 예로 영국에서는 아일랜드 민요인 '아 목동아'에 찬송가 가사를 붙여 부르고 있고, 미국 사람들은 포스터의 가곡이나 전래 민요곡에 찬송 가사를 붙여 부르고 있고, 우리는 그 곡의 원 가사는 모르는 채 은혜로운 찬송으로 받아들이고 있다.

콘트라팍타 찬송으로서 가장 애창되는 곡조는 존 뉴턴 목사의 찬송시에 미국 원주민 체로키(Cherokee)족4)의 민요를 붙여 부르는 〈Amazing Grace〉다. 그러나 우리나라 사람은 우리 민요의 콘트라팍타는 상상도 못한다. 우리 곡조·장단까지도 '사탄적'인 것으로 매도하는 사람들이 교계에는 아직도 많다. 하지만 미국과 캐나다 찬송에서 우리 대표적 민요 아리랑 곡조에 맞춰 작사한 찬송이 나와 우리 나에서도 아리랑 곡조로 찬양하는 교회가 차차 늘어가는 중이다.

1) 찬송가 콘트라팍타의 기원

♣ 경험담 한 토막:

작고한 어느 보수파 신학교 찬송가학 교수는 이렇게 주장했다.

"찬송가는 하나님을 찬양할 목적으로 성경말씀을 중심으로 만든 노래라야만 하며, 교회에서 사용하는 악기도 '다윗이 하나님을 찬양하기 위하여 악기를 만들었듯이'(대상 23:5) 거룩한 악기라야 한다."

그 날 나는 한 시간 가량 마포에 있는 찬송가공회 사무실에서 그 교수와 토론한 일이 있다. 그는 콘트라팍타 찬송은 절대 안 된다, 다 빼버려야 한다고 주장했다.

나는 찬송가를 펼쳐 가며 즉석에서 콘트라팍타 찬송 몇 곡을 가려냈다.

> 통일 13장/ 기뻐하며 경배하세→베토벤의 〈제9교향악 주제곡〉
> 16장/ 내 주는 살아 계시고→헨델의 〈메시야〉 찬양대 부활·영생 첫머리 곡조
> 30장/ 여호와 하나님 하늘에 계시니→〈유대인 회당〉에서 부르던 유대인 노래
> 40장/ 주 하나님 지으신 모든 세계→스웨덴의 술집에서 부르던 권주가 곡조
> 57장/ 즐겁게 안식할 날→독일 민요곡조

---

4) 체로키족은 우리민족의 일파임이 틀림없다. 몽고반점은 물론 그들의 민요 가사에 [낙원 조선] [조선 낭랑] 등 우리말이 들어 있기 때문이다.

080

79장/ 피난처 있으니→영국 국가 곡조

94장/ 예수님은 누구신가→무신론자 장 자크 루소의 오페라 〈마을의 점쟁이〉에 나오는 행진곡 곡조

245장/ 시온성과 같은 교회→오스트리아 국가 곡조

338장/ 천부여 의지 없어서→스코틀랜드 민요 곡조

388장/ 마귀들과 싸울지라→미국의 BATLE HYMN 곡조

393장/ 우리들이 싸울 것은→미국의 조지아 행진곡 곡조

545장/ 하늘가는 밝은 길이→영국 민요 곡조

그러자 그는 손사래를 치며 "그만, 그만 하시오." 라고 소리치는 것이었다.
"아뇨, 더 들어 보십시오."

그리고는 찬송가의 콘트라팍타는 구약 시대부터라고 자신 있게 말했다. 구약 시대의 찬송가는 시편이다. 우리는 여기서 다음과 같은 질문을 할 수 있다.

① 그 시편의 곡조가 히브리인의 여호와 찬양을 위한 창작이었는가? 아니면 당시 있던 곡조에 하나님 찬양의 가사를 써서 맞춘 콘트라팍타였는가?

② 이스라엘 백성이 홍해를 건너고 나서 미리암의 인도로 타악기를 치면서 하나님을 찬양한 찬송(바다의 노래와 미리암의 노래, 출 15:1-21)는 아마도 가사는 신작이었겠지만, 곡조도 그 자리에서 작곡한 신작이었을까? 아니면 애굽에서 부르던 곡조에 맞춰 불렀을까?

③ 그리고 그 때 사용한 악기들은 '여호와 찬양을 위해' 새로 만든 악기'이었을까?

④ 시편을 살펴보면 포로 이후의 작품이 분명한데도 '다윗의 노래'로 표기된 것이 있는데, 이 노래에 맞춰 부른 곡조가 어느 시대의 곡조이며, 하나님 찬양을 위해 창작한 것이라고 장담할 수가 있는가?

⑤ 또 같은 곡명으로 여러 가사를 노래하도록 지시하였는데, 예를 들면 스미닛(시 6, 12편); 깃딋(시 8, 81, 84편 등) 어느 것이 원 가사에 맞춘 곡인가?

⑥ 분명히 히브리 곡조에는 바벨론이나 앗수르의 이방적 곡조가 하나도 안 들어 있을까? 70년이란 긴 세월 동안의 포로 시절에 전통을 잘 보존하기로 이름난 히브리 민족이지만 이방 것을 하나도 받아들이지 않을 수가 있었을까?

이런 내 질문들에 그 교수는 "그렇다!" 하고 자신 있게 대답할 수가 없자, 화를 내고 나가 버리는 것이었다.

사도 바울이 고린도 교회에 보낸 편지에 보면 그 당시의 예배 순서를 대강 짐작할 수가 있고 또 예배의 모습이 얼마나 열정적이었던 가를 알 수가 있다.

고전 14:26-30를 보자.

여러분이 함께 모이는 자리에는,

① 찬송하는 사람도 있고,

② 가르치는 사람도 있고,

③ 하나님의 계시를 말하는 사람도 있고,

④ 방언하는 사람도 있고,

⑤ 통역하는 사람도 있습니다.

모든 일을 교회에 덕이 되게 하십시오. 누가 방언으로 말할 때에는, 둘 또는 많아야 셋이서 말하되 차례로 말하고, 한 사람은 통역을 하십시오. 통역할 사람이 없거든, 교회에서는 잠잠하고, 자기에게와 하나님께 말하십시오. 예언하는 사람은 둘이나 셋이서 말하고, 다른 이들은 그것을 분별하십시오 (고전 14:26-30).

이 기사를 토대로 당시 예배 상황을 재구성하면,

① 먼저 찬양하는 사람이 나와 시편 찬양이나 자작 즉흥 찬양으로 찬양 드리고,

② 사도들이 주님의 말씀을 강론하고,

③ 성령의 감동으로 계시 받은 사람은, 그 계시의 내용을 알려주고,

④ 누가 방언을 하면, 그 방언을 통역하는 은사를 받은 사람이 통역을 하곤 했는데, 너무나 열정적이고, 성령 받은 사람이 많아서, 서로 다투어 하려고 하는 바람에 바울은

질서 지킬 것을 강조하는 것이다.

미국의 찬송가학자 존 줄리앙(John Julian)의 〈찬송가학사전〉(A Dictionary of Hymnology, 1907)5)에는 다음과 같은 글이 있다.

"초대교회의 신앙심이 깊은 사람들은, '하나님의 말씀'이며, 그들이 '하나님'이라 부르는 그리스도를 찬양하기 위하여, 시와 찬미를 만들었다."(p. 641).

"성령강림 이후 그리스도인들은, 유대교의 찬송만 부르지 않고, 회중집회에서 부를 찬송가를 작사하였는데, 이런 사람들을 Psaltae, Cantore라고 불렀다."(상게서 p. 641).

❶ 히브리 전통의 곡조

일찍이 체코슬로바키아의 음악학자 아우구스트 암브로스(August Wilhelm Ambros, 1816-1876)는 이런 말을 남겼다.

"히브리 음악은 예술이 아니라 예배 자체다."

그렇다. 히브리 민족의 음악은 하나님 찬양 음악뿐이었으므로 이 곡조들은 경건한 종교적인 곡조다. 히브리음계는 우리나라 음계와 매우 유사한 5음 음계로서 한국인 정서와 잘 부합한다.

❷ 헬라 전통의 곡조

유대 민족은 오랜 헬라의 지배를 받아 왔기 때문에 그 영향을 받아 당시에 헬라의 예술적인 노래들이 꽤 있었다고 한다.

❸ 라틴 전통의 곡조

당시의 유대 나라는 로마의 지배하에 있었기 때문에 라틴 음악이 판을 치고 있었다. 우리나라가 일본의 지배 아래 35년간 지낼 때, 일본인이 퍼뜨린 일본 고유의 음계 "미야꼬부시"(みやこぶし, 都節) 음계가 우리나라의 가요계에 판을 치게 된 것과 유사하다.

따라서 '성령의 감동을 받아' 그리스도를 찬양하는데 가사는 신작이지만 곡조는 이

---

5) Dictionary of Hymnology, by John Julian: 46배판 1768p. 1-2 두 권으로 냈다. 본문은 6포인트, 주해는 4포인트의 깨알 같은 활자로 되어 있다.

세 가지 전통의 곡조 중에서 자기가 잘 아는 곡조에 맞춰 찬양을 하게 되니 자연히 콘트라팍타가 될 수밖에 없었다. 그 때 찬송이 신약에 몇 개 기록되어 있다.

1. 엡 5:14
2. 딤전 3:16
3. 딤전 6:15-16
4. 딤후 2:11-12

초대 교회 교인들은 이 찬송을 자기들이 아는 곡조에 맞추어서 불렀다. 즉 히브리 곡조나, 헬라 곡조나, 로마 곡조에 맞추어서 불렀다. 이렇게 그리스도교 찬송가는 처음 시작부터 콘트라팍타로 시작되었다.

CHAPTER 3

종교개혁 이후 찬송가

01. 종교개혁과 30년 전쟁

1517년 마르틴 루터가 면죄부 판매를 성경적 진리에 입각하여 공격한 것을 계기로, 쌓여왔던 국민의 분노는 일시에 폭발했다. 루터는 교황청으로부터 파문당하고 신학자 요한 에크(Johann Eck, 1486-1543)와의 논쟁에서 교황과 종교회의의 권위까지 단호히 거부함으로써 사태는 심각한 국면에 이르렀다. 새로이 황제가 된 카를 5세(1519- 56 재위)는 보름스에서 제국의회를 개최하여 루터로 하여금 자진 출두하여 그의 주장을 철회하도록 명했다.

이때 루터는 「성경과 명백한 이성에 모순되지 않는 한 이러한 주장을 철회할 수 없으며, 양심에 어긋나게 행동하는 일이 가장 위험하다.」라고 갈파하여 명백하게 기존 권위에 도전하는 자세를 취했다. 황제는 루터를 제국에서 추방했고, 루터는 작센 선제후의 비호를 받으면서 성경을 독일어로 번역하는 일에 전념했다.

이런 전설이 있다. 루터의 종교 개혁이 커다란 난관에 부닥치자 그는 골치를 싸매고 침대에 누워 좌절의 나날을 보냈단다. 이를 본 그의 아내 카타리나(Katharina on Bora)는 상복(喪服)을 입고 울면서 남편 방으로 들어갔다. 루터가 깜짝 놀라 '누가 죽었소?' 하고 묻자, 그의 아내는 '하나님이 돌아가셨어요.' 하고 대답을 하였다. 루터는 화를 내며, '전능하신 창조주 하나님이 돌아가시다니 말이나 되느냐'고 따졌다. 그러자 그의 아내는 '전능하신 창조주 하나님을 믿는 당신이라면, 왜 이렇게 좌절해 있느냐?' 고 나무랐고, 루터는 거기서 용기를 얻어 '내 주는 강한 성이요' 를 작사·작곡하고 종교개혁을 완성시켰다는 것이다.

루터의 주장은 독일의 종교적·사상적 토대를 크게 흔드는 결과를 낳았다. 사회적 불안을 느낀 기사들이 반란을 일으키고 농민들의 불만은 농민전쟁으로 폭발했다. 영주에 의한 부역노동의 강화, 영방(領邦) 군주에 의한 조세부담의 압박 등에 시달리는 농민에게 루터의 교리는 자유의 복음으로 작용했다.

농민들은 프랑켄, 슈바벤 상류 라인지대, 알자스 등지에서 영주관·성당·도시를 차례로 습격했다. 반란은 농민에 한정되지 않고 도시민에게도 확대되었다. 그러나 루터 자신은 농민반란을 크게 비난하여 반농민적 태도를 취했다. 이러한 루터의 태도에도 불구하고 새로운 예배양식과 신앙을 추구하는 신교도의 수는 증가하고 개혁파와 가톨릭교도의 대립은 화해될 수 없이 골이 깊어졌다.

카를 5세는 네덜란드·프랑스와의 대립, 투르크의 침입 등 제국에 대한 위협 때문에 일관된 종교정책이나 효과 있는 국정의 운영을 추진할 수 없었다. 그 결과 개혁주의는 영방제후에게까지 깊이 침투했다.

1546년 개혁파를 결속하는 슈말칼덴 동맹이 조직된 후 개혁파와 가톨릭의 반목은 1555년 아우크스부르크 평화회의가 열릴 때까지 계속되었다. 아우크스부르크 의회에서 제국의 종교적 통일이념은 포기되고 가톨릭과 루터파의 공존 원칙이 승인되었다. 이로써 영토를 지배하는 자가 그 지역의 종교를 결정한다는 원칙이 마련되었다.

한편 종교개혁의 물결이 가라앉은 뒤, 가톨릭은 실추된 가톨릭의 위신을 되찾고자 이른바「반종교개혁」을 단행했다. 뿐만 아니라 개혁파는 교리해석을 둘러싸고 칼빈파와 루터파 사이의 분쟁이 끊이지 않았다. 이러한 분쟁을 틈타 헝가리와 보헤미아에서는 귀족들이 지배자의 종교에 크게 저항했다. 그러나 가톨릭 측인 바이에른 공작 막시밀리안 1세가 도나우 지대를 병합해 가톨릭 교리를 강요하자 개혁파 측은 연합(Union)을 결성하여 정치적 결속을 다지려 했으며, 이에 맞서 가톨릭 측은 연맹(Liga)을 조직하여 양측의 긴장이 고조되었다.

당시의 복잡한 국제관계 속에서 개혁파 측은 네덜란드·영국·프랑스와, 가톨릭 측은 스페인·교황청과 긴밀한 관계를 유지했다. 가톨릭 교리가 강요된 보헤미아 지방에서 반독일 운동이 일어나 이 지방의 신교 귀족들이 독일총독을 창밖으로 던져버리는 사건이 일어났다. 이 사건을 계기로 갈등은 독일 전체로 확대되어 이른바「30년 전쟁」이 일어났다. 이 전쟁은 비단 독일에만 국한된 것이 아니었으며 반(反)

합스부르크 동맹군으로는 프랑스·영국·네덜란드·덴마크·스웨덴이 가담하고, 이에 맞서 가톨릭 진영이 결속했다. 그러나 전쟁은 합스부르크 왕조와 부르봉 왕조간의 대립 전으로 압축되었다. 일시 휴전도 성립되었으나 30년 간 계속된 이 전쟁은 베스트팔렌 평화조약(1648)으로 종결 되었다. 조약의 주요내용은 다음과 같다.

① 프랑스와 스웨덴이 각각 독일 영토의 일부를 차지하고 개혁파 통치자는 그들이 몰수한 교회재산을 차지한다.

② 칼빈파를 정식으로 인정하고 네덜란드가 스페인으로부터, 스위스가 독일로부터 각각 완전 분리 독립한다.

③ 모든 지배자의 종교가 허용되고 각 영방(領邦) 제후는 완전한 국가주권을 인정받는다. 이렇게 각 영방의 주권과 독립이 인정됨에 따라 신성 로마 제국은 사실상 붕괴되었다.

전쟁이 가져다준 황폐화는 그 어느 시대와도 비교할 수 없이 처참했다. 독일 인구는 1,800만에서 700만으로 줄었고 전시 군인의 약탈과 폭행, 농촌과 도시의 황폐, 경제적 타격 등은 이루 표현할 수 없었다. 경제활동은 극도로 마비되었고 독일이 이 재난에서 회복하기 위해서는 여러 세기가 걸렸다.

02. 30년 전쟁 중의 찬송가

이런 와중에서도 찬송가는 계속 작사되었다. 반 종교개혁자들과 싸울 때에는 루터가 작사 작곡한 「내 주는 강한 성」을 부르며 행진하고, 자기들이 작사한 노래를 부르기도 했다. 그 중에 특기할 만한 작가 몇을 소개한다.

1) 구스타프 왕(Gustavus Adolphus, 1594-1632)

스웨덴의 구스타프 왕은 30년 전쟁에 친히 군대를 이끌고 나아가, 가톨릭연합군의 사령관 발렌시타인(Wallenstein)과 싸워, 1632년의 뤼첸(Lützen) 전투를 승리로 이끌고 자신은 전사한 개혁파의 용사다. 그가 작사한 종교개혁 군가(軍歌)가 전해진다.

원수들이 미친 듯이 너희에게 달려 와도
두려워 말라. 어린양들아!

적군들의 힘과 무기 아무리 강할지라도
용기를 잃지 마라. 나의 군사여!

저들이 하나님의 성도들에게
이기는 것 같을지라도 잠시뿐이다.

2) 마틴 링카르트(Martin Rinkart, 1586-1649)

독일 색소니(Saxony)의 아이렌부르크(Eirenburg)에서 태어난 링카르트 목사는, 기독교 역사상 가장 처참했던 30년 전쟁이 끝난 다음 해에 세상을 떠났다. 그는 전쟁으로 황폐화된 도시에서 매일 50여명의 장례를 치르면서,「자 이제 모든 일에 하나님께 감사하자」(Nunk danket alle Gott) 라는 감사 찬송시를 써서, 오늘 우리는 물론 전 세계 성도들이 이 가사로 하나님을 찬양하고 있다. 가사를 소개한다. 당시의 상황을 떠올리며 맘속으로 불러보자.(통일 20장).

⟨1절⟩
다 감사드리세. 온 맘을 주께 바쳐.
그 섭리 놀라워. 온 세상 기뻐하네.
예부터 주신 복, 한없는 그 사랑
선물로 주시네. 이제와 영원히.
⟨2절⟩

사랑의 하나님 언제나 함께 계셔.

기쁨과 평화의 복 내려 주옵소서.

몸과 맘 병들 때 은혜로 지키사

이 세상 악에서 구하여 주소서.

〈3절〉

감사와 찬송을 다 주께 드리어라

저 높은 곳에서 다스리시는 주님

영원한 하나님 다 경배할지라

전에도 이제도 장래도 영원히. 아멘

3) 게오르그 바이셀(Georg Weissel, 1590-1635)

전쟁의 승리를 노래하는 「영원한 문아 열려라」(102장)는 다윗의 승전가를 영적으로 노래한 시편 24편에 의지하여 작사한 찬송이다. 신앙의 자유를 찾아 싸우던 30년 전쟁 끝판인 1642년에 발행된 〈Preussiche Fest-Lieder〉 제1부에 처음으로 발표된 이 찬송의 작사자는 라틴어 식으로 Georgius Weisslius 라고 표기되었다. 바이셀 목사는 30세에 어느 학교의 교장이 되었으나 이를 그만두고 33 세에 목사가 되어 쾨니히스베르크 (Königsberg)에 있는 엘트로스가르트(Eltrossgard) 교회에서 목회하다가 45세에 일찍 세상을 떠났다. 그가 작사한 찬송가를 소개한다. (통일 107장)

〈1절〉

영원한 문아 열려라.

새 임금 들어가신다.

만왕의 왕이 오셨다.

만민의 구주시로다.

〈2절〉

네 맘의 문 곧 열어라.
네 사사론 일 그치고
그 나라 일 이루도록
주 계실 성전 삼아라.

〈3절〉
오 나의 주 내 맘속에
곧 드사 함께 계시며
그 큰 사랑 베푸시사
늘 동행하여 주소서. 아멘.

4) 파울 게르하르트(Paul Gerhardt, 1607-1676)

루터에 버금가는 독일의 위대한 찬송가 작가는 누가 뭐래도 게르하르트 목사를 들 것이다. 그는 133 편의 찬송가를 작사하여 루터교 찬송가의 주류를 이루었다. 그의 나이 11세에 30년 전쟁이 일어났으니 그는 60 평생 동안 전쟁 중에 산 사람이다. 30년 동안 밤마다 적의 공격을 당하는 괴로움 속에서 그는 「밤 되어 고요할 때」라는 찬송을 작사하여 하나님께 그 밤을 맡겼다. 《새찬송가, 1962》 55장에 실려 있는 그의 가사에 붙은 곡조는 J. S. 바하가 편곡한 것으로서 빼어버린 게 아쉽다. 그 가사를 소개한다.

〈1절〉
밤 되어 고요할 때
건너편 숲과 들판
말 없이 잠자네.
곧 나도 잠들기 전
그 은총 감사하여
내 주께 찬송하겠네.

〈2절〉

내 사랑하는 이여,

형제와 벗들이여,

주 항상 지키네.

그 천사 방패 갖고

밤새 위험 없도록

각 사람 지키시도다. 아멘

그의 찬송으로 우리 옛 찬송가에는 들어 있었으나, 현재는 다 빼어버린 찬송은 다음 다섯 편이다. 제목만 보아도 알 수 있듯이 안위와 평안을 비는 찬송으로서 30년 전쟁의 산물이다.

① 밤 되어 고요할 때(Nun ruhen alle wälder, 새 55장), 1648

② 내 영혼아 곧 깨어서(Du, meine seele, 새 17장), 1653

③ 주의 사랑 끝없어라(O Jesu Christ, mein schöenstes licht, 개편 408장), 1653

④ 즐거워라 이 밤(Fröchlich soll mein Herze springen, 새 141장, 개편 103장) 1653

⑤ 네 염려 버리라(Befichl du deine wege, 개편 36장), 1656

03. 루터의 독일 코랄(Chorale)

우상숭배와 물신(物魅主義, Mammonism)과 동성성교(同性性交)로[1] 부패한 가톨릭을 개혁한 루터는 먼저 성경을 자국어로 번역했다. 그때까지 찬송은 신부들만이 불렀고,

---

[1] 교황청 한 고위직 신부는 은밀한 사석에서 이렇게 말했다. "나는 여자들과 성관계를 맺는 죄악을 저지르지 않기 위해 '동성애만 하겠노라' 맹세했다." 〈공동번역〉에 보면 이런 말씀이 있다. "수캐짓을 하여 번 돈을 어떤 서원제로든지 너희 하느님 야훼의 전에 가져올 수 없다. (신명 23:19). 소돔과 고모라는 동성애로 망했다.

성경은 라틴어로만 출판하여 미사 때 신부들은 라틴어로만 읽었다. 설교도 없었다. 라틴어를 모르는 회중들은 뜻도 모르며 듣고만 있었다. 루터는 사제의 전유물인 성경을 독일어로 번역하여 1522년에 비텐베르크에서 〈신약전서〉를 출판했다. [에라스무스의 그리스어 신약] 제2판을 대본으로 하여 번역한 것이다. 뒤이어 출판한 〈구약전서〉는 [브레스키아 히브리어 성경](The Brescia Hebrew Bible, 1494)을 대본으로 하여 번역한 것이다.

루터는 구약의 시편을 번역하다가 독일어 회중찬송가의 필요성을 깨달았다. 회중들의 찬양을 금지한 4세기 라오디게아 총회 법령이 아직도 시행되고 있었기 때문에, 미사에 참예한 회중들은 찬양대가 부르는 라틴어 찬송을 뜻도 모르고 듣기만 하고 있었던 것이다. 평신도들은 구경만 하고 있었던 것이다. 개인이 성경을 소지하면 화형에 처했다. 성경 찬송은 신부들만의 것이었고, 가톨릭교도들은 신부들이 시키는 대로만 하여 미신화 되어 역사학자들은 이 시기를 〈암흑시대〉라고 부른다.

그래서 하나님의 말씀인 성경을 회중에게 돌려준 루터는 이제 하나님이 가장 기뻐하시는 '찬양의 제사'를 드릴 수 있도록 찬송가를 제작하기 시작한 것이다.

1) 살아있는 복음의 소리, 찬송

1523년 루터는 친구 스팔라틴(George Spalatin, 1484-1545) 목사에게 이렇게 편지를 썼다.

"나는 예언자들과 고대 교부들의 모범을 따라 회중을 위한 독일어 찬송을 만들어서 하나님의 말씀이 그들에게 살아있게 하기를 원합니다. 이 목적을 위하여 나는 찬송가를 만들려고 합니다."

루터는 찬송가를 '살아있는 복음의 소리'(viva vox evangelii)라고 정의했다. '수직적인 하나님 찬양'이 아니라, '하나님이 하신 일을 증거하고 선포하는 수평적인 복음의 소리'라고 정의한 것이다. 이것은 하나님이 직접 모세에게, '내가 한 일을 노래로 만들어 이스라엘 백성에게 가르쳐 증거가 되게 하라' 명하신, 최초 그리고 유일의 찬송가 작사

· 교육 명령에 부합되는 것이다. 성경을 보자.

> "그러므로 이제 너희는 이 노래를 써서 이스라엘 자손들에게 가르쳐 그들의 입으로 부르게 하여 이 노래로 나를 위하여 이스라엘 자손들에게 증거가 되게 하라. 내가 그들의 조상들에게 맹세한바 젖과 꿀이 흐르는 땅으로 그들을 인도하여 들인 후에 그들이 먹어 배부르고 살찌면 돌이켜 다른 신들을 섬기며 나를 멸시하여 내 언약을 어기리니 그들이 수많은 재앙과 환난을 당할 때에 그들의 자손이 부르기를 잊지 아니한 이 노래가 그들 앞에 증인처럼 되리라 나는 내가 맹세한 땅으로 그들을 인도하여 들이기 전 오늘 나는 그들이 생각하는 바를 아노라. (신 31:19-21)."

우리나라 찬송가 학자 중에는 '어거스틴의 망령(亡靈)'에 사로잡혀서 '수직적인 찬송만이 찬송가다'란 고정관념에서 벗어나지 못하고 있는 이들이 많다. 그들은 찬송가 개편 때마다 '수평적인 찬송은 찬송이 아니다. 다 빼야 한다.'고 강력히 주장하지만, 작업의 진도만 늦출 뿐 '하나님이 하신 일을 선포하는 수평적인 찬양'을 어찌 뺄 수가 있겠는가. 그들은 왜 루터의 찬송가 정의인 '찬송은 살아있는 복음의 소리'라는 말은 받아들이지를 않고, 우상숭배에 앞장선 어거스틴의 주장 중의 '일부'만 따르는지 모르겠다. 어거스틴이 시편 148편을 강해하면서 내린 찬송가 정의, '찬송은 하나님을 찬양하는 노래다'란 구절은 그의 찬송가 정의중의 일부다. 그는 그 말 바로 다음에 이렇게 계속해서 말하고 있다.

"어거스틴은 계속하여 말한다. "70인역 성경을 보면(14절), '홈노스 파시 토이스 호시오이스 아우투'라는 말이 나오는데, 이것은 무슨 뜻일까? '모든 주님의 성인(聖人)들에게 찬양을'이라니…, 이 말은 '모든 주님의 성인들이 찬양을 받게 하라', '모든 주님의 성인들이 찬양을 하게 하라'는 뜻이 아닌가."(Julian: A Dictionary of Hymnology p. 640)

가톨릭은 어거스틴의 이 주석을 따라, 성모 마리아는 물론, 교황이 명명(命名)한 이른바 '성인'들에게도 찬양은 물론 기도도 드리지만, 우리는 오직 삼위일체 하나님께만 찬양을 드리며 기도한다.

2) 루터가 만든 찬송가

루터가 만든 찬송가는 다음에 뿌리를 두고 있다.

(1) 공인된 라틴어 찬송가

(2) 종교개혁 이전의 대중적 찬송과 민요

(3) 세속 곡조에 찬양 가사를 붙인 것

루터는 세속 노래나 민요 곡조를 차용하여 거기다 찬송 가사를 붙였는데, 그 대표적인 것이 인스부르크(Innsbruck)라는 노래다. 이 노래는 막시밀리안 1세가 1495년 수도인 인스부르크를 떠나 비엔나로 옮기자, 그 아쉬움을 노래한 속가(俗歌)인데 작곡은 이삭(H. Isaak, 1445-1517)이 하였다. 루터는 "인스부르크여, 나 그대를 떠나야 하리"(Innsbruk, Ich muss dich Lassen)란 가사의 한 단어 '인스부르크'만 고쳐 "오 세상이여, 나 그대를 떠나야 하리"(O Weld, Ich muss dich Lassen)로 만들어 찬송가에 넣었던 것이다. 우리 찬송가에는 새찬송가 55장, 청년 찬송가 50장에 루터의 가사가 아닌 게르하르트(P. Grhardt) 목사의 '저녁 찬송' 가사에 그 곡조가 실려 있다.

이런 일은 우리나라에서도 있었다. 1970년대 초에 '나 혼자만이 그대를 알고 싶소'로 시작하는 송민도의 유행가 가사 중 '그대'를 '주님'으로 살짝 바꾸어 서울의 어느 성당에서 청년들이 기타를 치면서 이렇게 불렀다는 것이다.

> 나 혼자만이 주님을 알고 싶소. / 나 혼자만이 주님을 갖고 싶소.
> 나 혼자만이 주님을 사랑하며, / 영원히 행복하게 살고 싶소.

그러나 '나 혼자만이 주님을 알고 싶다란 표현은 안 된다. 모두 알게 해야지' 라는 어느 신부의 지적이 나와 중지했다는 얘기를 당시 전해들은 기억이 난다.

오늘날 우리가 수난 찬송의 대표작으로 꼽는 '오, 거룩하신 주님'(145장)이란 찬송은 하슬러가 작곡한 '내 마음이 어지러운 것은 그 어여쁜 처녀 때문'이라는 유행가 가사를 떼어버리고, 수도사 끌레르보의 베르나르드(Bernard of Clairvaux)의 수난 명상시를 붙인 것이다. 바하는 그의 불후의 명작 [마태 수난곡]에서 이 곡조를 여러 차례 반복함으로써, 그 유행가 곡조는 오늘날 일약 세계적인 수난 찬송이 된 것이다. 즉 거룩한 찬양 가사인 '몸'이 속된 곡조의 '옷'을 입음으로써 그 곡조도 따라서 거룩해진 것이다. 죄인 우리가 주님을 옷 입음으로써 우리가 거룩해지는 것과 같은 이치다.

루터는 시편을 번역하면서 찬송가를 작사·작곡하기 시작하였는데, 그가 지은 찬송가는 37편에 이른다. 이것을 세분하면 다음과 같다.[2]
① 9편은 창작이요,
② 11편은 라틴어 찬송을 독일어로 번역한 것이요,
③ 4편은 이미 있던 독일어 찬송을 수정한 것이며,
④ 7편은 시편에서 따온 것이요,
⑤ 6편은 성경 여러 곳에서 따온 것이다.

[종교개혁의 전투가]로 유명한 그의 찬송가 '내 주는 강한 성이요'는 시편 46편에서 영감을 받아 지은 찬송이다. 현행 우리 찬송가에는 루터의 찬송은 이것 하나뿐이지만, 현행 일본 [讚美歌 21]에는 10여 편이나 수록되어 있다.

어느 나라나 콘트라팍타 노래는 있다. 루터는 거룩한 찬송가 가사를 민요나, 가곡이나, 유행가 곡조에 붙여서 교회에서 부른 것이다. 가사는 몸, 곡조는 옷이다. 가사는 생수, 곡조는 그릇이다. 어떤 옷을 입든 그 사람은 변함없다. 어떤 그릇에 생수를 담든 생수의 본질은 변치 않고 그 모양만 변한다. 이게 가사와 곡조의 관계다. 물론 옷이 깨끗해야 그 사람이 품위를 유지하고, 그릇이 깨끗해야만 물이 오염되지 않는다. 따라서 콘

---

[2] Julian: A Dictionary of Hymnology, p. 707 참조.

트라팍타로 사용하는 곡조는 예술적이고 영감을 주는 곡조라야 함은 물론이다. 초기 감리교 찬송가도 거의 다 콘트라팍타였다. 가사의 운율만 맞으면 다 아는 노래 곡조로 전도집회 때 찬송으로 불렀던 것이다.

이런 루터의 찬송가를 코랄(Chorale)이라 부른다. 코랄의 특징은 수평적·선율적이 아니라, 수직적·화성적이다. 루터의 독일 코랄이 우리나라에서 잘 안 불리는데, 이유는 우리 민족은 수평적·선율적 음악을 좋아하기 때문이다. 우리는 곡조가 아름다워야 좋아하며, 같은 곡조라 하더라도 4분 음표 위주로 된 4박자 계통의 코랄 곡조보다는, 리듬이 세분된 곡조, 셋잇단음표가 많은 곡조, 3박자 계통의 곡조, 삼분박(三分拍)3) 곡조를 좋아한다. 그 증거로 [개편 찬송가]에는 찬송가학적으로 좋은 코랄이나 옛 헬라 찬송가를 많이 넣었었는데,《통일 찬송가, 1983》를 만들 때 다 도태되고 말았다.

루터가 만든 찬송가는 당대에 유명한 음악가인 요한 발터(Johann Walther, 1496-1570)와 콘라드 루프(Konrad Ruff)의 도움으로 출판되었다. 루터가 첫 번째로 발행한 찬송가인 〈새로운 영적 찬송가, 1523〉(Neue geistlich Gesänge)는 4부로 되어 있는데, 현대의 악보와 같이 통합된 피아노 악보가 아니다. 쉽게 말하면 파트별 찬송가라 하겠다. 이 찬송가는 찬양대들이 합창할 때 쓰기 위하여 만든 것으로 보인다. 루터의 두 번째 찬송가는 1524년에 출판된 〈몇 편의 그리스도교 노래〉(Etlich Christriche Lieder)인데 흔히 〈찬송가 8곡집〉으로 불린다. 여기에는 루터가 지은 찬송 4편을 포함해 8편의 코랄이 들어 있다. 루터가 세 번째로 출판한 〈영적 찬송가〉(Enchiridion geistlicher Gesenge, 1529)에는 26 편의 코랄이 들어 있는데, 가정이나 교회에서 쉽게 사용하도록 만든 회중찬송가로서 단선율의 곡조 찬송가다. 루터의 친구 발터는 1524년에 [Geistliches Gesangbuchlein]이란 찬송가를 내었는데, 30곡 중 23 곡이 루터의 작곡이다. 이 책은 흔히 〈비텐베르크 찬송가〉라고 부른다. 1529년에 클루크(Joseph Klug)는 루터의 공인

---

3) 3분박은 3박자와 다르다. "박자"는 한마디 안에 이루어지는 비트(beat)를 말하지만 "분박(分拍)"은 1비트 안에 쪼개(split)지는 기본단위를 말한다. 따라서 3분박은 1비트 안에 쪼갤 수 있는 기본리듬이 3개라는 것이다. 이 3분박은 인위적 리듬인 서양의 셋잇단음과 개념이 다르다. 이 3분박은 주변국 중국, 일본, 몽골, 러시아 등에서 사용하는 분박과는 전혀 다르다. 하나님께서 우리민족에게만 주신 것이다.

하에 50곡을 담은 〈개편 찬송가〉(Geistliche Lieder auf gebessert)를 출판하였는데, 앞서 나온 찬송가들보다 많이 불렸다. 여기에는 저 유명한 '내 주는 강한 성이요'가 수록되어 있는데 오늘날 곡조와 좀 다르다.

마지막으로 밥스트(Babst)에 의해 1545년에 루터의 손을 거쳐 출판된 최후의 찬송가에는 28곡이 수록되어 있다. 이런 독일 코랄 찬송들은 출판 당시에는 반주 없이 회중들이 제창으로만 불렸으나, 나중에는 회중의 제창에 찬양대의 다성부 합창이 뒤따랐고, 주후 1600년 이후에 이르러 소프라노에 곡조를 둔 4성부 오르간 반주가 규정되어, 회중은 오늘날과 같이 4성부 편곡의 찬송가를 가지고, 소프라노의 멜로디를 부르게 되었던 것이다.

04. 스웨덴 찬송가

루터의 종교개혁은 유럽을 가로질러 동북으로 급속히 퍼져 나갔다. 그가 번역한 독일어 성경은 구텐베르크의 금속활자와 인쇄술의 발명으로 다량으로 인쇄되어 요원의 불길같이 보급되었다. 이보다 먼저 금속활자를 발명한 우리는 그것으로 불경을 찍어냈지만, 믿음의 사람 구텐베르크는 먼저 성경을 찍어 온 유럽에 퍼뜨렸다. 초기에는 라틴어 성경만 찍어냈지만, 후에는 독일어 성경, 프랑스어 성경, 영어 성경을 찍어내는 고속도로를 깔아놓은 것이다. 사제들의 전유물이던 찬송가를 개혁하여 회중 찬송인 독일어 찬송가가 나오자, 개혁에 따르는 나라마다 자기 나라말로 성경을 번역하고, 자기네 말과 곡조로 찬송가를 작사·작곡하는 태풍이 불었으며 책으로 출판되어 급속도로 퍼져 나갔다.

스웨덴 찬송가 역사에 큰 획을 그은 인물로서 라우렌티우스 페트리(Laurentius Petri, 1499-1573)를 들 수 있다. 그는 스웨덴의 개혁과 종교개혁 지도자로서, 웁살라의 초대

개혁과 대주교(1531-73)를 지냈다. 그가 일차적인 책임을 지고 간행한 1541년의 [스웨덴 성경]은, 루터의 독일어 성경이 독일어를 모국어로 하는 사람들에게 그러했듯이, 스웨덴 사람들의 신앙생활과 문학에 큰 변혁을 일으켰다.

스웨덴교회는 16세기 프로테스탄트 종교개혁 기간에 로마가톨릭에서 루터교로 개종했다. 스웨덴 사람들은 9세기에 그리스도교를 받아들이기 시작하여 12세기에 그리스도교 국가가 되었다. 스웨덴·노르웨이·덴마크로 이루어진 스칸디나비아 연합이 해체된 이후, 독립 스웨덴의 왕이 된 구스타프 1세 바사(Gustav I Vasa, 1496경-1560)는 스웨덴의 가톨릭이 갖고 있는 막대한 경제력을 없애고자 했다. 종교개혁자 올라우스 페트리의 도움을 받아 스웨덴에 종교개혁을 도입했다. 1544년 왕과 의회는 공식적으로 스웨덴을 루터교 국가로 선포했다.

올라우스 페트리(Olaus Petri, 1493-1552)는 또한 스웨덴어로 신약성경(1526)과 찬송가(1526), 교회 입문서(1529), 스웨덴교회 전례서(1531) 등의 저서를 냈다. 올라우스 페트리, 그의 형제 라우렌티우스 페트리, 라우렌티우스 안드레아는 성경 전체를 스웨덴어로 번역하여 1541년에 이를 출판했다.

1582년 핀란드에서 공부하던 대학생 데오도릭 페트리(Theodoric Petri)가 편집 출판한 프로테스탄트 찬송과 캐럴 모음 〈Piae Cantiones〉에는 스웨덴에서 애창되는 찬송가와 캐럴들이 들어있는데, 찬송가 역사상 중요한 자리를 차지하고 있으나 우리나라에서 불리는 것은 없다.

05. 재세례파의 찬송가

세례는 1세기의 그리스도교 공동체에서 대단히 중요한 위치를 차지했다. 신약성경과 2세기의 교회 교부들은 구원의 선물은 어린이에게도 해당된다는 것을 분명히 했다. 터툴리안은 유아세례를 반대한 최초의 사람인 듯한데, 이를 통해 2세기 무렵 이미 유아세례가 행해졌음을 추측할 수 있다. 루터교회·개혁교회·성공회는 유아세례를 받아들였다. 그러나 급진적 종교개혁가들, 주로 재세례파 교도들은 「세례 받는 사람은 세례 받기 전에 신앙을 고백할 수 있을 만큼 충분히 성숙해야 한다」고 주장했다. 이들을 「재세례파」(Anabaptist, Rebaptizer)라고 한다.

재세례파의 가장 뚜렷한 특징은 성인세례다. 이 운동의 1세대 개종자들은 세례를 두 번 받았는데, 그 당시의 법에 따르면 재세례는 사형에 해당하는 범죄였다. 재세례파 자신들은 세례를 두 번 받는다는 사실을 부인했다. 그 이유는 자신들이 받은 유아 세례를 「신성 모독적인 의식」으로 보고 부정했기 때문이다. 그들은 죄와 믿음을 공개적으로 고백하고 성인 세례를 받는 것만이 유일하고 타당한 세례라고 보았다. 스위스의 종교개혁가 울리히 츠빙글리의 견해를 따른 그들은, 「유아들이 선과 악에 대한 자각이 생기기 전까지는 죄로 인한 형벌을 받지 않으며, 그런 자각이 생기고 난 후에야 자유의지로써 회개하고 세례를 받아들일 수 있다」는 견해를 고수했다. 또 재세례파들의 신앙에 따르면 구원받은 자들의 공동체인 교회는 국가로부터 독립해야 하며, 죄인을 처벌하는 것이 국가의 유일한 존재 이유라고 보았다. 대부분의 재세례파들은 크리스천들이 사회질서를 유지하고 정의로운 전쟁을 행하기 위해 무력을 사용하는 것에 반대했으며, 시민 선서를 하는 것도 거부했다. 이런 신앙 때문에 수천 명의 재세례파들이 죽임을 당했다. 초기의 재세례파 지도자들은 대부분 옥사하거나 사형 당했다.

1528년 빈에서 사형 당한 후프마이어(Balthasar Hubmaier, 1485-1528)는 모라비아의 지도자였다. 많은 재세례파들이 그곳에 정착하여 예루살렘의 초대교회를 모델로 삼아 재산 공유를 강조하는 양식을 발전시켰다. 야콥 후터[4]가 지도자로 있을 때, 이들 공산주의적 이주민들은 그의 이름을 따라 「후터파」(Hutterite)로 불리게 되었다. 후터파는 지금은 주로 미국 서부와 캐나다에서 명맥을 이어가고 있다.

여러 망명자들이 1534년에 뮌스터에 정착했으며, 이곳에서 그들은 도시의 통치권

---

4) Jakob Hutter(1500-1536)는 1536년 이단자로 몰려 고문 받은 후 화형 당했다.

을 장악하고 공산주의적 신정국가(神政國家)를 세우고 일부다처제를 실시했다. 1535년 독일의 군주들이 일으킨 군대에 의해 뮌스터는 함락되었으며 재세례파들은 고문과 죽음을 당했다. 네덜란드와 북부 독일의 평화적인 재세례파들은 과거에 사제였던 메노 시몬스(Menno Simons. 1496-1561)와 그의 부관 디르크 필립스의 영도 아래 집결했다. 그들의 추종자들은 살아남아서 마침내 「메노파」(Mennonite)라는 종파를 형성했다. 메노파라는 이름은 온건한 재세례파 지도자들이 시작한 일을 강화하고 조직화한 네덜란드 사제 메노 시몬스의 이름에서 유래했다.

이들의 찬송가는 널리 알려진 민요곡에다가 가사를 붙인 콘트라팍타 찬송들이다. 교회에서는 회중 찬송으로, 가정에서는 가정 예배 찬송으로 불렸지만, 간 데마다 핍박을 받는 그들의 찬송은 다른 교파에는 전파되지 못하였다. 1563년경에 출판된 그들의 첫 찬송가는 〈간추린 찬송가〉(Ausbund)인데 여기에는 재세례파 초기 순교자들, 이를테면 1527 순교한 펠릭스 만츠(Feix Manz), 바그너(Jörg Wagner), 사틀러(Sattler), 1528년에 순교한 슐라퍼(Schlaffer), 후프마이어 등이 작사한 찬송들이 들어 있다. 이 찬송은 대다수가 잘 알려진 민요곡이며, 루터교의 코랄 곡조도 있는데, 악보는 없고 매 장마다 「무슨 곡조로 부르라」고 곡조가 지정되어 있다.

얘기가 곁길로 가지만, 제시된 곡조를 모를 때 그 리듬에 맞는 다른 곡조로 찬송을 부른 것은 동서고금의 통례이며 오늘날 문명국에서도 성행되고 있다. 현재 미국《장로교 찬송가》(Presbyterian Hymnal, 1990) 118장을 보면 곡조 밑에 이렇게 기록되어 있다. 「Alternate tune: ELLACOMBE 89」. 즉 이 찬송은 89장의 ELLACOMBE 곡조로 불러도 좋다는 말이다. 이런 찬송이 여러 군데 있다. 제시된 곡조를 모를 경우 자기가 좋아하는 다른 곡조로 부를 권리를 인정한 것이다.

이 장로교 찬송가에는 난하에 친절한 설명이 많이 붙어 있다. 「이 찬송은 돌림노래로 불러도 좋다」느니(39장 등), 「이 찬송은 기타 반주로 불러도 좋다」느니(45장 등), 「안티포날로 불러도 된다느니」(20장 등), 「이 곡의 높은(혹은 낮은) 키는 ○○장」이라느니 (20, 131장 등), 「호환곡조(Alternate tune)는 551장」이라느니(20장 등), 「데스칸트로 부를 경우 몇 장을 참조하라」느니(31장 등), 후렴에 라틴어 가사를 넣고「그 뜻은…」하고 해설을 붙이기도 하고(46장 등),「후렴은 끝절에만 불러라」느니(122장)5)「이 곡조의 다른 화성은 421장」이라느니(161장 등),「드럼으로 반주할 때는 이렇게 하라」느니(271장 등),「이 부분 가사는 다음과 같이 불러도 된다」느니(276장 등), 이렇게 친절하게 편집하였다.

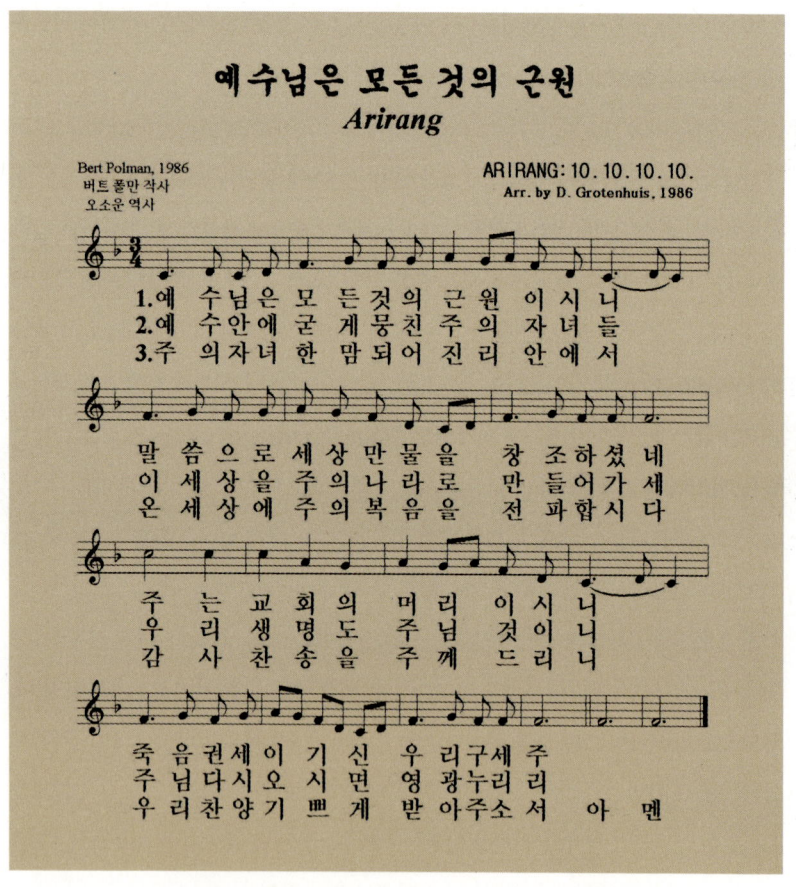

미국《장로교 찬송가》(Presbyterian Hymnal, 1990) 346장

---

5) 이 곡은 헨델 작곡「주님께 영광」으로 A-B-A 세 도막 형식이기 때문에, A에 해당하는 후렴은 마지막 절에만 부르는 것이 타당하다고 본 것이다. 즉 A-B-A 형식으로 되어 있으니까 A+B+A+B+로 부르다가 A-B-A로 마무리 하라는 말이다. 우리는 [A-B-A]+[A-B-A]+[A-B-A]로 부르기 때문에 A가 2회 겹치게 된다.

그리고 4절 이상 되는 가사의 경우 5절부터는 악보 밖에 기록해 놓아 악보의 모양을 예쁘게 하였다. 이 찬송가 346장에는 우리나라 민요 아리랑 곡조에 「Christ, You are the Fullness」라는 찬송 가사를 붙이고는, 「Arirang」이란 tune name을 밝혀 놓았다. 그 찬송을 소개한다.

다음에 개편할 때 편집에 참여하게 될 사람들에게 부탁한다. 이런 미국 찬송가를 본받아서 회중의 찬송가 사용에 편의와 다양성을 추구해주기 바란다.

다시 본론으로 돌아와서, 두 번째로 나온 재세례파 찬송가는 〈몇 편의 아름다운 그리스도교 노래〉(Etlich Schöne Christliche Gesang, 1564)인데 독일 남동부 바이에른 주에 있는 파사우(Passau) 성에 갇혀있는 스위스의 재세례파 교도들이 작사한 찬송이 주를 이루고 있다. 이들 중 유명한 사람이 벳츠(Hans Betz)와 슈나이더(Michel Schneider)다.

벳츠(Nicolaas Beets, 1814-1903)는 네덜란드의 목사요 작가로서 네덜란드 문학의 고전이 된 〈암실〉(Camera obscura)을 쓴 사람이다. 그의 〈요세〉(Jose, 1834), 〈쿠제르〉(Kuser, 1835), 〈기 드 블라밍〉(Guy de Vlaming, 1837) 같은 시는 고전주의자와 낭만주의자들 사이에 벌어진 논쟁에서 한몫을 했다. 레이덴대학 재학 중에 쓴 단편·설화·수필 등을 〈암실〉(1839)이라는 제목으로 펴냈다. 1839년 성직에 임명되어 헴스테데와 위트레흐트에서 목회를 했으며, 1874-84년에는 위트레흐트 주립대학 교수로 근무했다. 교회에서 성공적인 목회활동을 하는 동안에도 수많은 찬송들을 썼다.

06. 칼빈과 제네바 시편가

1) 스위스의 종교개혁

독일에서 루터에 의해 일어난 종교개혁의 또 다른 큰 줄기는 스위스에서 비롯되었다. 처음에는 츠빙글리(Huldrych Zwingli, 1484-1531)가 1518년에 취리히에서 시작하였고, 그의 뒤를 이어서 칼빈이 제네바에서 개혁을 하였는데, 초기 종교개혁 지도자들은 의견이 일치하지 않아 교회가 심히 혼란을 겪기도 했다. 서로가 자기주장만을 내세워 많은 분파를 내었을 뿐만 아니라 심지어는 죽이기까지 했다. 그중 광적(狂的) 파벌 중 몇을 소개하면, 뮌처(Müntzer)파, 아담파(Adamists), 악마 숭배파(Devillers), 자유인(반 칼빈파) 등을 들 수 있다.

스위스의 종교개혁을 이은 사람은 칼빈이다. 그는 16세기의 가장 중요한 종교개혁가요 장로교의 창시자로 불린다. 그는 프랑스 북부 지방 누아용(Noyon)에서 지방 귀족의 비서, 경리 등으로 일한 소시민의 아들로 태어났다. 파리에서 신학을, 부르주(Bourges)의 대학에서는 법학을 전공했다. 1532년 세네카의 〈관용에 대하여〉의 주해를 발표하여 학문적 재능을 인정받았다. 이듬해 에라스무스와 루터를 인용한 이단적 강연의 초고를 썼다는 혐의를 받고 숨어 지내면서, 교회를 초대 사도시대의 순수한 모습으로 복귀시킬 것을 다짐하고 로마가톨릭과 결별했다. 이른바 「돌연한 회심」이다.

그는 복음주의적 개혁주의의 입장을 명확히 했다. 1535년 프랑스 국왕 프랑수아 1세(Fransois I, 1494-1547)의 이단에 대한 박해로 신변의 위험을 느낀 그는 스위스의 바젤로 피신하여, 거기서 복음주의의 고전이 된 《기독교강요》를 저술하였다(1536). 이것은 박해받고 있는 프랑스의 개혁주의를 변호하고 그 신앙을 옹호하기 위한 것이었다.

칼빈은 매우 과묵한 사람이었기에 그의 성격이나 성품에 대해서는 거의 알려진 것이 없다. 그의 부인은 결혼한 지 9년 만에 죽었다(1549). 아이도 없었으며 재혼도 하지 않았다. 뛰어난 지적능력·비상한 기억력·순발력·보기 드물게 명료하고 설득력 있는 표현력을 가지고 있던 칼빈은 카리스마적 지도자가 되었다. 그는 수많은 사람들에게 영감을 주어 삶을 변화시키고 그가 내세운 대의에 따라 모험을 하도록 만들었다. 공직생활을 하던 전 기간에 걸쳐 그를 지탱해 주었던 것은 자신이 교회를 개혁하도록 하나님의 부르심을 받았다고 하는 신념이었다.

개혁주의자들에 대한 박해를 피해 칼빈이 제네바에 도착했을 때, 종교혁명은 공고한 기반을 구축하지 못한 상태였다. 개혁주의 의식이 정립되어 있지 않았고, 새로운 교회제도도 수립되지 않았으며, 교육 등 16세기 지역사회들이 교회에 기대했던 보완적인 사회봉사도 시행되고 있지 않았다. 칼빈은 대중에게 성경을 가르치는 목사로서 제네바에서 활동을 시작했다. 그의 임무는 교육받은 시민들에게 그들이 목격한 당대의 중요한 변화들이 정당함을 입증해주는 것이었다.

제네바 시민들을 개혁신앙으로 교육시키기 위해 그는 〈신앙 교육〉(1537)을 썼다. 이어서 그는 자신의 문필가적 기량과 법학 지식을 활용하여 파렐(Guillaume Farel, 1489-1565)과 함께 일련의 예배 및 훈련 지침을 마련했다. 그러나 제네바 시민들은 이 지침에 대해 관심이 거의 없었다. 1538년 갑작스런 논쟁에 휘말린 파렐과 칼빈은 새로 선출된 도시 평의회의 압력을 받아 3일 안에 도시를 떠나라는 추방명령을 받았다. 파렐은 뇌샤텔(Neuchatel)로 옮겨가 거기서 여생을 보내며 그 도시의 개혁을 주도했다. 한편 칼빈은 스트라스부르(Strasbourg)로 가서 3년 동안 프랑스 망명자들의 교회를 섬겼다.

2) 칼빈의 음악관

칼빈은 츠빙글리와 마찬가지로 가톨릭의 것은 다 버리려 했기 때문에, 초기에는 예배시간에 음악의 사용을 엄히 금지시켰다. 방종한 사회에 대한 칼빈의 깊은 불신은 엄격한 예배를 낳았고, 이 예배는 예술이나 가공적인 것이 사람들의 주의를 산만하게 할 일말의 가능성조차 배제했다. 칼빈은 화려한 교회의 장식을 완전히 배제했다. 그의 개혁교회에는 이른바 성인들의 조각상은 물론, 성화도 십자가도 없었고, 성직자들의 화려한 제복도 촛불을 켜 놓은 제단도 없었다. 다만 하나님의 말씀을 강론하는 강대상만이 중앙에 놓여 있을 뿐이었다.

우리나라 초대교회도 이런 칼빈의 영향을 받아 아주 단순한 모습이었으나, 50년대에 들어오면서부터 오늘과 같은 모양으로 변신하기 시작하였고, 그 추세는 점점 더 가톨릭을 닮아 가는 것 같다. 그래서 과감한 개혁을 외치는 소리가 메아리치기 시작한다.

이러한 상황 속에서 음악의 존재 역시 칼빈에게는 우려의 대상이었다. 그가 생각하는 음악은 두 가지다.

첫째, 거룩하다는 가톨릭의 「성가」들은 썩은 냄새가 나서, 사람의 영혼을 오도하여 위험에 빠지게 하는 음악이며,

둘째, 춤과 함께 즐겨 부르는 대중들의 음악은 음탕한 퇴폐적인 것이라서, 인간을 도덕적 타락의 길에 빠지게 하기 쉽기 때문에 이 둘 모두 배제해야 한다는 생각이었다.

이런 면에서 루터와는 정반대의 입장이요, 츠빙글리의 전통을 이어받았다고 하겠다. 그래서 칼빈은 많은 후세 음악인들로부터 「교회음악의 발전을 더디게 한 장본인」으로 지탄 받기도 한다. 그 이유는 예배를 드릴 때 사용되는 음악을 엄격하게 제한하였을 뿐만 아니라, 예배에서 악기 사용을 허락하지 않았고 화음을 넣어 합창으로 노래하는 것도 금지했기 때문이다.

3) 칼빈의 〈시편가〉

칼빈의 종교개혁은 처음부터 신정정치(神政政治)에 기반을 둔 엄격한 것이었기 때문에 제네바 교회는 이를 감내 못하여, 파렐과 함께 추방되어 프랑스의 스트라스부르로 갔었다. 거기 있는 동안 루터파 교회 회중들이 「신령한 노래」로 하나님을 찬양하는 것을 보고 감동을 받아, 3년 후 제네바로 금의환향 하였을 때 그는 생각을 바꾸어 〈시편가(Psalter)〉를 만들어 예배에 찬송을 도입하게 되었다. 그는 1543년에 나온 〈제네바 시편가〉 서문에 이렇게 기록하고 있다.

"우리는 어떤 노래를 부를 것인가? 우리에게는 하나님께 찬양하며 기도하도록 격려하는 노래가 있어야겠다. 하나님이 하신 일을 생각나게 함으로 우리로 하여금 하나님을 사랑하고, 두려워하고, 영광 돌리게 하는 노래가 있어야겠다. (……) 우리가 여러 면에서 노래를 찾아보았으나, 성령 자신이 말씀하시고, 성령의 감동으로 쓰인 다윗의 시편보다 더 좋은 노래를 못 찾았다. 우리가 시편을 노래할 때 하나님 자신이 우리 입

에 말씀을 주시며, 우리 안에서 하나님 자신이 당신의 영광을 찬양하는 것이 되기 때문이다.(……).”

이 글에서 우리는 〈칼빈의 찬송가 정의〉라 할 만한 몇 가지 구절을 발견한다. 칼빈이 생각하는 찬송가는 다음 세 가지이다.
첫째, "하나님께 찬양하며 기도하도록 격려하는 노래."
둘째, "하나님이 하신 일을 생각나게 하는 노래."
셋째, "우리로 하여금 하나님을 사랑하고, 두려워하고, 영광 돌리게 하는 노래."
다 아시는 대로 시편의 대다수가 수평적인 「신앙을 격려하는 노래」가 아닌가. 또 하나님은 모세에게 「하나님이 하신 일을 생각나게 노래로 만들어 가르치라」고 다음과 같이 명령하시지 않았는가?

"이제 너희는 이 노래를 써서 이스라엘 자손들에게 가르쳐 그들의 입으로 부르게 하여 이 노래로 나를 위하여 이스라엘 자손들에게 증거가 되게 하라. (신 31:19)."

07. 츠빙글리의 종교개혁 찬송가

개혁세력은 너무나 강하고 급속하여, 전 유럽을 휩쓸고 퍼져나갔다. 마틴 루터가 아니었더라도 개혁은 누군가에 의해 불 당겨졌을 것이라는 게 학자들의 의견이다. 그런 면에서는 오늘 우리 한국교회도 개혁의 벼랑 끝에 떠밀려 있음은, 뜻 있는 그리스도인이라면 절감하는 생각이다.

츠빙글리 시절의 프랑스 형편을 보자. 1517년 10월 7일 저녁, 스위스 취리히 시 한 선술집에서 용맹하기로 이름난 스위스 용병과 용병들을 사기 위해 외지에서 온 사람들을 대상으로 돈을 번 사내들이 술을 마시며 놀음판을 벌이고 있었다. 그 한구석에서

밧줄 제조업자인 한스 괴츠와 병원담임 신부인 한스 클링거 사이에 시비가 벌어져 클링거 신부가 괴츠를 살해하는 사건이 발생했다. 이 사건이 일어나기 바로 직전 취리히를 책임지고 있던 콘스탄스 감독은 「성직자들은 도박과 술집 출입을 삼가라」고 경고했지만 소용없었다. 타락한 일부 성직자들은 쾌락에 빠져 헤어나지 못하고 있었던 것이다. 살인을 한 클링거 신부는 교황의 사절에 의해 사면돼 풀려났다. 하지만 취리히 의회는 클링거 신부를 시골로 좌천시키고 취리히 대성당의 설교자인 츠빙글리를 초빙해 그 자리에 앉혔다.

마을 행정관이었던 자유농의 아들로 태어난 츠빙글리는, 베센에 있는 학교에 다녔으며 바젤과 베른에서 공부했다. 그의 스승 뵐플린(Heinrich Wölfflin)은 그에게 고전에 대한 열정과 음악에 대한 사랑을 불어넣어 주었다. 츠빙글리의 지능은 너무 빨리 계발되었기 때문에 그에게 적당한 교사를 대주기조차 어려운 형편이었다. 그는 13세 때, 당시 스위스에서 가장 우수한 학교가 있는 베른(Bern)에서 공부했다. 1504년 20세에 바젤 대학을 졸업하고 22세에 신부가 되어 글라루스로 갔는데 좋은 목자로 평판을 얻었고, 그리스어와 히브리어를 공부하기 시작했으며 교부들에 관해 폭넓게 독서했다.

마침내 그는 성경이 참으로 하나님의 말씀이며 단 하나의 완전하고 오류 없는 표준임을 깨닫게 되었다. 그는 또한 성경은 오직 성경으로써만 해석해야 한다는 것을 깨달았다. 그는 성경의 의미를 완전하고 정확하게 이해하기 위하여 온갖 노력을 아끼지 아니하였으며, 성령의 도움을 간구하였다. 그는 비로소 값없이 얻을 수 있는 하나님의 은혜의 복음을 알게 되었다. 성경을 탐구하면 할수록 성경은 진리라는 것과, 로마가톨릭은 썩은 이단이라는 것이 더욱 분명하게 대조되어 나타났다.

1516년에 츠빙글리는 아인지델른(Einsideln) 수도원의 설교자로 초청을 받았다. 이 수도원의 명물은 성모 마리아상인데 기적을 행하는 능력이 있다고 소문이 나 있었다. 수도원 입구에는 이런 글까지 새겨 있었다.

"이 곳에서 완전한 속죄를 얻을 수 있다."

이 마리아상이 안치되어 있는 전각에는 스위스 국내는 말할 것도 없고, 멀리 프랑스와 독일에서까지 사람들이 떼 지어 모여들어 많은 헌금을 내며 기적을 빌었다. 츠빙글리는 이렇게 미신의 노예가 된 사람들에게 복음으로 말미암은 자유를 설파하였다.

그의 설교는 일반 대중에게 크게 환영을 받았으나, 신부들은 그의 교훈을 정죄하며 조소와 비난으로 그를 공격하였고, 어떤 사람들은 무례한 말과 협박으로 그를 대하였다. 그는 이에 굴하지 않고 성경 강해를 통해 개혁운동을 강화하였으며, 단식계율(斷食戒律)을 부정하는 저서를 냈다. 또 시 당국이 기획한 토론회에서「67개조 제안」를 발표하여, 시 당국을 설득시켜 종교개혁에 호응하도록 하였으며, 또 제2회 토론회에서는 성화상(聖畵像) 폐지뿐만 아니라, 십자가·제단 그리고 오르간의 폐지까지 주장하였다.

그러자 열광적으로 그를 추종하는 청년들이 교회의 값비싼 오르간을 파괴하고, 성상(聖像)을 때려 부수고, 성화들을 제거하였다. 이 일로 마침내 개혁교회와 가톨릭을 견지하는 원시 5주와의 사이에 전쟁이 일어나자, 츠빙글리는 취리히 군의 종군목사로 참전 하였다가 아깝게도 1531년 10월 11일 카펠(Kappel) 전투에서 47세 나이에 전사하였다.

츠빙글리는 루터의 회중 찬송가를 아주 못마땅하게 생각했다. 민요나 대중가요의 가사만 바꾸어 그 곡조로 찬송하는 것도 못 마땅했지만, 특히 썩어빠진 가톨릭의 그레고리오 곡조 일부를 가사만 바꾸어 그대로 쓰는 것은 용납이 안 되었다. 그는, 개혁은 가톨릭의 것을 완전히 버리고 초대교회와 성경으로 돌아가는,「참 교회」라야 올바른 개혁이라고 주장했다.

그는 음악적으로는 루터보다 훨씬 전문가였다. 그는 당시 있던 웬만한 악기는 다 연주할 수 있었는데, lute, harp, violin, raboegli(작은 violin), zink 등을 능숙하게 연주할 뿐만 아니라, 작곡도 하고 편곡도 하고 반주도 붙였다. 그는 1519년 흑사병이 돌아 취리히 주민 9,000 명 중 2,500 명이 죽어갈 때, 죽어 가는 사람들에게 위로를 주려고 작사 작곡을 하여 보급기도 했으며, 그의 집에서는 가족끼리 음악을 연주하며 이웃을 초청하기도 했다. 그래서 그는 회중 찬송보다는 차라리 대위법적인 다성음악에 마음이

쏠렸는지도 모른다. 그는 루터식의 회중 찬송과 오르간 사용을 배제했기 때문에, 70년 동안 취리히의 개혁교회 예배에서는 회중 찬송이 없었다.

츠빙글리는 「교회는 언제나 개혁 중」이라는 개혁자들의 표어에 따라 가톨릭의 전통 아래 이루어진 모든 것을 다 없애버리는 일을 옳다고 생각했다. 그의 개혁사상은 스위스의 각 지방에 퍼졌다. 그의 사망 후, 1540년 비로소 〈콘스탄스(Constance) 찬송가〉로 불리는 새로운 찬송가가 출판됨에 따라 스위스 북쪽 여러 지방의 회중도 찬송을 부르게 되었고, 그때부터 스위스 각 지방으로 보급된 이 찬송은 마침내 취리히에까지 퍼졌다. 이때의 찬송은 모두 무반주 제창으로 노래하였다.

루터와 츠빙글리 그리고 칼빈 등 개혁자들의 가르침에 있어서 가장 중요한 핵심은 다음의 말이다.

"사람이 사는 첫째 목적은 하나님을 영화롭게 하는 것이다."

그들은 「오직 하나님께 영광!」(Soli Deo Gloria)이라는 명제를 아주 특별히 강조하고 있다. 이들의 이 전통이 청교도의 정신으로 흘러간다. 개혁교회 선조들은 그들 자신의 결점을 갖고 있으면서도 삶의 깊이에서 「하나님은 찬양과 영광을 받으셔야 한다」는 생각을 지켜왔다. 이 열망은 그들의 경건과 정신이 살아 숨 쉰 공기였다. 그들의 이 말을 우리가 이해할 때 인간의 삶은 처음부터 끝까지 「찬양하는 존재」(doxological existence)가 된다.

08. 바울이 분류한 찬송가와 그 해석들

사도 바울은 찬송가에 대해 어떤 견해를 가지고 있었던가? 그의 서신 두 곳을 인용한다.

❶ 시와 찬미와 신령한 노래들로 서로 화답하며 너희의 마음으로 주께 노래하며 찬

송하며 (엡 5:19)

❷ 시와 찬미와 신령한 노래를 부르며 마음에 감사함으로 하나님을 찬양하고 (골 3:19)

바울은 이 세 마디의 말속에 모든 종류의 찬양 노래를 포함시키고 있다.

1) 마틴 루터의 해석

마틴 루터는 1527년에 낸 〈교회 설교집〉에서 바울이 말한 「시와 찬미와 신령한 노래」를 다음과 같이 풀이하였다.

1. 시(Psalmos)는 구약의 시편을 말하고,

2. 찬미(Humnos) 시편 이외의 성경에 있는 찬미들을 말하고,

3. 신령한 노래(Odais Pneumatikais)란 「성경에 없는 후대 사람들의 창작」이라 풀이했다.

그리고 "신령한 노래"인 자작 찬송시를 써서 곡을 붙이고, 유행가 곡조에 맞춰 산송시를 쓰기도하여 출판하였는데 이것을 독일 코랄이라 부른다.

2) 칼빈의 해석

칼빈은 골로새서 주석에서 바울의 찬송가의 정의, 「시와 찬미와 신령한 노래」(엡 5:19, 골 3:16)를 다음과 같이 주해하였다.

"바울은 이 세 마디의 말속에 모든 종류의 노래를 포함시키고 있다. 이것들은 일반적으로 다음과 같이 구분된다.

① 시는 어떠한 악기의 반주에 맞춰 노래하는 것이요,

② 찬미는 적절한 찬송의 노래로서 다만 입으로만 하든지, 혹은 다른 방도로 하든지 다 포함된다.

③ 신령한 노래는 단순한 찬송만이 아니라, 권면과 다른 주제들을 포함하고 있다. 바울은 그리스도인들의 노래가 영적이기를 바라고, 천박하고 무가치한 장난으로 하지 말라고 말한다. (…)."

많은 후대 사람들이 칼빈이 음악을 미워했다고 생각하지만 그런 것은 아니다. 그는 「음악은 하나님이 주신 선물」이라고 생각하여 이런 글도 남겼다.

"인간의 즐거움을 위한 여러 가지 많은 것들이 있지만 그 가운데서 가장 좋은 것은 음악이다. 이 음악은 하나님이 인간들에게 주신 은사이므로 우리를 선한 곳으로 인도한다."

그러면 음악이 「하나님이 주신 은사(gift, 선물)」라고 말한 칼빈이 왜 예배 때 악기 사용과 찬양대의 합창을 제한했을까? 칼빈은 악기 사용 문제에 대해서 이렇게 주장했다.

"(…) 단순하고 순수하게 하나님을 찬양하는 노래는, 어떤 의미가 없는 만큼, 교훈을 주는 것도 없다. 그 노래를 가슴과 입으로부터 그리고 일반 서민들의 혀로부터 흘러넘치도록 하라. 악기를 사용한 음악은 오직 율법시대에만, 그것도 인간들의 유치함 때문에 허용된 것이다."

(P. Weiss and R. Taruskin: Music in the Western world, London 1984, p. 107 이하).

그래서 칼빈은 다성음악이나 악기 사용을 배제했던 것이다. 그는 거룩한 시편의 말씀인 가사가 음악에 의해 혼돈되는 것을 원치 않았던 것이다.

인간의 완전 타락을 주장한 칼빈은 운문화한 시편만으로 하나님을 찬양해야 한다고 주장한 반면, 「신령한 노래」란 「후대 사람의 창작 찬송」이라고 정의한 루터는, 자신이 작사 작곡한 많은 〈신작 찬송가집〉을 내었을 뿐만 아니라, 고맙게도, 오늘날 우리가 「새노래」를 지어 하나님을 찬양할 수 있도록 길을 터놓았던 것이다.

09. 칼빈의 〈시편가〉의 성립

사실 시편가라는 발상은 칼빈의 창작은 아니다. 〈칼빈의 첫 시편가〉(Calvin's first Psalter, 1539)의 저자 테리(R. R. Terry)는 그의 책에서 이렇게 말하고 있다(111쪽).

"역사란 이상한 아이러니로 가득 차 있다지만, 가톨릭 궁정에서 여흥으로 시작된 프랑스 운율 시편가가 프랑스 개신교회의 가장 엄격하고 독점적인 찬송이 된 것보다 이상한 것은 없을 것이다."

테리의 말은 사실이다. 프랑수아 1세의 궁정 시인 클레멘트 마로(Clement Marot, 1496-1544)는 1513년부터 15년 간, 파리의 궁정에서 헬라어·라틴어로 된 시를 불어로 번역하다가, 시편에 매료되어 이를 번역하기 시작하였다. 1536년까지 마로는 30편의 시편을 번역하였는데, 이 시편을 당시 프랑스에서 유행하던 유행가 곡조의 운율로 재구성하여 궁중에서 여흥 시간에 불러 전국에 유행되었던 것이다.

1535년 제네바로 돌아온 칼빈은 교회음악가들의 적대 감정을 무릅쓰고 〈시편가〉만을 사용하자는 각서를 1537년에 제네바 의회에 제출하였으나, 이듬해 제네바를 떠나 스트라스부르로 망명할 수밖에 없었다. 거기서 마로의 시편가집을 접한 그는 이를 감수해주고, 거기다가 자기가 번역한 시편(25·36·46·91·113·138 편 등)을 첨가하여 1539년 스트라스부르에서 최초의 프랑스 운율 시편가를 내었던 것이다. 〈곡조를 붙인 몇 편의 시편가〉(Aulcuns pseaulmes et Cantiques mys en Chant)라는 제목의 이 시편가는 흔히 〈스트라스부르 시편가〉라고 한다. 여기에는 19편의 시편가와 시므온의 노래(Nunc Dimittis), 십계명, 산문으로 된 「스트라스부르 신조」(Credo)가 곡조와 함께 실려 있다.

어떤 학자는 이 시편가 편찬에 칼빈이 관여했으리라는 데 의문을 품기도 하지만, 어쨌든 그는 제네바로 금의환향한 뒤 1542년 프랑스에서 추방당한 마로를 격려하며 그의 도움을 받아 30편의 〈시편가집〉을 발행했다. 마로가 운문화한 시편 19편이 이 시편가에 들어 있다. 프랑스 시편가의 곡조들 중 신곡은, 테리의 생각으로는, 당시 스트라스부르 대성당의 독창자였던 그라이터(Matthäus Greiter)가 작곡한 게 아닌가 하는 생각을 하기도 한다. 왜냐하면, 그는 〈독일 시편가〉의 곡조도 많이 작곡한 사람이기 때문이다.

마로의 시편가 곡조는 세속 민요 아니면 샹송 곡조였을 것이라고 한다. 마로의 시편가는 당시의 휴머니즘 정신에서 나온 예술적 작품이었으므로 샹송에 더 잘 어울렸을 것으로 보는 견해가 많다.6) 왜냐 하면 작사자 마로는 당시로서는 아주 자유분방한 천재시인이었기 때문이다. 그의 생애를 간략히 소개한다.

마로는 프랑스 르네상스 시대의 가장 위대한 시인 가운데 한 사람으로서, 그의 아버지는 궁정 시인이었다. 아버지처럼 궁정 시인이 되고 싶었던 마로는 프랑수아 1세의 누이이며 나중에 나바라의 왕비가 된 앙굴렘의 마르그리트를 모시기 시작했다. 아버지가 세상을 떠나자 그는 프랑수아 1세의 시종이 되어 1542년까지 그 자리를 지켰다. 그는 술과 고기를 금하는 사순절의 규제를 무시했다는 이유로 1526년에 투옥되었으며, 이런 행동 때문에 루터파 교도라는 의심을 받게 되었다. 1527년에 그는 감옥의 경비원을 공격하여 죄수 1명을 풀어주었다는 이유로 다시 투옥되었다. 그러나 왕에게 석방을 탄원하는 편지를 쓴 결과, 얼마 후에 석방되었다. 1531년 사순절 기간에 또 다시 고기를 먹고 다시 체포되었지만 이번에는 투옥을 면했다. 이러한 일련의 사건들 속에서도 마로의 명성은 확고하게 확립되어갔고, 그가 쓴 많은 시들은 널리 유포되어 있었다.

가톨릭 미사를 반대하는 포스터가 주요도시는 물론 왕의 침실 문에까지 나붙은 벽보사건(1534)이 일어나자, 주모자로 지목된 마로는 나바라로 달아나 마르그리트의 보호를 받았다. 개신교도에 대한 박해가 점점 심해지자, 그는 이번에는 이탈리아 페라라에 있는 르네 드 프랑스의 궁정으로 달아났다. 마로는 그 후 프랑수아 1세가 개신교 박해를 멈춘 1537년에야 다시 파리로 돌아왔다. 마로는 궁정시인으로서 프랑스 궁정의 공식 행사에 사용할 시를 의무적으로 써야 했지만, 이 의무에 종사하고 있지 않을 때에는 대부분의 시간을 구약성경의 시편을 번역하는데 바쳤다. 이 시편의 일부는 1539년에 처음 간행되었고, 이 번역은 차분하고 엄숙한 음악성으로 유명했다. 그러나 소르본신학교가 이 번역을 비난했기 때문에 마로는 다시 망명길에 올랐다. 그러나 칼빈은 이 번역을 높이 평가하고, 스위스 제네바에 마로를 위한 피난처를 마련해주고 함께 제

---

6) R. R. Terry의 상게서 p.518.

네바 시편가를 편찬했다. 그러나 그 엄격하고 근엄한 도시가 마로의 자유분방한 행동을 용납할 수 없게 되자 프랑스로 돌아간 마로는 1544년에 갑자기 죽었다.

1) 〈시편가〉의 특징

마로가 죽은 다음 칼빈은 시편 전체를 운문화 할 사람을 찾았다. 그러다가 찾아낸 인물이 데오도르 베자(Theodore Beza, 1519-1605)였다. 1550년부터 개혁운동의 지도자로서 칼빈을 도왔으며 나중에는 칼빈의 후계자가 된 베자는, 선임자 마로의 문학적 노력을 이어받아 마침내 시편 전체를 프랑스어로 번역했다. 음악가인 부르주아(Louis Bourgeois, 1523-1600)는 그 시편에 곡을 붙이도록 칼빈의 위임을 받아 12년의 각고 끝에 마침내 저 유명한 《제네바 시편가, 1562》(Genevan Psalter)를 편찬 완성해냈다.

이 찬송가는 개신교 찬송가에 큰 영향을 끼쳤다. 부르주아가 이 곡을 작곡하던 시대에는, 음악의 기능이 제한되고 약화된 시대였는데, 〈시편가〉의 단순한 곡조의 직접성 때문에 찬송은 더욱 강하고 기억에 오래 남는 것이 되었다는 것이다.

〈마로-베자의 시편가〉의 음악적 우수성은 모두가 인정하는 바인데, 칼빈의 제안대로 곡조를 붙인 것인지, 그의 말을 무시하고 한 것인지는 논란이 많다. 예배음악은 단순해야 한다는 칼빈의 입장은 다성음악을 거부하고 가사 전달에 중점을 두었다. 그래서 부르주아의 편곡은 단성 편곡이었다.

그러나 칼빈이 죽은 후 많은 음악가들이 다성음악으로 편곡하여 출판하였다. 이리하여 1600년부터 1865년까지 〈제네바 시편가〉의 불어판은 225 종이나 나왔고, 20여 개 국어로 번역되었으며, 줄리앙에 의하면 영어판도 326종이나 된다고 한다.

이 시편가는 루터의 코랄에서 볼 수 있는 리드미컬한 다양성 따위는 찾아볼 수 없다. 시편가의 특징은 한 음절에 한 음표만 쓰는 것으로서, 그레고리오의 형태를 남겨둔 루터의 한 음절에 여러 음표가 붙기도 하는 것과는 아주 달랐다. 곡조에 사용되는 음표는 2분음표와 4분음표 두 종류만 사용하고 부점이 있는 음표는 거의 없었다.

우리 찬송가 1장 '만 복의 근원 하나님'이 그 좋은 예다. 또 악구들은 반드시 2분음표로 시작되고 끝을 맺는다. 화음을 절대 쓰지 않아 「빵과 물만 있는 단순하고 변변찮은 식사 같다」고들 말하고 있다. 칼빈은 시편이란 몸통에 화려한 옷을 입히는 것보다는 빵과 물 같은 소박하고 필요불가결의 곡조가 어울린다고 생각했던 것이다. 곡조는 부르주아의 곡 외에도 그레고리오 곡조나, 루터의 찬송곡이나, 프랑스 민요곡이나 가곡의 곡조도 포함시켰다. 칼빈은 속악은 물론 가톨릭 성가나 루터의 코랄을 좋아하지 않았지만, 그의 말년 나이가 들어서인지 생각을 바꾸어 찬송가에서만은 예외적이 되었다. 이런 면에서 사람의 생각이나 주장은 변하고, 음악은 사상과 종교와 교파를 초월한다고 하겠다.

칼빈의 시편가는 많은 작곡가들이 가사와 멜로디를 인용하면서 다양한 작곡법으로 새로운 작품을 만들게 되었고, 교회뿐만 아니라 가정에서도 애창되었다. 작곡가 구디멜(Claude Gaudimel, ?-1572)은 1565년에 발행한 그의 〈시편가〉의 첫머리에 이렇게 기록하고 있다.

"이 작곡집은 교회에서보다는 가정에서 하나님께 영광을 돌리게 하기 위해 편집한 것이다."

독일 루터파 교회에서도 〈제네바 시편가〉를 받아들이고 자기네가 독일 시편가를 창작하기도 하였다. 인간 역사에서 절대란 없다. 루터-츠빙글리-칼빈의 개혁과 찬송가관에서 살펴본 대로 하나님을 찬양하는 음악은 시대와 국가에 따라 계속 변한다.

※칼 바르트의 일화

20세기 최대신학자인 독일의 칼 바르트(Karl Barth, 1886- 1968)는 모차르트의 음악을 너무나 사랑하여 이런 말들을 남겼다.

"내가 하늘나라에 가서 모차르트를 못 만나면 하나님께 모차르트를 만나게 지옥으로 보내달라고 간구 드리겠다."

그는 또 이런 말도 했다.

"주기도문의 '일용할 양식' 중에는 모차르트의 음악도 포함시켜야 한다."

그가 쓴 음악에 관한 재미있는 우화가 있다.

어느 날 하늘에서 천사들이 하나님을 모시고 바하의 음악을 감상했다.

곡이 끝나자 하나님께서

"내가 창조한 바하가 만든 음악이 참으로 좋구나."

하시고는 자리를 뜨셨다. 그러자 천사들은 "우리, 모차르트도 듣자."

하고는 모차르트의 음악을 감상하고 있는데, 언제 오셨는지 하나님께서 함께 들으시고

"모차르트의 음악도 좋구나!"

하셨다는 것이다.

바하는 개신교, 모차르트는 가톨릭이다. 바르트는 하나님이 좋아하시는 음악에는 교파나 국가나 어떤 무엇에도 제한이 없음을 이 우화로 말하고 있는 것이다.

2) 우리 찬송가에 있는 〈제네바 시편가〉

신작 찬송과 시편가, 루터파와 칼빈파, 두 줄기의 개혁파 교회의 찬송가는 16세기에 이미 두 갈래로 크게 갈라져 퍼져나갔다. 루터파에서는 신앙생활 중에 얻은 감동과 고백을, 루터의 「신령한 노래」 주석대로 「새노래」로 창작하여 수많은 감동적인 새노래를 출판하였는가 하면, 칼빈의 전통을 지키는 장로교 계통 교회에서는 시편을 자기나라 말과 운에 맞춰 재구성하여 하나님을 찬양하는 시편창이 울려 퍼졌다. 그래서 생겨난 것이 「영국 시편가」요, 「스코틀랜드 시편가」 등이다.

그러나 세월이 흐르고 교회가 발전하자 각 나라 각 교파들은 칼빈의 시편가와 함께 신작 찬송도 만들어 부르게 되었고, 오늘에는 나라마다 찬송을 편집할 때 앞부분에는

시편가를, 뒷부분에는 신작 찬송을 넣는 게 관례처럼 되어 있다.

그런데 이상한 것은 장로교가 단연 우세한 한국교회 찬송가에는 〈시편가〉가 너무 푸대접받고 있는 것이다. 《통일 찬송가, 1983》에 들어있는 시편가로서, 찾아보기에 제네바 시편가(Genevan Psalter)라고 명기된 시편가는 다음 두 편 뿐이다.

1장 : 만복의 근원 하나님

7장 : 구주와 왕이신

《21세기 찬송가, 2007》에서는 7장은 빼고 대신 548장「날 구속하신 주께 엎드려」라는 칼빈 작사의 찬송을 채택했다.

10. 영국 종교개혁 시대의 찬송가

영국에서의 종교개혁은 통치자의 신앙양심의 자유에 따른 것이라기보다는 정치적 필요에 의해서라고 하는 게 올바를 것이다. 종교개혁을 주도한 헨리 8세(Henry Ⅷ, 1491-1547)는 6명의 아내를 두었는데 그 이름을 열거하면 다음과 같다.

① 아라곤의 캐서린(나중에 메리 1세 여왕의 어머니),

② 앤 불린(나중에 엘리자베스 1세 여왕의 어머니),

③ 제인 시모어(헨리 8세를 계승한 에드워드 6세의 어머니),

④ 클레브스의 앤,

⑤ 캐서린 하워드,

⑥ 캐서린 파 등이다.

1) 헨리 8세의 종교개혁 이유

헨리는 튜더 왕가(House of Tudor)7)의 첫 번째 왕이었던 헨리 7세와, 단명한 요크 왕

---

7) 5명의 영국 왕을 배출한 웨일스 출신의 영국 왕가·필자 주

가의 첫 번째 왕 에드워드 4세의 딸인 엘리자베스 사이에서 둘째 아들로 태어났다. 형 아서가 1502년에 죽자 헨리는 왕위계승자가 되었다. 그는 튜더 왕가의 왕 가운데 왕위 계승을 조용히 기다리면서 어린 시절을 보낼 수 있었던 유일한 사람이었다. 그 때문에 그의 변덕스럽고 다혈질적인 성격에 위엄과 의로움에 대한 확신이 보태질 수 있었다. 그는 귀족사회가 즐겨 하는 운동뿐 아니라 지식도 뛰어났다. 그래서 그가 왕위에 올랐을 때 사람들은 많은 기대를 했다. 키가 183cm가량 되고 힘이 세었으며, 긴 겨울 같은 헨리 7세의 치세가 끝난 후에 찾아온 봄의 기쁨을 영국에 약속했다.

왕위에 오른 직후 헨리는 형수였던 아라곤의 캐서린(Catherine of Aragon, 1485- 1536)과 결혼했다. 그러나 왕비의 사치스러운 연회로 인해 왕의 금고는 비어갔다.

종교혁명은 영국교회가 로마로부터 분리해, 왕이 하나님의 대리자로서 교회를 국가의 한 부서로 만들기 위해 이루어졌다. 변덕이 심한 헨리는 낭비가 심한 캐서린 왕비와 이혼하려 하였으나, 이혼을 금하는 가톨릭의 법이 걸림돌이 되자, 가톨릭과 결별하고 1531년 이혼을 결행했다. 그리고 앤 불린(Anne Bullen, 1507경-1536)과 결혼한 지 5개월 후인 1533년 크랜머(Thomas Cranmer, 1489-1556) 캔터베리 대주교로 하여금 자신과 캐서린의 결혼을 무효로 선언하게 했다.

의회는 수장령(首長令, the Act of Supremacy)8)을 통과시켜 영국 내에서 교황의 모든 관할권을 말소시켰으며 영국 왕을 영국 교회의 수장으로 삼았다. 교황은 파문으로 보복했다.

헨리는 본래 영국 교회에 대한 지상에서의 최고 우두머리 지위를 얻고자 한 것은 아니었지만, 그것은 헨리 8세의 주요업적이 되었다. 이는 매우 광범위한 결과들을 초래했으나 직접적으로 왕과 관련된 것은 다음 두 가지다.

---

8) 영국 국왕을 영국 교회의 최고 수장으로 하는 법률. 1534년 헨리 8세 때에 제정한 것으로, 이에 의하여 영국 국교회가 교황으로부터 독립하였으나, 메리 1세 때에 폐지되었다가 1559년에 엘리자베스 1세에 의하여 다시 제정되었다.

첫째, 교회의 우두머리라는 새로운 칭호는 왕권에 대한 헨리 자신의 생각, 즉 지상에서 자기보다 높은 자는 없다는 신념을 굳게 만들었다. 그것은 하나님이 세우신 왕권이라는 장엄한 관념을 완성했다.

둘째, 그것은 왕 자신에게 문제를 제기했다. 그는 이전에 [마르틴 루터에 대한 7성사의 옹호]라는 책에서 루터를 공격하고, 1520년에는 루터교에 대한 책들을 케임브리지에 있는 세인트 메리(St. Mary) 대성당 밖에서 불태워, 교황권에 대한 깊은 충성을 표현했으며, 그로 인해 '신앙의 수호자'라는 칭호를 받기도 했다.

그러나 이제 그는 최고 왕권 확립을 위해 교황으로부터 등을 돌리고 교권까지 차지한 것이다. 그의 행위는 프로테스탄트 종교개혁을 조장하는 결과를 낳았다.

종교개혁은 많은 그리스도인들에게는 매력적인 것이었으나, 루터를 경멸한 왕에게는 그렇지 않았다. 영국교회의 우두머리인 왕에게는 아직 개혁사상이 없었던 것이다. 따라서 신학적인 지식을 뽐내던 헨리 8세는 여생 동안 진정한 교회의 성격에 대해 많은 시간 고민을 했다. 교황이 수장이라는 것을 제외하고는, 자신이 그 속에서 자라온 신앙의 주요강령들을 결코 포기하지 못했기 때문이다.

그는 마일스 커버데일(Miles Coverdale)이 수장령 이후에 출판한 시편가집인 〈시편과 신령한 노래〉도 배척했다. 그러나 그는 일부의 생각을 바꾸어 절충에 이르렀다. 그는 화체설과 성직자의 독신제도 조항을 없애버렸다.

헨리 8세 치하에서 두드러지게 교회 음악에 영향을 끼친 것은 수도원의 해체였다. 수도원에서는 아직도 가톨릭의 음악적 전통을 이어가고 있었던 것이다. 그러나 대성당들과 왕실 예배당과, 옥스퍼드·케임브리지·윈체스터 그리고 이튼 등의 명문대학은, 옛 전통을 일부 유지하고 있었기 때문에 오늘날 성공회로 알려진 영국국교는 가톨릭의 많은 전통이 그대로 남아 있어, 개신교 중 가장 가톨릭적이란 비난도 받고 있다.

에드워드 6세의 치세에 이르러 '죽은 자들을 위해 드리는 헛된 미사나, 속죄를 행하기에 여념이 없었던' 교회들의 해체가 이루어졌는데, 이들 교회는 가톨릭 음악에 상당한 수준급 교회였다. 에드워드 왕은 집권 원년에 각 성당을 방문하여 예배의식의 개혁 명령을 내렸는데, 다음과 같다.

① 복잡성을 줄일 것,
② 상징물들을 간소화할 것,
③ 오르간을 사용하지 말 것,
④ 라틴어 교송(交誦)이나 응답송 혹은 시퀀스(續唱)9) 금지,
⑤ 찬양대의 인원 축소

그 명령은 지엄하였으므로 음악가들이 위축되기도 했다. 링컨 성당에 내린 명령을 보면 이렇다.

"찬양대는 지금부터 성모나 어떤 성인도 찬양해서는 안 된다. 오직 주님께만 찬양을 드리되, 라틴어로 찬양해도 안 된다. 가장 우수하고 가장 그리스도교적인 것을 택하여 영어로 정확히 번역하라. 거기에 쉽고 명확한 음을 한 음절에 하나씩 붙이도록 하라. 찬양대는 이것을 불러야 하며, 다른 것은 절대로 불러서는 안 된다."10)

2) 머베크의 〈음악이 있는 기도서〉

1550년, 열렬한 개혁주의자이며 칼비니스트인 존 머베크(John Merbeck)는, 〈음악이 있는 기도서〉(Booke of Common Praier noted)라는 책을 출판했다. 이 기도서를 통하여 그는 영국 교회가 당면한 문제들을 해결하려고 하였다. 여기에는 성찬식을 위한 통상문과, 아침과 저녁 기도회의 단구(短句), 그리고 응답송과 시편가, 찬송가와 기도를 위한 단순한 음악이 들어 있다. 루터의 것을 따랐으므로 이들 중 많은 부분이 그레고리

---

9) sequence: 가톨릭 속창. 미사의 답창. 시편에 이어지는 찬가와 그 가사.
10) P. Le Huray: Lincoln Cathedral Injunctions of 1548 p. 9.

오를 생각나게 하는 표음법을 썼다. 그러자 비난이 쏟아지고 모두들 이를 외면하였다. 그러나 19세기에 이르러 이 음악이 재현되어 오늘의 영국 국교회의 것과 비슷하게 되었다.

1552년, 에드워드 6세의 사망 후 등극한 메리 여왕(Mary 1세, 1553-58 재위), 속칭 '피의 메리'(Bloody Mary)는 재위 5년간에 걸쳐 가톨릭으로 복귀하려고 개신교도들에게 피비린내 나는 박해를 가하였기 때문에, 많은 개혁자들이 독일이나 제네바로 피신하였다. 영어로 된 운율 시편가는 이들에 의해 제네바에서 계속 제작되었다.

1556년에 토머스 스턴홀드(ThomasSternhold)와 존 홉킨스(John Hopkins)는 〈다윗의 시편집〉(One and fiftie Psalm of David)을 내었다. 이것은 칼빈주의의 전통대로 간단하고 강한 곡조를 붙였는데, 화음은 없는 음악이었다.

3) 엘리자베스 여왕 시대

1558년 왕위를 계승한 엘리자베스 1세(Elizabeth Ⅰ, 1558- 1603 재위)는, 선왕 메리의 종교정책을 뒤엎어 버리고 개신교로 환원하였다. 교황 피우스 5세(Pius V)는 여왕을 파문하였으나, 엘리자베스는 메리와 달리 신·구교의 중립 노선을 취하였고, 몇 해 전의 피비린내 나는 살육을 기억하는 열성적인 신·구교도들도 은인자중하여 큰 불행을 면하였다. 엘리자베스 여왕은 화려한 예배와 의식적인 면을 즐겼다. 예배음악은 나라의 유명한 음악가들을 약간의 보수를 주어 고용했고, 의식은 지나치게 화려하여, 개혁자들의 비난을 받았다.

이와는 반대로 열렬한 개혁주의자들은 촛불·성직자의 가운·십자가·성찬을 무릎 꿇고 받는 것, 그 밖의 가톨릭 냄새가 나는 것들을 모두 없애려고 노력을 하였다. 그들은 칼빈의 개혁정신을 이어받으려고 했기 때문이다.

4) 〈영국 시편가〉의 시작

❶ 마일즈 커버데일

영국의 시편가는 엑스터의 감독인 마일즈 커버데일(Miles Coverdale, 1488경- 1569)에 의해서 시작되었다. 그는 최초로 인쇄된 영어 성경의 번역자이나 '라틴어와 그리스어에 능통하지 못해 번역이 다소 제멋대로'라는 평을 받는다. 그가 낸 〈성경에서 뽑은 시편과 신령한 노래〉(Goostly Psalms and Spiritual Songs drawn out of the Holy Scripture) 라는 책에 영어로 운율화한 13편의 시편 찬송이 들어 있지만, 큰 영향을 미치지는 못하였다.

❷ 죠지 뷰캐넌

다음으로 유명한 사람은 죠지 뷰캐넌(George Buchanan, 1506-1582)으로서, 그는 스코틀랜드 종교개혁기에 교회·국가의 타락과 비능률성에 대해 달변으로 비판하여 학자와 라틴어 시인으로서 전 유럽에 알려진 사람이다. 그의 시편가는 영국에서 널리 알려져 왓츠에게도 큰 영향을 주었다는 게 학자들의 공통된 견해이다.

❸ 토머스 스턴홀드와 존 홉킨스

다음으로 꼽을만한 사람은 토머스 스턴홀드와 존 홉킨스다. 스턴홀드는 헨리 8세의 왕궁 의상 담당이었다. 그는 시간이 나면 오르간을 치면서 자작 시편가를 흥얼거리는 게 취미였다. 그는 당시 유행하는 퇴폐적인 노래에 대치하기 위해 시편가를 만들어 보급하던 중, 젊은 왕 에드워드에게까지 알려져, 왕 앞에서 노래를 부르게 되었다. 그리고 이들 시편가 중 19편을 모아 출판하여 왕에게 헌정하였는데, 그 시기는 불분명하다. 1549년에 나온 제2판에는 37편의 시가 포함되었는데, 그가 죽자 이 일은 홉킨스에게 계승되었다. 홉킨스는 옥스퍼드에서 교육받고, 서폴크에서 목사로 일했다는 것 외에는 알려진 바가 없다.

이 시편가를 〈구역 시편가〉(Old Version)라 한다.

5) 스코틀랜드 시편가

한편 스코틀랜드 교회는 〈Anglo-Genevan Psalter〉에서 87편을 채택하여 사용해 왔는데, 앞서 말한 스턴홀드와 홉킨스의 〈구역 시편가〉에서 42편을 추가하고, 21편의 자신들의 신작을 추가하여 사용하였다. 1564년에 완성된 이 시편가는, 교회 총회에서 채택한 이후 40년 동안 아무 이의 없이 사용해 왔는데, 1600년경에 제임스 1세

(James I, 1567-1625 재위)가 이를 수정하자고 총회에 제의하고 수정 작업에 직접 참여하였는데, 그의 죽음으로 수정작업은 일시 중단되었다. 그 후 알렉산더 백작(Qilliam Alexander)에 의해 계속되어 1630년에 완성하였는데, 왕의 역할이 컸으므로 〈황실 시편가〉(Royal Psalter)라고 부른다.

왕위를 계승한 찰스 1세(Charles I, 1625-1649 재위)는 1636년에 이를 개정하였는데, 여기에는 스코틀랜드 감독에 의해 준비된 기도서도 첨부되어 있다. 왕은 오직 이 시편가만 사용하며 다른 것을 사용함을 금지시켰다. 그러나 다른 왕족들은 이 금령을 무시하고 새로 시편가를 편찬했는데, 그것이 저 유명한 〈루스역 시편가〉(Rous' Version)다. 1643년에 출간된 이 시편가는 7년간의 수정을 거쳐 마침내 1650년에 총회에서 채택되어 장장 200년 동안 영어 시편가로서 스코틀랜드와 미국 교회에서 불리었다.

6) 테이트와 브래디의 〈새번역 시편가〉

다시 영국 형편을 알아보자. 1696년 계관시인이며 극작가인 나훔 테이트(Nahum Tate, 1652-1715)와 아일랜드의 성공회 목사이며 시인인 니콜라스 브래디(Nicholas Brady, 1659-1726)는 시편을 운문으로 번역하여 〈신역 시편〉(New Version of the Psalms)를 출판하였는데, 1696년에 총회의 정식 인가를 받아 많은 지역에서 스턴홀드와 홉킨스의 〈구역 시편가〉 대신 사용하게 되었다. 이 책은 〈구역 시편가〉와 별다른 게 없음에도 불구하고 영국 왕 윌리엄 3세의 시인을 받은 런던 출판사가 독점하여 판매하는 바람에 유명해졌다. 특색은, 케블(Keble)의 말을 빌리면, '너무 문학적 형식을 취하였기 때문에, 성경 원문에서 벗어난 점'이라는 것이다. 그러나 얼마 안 가서 이 시편가는 〈신역〉(New Version)이라는 이름 아래 〈구역〉을 제치고 영국의 대표적 자리에 올라앉게 되었다.

11. 아이자크 왓츠와 영국 찬송가

1) 천재 아이자크 왓츠

「영국 찬송가의 아버지」로 숭앙받는 아이자크 왓츠(Issac Watts, 1674-1748)는, 영국 사우샘프턴의 비국교도 가정에서 태어났다. 어려서부터 천재성을 나타낸 그는 다섯 살에 라틴어를 배우고, 아홉 살에 그리스어를 배우고, 열한 살에 프랑스어를, 열세 살에 히브리어를 배웠다. 그의 학구열은 불타는 듯하여 음악과 철학과 신학도 공부했다.

그의 시재(詩才)는 일찍이 나타나서, 아버지와 대화를 할 때도 운(韻)을 맞추어 시를 읊듯 말을 하였다. 어느 날 가정 예배 시간에 어린 왓츠가 깔깔거리고 웃음을 터뜨렸다. 아버지가 준엄한 얼굴로 이유를 묻자 왓츠는 난로 가를 가리켰다. 조그만 생쥐가 난로 가에 늘어진 종(鐘) 줄을 타고 올라가고 있었다. 그것을 보며 어린 왓츠는 영국의 장운율(長韻律, Long meter, 8.8.8.8)에 맞추어 각운(脚韻)11)을 써서 이렇게 노래하듯 읊조렸다.

> A mouse for want of better <u>stairs</u>[8]
> Ran up a rope to say his <u>prayers</u>[8]
> 생쥐 한 마리가 좋은 충계가 없어서
> 종 줄을 타고서 기도하러 올라갔어요.

아버지가 지나치다 싶어서 '말을 할 때에는 절대로 그렇게 운율에 맞추어 하지 말라'고 나무라자, 그 대답 역시 장운율에 운을 맞춘 한 편의 시였다.

> O father, do some pity <u>take</u>[8]
> And I will no more verses <u>make</u>[8]

---

11) 영시의 운(韻, rhyme)은 alliteration(頭韻)과, End-rhyme(脚韻)이 있는데, 각운의 경우는 매 행, 혹은 2·4 행 끝 단어에 비슷한 발음을 써서 운을 맞추는데, 이 시에서는 'stairs'와 'prayers'가 각운이다.

아버지, 죄송해요.

다시는 운율을 안 쓸게요.

이 시에서는 'take'와 'make'가 각운이다.

2) 일곱 살 때 쓴 답관체 시

왓츠는 겨우 일곱 살 어린 나이에, 자기의 이름의 이니셜을 두운(頭韻)으로 넣어, 칼빈의 신학에 바탕을 둔, 다음과 같은 답관체(踏冠體, acrostic) 시를 써서 사람들을 놀라게 했다.

I : I am a vile, polluted lump of <u>earth</u>,

S : So I've continued ever since my <u>birth</u>.

A : Although Jehovah, grace doth daily give <u>me</u>.

A : As sure this monster, Satan, will deceive <u>me</u>.

C : Come therefore, Lord, from Satan's claws relieve <u>me</u>.

W : Wash me in Thy blood, O <u>Christ</u>,

A: And grace divine <u>impart</u>.

T: Then search and try the corners of my <u>heart</u>,

T: That I in all things may be fit to <u>do</u>.

S: Service to Thee, and Thy praise <u>too</u>.

나는 날 때부터 흙으로 지음받은

타락하고 하찮은 땅딸보.

비록 여호와께서 날마다 은혜를 베푸시지만

괴물 사탄은 분명히 나를 유혹하리라.

하오니 주여, 어서 오셔서 사탄의 발톱에서 나를 건져주소서.

> 주의 피로 나를 씻겨주소서, 오 그리스도여!
> 거룩하신 은혜를 베푸소서.
> 내 마음 구석구석을 살피시사
> 나로 하여금 고치도록 도와주시고
> 주께 봉사하며 찬양하게 하여주소서.

얼마나 멋진 신앙시인가. 누가 이 시를 일곱 살짜리 어린이가 썼다고 믿겠는가.

왓츠는 키가 매우 작아 성인이 되었을 때, 150여cm밖에 안 되었고, 얼굴이 너무 못생겨 평생 결혼도 못했다. 이런 일화가 있다. 그의 찬송시를 보고 흠모하던 엘리자벳 싱어라는 미모의 여성이 데이트를 신청하여, 왓츠를 만나보고는 실망하여 돌아가며 이렇게 말했다 한다.

"아무리 값진 보석이 가득하지만, 보석 상자가 너무 보잘것없어서 안 되겠다."

왓츠는 자기의 왜소함과 못난 얼굴 때문에 평생 열등감을 가지고 살았다. 겨우 일곱 살 때 쓴 시에

> 나는 날 때부터 흙으로 지음받은
> 타락하고 하찮은 땅딸보

이렇게 쓰면서 자신의 영혼 구원을 위해 주께 기도한 그는, 이 찌르는 가시 덕분에 참으로 위대한 찬송 작가가 된 것이다.

3) 왓츠의 첫 찬송가 작사

왓츠가 열여덟 살 되던 1792년의 일이다.

어느 주일 예배에 찬양대는 이런 찬양을 하는 것이었다.

Ye monsters of the bubbling deep,
Your Master's praises spout;
Up from the sands ye codlings peep,
And wag your tails about.

너 부글부글 끓는 깊은 바다 속 괴물들아
너의 주님의 찬양 노래 뿜어대어라.
모래 속에 숨어있던 대구 새끼들아,
모래알을 뚫고 올라와 찍찍거리며 꼬리를 흔들어라.

이 시대의 찬양방식은 교회 목사나 지휘자가 시편으로 작사하여, 알려진 곡조에 맞춰, 목사나 찬양대가 한 줄 선창하면 회중이 따라 부르는 방식이었다. 위의 가사가 맘에 안 든 왓츠는 시무룩한 표정으로 입을 다물고 따라 부르지를 않고 있었다. 그는 집에 돌아오며 아버지에게 가사가 맘에 안 든다고 불평을 하자 아버지는
"그렇게 불평만 할 게 아니라 네가 직접 작사를 하려무나."
하고 작사 금지령을 풀어주었다.

왓츠는 기뻐서 즉시 그 날 저녁 예배에 부를 찬송을 작사하여 지휘자에게 주어 교회에서 불렀는데, 온 회중이 너무 큰 은혜를 받아, 목사님은 계속 교회에서 찬양할 찬송시를 써 달라고 왓츠에게 부탁하였다.

장운율(8888)로 작사한 그의 처녀작 찬송 첫 절은 이렇다.

Behold the Glories of the Lamb(8)
Amidst His Father's Throne;(8)
Prepare New Honors for His Name(8)
And Songs before unknown.(8)

> 어린양의 영광을 보라.
> 아버지의 영광중에 계시구나.
> 그의 이름에 합당한 새 영광을 준비하고
> 작자미상의 노래를 올리어라.

이 찬양시에서 unknown은 아직 문단에 데뷔도 못한 자신을 가리키는 말일 것이다. 18세 소년의 첫 작품인 이 찬송은, 그 후에 작사된 그의 찬송 어느 것과도 비교해 부족함이 없다는 평가를 받고 있다. 이렇게 매주 아침저녁 예배를 위해 찬송을 작사한 왓츠는, 몇 해 후인 1707년에 이를 묶어 《찬미와 신령한 노래, Hymn and Spiritual Songs, 1707》란 제목으로 출판하게 되었는데, 여기에는 210편의 찬송시가 들어 있다.

4) 왓츠의 생애와 찬송가

왓츠는 런던 스토크뉴잉턴의 비국교도 음악원에 입학하여 1694년 졸업했다. 1696년 스토크뉴잉턴과 레스터셔 주 프리비에서 존 하톱 경 가문의 가정교사로 일했고, 프리비에 있는 이 가문의 가족 교회에서 첫 설교를 했다. 1699년 런던의 마크레인 조합교회에서 부목사로 시무하다가 3년 후 담임목사가 되었다.

1712년 건강이 나빠져서 토머스 애브니 경(Sir Thomas Abney)의 장원(莊園)12)에 있는 저택에 한 주일 동안 요양하러 갔다가 그곳에서 여생을 지내게 되었다. 런던의 민선 시장인 애브니 경은, 못생기고 병약하지만 신앙심이 깊고 천재적인 시인인 왓츠를 사랑하여 테오발즈(Theobald's)라고 불리는 그의 시골 영지에서 살게 하였는데, 그의 영지는 대공원 한가운데 있었고, 여러 개의 호수와 운하가 있을 뿐만 아니라 멋진 다리와

---

12) 장원(莊園)은 유럽에서 봉건제도의 지배적이었던 자급자족 경제의 단위다. 자연적으로 발생한 촌락을 기초로 하며, 그 가운데서 영주와 예농(隸農)의 신분관계가 유지되었다. 장원은 세 가지다. 하나는 영주가 직접 경영하는 직영지로서 영주의 직접적인 수요를 충족하기 위해 영주의 종복(從僕)이나 예농의 부역으로 경영되었다. 둘째는, 예농에게 대여해준 대토(貸土)로서 영주에게 공조를 바치는 의무를 지고 있는 탁영지(託營地), 셋째는 공유지로서의 삼림·목장·호소(湖沼) 등이 있었다.

테라스 그리고 미로(迷路)도 있었으며, 또 울창한 숲속에는 온갖 꽃이 만발한 영국 최고의 장원이었다. 병약한 왓츠에게는 안성맞춤의 휴양지였다.

왓츠는 거기서 제일 먼저 애브니 경의 세 딸을 위하여 어린이 찬송가를 지었고, 애브니 경이 돌아간 후에도 무려 36년간이나 거기서 살면서 찬송시를 썼다. 하나님은 집도 없고 마누라도 없고, 건강도 없고 못 생긴 왓츠에게, 당신이 주신 달란트를 다 발휘할 수 있도록 이런 장원을 '예정'해 놓으셨던 것이다.

왓츠 목사는 1699년 마크레인에서 부목사로 일하는 동안, 훌륭한 찬송시들을 많이 작사하여 1706년《노래시간, Horae Lyricae》이란 제목으로 출판했고, 곧이어 앞서 말한, 18세부터 2년 동안 작사한 210 편의 찬송을 모아《찬미와 신령한 노래》를 내었는데, 여기에 수록된 When I Survey the Wondrous Cross(주 달려 죽은 십자가, 147장)는 아직도 세계에서 가장 애창되는 찬송가 중의 하나다.

그가 작사한 찬송가 중 대표적인 것 5편을 꼽으면;

① O God, our Help in Ages Past. (예부터 도움 되시고, 통일 438장장)

이것은 시편 90편을 신약성경의 언어로 의역한 것이다.

② Jesus Shall Reign. (햇빛을 받는 곳마다, 통일 52장)

이것은 시편 72편을 운문화한 것이다.

③ Joy to the world, the Lord is Come. (기쁘다 구주 오셨네, 통일 115장.)13)

④ Alas! and did my Saviour Bleed?(웬 말인가 날 위하여 주 돌아가셨나, 143장.)

《통일찬송가, 1983》에 채택된 왓츠 목사의 찬송을 14편이나 된다.

(7, 8, 41, 52, 58, 115, 138, 141, 147, 227, 249, 387, 391, 438장)

---

13) 이것들은 모두 유명한 찬송으로《신약성경의 언어로 쓴 다윗의 시편들. The Psalms of David Imitated in the Language of the New Testament…》(1719)에 수록되었다.

5) 왓츠 찬송의 특징

아이자크 왓츠 목사가 작사한 찬송의 특징은 《심원(深遠)한 경외성(敬畏性)》이라고 하겠다. 철저한 칼빈주의자인 그는 하나님의 주권·위엄·권능·거룩하심 등으로 압도된 찬송을 썼다. 처음에는 시상(詩想)이 떠오르는 대로 자유로운 찬송을 작사하였으나, 후에는 시편의 운문화에 전념했는데, 그냥 운문화 한 게 아니라, 유대교의 시편을 그리스도교의 입장에서 재해석했다는 게 특색이다. 시편에 있는 많은 시들이 메시야 강림에 대한 예언인 것을 감안한다면, 왓츠의 이와 같은 재해석된 시편가는 놀라운 선견지명이라 아니할 수 없다.

1707년에 그는 처음 낸 찬송가 《찬미와 신령한 노래》의 부록으로 《그리스도교 찬송 발전을 위한 수필, Essay towards the Improvement of Christian Hymnody》란 글을 썼는데, 거기서 그는 "구약의 찬양시와 신약의 예수 그리스도에 대한 근대 찬양시"를 주장하여, 자기의 찬양시의 입장을 분명히 하였다. 그의 입장은, '그리스도인이 되기 전에 먼저 유대인이 되어야 한다'는 초대교회 유대인들의 주장을 꺾어버린 바울의 사상과 일치하며, '구약이 유대교만의 경전'이라는 일부 주장의 부당함을 강조한다.

구약은 장차 오실 메시야에 대한 언약이니, 구약의 시편은 마땅히 예수 그리스도의 교훈과 생애로 재해석해야 한다는 게 그의 주장이다. 따라서 그의 주장은 시편을 그대로 운문화해야 한다는 칼빈파 사람들의 적지 않은 반발을 샀다. 하지만 왓츠는 굴하지 않고 1719년에, 10년의 각고 끝에 앞서 말한 《신약성경의 언어로 쓴 다윗의 시편들》을 내었다. 이것은 아주 새로운 것이었으므로 회중들의 환영을 받았다.

그리하여 영국의 비국교도들 대부분이 당시 사용하던 스턴홀드와 홉킨스의 《시편가(구역)》나, 테이트와 브래디의 《시편가(신역)》을, 왓츠의 찬송으로 대치시킴으로써, 100년도 못 되어 왓츠의 찬송가는 영국을 석권하기에 이르렀던 것이다.

왓츠의 이 찬송들은 청교도들에 의해 「신세계」 미국 땅에 전해졌고, 1832년 미국 보스턴에서 윈첼 목사가 편찬한 1220편의 찬송이 들어있는 유명한 찬송가에는 왓츠의 찬송이 부록까지 포함하여 394편이나 채택 편집되었던 것이다.

12. 영국 침례교회 찬송가

1) 문맹 많았던 18세기 영국

오늘날은 나라마다 문맹퇴치를 하여 글 모르는 사람들이 별로 없지만, 18세기 영국 시골에는 글을 읽고 쓰는 사람이 많지 않았다. 교통수단도 발달이 안 되어, 몇몇 부자들만이 마차나 말을 타고 다닐 뿐, 서민들은 걸어서 다니는 시대였으므로 도시와 농촌의 문화적 격차는 상상을 초월했다. 따라서 시골 교회의 음악 형편은 열악하기 그지없었다.

이 시절 시골 교회의 형편을, 영국의 소설가 죠지 엘리엇(George Eliot)은 그의 소설 [아담 비드, Adam Bede]에서 이렇게 썼다.

"(……) 곧 바순과 키 뷰글14)의 소리가 울려나왔다. 저녁 예배의 시작을 알리는 찬송이 울려 퍼졌다. (……) 찬양대는 오른 쪽 줄 의자의 두 줄을 차지하고 있어서, 베이스 책임자로서 선창자 역할을 맡은 교구 성직자 로슈아 랜은 찬양이 끝나면, 바로 자기 자리로 돌아갈 수가 있었다. 나이든 사람들은 아무도 책을 들고 있지 않았는데, 이유는 그들 모두가 책을 읽을 수 없었기 때문이다. 그러나 그들은 웬만한 찬송가는 거의 다 외우고 있었으므로, 그들의 연약해진 입술은 찬송가의 뜻도 잘 모르는 채, 해를 막아주고 복을 준다는 소박한 믿음으로 열심히 찬송을 불렀다."

2) 침례교회의 탄생

시골에 있어 고립된 비국교도 교회들 중에는 새로 생겨난 【침례파 교회】가 많았다. 청교도 개혁운동이 진행될 때 영국에는 두개의 침례교 집단이 생겨났는데, [일반 침례교도]와 [특수 침례교도]다. 그들의 교리를 요약하면;

---

14) key-bugle, 컵 모양의 마우스피스에 입술을 대고 공기의 진동을 일으켜 소리를 내는 목관악기 · 필자 주

①그리스도의 속죄의 보편성 즉 '모든 사람들을 위한 속죄'를 주장하는 사람들을 가리켜 [일반침례교도, General Baptist or Armenian Baptist]라 불렸고,

②그리스도의 속죄가 칼빈의 주장대로 선택받은 사람들에게만 적용된다고 믿는 사람들을 [특수침례교도, 혹은 칼빈주의 침례교도](Particular Baptist or Calvinistic Baptist)라고 불렸다. 교리는 여타 개신교와 크게 다르지 않지만, 세례를 행할 때 온몸을 물속에 잠기도록 하기 때문에 침례교라는 명칭이 붙여졌다. 하지만 유아침례는 인정하지 않고 스스로 신앙고백을 하고 자신의 신앙에 대해 책임질 수 있는 나이가 되었을 때 침례식을 허용한다.

침례교는 16~17세기 영국에서 시작된 칼빈주의 개혁파인 청교도(Puritan)의 여러 교파 중 하나다. 창시자는 영국국교회 목사 출신 존 스미스(John Smith)이며 〈천로역정〉의 저자 존 번연(John Bunyan)이 침례교도였던 것으로 알려져 있다. 영국에서 시작된 침례교는 얼마 후 미국에까지 전파되어 미국에서 더 크게 자리 잡았다. 이후 미국의 침례교는 남침례교와 북침례교로 분열되었으며, 남침례교는 미국 개신교 교파로는 최대의 교단을 형성하고 있다. 한국에는 1889년 캐나다 선교사 말콤 펜윅(Malcolm Fenwick)에 의해 전해졌다. 한국의 침례교회는 1950년 미국 남침례교와 선교협정을 맺은 후, 교단 명칭을 '대한기독교침례회'로 사용하기 시작했다. 이후 몇 차례의 변경 끝에 '기독교한국침례회'라고 정해 지금까지 사용하고 있다.

3) 침례교 찬송가 난립

벤자민 키치(Benjamin Keach) 목사는 그가 담임한 사우스웍(Southwark) 특수침례교회에서 자작 회중 찬송을 부르기 시작하였는데, '찬송가는 사제들만이 부르는 것'이란 가톨릭 전통에 익숙한 교인들 중, 아이자크 말로우(Isaac Marlow)를 중심한 반대파들은 아래 논리로 반대를 하였다.

①거룩한 찬송을 무식한 일반 회중들이 아녀자들과 함께 부를 수 있는가

②초대교회에서는 악기 사용을 안 했다는데 악기를 사용해도 되는가

③시편을 그대로 노래하지 않고 '인위적으로 운율에 맞추는' 게 타당한가

이런 문제를 제기하고 회중 찬송 부르기를 반대하였으나, 키취 목사는 이에 굴하지 않고 회중 찬송가 제작과 보급에 힘을 다했다. 이리하여 침례교에는 신작 찬송가 바람이 불어, 맨체스터 북쪽 로젠데일(Rossendale)의 숲 속에 있는 럼(Lumb) 지역의 침례교도들은 담임 목사 너톨(John Nuttall)의 지도 아래, 찬송 부르기와 찬송 만들기에 열정을 쏟았다. 흔히 '골자기의 종달새'라고 불리는 이들은 랭커셔의 농부들이었는데, 이들을 중심으로 지역사회의 찬송가 작곡가들이 많이 배출되었다.

그들 중에는 너톨의 두 아들, 제임스(James Nattall, 1745-1806)와 헨리(Henry Nattall, 1747-1810)가 있는데 그들은 찬송가 작곡에 탁월하였다.

이들은 당시 유명한 작곡가 헨델의 오라토리오 〈메시야〉에 매료된 헨델의 팬들이었다. 그들은 헨델의 작곡 양식을 열심히 모방하여 많은 장식음을 쓴, 독창에 합창을 곁들인 찬양곡들을 작곡하였다.

4) 헨델의 오라토리오 〈메시야〉의 영향

오늘날에는 헨델의 오라토리오 〈메시야〉가 예배음악으로서 절대적인 권위를 차지하지만, 헨델은 〈메시야〉를 예배음악이 아니라 무대음악으로 작곡하였고, 당시는 물론, 헨델 탄생 100주년인 1784년에 〈메시야〉를 웨스트민스터 대예배당에서 연주하려 하자, 영국교회는 이를 '오락적 음악'이라며 맹렬히 반대하였던 것이다.

헨델은 처음 오락적인 오페라를 주로 작곡하다가 금식하며 일을 하지 않는 사순절 기간 동안 연주할 '성경적 오라토리오'를 작곡하게 되었는데, 이것들은 성경에서 소재를 택하였을 뿐, 모든 면에서 오페라와 같은 오락물이었다. 즉 "극장에서, 오페라 가수들에 의해 연주되는, 감상용 오락물"에 불과했던 것이다. 일반 오페라와 다른 것이 있다면, 연기는 하지 않고 노래만 부른다는 것일 뿐, 공연장은 극장이고, 의상도 차려 입었고, 청중은 구경꾼에 지나지 않으니, 함께 마음 모아 하나님께 찬양 드리는 예배음악으로 볼 수는 없다는 게 당연하였던 것이다.

이는 오늘날도 마찬가지이다. 교회 명절 때마다 헨델의 메시야를 연주하는데, 거기 모인 사람들이 음악회에 온 기분으로 앉아서 감상만 한다면, 그 음악은 찬양이 아니라 오락물이 되는 것이다.

원 제목 〈거룩한 오라토리오 메시야〉, (A Sacred Oratorio, Messiah)는 헨델이 오락물과 구분하기 위해 '거룩한 오라토리오'라는 이름까지 붙였건만, 당시 영국 국교회에서는 이를 외면하였던 것이다.

〈메시야〉는 1742년 4월 13일, 영국 더블린의 피쉬앰블가(Fishamble St.) 에 있는 새 음악당(New Music Hall)에서 공연하는 자선 음악회를 위해 작곡되었다.

〈메시야〉가 극장에서 연주되기까지는 어려움이 많았는데, 첫공연이 끝나자 신문(The Universal Spectator)에는 이런 논평이 나왔다.

"후세 사람들이 역사를 읽을 때, 오늘 이 시대의 영국 국민들이, 가장 거룩한 것으로 대중을 위한 오락물을 만들어, 불경건과 세속의 극치에 도달한 것을 안다면 어찌 생각할 것인가? 게다가 그러한 장소에서 사람들이, 경박하기 짝이 없고 공허할 뿐만 아니라, 불경스럽고 또 방종하기까지 한 그 곡을 연주하는 것을 당국이 승인한 것을 안다면 어떻게 생각하겠는가?"

그러나 회중찬송을 작곡하는 북부의 침례교 작곡가들은 헨델의 〈메시야〉에 감명을 받아 그 기법을 응용하여 많은 찬송가들을 작곡하였다. 침례교도들 뿐이 아니다. 모리스 그린(Maurice Green), 존 스탠리(John Stanley), 윌리엄 보이스(William Boyce) 같은 작곡가들도 헨델과 그의 업적을 존경하고 동조하여, 헨델 양식의 예배음악을 보급하는 데 일조를 하였다. 헨델을 좋아하는 사람들은, 매월 정기적으로 모여서 〈메시야〉를 연주하는 모임까지 만들었다. [엘렌브룩 월례회, The Ellenbrook Monthly Meeting]란 모임이 그런 모임이었는데, 그들은 음악 전문가가 아닌 공장 직공들이었다. 그러나 그들은 후에 훌륭한 연주가가 되었고, 〈메시야〉의 각종 악보들은 이들을 통하여 후세에 전수되었다. 이들의 활동이 알려지자, 국교회 음악 담당자들은 이런 말로 그들을 비난했다.

"시골 사람들은 오라토리오의 유행이 런던에서부터 장이 서는 영국의 모든 거리에까지 널리 퍼졌지만 만족할 줄 몰랐다. 그들을 만족하게 하기 위해서는 오라토리오를 소개하는 사람들이 그 지방 교회에서 부르는 노래와 예배용 찬송가를 연주해야만 했다. 또 그러한 곡들이 오르간 대신에 아주 시끄러운 소리를 내는 바이올린과, 싸우는 듯한 소리를 내는 오보에, 틀린 음을 내는 첼로, 웅웅 소리를 내는 바순의 반주로 연주되어야 그들은 만족했던 것이다."

5) 존 번연의 〈천로역정(天路歷程)〉의 영향

영국 침례교 회중 찬송을 얘기하면서 빼놓을 수 없는 사람이 〈천로역정, The Pilgrim's Progress, 1678〉의 저자로 유명한 존 번연(John Bunyan, 1628-1688)이다. 가난한 땜장이의 아들로 태어나 초등학교를 중퇴한 그는 독학으로 침례교 목사가 된 사람이다. 비국교도 탄압 때 두 번이나 투옥되어 옥고를 치르는 동안, 옥중에서 불후의 명저 〈천로역정〉을 써서, 청교도 문학의 한 장르를 개척했다. 그의 〈천로역정(제2부)〉에 나오는 노래 "용감히 살려는 자여, He who would valiant be)"는 찬송가로 작곡되어 영어권 찬송가에는 물론, 우리《개편 찬송가, 1967》 564장,《새찬송가, 1962》 364장 등 찬송가에도 들어 있었다. 청년 찬송가인 이 찬송 가사를《새찬송가, 1962》에서 옮겨본다.

1.
담대히 역경을 이기는 자여
꾸준히 주님을 따라 가시오.
처음의 서약을 충분히 행할 때
그 어떠한 실망도 못 깨치리.

2.
비참한 일들로 둘러싸여도

주님의 능력은 더욱 크시네.
순례자 의무를 충실히 행할 때
그 아무라도 막을 수 없으리.

3.
주님의 성령이 우리를 지켜
끝날엔 영생의 기업 주시리.
안 믿는 자들이 무어라 하여도
나 밤낮으로 순례자 되려네.

참으로 청년들에게 용기를 주는 이 좋은 찬송을 왜 빼었을까? 가사와 곡조의 리듬이 안 맞는 곡조를 택했기 때문인 것이다. 다른 곡으로 바꿔 되살렸으면 하는 마음 간절하다.

이 밖에 침례교의 조셉 스터넷(Joseph Stennet) 목사는 1697년에 37편의 신작을 담은 〈성찬식 찬송가〉를 내었는데, 반응이 좋아 3판까지 찍었고, 전술한 바 있는 테이트와 브래디의 시편가 〈새번역〉에 부록으로 채택되었다.

13. 진젠돌프와 헤른후트 공동체

모라비안교회란 15세기 보헤미아와 모라비아에서 후스파 곧 보헤미아 형제단이 그 기원이다. 보헤미아 형제단 운동은 반종교개혁 집단에 의한 박해에도 불구하고 소위 「감추어진 씨앗」인 충성스런 신자들의 노력을 통해 살아남아, 독일에서 경건주의라는 형태로 부흥운동을 일으켰다. 많은 사람들이 독일 개신교 지역으로 도망쳤고, 경건주의는 여러 귀족들에게 깊은 영향을 끼쳤으며, 젊은 백작 진젠돌프는 「감추어진 씨앗」을 다시 살려내는 계기가 되었다.

독일에 경건주의 운동을 일으킨 종교·사회 개혁자 진젠돌프(Nikolaus Ludwig, Graf von Zinzendorf, 1700-1760)15)는, 오스트리아 귀족가문 출신으로 태어나, 어릴 때 외할머니로부터 신앙교육을 받았다. 외할머니는 독실한 경건주의자로서, 경건주의 신학자 필리프 슈페너와 가까운 친구였다. 이러한 신앙교육은 후에 할레에 있는 「프랑케 파이다고기움」에 들어감으로써 더욱 심화되었으며, 졸업한 뒤에는 신학을 공부하라는 가족의 뜻을 떨치고 비텐베르크 대학에서 법학을 공부했다.

정식 교육기간은 관습대로 「대여행」으로 끝났는데, 이 여행에서 유명한 칼빈주의자들과 로마 가톨릭 교회 인물들을 많이 사귀게 되었다. 1721년 드레스덴으로 돌아와 작센 법원에서 하급 직책을 맡았고, 1년 뒤에는 도로테아와 결혼했는데, 그녀는 남편의 경건주의 신앙과 찬송가 작사에 대한 열정에 적극 동조했다. 진젠돌프는 결혼하는 자리에서 작위를 버리고 평생 경건주의 신앙과 찬송가 작사를 하기로 선언하고 관직 생활을 청산했다.

할머니로부터 베르텔스도르프의 영지 일부를 유산으로 물려받은 뒤 그는 박해를 피해온 이 보헤미아 형제단 난민들과 「헤른후트(Herrnhut) 공동체」를 건설했다. 헤른후트란 말은 「주님의 피난처」란 뜻이다. 그의 원래 의도는 엄격히 말해 에큐메니즘적인 것이었다. 그는 슈페너의 가르침에 따라 「교회 안의 작은 교회들」을 발전시킴으로써 교회를 부흥시키고 결국 여러 교회를 단일 루터교회로 통일시키기 위해 노력했다. 그러나 모라비아 교회체제를 재편하는 과정에서 그는 공동체 중심의 사상을 갖게 되었던 것이다. 즉 「공동체 없이는 그리스도교도 있을 수 없다」는 것이었다.

1727년에 맺은 「헤른후트 형제단 협약」의 규율들은 평소에 진젠돌프 백작이 갖고 있던 이상, 즉 크리스천 공동체를 세워 성도 간에 즐거운 사귐을 갖는 가운데 이 땅에 하늘나라를 구현하는 내용들이었다. 이 공동체에는 보헤미아와 모라비아에서 추방된 수많은 사람들과 독일 등지에서 온 경건주의자들로 가득 찼다.

---

15) 외래어 표기법으로는 「친첸도르프」이지만 관용을 따른다.

헤른후트와 그 뒤에 세운 모라비아 정착촌들에서는 가족 중심의 생활이 각자 속한 찬양대 중심의 생활로 점차 바뀌어갔는데, 이 찬양대들은 나이, 성별, 혼인 여부에 따라 엄격히 구별된 공동집단이었다. 이 찬양대 구성원들에게는 공동생활 장소, 음식, 옷, 일거리를 주었고, 진젠돌프의 혁신적인 교육이론에 따라 어린이 보호와 교육을 충분히 맡아주었다. 이러한 공동체 이상에 따라 소비뿐만 아니라 생산도 공동으로 했는데, 이 경우 공동체는 개인 노동에 대한 대가로 개인에게 필요한 것들을 제공해주었다. 공동체 안에는 찬양대의 묘지가 따로 있었는데, 파트별로 구분되어 있었다. 그 이유는 주님이 재림하실 때 모두 함께 부활하여 각 성부로 찬양을 드리기 위해서라니 순박한 발상이라 하겠다.

헤른후트 공동체가 크게 성공을 거두자 귀족사회, 도시의 동업조합들, 루터교회 등 기성 권위체제는 이에 강하게 반발했다. 진젠돌프는 1734년 정통파 루터교 목사가 됨으로써 자신을 종파주의자로 보는 사람들과 아우크스부르크 신앙고백에 대한 충성을 의심하는 사람들을 유화시키려고 노력했으나, 2년 뒤 작센 정부의 명령으로 자신의 영지에서 추방당했다.

유배생활 동안 진젠돌프는 모라비아 교도들의 해외 선교사업을 정식으로 대표할 수 있도록 보헤미아 형제단의 감독에 임명되었다. 진젠돌프는 베테라비아의 헤른하크와 마리엔보른에 모라비아 교도의 정착촌들을 세우고, 네덜란드와 발트해 연안국에 여러 교회를 개척한 뒤 서인도제도에서 지냈다. 나중에는 영국에 모라비아 교회의 토대를 세웠으며, 여기서 존 웨슬리를 다시 만났다. 1741-43년 아메리카를 여행하면서 뉴욕과 펜실베이니아에 모라비아 교회들을 세우고, 아메리카 원주민들을 선도하는 데 앞장섰다.

유럽으로 돌아온 그는 에큐메니즘 운동의 일환으로 트로펜(Tropen : 훈련방법들) 사상을 발전시켰는데, 이 사상에 따르면 「개신교 각 종파들은 공동의 복음진리에 대한 이해와 전달 방법이 다를 뿐, 오직 하나인 참된 그리스도의 교회를 구체적이고도 타당하게 표현한다」는 것이다. 1747년 작센 당국자들은 이전에 내렸던 추방령을 취소했고, 2년 뒤에는 「보헤미아 형제단 교회」를 공식적으로 승인했으며, 1749년 영국의회도 이 교회를 승인했다.

    진젠돌프에 의한 모라비안 공동체는, 첫째로 선교지향적인 공동체였다. 그는 모든 회원들이 기독교의 기사(騎士)가 되어 복음을 전하는 것을 지도이념으로 삼았다. 특별히 그는 모라비안 형제들을 작은 그룹으로 구성하여 주의 일을 하게 하였다. 그는 그 자신이 이러한 전도를 실천하였는데 암스테르담, 발틱 국가들, 베를린, 제네바 등지에서 집회를 갖고 전도하였다.
    다음으로 중보기도를 들 수 있다. 1727년 서로를 권고하고 부흥을 위한 기도를 위해 작은 그룹들로 모임을 갖기 시작했다. 그리하여 24명의 형제와 24명의 자매가 자정부터 그 다음날까지 계속 기도하기 위해 각자 한 시간씩 맡을 것을 서약하기에 이르렀다. 매시간 드리는 중보기도는 그 후 백년 이상 지속되었으며 이러한 중보기도는 그 다음 2백년 이상 수많은 사람들이 모든 대륙으로 선교를 위해 파송되는 결과를 가져왔다.
    다음으로 모라비안 공동체의 특징은 타문화권 선교를 들 수 있다. 1760년 진젠돌프가 죽기까지 모라비안 교회는 28년간의 활동을 통해 226명의 선교사를 배출해 내었고 1760년 당시엔 그린란드의 13개 지역과 중, 북부 아메리카와 서인도제도에서 49의 형제와 17명의 자매들이 약 6,125명의 영혼을 책임지고 있었다. 진젠돌프는 돈 한 푼 없이 아프리카 선교에 나섰을 때는 몸을 팔아 노예가 되려는 심정으로 선교하였다.
    진젠돌프와 모라비안 공동체의 이러한 선교는 독일 개신교 안에서 가장 먼저 일어난 자발적인 선교운동으로서, 많은 순교의 피를 흘리면서 세계 각처에서 사명을 완수한 것이었다.

1) 진젠돌프와 존 웨슬리
    그는 감리교 창시자 존 웨슬리에게 많은 영향을 끼쳤다.

1735년 웨슬리 형제가 미국 선교를 위해 대서양을 건널 때 갑자기 폭풍이 몰아쳐 왔다. 존 웨슬리는 두려워 견딜 수가 없었다. 그런데 배 갑판 한 구석에서 어떤 사람들이 모여서 찬송을 부르고 있었다. 그들의 얼굴에는 기쁨이 충만했다. 웨슬리는, 「나는 두려워서 이렇게 떨고 있는데 저들은 어떻게 기쁨이 충만할까?」하고 가까이 가서 보았더니 모라비안 교도들이었다. 그는 충격을 받았다. 미국 선교에 실패하고 돌아온 웨슬리는, 1738년 5월 24일 런던 올더스게이트가에서 모라비아 교도들의 예배에 참석하여 루터의 「로마서 주석」 서론을 읽고 있는 동안, '가슴이 뜨거워지는 체험'을 하였다. 당시 35세였던 그는 이 순간부터 믿음으로 구원을 얻는다는 확신을 가지고 평생 복음을 전했다.

1738년 여름, 존 웨슬리는 이 공동체를 방문하고 감동한 나머지 일기에 이런 글을 남겼다.

"내 평생 여기서 살았으면 좋으련만, 주님이 나를 다른 포도원에서 일하라고 부르시니 8월 14일 월요일에 나는 이 행복한 곳을 떠날 수밖에 없구나. 오, 물이 바다를 덮는 것 같이 우리 그리스도교가 언제 이 지구를 덮을 것인가?"

이렇게 웨슬리에게 영향을 주어 도탄에 빠진 영국을 구원하고 감리교회를 창설케 한 진젠돌프도 한 때 곁길로 가다가 스텐버그(Stenberg)가 그린 「십자가상, ECCE HOMO」라는 성화를 보고 그림 밑에 기록된 「나는 너를 위해 죽었거늘 너는 나를 위해 무엇을 하느냐」라는 제목을 보고 크게 감동해 회개했다는 일화는 너무나 유명하다.

이 그림을 그린 스텐버그는 성제롬 대성당의 유고 신부의 요청으로 그림을 그리기 시작했는데, 신부가 그림 값을 너무 적게 주기 때문에 중단하고 있었다. 그는 집시 소녀인 페피타를 모델로 다른 그림에 착수하였다. 어느 날 모델로 화실에 와 있던 페피타가 밑그림만 그려 놓은 십자가에 못 박히신 예수님의 그림을 보고 이 그림이 무엇이냐고 물어, 예수님이 우리를 대신해 십자가에서 죽으셨다는 이야기를 하자, 페피타는 이렇게 물었다.

"우리를 사랑하기 때문에 대신 죽었다는 예수님을 선생님은 무척 사랑하고 계시겠군요?"

이 말에 스텐버그는 양심이 찔렸다. 자신의 잘못을 회개하고 다시 그 그림을 꺼내 정성을 다하여 완성한 후, 그림 밑에다가 「나는 너를 위해 죽었거늘 너는 나를 위해 무엇을 하느냐」라는 제목을 달았다. 그리고 신부가 주는 그림 값도 거절했다. 그 그림이 바로 진젠돌프에게 큰 변화를 준 그림이라 한다.

그래서 진젠돌프는

"내가 원하는 것은 오직 예수뿐!"

이라고 늘 고백하였다는 것이다.

여기서 우리는 놀라운 성령의 역사를 발견한다. 어린 집시 소녀 페피타가 던진 한마디 말에 감동을 받은 스텐버그는 자기 재능을 다하여 그림을 완성하였고, 그 그림에 감동을 받은 진젠돌프는 열심히 경건운동을 펼치고 많은 찬송을 만들어, 두려움에 떠는 웨슬리 형제에게 감동을 주었고, 웨슬리 형제는 영국민에게 큰 감동을 주어 감리교회를 창설하였고, 수많은 오늘날 감리교도들은 세계 도처에서 또 다른 성령의 감동을 창출하고 있는 것이다. 오늘 나는 어떤 감동을 내 형제에게 줄 것인가!

"나는 너를 위해 죽었거늘 너는 나를 위해 무엇을 하느냐?"

라는 그림의 제목에서 받은 감동으로 끝까지 충성한 진젠돌프의 경건한 삶을 본받고 싶다.

2) 진젠돌프와 헤른후트 찬송가

진젠돌프는 12세부터 찬송가를 작사하기 시작하여 평생 2000 편이 넘는 찬송을 작사하였고, 그의 공동체 안에서는 모두가 찬양대였다. 그가 마지막 작사한 찬송가는 그가 죽기 닷새 전인 1760년 5월 4일의 것이다. 1735년 그가 처음 발행한 《헤른후트 회중 찬송가》에는 999편의 찬송이 수록되어 있는데, 그중 208 편이 진젠돌프의 작사다. 이 찬송가는 대서양을 건널 때 웨슬리 형제에게 전달되었고, 이 독일어 찬송을 부르기 위해 웨슬리 형제는 독일어 공부까지 하게 되었고, 존 웨슬리는 베른후트 공동체를 방문하여 함께 지내는 사이가 되었으니, 이 찬송가는 감리교 찬송을 만드는 계기를 만들었다 하겠다.

모라비안들은 루터의 종교개혁 이전부터 회중 찬송가를 사용하였으니까, 유럽 교회 찬송가의 원조라고 할 만하다.

다음은 진젠돌프가 편집한 또 다른 찬송가들이다.

❶《찬송가와 신령한 노래 모음, 1725》, 1725. 라이프치히에서 출판. 할머니에게 헌정되었으며 889편이 들어 있는데 45편이 진젠돌프 작사이다.

❷《진젠돌프 백작이 수집한 회중과 어린이를 위한 단순하지만 값진 진리의 찬송가와 성가 모음》. 1727. 두 부분으로 된 이 찬송가에는 1부에 379편 2부에 363 편이 알파벳순으로 실려 있는데 후에는 어린이 찬송가도 추가했다.

❸《그리스도교와 가톨릭 노래(부록 기도문)》. 1727. 여기에는 쉐플러의《Heilige Seelenlust》에서 뽑은 79편의 찬송가가 있고, 《Anhang》에는 147 편의 찬송가가 실려 있다.

❹《찬송가와 신령한 노래 모음》. 1731. 이 찬송가는 덴마크의 샬로테 아말리 공주에게 헌정한 찬송가인데, 1402편의 찬송가가 들어 있다. 그 중 126편은 진젠돌프의 찬송이다.

❺《진젠돌프 백작의 독일 찬송가》, 1735년 헤른후트. 여기에는 130 편의 그의 찬송가가 실려 있다.16)

현행 우리나라 찬송가에는 진젠돌프의 찬송은 단 하나도 없다. 다만 옛날《새찬송가, 1962》86장에「예수의 피와 보혈로」라는 찬송이 있을 뿐이다. 진젠돌프의 경건을 기리는 마음에서 다시 살렸으면 하는 찬송가인데 그 1절만을 영어와 우리말로 소개한다.

---

16) Julian: A Dictionary of Hymnology, p. 707-708.

Jesus, Thy Blood and Righteousness
My beauty are, my glorious dress;
'Midst flaming worlds, in these arrayed,
With joy shall I lift up my head.

예수의 의와 보혈로
영화론 옷을 입히시네.
불타는 세상 속에서
나 기뻐 우러러보네.

이 찬송은 존 웨슬리가 영역한 찬송을 우리말로 중역한 것이다. 그러나 외국 찬송가에는 그의 찬송들이 많이 실려 있다. 찬송가 학자 제임스 몽고메리는 진젠돌프의 찬송가를 이렇게 평가하고 있다.

"진젠돌프의 찬송가와 그의 종교적 품격의 핵심은 십자가에 못 박히신 구주께 바치는 그 자신의 깊고도 성실한 헌신과 교제에 있다."

14. 영국 감리교회 찬송가

1) 존 웨슬리와 감리교회

감리교회의 창시자 존 웨슬리는, 1703년 6월 17일, 아버지 사무엘 웨슬리 목사와 어머니 수산나의 19남매 자녀 중 16번째로 태어났다. 존의 부모 특히 어머니 수산나는 자식들을 경건하게 키웠다. 존은 어렸을 적에 집에 불이나 타죽기 직전에 구출된 일이 있는데 수산나는 존을 '불에서 꺼낸 그슬린 나무'(슥 3:2)라고 부르기도 하였다. 그는 1724년 옥스퍼드대학교 크라이스트처치를 졸업한 뒤, 이듬해 부제 임명을 받고 1728년 9월 22일에는 사제임명을 받았다.

1729년 10월, 동생 찰스가 친구들과 조직한 신성클럽(Holy club)에 가담했는데, 이 모임은 규칙적인 성경연구와 경건생활을 강조했기 때문에 사람들이 조롱조로 질서주의자들(Methodists)이라 불렀고 이 말이 나중 '감리교도'란 이름이 되었다. 존은 찰스로부터 모임의 주도권을 물려받아 회원 수를 늘리는데 기여했다. 1730년부터 이 모임은 정규 활동에 사회사업도 포함시켜서, 옥스퍼드 교도소를 방문하고 죄수들에게 글을 읽고 쓰는 법을 가르쳐주었으며, 이들의 빚을 갚아주고, 일자리를 마련해주려고 노력했다. 빈민가와 가난한 사람들에게도 손길을 뻗쳐 음식·옷·의약품·책 등을 나누어주고 학교도 운영했다.

1735년 4월 아버지 별세 후, 존은 옥스퍼드 시절의 친구 존 버턴과 북아메리카 조지아주의 식민지 총독 제임스 오글소프(J. E. Oglethorpe, 1696-1785) 대령으로부터 '복음전도협회의 요원이 되어 식민지 사람들의 신앙생활을 관장하고, 원주민들에게 복음을 전하라'는 설득을 받았다. 1735년, 존은 이 사명을 위해 사제임명을 받은 찰스와 함께 전도단을 만들어 신대륙 조지아에 있는 식민지를 향하여 항해에 올랐다.

그런데 갑자기 엄청난 폭풍이 몰아쳐 왔다. 존과 찰스는 두려워 떨고 있는데, 갑판 한 구석에서 어떤 사람들이 모여 열심히 찬송을 부르고 있는 것이었다. 그들의 얼굴에는 두려움이 아닌 기쁨이 충만했다. 존은, '나는 두려워서 이렇게 떨고 있는데 저들은 어떻게 기쁨이 충만할까?' 하고 가까이 가서 보았더니 그들은 26명의 모라비아 교도들이었다.

존과 찰스는 큰 감동을 받고 그들에게서 진젠돌프가 펴낸《헤른후트 공동체 찬송가》를 얻어 가지고 조지아에 도착하였다. 존은 이 찬송을 영역하기 위해 독일어 공부를 하였다. 마침내 존은 이 찬송가와 게르하르트의 찬송가에서 33편을 뽑아서 영어로 번역 출판하였다. 그들은 계속 찬송가를 번역하면서 집회 때마다 찬송을 부르고 번역한 찬송을 가르치기 시작하였다. 새벽기도 때는 물론, 병원에 입원한 환자를 위문할 때나, 집에 있는 병자를 심방 갈 때도 그들은 찬송을 불렀다. 주일 예배 후, 성경공부 후에도 새 찬송을 가르쳤다.

열정적이고 복음적인 모라비아 교도들의 찬송가는, 예배당에서 시편가만을 불러오던 웨슬리의 찬송가에 대한 생각에 큰 변화를 주어, 마침내 감리교 복음찬송가의 기틀을 잡게 되었다.

존은 1737년에 번역한 찬송가와 시편가들을 모아 《시와 찬미집》(A Collection of Psalms and Hymns)을 출판하였는데, 이것이 영국과 미국에서 사용된 첫 복음찬송가가 되었다.

그러나 미국 교회들은 이 새로운 찬송가를 받아들이지 않았다. 뿐만 아니라 존의 원주민 선교도 실패로 끝났다. 존은 이들을 대상으로 신실하게 사역을 하였으나, 성직자로서 고자세를 취하는 바람에 반감을 샀던 것이다. 또 서배너의 최고행정관의 조카딸 소피아를 사랑하였지만 그녀가 다른 사람에게 시집을 가버리자, 화가 난 존은 그녀에게 성찬 금지령을 내림으로써 비판을 자초하는 어리석은 일도 저질렀다. 뿐만 아니라 그들 형제가 부르며 가르치는 찬송이 영국교회 전통에 위배된다 하여, 존은 그 해 서배너 법원에 기소되었다. 하는 수 없이 그는 1737년 12월 조지아에서 도망쳐 영국으로 돌아가게 되었던 것이다.

미국 선교에 실패하고 돌아오는 배 안에서 존은 모라비아 교도들을 다시 만나게 되었는데, 그는 그들이 갖고 있는 구원에 대한 확신과 죽음도 두려워하지 않는 담대함에 감동을 받았다. 웨슬리는 그때까지도 자신의 구원에 대한 확신이 없었던 것이다. 그는 이렇게 통회 자복하였다.

"나는 인디언들을 개종시키려고 미국에 갔었는데, 아! 나는 누가 회개시킨단 말인가? 그 동안 내가 배운 것은 무엇이란 말인가? 다른 사람들을 회개시키려고 미국에 갔던 나 자신은 왜 한 번도 하나님께 회개하지 못했단 말인가?"

실의와 낙담의 나날을 보내던 존 웨슬리는, 1738년 5월 24일 런던 올더스게이트가 모라비아 교도들의 집회에 참석하여 루터의 [로마서 주석] 서론을 읽고 있는 동안 '마음이 뜨거워지는 체험'을 하였다. 당시 35세였던 그는 모라비안의 지도자 진젠돌프의 헤른후투 공동체를 찾아가 그와 가까이 지내는 동안 더욱 신앙의 확신을 가지게 되었다. 그리하여 그는 '믿음으로 구원을 얻는다'는 복음을 선포하는 일을 필생의 사명으로 여기고, 일생 동안 100만리 (25만 마일)를 말을 타고 다니면서 4만 번 이상의 설교를 하여 1만 명 이상을 주께 인도했다고 한다.

그러나 초기 영국 국교회 회중들은 그에게 등을 돌렸다. 그러자 웨슬리는 종교단체들을 찾아다니며 새로운 신앙 열정을 불어넣으려고 노력했고, 특히 모라비아 교도들과 비슷한 속회제도를 도입했다. 존은 1년 동안 기성 교회단체들을 대상으로 일했으나, 그의 교리에 대한 반발이 점차 거세어졌다. 웨슬리가 옥외에서 집회를 가지면 엄청난 방해 공작들이 일어났다. 웨슬리의 집회를 방해하기 위해 술주정뱅이 바이올리니스트나 가수들이 고용되는가 하면, 어떤 사람들은 드럼을 마구 두들겨대고 또 교회 종을 치는 사람들도 있었다. 어떤 곳에서는 웨슬리가 그 날 설교할 성경 본문을 읽는데 한 가톨릭교도가 웨슬리 옆에서 나팔을 불어댔다. 그때 곁의 사람이 그를 주먹으로 쳐 쓰러뜨린 다음 그 나팔을 빼앗았다.

이런 방해에도 불구하고 웨슬리가 계속 복음을 전하자 사람들의 태도가 바뀌기 시작하였다. 시장이라든가 관리들이 웨슬리를 환영하고 그와 그의 동료들을 보호해 주기 시작했고, 웨슬리가 도착하면 마치 공휴일과 같은 분위기가 되는 곳도 상당히 많아졌다. 그는 그곳에서 환대와 존경을 받았다. 존 웨슬리는 평생 폐병으로 고생하였으나 85세까지 살았다. 말년에 그는 이렇게 말했다.

"나는 호흡이 있는 동안 나의 창조주를 찬양하리라. (시 150편). 죽음이 찾아와 더 이상 소리를 낼 수 없을 때는 영혼으로 주를 찬양하리라. 이 생명이 살아 있는 한 영원히 주를 찬양하리라."

2) 찰스 웨슬리와《감리교 찬송가》

형 존과 함께 영국에서 감리교 운동을 시작한 찰스 웨슬리는, 새뮤얼 웨슬리와 수산나의 19 자녀 중 18번째요, 살아남은 여섯 자녀로서는 막내아들이다. 가난한 목사의 막내아들인 찰스를 명망 높은 어느 아일랜드 부호가 양자를 삼겠다. 했을 때, 가난의 어려움을 잘 아는 찰스임에도 불구하고, No 라는 최후의 결정을 내리는 것이었다. 이런 아우를 보고 그의 형 존은 이렇게 말하였다.

"내 아우 찰스가 부와 권력의 종이 될 위험에서 깨끗이 모면을 하였구나."

만약 찰스가 그 때 돈과 명예를 따라 갔더라면, 오늘날 우리는 그의 아름다운 찬송가를 부르지 못하게 되었을 게 분명하다. 왜냐 하면 돈(Mammon)과 권력은 십중팔구 사탄의 미끼로 변하기 때문이다.

앞서 언급한 대로. 1728년 옥스퍼드의 크라이스트처치대학 재학시절, 찰스는 영적인 각성을 경험하고, 2명의 학부생 친구와 함께 〈신성클럽〉을 만들었다. 성경연구와 기도에 있어 지나치게 형식적인 그들의 습관 때문에, 친구들은 조롱을 섞어 메소디스트(Methodost)들이라고 비아냥거렸다. 그러나 그 말이 오늘날 감리교도란 말이 될 줄이야! 이는 초대교회의 성도들이 간 데마다 '그리스도'를 전하자 그들을 '그리스도인'이라고 별명을 붙인 것이나, 우리나라 초대교회 선진들이 입만 열면 '예수, 예수' 하면서 예수를 전하자 그들을 '예수쟁이'라고 부른 것과 같다. 나는 그래서 [예수쟁이]임을 자부한다.

1735년 찰스는 미국 조지아로 선교하러 가는 형 존을 돕기 위해 성직 임명을 받고 동행했으나, 참을성이 부족했던 찰스는 신앙적인 절망과 신체적인 탈진으로 불과 몇 달을 못 넘기고 영국으로 먼저 돌아왔다. 형 존과 마찬가지로 그는 모라비아 교도들의 도움으로 영적인 평안을 발견했다. 그 때의 감동을 그는 일기에 이렇게 적어 놓았다.

"바다에 놀이 일어나더니 돛대가 산산이 부러졌다. 그 돛은 배를 덮었고, 비바람은 파도를 몰고 와 배의 갑판을 덮쳤다. 놀란 영국 사람들은 비명을 지르기 시작하였다. 그러나 갑판 한편에 모인 독일 사람들은 하늘을 우러러보며 조용히 찬송을 불렀다. 폭풍이 지난 후 나는 그들 중 한 사람에게 물었다. "두렵지 않았습니까?" 그러자 그는 아무렇지도 않다는 듯 이렇게 대답했다. "두렵기는요! 그저 하나님께 감사할 따름이지요." (1836년 1월 25일 일기.)

이 때 감동을 찬양시로 만든 것이 찰스의 대표작이 되었다.
1절만 한영으로 가사를 싣는다.

영어 원 가사	한국어 번역
Jesus, lover of my soul	비바람이 칠 때와
Let me to Thy bosom fly,	물결 일어날 때에
While the nearer waters roll,	사랑하는 우리 주
While the tempest still is high!	나를 품어 주소서
Hide me, O my Savior hide,	풍파 지나가도록
Till the storm of life is past,	나를 품어 주시고
Safe into the heaven guide 안식	얻는 곳으로
Oh receive my soul at last! 주여	인도하소서.

〈통찬 441장〉

1738년 5월 21일에 그는 자신이 '하나님과 평화로운 상태에 있다'는 신비한 체험을 한 후, 그는 감리교 신조를 매우 설득력 있게 표현하는 설교자가 되었고 수많은 찬송가를 작사하였는데, 그는 타고난 시인이요 작곡가요, 오르간 연주자였다. 그의 오르간 실력은 한 때 성 조지교회 오르가니스트로 섬길 정도였다.

성령의 감동을 받아 찬송가에 대한 애정과 작사에 발동이 걸리자, 찰스는 자나 깨나 앉으나 서나, 영감이 떠오르면 작사를 하였다. 성경에 있는 내용뿐만 아니라, 오늘 우리 크리스천 문학가들이 소재로 삼는 일상의 잡다한 문제들까지 소재를 삼아, 그것들을 모두 찬양시로 엮어냈다. 그러므로 찰스의 찬양시는 다윗의 시편만을 내용으로 한 종래의 작사 범위를 훨씬 넘어서, '생활 속의 찬양'으로 확대되어 나갔다.

찰스는 운율도 여러 가지를 썼다. 아이자크 왓츠는 보통운율(Common Meter, CM. 6,6,8,6.), 단운율(Short Meter, SM. 6,6,6,6.), 장운율(Long Meter, LM. 8,8,8,8.) 등 세 가지 운율만을 사용한데 반하여, 찰스는 30가지나 되는 많은 운율을 사용하였고, 또 아래에 자세히 설명하겠지만, 당시로서는 색다른 강약격(强弱格) 운율을 써서 작곡자들을 당황하게 하였다. 그는 항상 필기도구를 지니고 다니며, 말을 타고 가다가 말 위에서도 작사를 하였는데, 어느 날인가는 필기도구 챙기는 것을 깜빡 잊고 전도하러 가다가, 시상이 떠오르자 필기도구를 찾았으나 없었다. 그는 길가 어느 가게 앞에 말을 세우고 무조건 '필기도구! 필기도구!' 하고 외쳤다. 주인이 영문도 모른 채 필기도구를 갖다 주자, 떠오른 시상을 작사해 놓은 찰스는 그제야 주인에게 인사를 했다는 일화도 있다. 헨델도 찰스의 시를 좋아하여 3편의 찬송가를 작곡하였는데 다음 세 곡이다.

1. 오 거룩한 사랑(O Love Divine)
2. 죄인들아 복음의 말씀에 순종하라(Sinners, obey the Gospel words)
3. 기뻐하라! 주는 왕이시다(Rejoice, the Lord is King).

찰스 웨슬리는 브리스톨과 런던에서 활발하게 활동했지만, 형이 그레이스 머리(Grace Murray)와 결혼하는 것을 막으려 했기 때문에 둘의 관계는 아주 멀어졌다. 이유는 형 존이 47세였던 어느 날 런던 다리를 지나다 말에서 떨어져 다리뼈를 다치게 되었는데 그를 극진하게 간호했던 인물은 사업가의 미망인이며 아이가 4명이나 되는 머리였다.

그 여인은 목사의 아내로서는 적합하지 못했다. 결국 심각한 의부증 증세로 존 웨슬리를 괴롭히는데, 한번은 사람이 보는데서 남편 웨슬리의 머리채를 움켜쥐고 찔찔 끌고 다녔다고한다. 웨슬리가 누구와 함께 여행을 하는가를 확인하기 위하여, 100마일(약161km)를 질투의 불길에 사로잡혀 말을 몰아 쫓아가기도 하였다.

웨슬리의 설교가들 중의 한 사람인 존 햄프슨(John Hampson)은 몰리가 화내는 장면을 직접 목도하고는 이렇게 썼다.

"몰리는 웨슬리 선생에게 난폭하게 손찌검을 하고, 심지어는 존엄한 그 분의 머리카락을 한 줌씩이나 뽑은 것이 한 두 번이 아니었다."

하지만 웨슬리는 "악처17) 덕분에 더 많은 일을 하게 되었다"고 일기에 기록하였다.
형의 약혼식이 알려졌을 때, 동생 찰스는 극도로 충격을 받았다고 이렇게 적었다.
"나는 하루 종일 신음을 하였으며…. 식사도 제대로 할 수 없었고, 설교도 할 수 없었고, 쉴 수도 없었다. 낮에도 밤에도…."

이로 인해 찰스는 감리교 단체들의 활동적인 지도자 자리에서 물러났다. 그는 영국 국교회에 더 애착을 갖게 되었으며, 존이 설교자들을 임명하는 것을 반대하고 마침내는 감리교를 떠나 영국 국교회로 돌아갔다. 그러나 감리교 전도자이며 찬송가 작가로서 벌인 그의 업적은 사람들에게 항상 기억되고 있다.

찰스는 평생 6,500여 편의 찬송시를 썼는데, 그중 4,500편만이 발표되었고, 2,000여 편의 찬송시는 사장되고 말았다는 것이다. 동생은 작사를 하고 형은 이를 출판하여 형제가 편찬한 찬송가 수는 53년 동안 56 권이나 되었으니, 해마다 한 권씩 찬송가를 출판한 셈이다.

3) 박해받는 초기 감리교

칼빈의 예정론이 주를 이룬 영국에서, 인간의 자유의지를 강조한 웨슬리 형제의 설교나 찬송가는 엄청난 이단이었다. 칼비니스트였던 웨슬리 형제는 칼빈의 교리를 버리고 네덜란드의 신학자 아르미니우스(Jacobus Arminius, 1560-1609)의 교리를 따랐던 것이다. 복음선교를 위해서는 "하나님의 예정"보다는 "누구든지 저를 믿으면…." 이라는 인간의 자유의지를 역설할 수밖에 없었기 때문이다. 그래서 그들의 집회에는 국교

---

17) 후대 사람들은 〈세계 3대 악처〉로 소크라테스의 아내, 모차르트의 아내와 함께 존 웨슬리의 아내를 꼽는다.

회의 극렬분자들이 보낸 폭력이 난무하였다.

인간의 자유의지를 강조하며 '어서 믿으시오!' 하고 설교하는 것은, 구원은 하나님의 절대 주권으로서 하나님이 구원받을 자를 '만세 전에 예정'하셨다는 칼빈의 교리에 대한 정면 도전이었다. 따라서 그들은 간 데마다 공권력을 동원한 국교회의 핍박을 받았다. 국교회는 폭력배를 시켜 집회를 방해하다가 나중에는 소방차까지 동원하여 물을 뿌려 집회를 방해했다. 그러나 감리교도들은 찬송을 부르며 그 핍박을 이겨냈다. 그래서 감리교회는 "찬송으로 시작된 교단"이라고 찰스는 말했다.

4) 웨슬리 형제의 《감리교 찬송가》

앞서도 언급했지만, 모라비안 찬송가에서 큰 감화를 받은 웨슬리 형제가, 미국에 가서 처음으로 찬송가를 출판한 것은 1737년 찰스타운에서였다. 그러나 이 찬송이 영국교회 전통에 위배된다 하여, 전술한 대로 존은 그 해 서배너 법원에 기소되어 실의를 안고 영국으로 돌아온다. 그는 다시 모라비안 교회에서 신생의 경험을 하고 영국교회와는 달리 복음주의 부흥운동을 시작하는 한편, 복음주의 찬송가 제작에 열을 올린다. 찰스는 작사하고 존은 출판하고, 박해가 극렬할 때도 찬송으로 이겨낸다.

이리하여 런던에서 1738년에 두 번째 찬송가 《시편과 찬송 모음, A Collection of Psalms and Hymns》을 출판했다. 이때만 해도 총 76편 중 왓츠의 찬송가가 절반 이상을 차지했다.

그러나 1739년, 찰스가 성령의 감동을 받고 본격적으로 찬송가 작사를 시작하자, 존은 찰스와 공저로 《찬송과 성시, Hymns and Sacred Poems》란 찬송가를 출판하였다. 총 223 쪽에 달하는 이 찬송가에는 139 편의 신작찬송이 실려 있다. 같은 해에 재판을 내었는데 그 때는 [성시]는 삭제해버렸다. 이듬해인 1740년에 나온 209 쪽의 《찬송과 성시, Hymns and Sacred Poems》에는 96편의 찬송이 실려 있는데, 그 중에는 지금도 온 세계에서 애창되는 다음 찬송들이 들어 있다.[18]

---

18) Julian : Dictionary of Hymnology, p. 726.

023장 • 만입이 내게 있으면[19]

441장 • 비바람이 칠 때와

그런데 이 찬송가들은 무곡 찬송들로서 '무슨 곡조로 부르라'고 맞는 곡조가 제시되어 있을 뿐이다. 찰스의 신작 곡조찬송가는 램프(J. F. Lampe, 1703-1751)가 찰스의 시에 맞춰 작곡 출판한 《축제와 기타 행사를 위한 찬송, 1746》이 처음이다. 이 창작곡집은 찰스의 가사 24편에 곡을 붙인 것으로서, 작곡자는 오페라하우스 코벤트가든의 바순 연주자였다.

존 웨슬리가 출판한 첫 곡조찬송가는 〈파운더리 곡조찬송가, 1753〉(A Collection of Tunes, set to Music, as they are Commonly sung at the Foundery, 1753)인데, 42편 밖에 안 되는 조그만 찬송가다. 파운더리는 런던 근교, 감리교 본부교회가 있던 지명이다. 존은 변화가 없는 느린 템포의 시편가 곡조를 싫어하였기 때문에 시편가 곡조는 별로 안 넣고, 당시 서민들이 애창하는 유행가·민요·세속 음악 곡조 따위를 채택하여 부흥 집회에서 불렀기 때문에, 이 찬송가는 급속도로 퍼져 나갔다. 이 찬송가들은 부피가 작아 전도집회에서 큰 부담 없이 사용되었다.

5) 찰스 웨슬리의 어린이 찬송가

찰스 웨슬리는 1763년에 《어린이 찬송가, Hymns for Children》도 출판하였는데, 100편의 어린이 찬송가를 담은 이 찬송가는 어린이 정서와 관심과 이해를 도외시한 교리적이고 교훈적이라는 지적이다.[20] 같은 해에 〈가정예배 찬송가, Hymns for use of Families〉도 출판했는데, 188편의 찬송을 176쪽에 담았다. 역시 같은 해에 〈삼위일체 찬양, Hymns on the Trinity, 1763〉이 출판되었는데, 132쪽이요, 182편의 찬송이 실려 있다.

---

19) 내가 가지고 있는 찬송가 중 이 찬송 곡조가 들어 있는 최초 찬송가는 미국 기독교서회에서 낸 〈시온의 노래〉(Songs of Zion, 1864) 127장인데 "기쁘다 구주 오셨네" 곡조다. 이 곡조로 불러보라. 힘이 솟는다.

20) Julian : Dictionary of Hymnology, p. 728.

이렇게 찰스는 계속 찬송가를 작사하고, 존은 이를 모두 출판하여 수십 권의 찬송가가 나오자, 존은 이것들을 간추려서 《감리교 찬송가, 1779》를 출판하였는데 그 이름이 아주 길다.

《사람들이 감리교도라고 일컫는 사람들을 위한 찬송가 모음, A Collection of Hymns for the use of the people called Methodist, 1779》[21]

이제 감리교회로서 자리를 잡은 것이다. 이 찬송가 머리말 제5항에서 존은 자신감을 가지고 이런 말을 남겼다.

"(……) 이 찬송가는 가장 거룩한 신앙의 진리를 모두 담을 수 있으리만큼 충분하다…. 이 시대 어떤 출판물에 그리스도교를 이처럼 충분하게, 분명하게 설명한 것이 있는가. 신앙의 높이와 깊이, 이론과 실제를 이처럼 극명하게 선포한 책이 어디 있는가… 또한 주님의 부르심에 대한, 우리의 선택에 대한 확신을 주어 하나님을 두려워하는 마음으로 성화(聖化)에 이르는, 확실하고 명백한 지시가 이 찬송가 외에 어디 또 있는가?"

존은 《거룩한 곡조, Sacred Melody, 1761》 머리말에서는 이렇게 말하고 있다.

"나는 이러한 책을 얻기 위해 20년 이상 노력했다. 그러나 그것은 헛수고였다. 음악의 대가들은 그들 자신의 작품 외에 어떤 지시에 따르는 것을 부끄럽게 여기었던 것이다. 그래서 나는 결심하였다. 누구든지 이 책을 출판하는 사람은 나의 지침을 따라야 한다. 우리의 가사는 고치지 말고 그대로 출판해야 한다…"

그런데 당시 사람들은 오페라와 헨델의 오라토리오의 영향을 받아 장식음을 좋아하여, 곡조를 있는 대로 부르지 않고, 장식음이나 경과음을 넣어 불렀다. 이런 현상은 현대 미국에서 일고 있는 재즈풍의 찬송가 창법이 우리나라에 들어와, [열린 예배]란 이름으로 대다수 청년 집회에서 찬송가를 원곡대로 부르지 않고, 이상한 장식음을 넣거나 경과음을 넣어 대중가요 식으로 부르는 것과 마찬가지 현상이다.

---

21) 이 찬송가집은 12×13.5cm의 휴대용으로서, 양장본 415p에 1,026 편의 가사만 싣고, 곡조는 운율만을 적어 놓아 운만 맞으면 아무 곡조로도 부르게 되어 있다.

그래서 영국 감리교회의 찬송가 곡조의 질은 점점 낮아져 갔다. 무분별한 세속 곡조 차용과 멋대로 붙이는 장식음 때문이었다. 그래서 존 웨슬리는 성도들이 찬송가를 제대로 부르라고 연회에서 역설하고 그가 출판한《거룩한 음악, Sacred Music》머리말에 찬송가 창법 지침을 이렇게 썼다.

6) 찬송가는 이렇게 불러라
(Directions for Singing)

1. 먼저 곡조를 배워라 (Learn these tunes).

다른 노래보다 먼저 찬송을 배워라. 그대가 배울 수 있는 한 많이 배워라.

2. 정확하게 불러라 (Sing them exactly).

악보대로 정확히 불러라. 곡조를 바꿔 부르거나, 고쳐 부르지 말고 정확하게 불러라. 잘못 배웠으면 다시 배워 고쳐 불러라.

3. 다 함께 불러라 (Sing all).

조금이라도 처지거나 억지로 부르면 안 된다. 노래하는 것이 그대에게 십자가가 된다면 이를 제거하여라. 그리하면, 당신은 찬송을 부름으로써, 하나님의 은혜를 깨닫게 될 것이다.

4. 열심히 불러라 (Sing lustily).

힘차게 불러라. 맥 빠진, 졸린 노래가 되지 않도록 불러라. 정성을 다하여 소리를 높이어라. 자신의 소리를 부끄러워 말아라. 그대가 Satan의 노래를 부르지 않는 한….

5. 겸손하게 불러라 (Sing modestly).

찬송가의 곡조가 명료한 선 (line)이 되도록, 애써 다른 사람의 소리에 맞추어 불러라.

6. 느리지 않게 불러라 (Sing in time).

찬송은 너무 느리게 부르면 안 된다. 한 사람이 느려지면, 다른 게으름뱅이에게 곧 전염이 되어 전체가 느리게 된다. 최초의 Tempo를 끝까지 지키어라.

7. 특히 심령으로 불러라 (Sing Spiritually).

가사 한 마디마다 그대의 눈을 하나님께로 향하여 열어라. 가사의 뜻을 깊이 생각하며 부르고, 그대의 마음이 음악에 도취되지 않도록, 쉼 없이 그대의 마음이 하나님께 바쳐지도록 조심하여라. from John Wesley's Preface to Sacred Music

그가 발행한 어떤 찬송가에는 악보 보는 법과 발성법까지 적어놓았다. 현재 발행 되는 많은 외국 〈감리교 찬송가〉들에는 이 지침이 실려 있다.

7) 웨슬리 찬송가의 특징

복음찬송가로 불리는 웨슬리 찬송가는 루터나 칼빈, 그리고 왓츠나 침례교의 찬송과 또 다른 특징이 있다.

❶ 운율의 특징

영어 운율은 크게 두 가지로 나눌 수 있다. 그 첫 번째 것이【이앰빅, iambic】이라는 약강격(弱強格) 혹은 단장격(短長格)의 운율이요, 두 번째가【트로우케익, trochaic】이라는 강약격(強弱格) 혹은 장단격(長短格)의 운율이다. 한 마디로 이 두 운율의 성격을 얘기하면【약강격】운율은 이름이 말해주 듯이 첫박에 악센트가 안 붙는 시를 말하고,【강약격】운율은 첫박에 악센트가 붙는 시를 말한다.

영어의 3대 기본운율을 보자.

1. 보통운율(Common Meter(6.6.8.6.),
2. 단운율 (Short Meter(6.6.6.6.),
3. 장운율 (Long Meter(8.8.8.8.)

영어 찬송시는 대개가 첫박에는 악센트가 안 붙는【iambic】운율로 작사되기 때문에, 작곡하는 사람은 이를 살려 약박자로 시작하는 불완전 소절을 쓰게 된다. 우리말로 이런【약강격】의 찬송을 번역할 때, '이·저·그·나' 등 한 음절로 된 불필요한 단어를 쓸 수밖에 없었던 것이다. 그러나 찰스 웨슬리는【강약격】도 썼기 때문에 우리 찬송가 번역이 쉽고 부르기가 편한 것이다. 우리 찬송가에서 몇 개 예를 들어본다.

055장 • 하나님의 크신 사랑(Love divine, all loves excelling)

105장 • 오랫동안 기다리던(Cone, Thou Long-expected Jesus)

126장 • 천사 찬송하기를(Hark, the herald angels sing)

154장 • 예수 부활했으니(Christ the Lord is Risen today)

441장 • 비바람이 칠 때와(Jesus Lover of my soul)

이런 찬송들은 모두 여느 영미 찬송시와는 달리 강박으로 시작되어 있으며 모두 우리 애창곡들이다.

❷ 교리적 특징

아이자크 왓츠의 찬송가가 칼빈주의에 입각한 '하나님의 주권, 하나님의 능력을 찬양하는, 하나님 중심의 수직적인 찬송가'를 주로 한다면, 찰스 웨슬리의 찬송가는 이웃에게 복음을 전하는, 죄인들의 신앙을 고백하는 '복음중심·인간중심의 수평적인 찬송'을 주로 한 찬송이라 하겠다. 따라서 【모두】란 말과 【누구나】라는 말을 자주 썼다. 차후에 언급하겠지만, 19세기에 미국에서 일어난 대각성운동(the Great Awakening)의 활력소가 웨슬리의 복음주의 찬송가에 힘입었음은 아무도 부인 못한다. 당시 가장 많은 찬송을 작사한 패니 크로스비는 감리교도다.

15. 미국 찬송가

1) 콜럼버스와 신대륙

미국 찬송가를 논하기에 앞서 먼저 미국이란 특수한 나라에 대해서 생각해 보아야 할 것이다. 이 지구상에 모든 나라들은 원주민들이 조상 대대로 살면서 그 땅을 지키는 나라들이다. 그러나 이스라엘과 미국이란 두 나라는 원주민을 몰아내거나 말살하고 타 종족들이 들어와 섞여 사는 나라다. 여기서는 이스라엘의 경우는 논외로 하고 미국만을 얘기해보자.

❶ '신대륙 발견'이라니!
 소위 콜럼버스의 '신대륙 발견'이란 말은 오만방자(傲慢放恣)한 서구 침략주의자들의 용어다. 발견이라니! 당치도 않다. 태초부터 그 땅은 거기 있었고, 그 땅에는 원주민이 살고 있었는데 발견이라니! 내가 지금 스페인에 가서 "스페인을 발견했다"고 외친다면 미쳤다고 할 것 아닌가. 그런 의미에서 콜럼버스는 미친 자다. 더군다나 거기가 인도인 줄 알고 거기 원주민들을 Indian이라고 불렀는데 인디언이 아닌 게 판명되었는데도 서구의 오만한 자들은 아직도 '아메리칸 인디안'이라고 하지를 않는가.

 노아 홍수 이후 후손이 퍼지자, 그들은 하나님의 뜻을 거스르고 바벨탑을 쌓고 '흩어짐을 면하자'고 다짐한다. 하나님의 명령은 '땅에 충만하라' 아닌가. 노하신 하나님이 벌을 내리셔서 언어가 갈라지자, 그들은 할 수 없이 산지사방 흩어져 나간다. 같은 언어를 쓰는 언어 공동체끼리 한 민족이 되어 대 이동을 할 때 같은 말을 쓰는 우리 선조들은 동방으로 이동해 한 무리는 중원 대륙에, 한 무리는 몽고 벌판에, 그리고 우리 선조는 만주 벌판에 자리를 잡았는데, 그중 한 무리는 베링해를 건너 알래스카로 갔다가 추우니까 남하하여 아메리카의 원주민이 된 것이다. 그들의 엉덩이에 있는 몽고반점이 이를 증명한다.

❷ 미국 원주민들은 우리와 같은 종족
 작고한 서울대 언어학자 이 아무개 교수는 미국의 '아파치'족이 한국어를 쓰는 우리와 같은 종족이라는 주장을 했다. 그들이 아파치족이라 불리게 된 것은, 침략자 유럽인들이 쳐들어올 때, 밖에서 놀던 아이들이 놀라서
 "아바지, 아바지!(Apache, Apache!)"
라고 외치며 집으로 뛰어드는 것을 보고, 침략자 색슨족들이 그렇게 부른 것이라고 주장하였다. 또 네 개의 강줄기로 된 '나이아가라'란 말도 한국어 "너이 가람" 즉 네 개

의 강이란 뜻이라고 주장했다. 옛날에는 셋을 '서이', 넷을 '너이'라 했고 지금도 그 말이 남아 있다.

그런데 콜럼버스는 식민지 개발에 혈안이 된 침략자들의 후원으로, 당시의 항로인 아프리카의 남단 희망봉을 돌아 동쪽으로 가는 항로를 버리고, 계속 서진(西進)하여 1492년 마침내 아메리카 대륙에 도착하였지만, 그 곳이 인도라 착각한 콜럼버스는 거기 사는 원주민들을 '인디오, Indio'(라틴어로 인도 사람의 뜻, 영어로는 Indian)이라 불렀던 것이다. 그 후 거기가 인도가 아니라 아메리카임을 확인하고 나서도 서구인들은 원주민들을 '아메리칸 인디안'이라고 멸시하며 씨를 말리고, 찬란한 문화를 말살하였던 것이다. 브리태니커 백과사전의 일부를 인용한다.

"아메리카 인디언의 조상은 아시아의 몽골 인종에 속하는 수렵민(狩獵民)으로서 빙하시대 말(약 5,000년 전) 베링 해협의 육교를 건너 북아메리카로 이주했으며, 불을 사용하고 개를 기르는 것이나 특수한 의식과 치료법 등의 문화적인 특징이 당시의 아시아 문화와 비슷했다…"

❸ 유럽인들의 신대륙 이민 가는 목적

이리하여 유럽에는 아메리카 바람이 불었다. 저마다 신대륙으로 건너갔는데, 가는 목적에 때라 크게 세 가지 부류로 나눌 수가 있겠다.

①식민지 쟁탈을 위하여
②돈을 벌기 위하여
③복음을 전파하기 위하여

미국이란 나라는 식민지를 넓히려는 패권주의와, 황금에 눈이 먼 황금만능주의와, 복음을 전하려는 청교도주의 정신으로 세워진 나라다. 식민지 쟁탈전이 마무리되자, 돈에 환장한 노예상인들이 아프리카 대륙에서 힘없는 흑인들을 마구 잡아다가 팔아 거부가 되었다. 남미의 드넓은 농장은 흑인 노예들의 피와 땀과 눈물로 개발되었다. 백인들은 유색인종은 사람으로 생각지 않았다. 18세기 미국 어느 신문에

난 광고를 소개한다.

【팝니다】

18세에서 20세 가량의 젊고 잘생긴 쓸모 있는 흑인.

점잖고 감성적인 하인으로서의 자질을 갖추고 있으며….

최근에 런던에서 왔으며, 깨끗한 옷이 두 벌 있다.

French Horn도 가지고 있는데, 이 흑인을 사면 함께 제공하겠음.

미국의 최초의 노예는 존 호킨스(John Hawkins, 1532-1595) 제독이 1563년 미국으로 데려오면서 시작되었다. 18세기에 중미에서 발달한 대농장은 엄청난 수의 노예 노동력을 필요로 하였기 때문에 1750년대에는 흑인 노예 수가 300,000명으로까지 늘어나게 된다. 1863년 아브라함 링컨이 노예 해방시킬 당시에는 미대륙에 1,500만명의 흑인 노예들이 끌려와 노역에 종사하고 있었다.[22]

마침내 인류는 한 형제라는 믿음을 가진 청교도들이 들고일어나 노예해방을 주장하자, 독실한 청교도인 아브라함 링컨이 이끄는 북군이 남북전쟁에서 승리하여, 마침내 흑인들은 노예의 위치에서 해방되었지만, 아직도 KKK단 등 백인우월주의 자들이 미국에서 날뛰고 있다.

최근 미국에서 박찬호·박세리의 기사를 쓸 때면 '황색 특급'이니, '황색 바람'이니 따위의 인종차별적 수식어를 갖다 붙이는 구미언론의 마음 밑바탕에는, 아직도 유색인종 차별심리가 깔려 있음을 본다. 하긴 중세기까지만 해도, 백인들은 '유색인종에게는 영혼이 없다'느니, '하나님이 생기를 불어 넣어준 일이 없는 여자'에게도 영혼이 없다는 논리를 펴고 있었기 때문에, 백인들은 한 종족을 말살하면서도 아무런 양심의 가책을 받지 않았던 것이다.

---

22) 〈The Story of Christian Music〉 by Andrew Wilson-Dickson. Portress Press.com 191p.에서

사탄의 이데올로기인 황금만능주의(Mammonism)와 교만에 빠져 양심에 화인을 맞은 자들, 힘으로 남의 것을 빼앗아 내배 불리려는 악한 양심(兩心)을 가진 자들의 손에, '예수 그리스도의 이름으로 살해 된' 원주민들을 생각하면 지금도 울분이 솟는다. 오늘날도 미국의 패권주의, 황금만능주의가 세계 도처에서 이러저러한 미명 하에 자국의 이익, 개인의 치부를 위하여 힘없는 양민을 학살하고 있음은 가슴 아픈 일이다. 그러나 그 때나 지금이나 미국의 양심을 지탱해주는 것은 청교도주의(Puritanism)로서, 이 땅에 죽음을 무릅쓰고 복음을 들고 찾아온 선교사들 거의가 청교도들의 후손이었다. 그들이 전한 복음이 100여년 만에 오늘 한국을 활짝 피게 하였을 뿐만 아니라 다 죽어가던 우리의 자랑 한글로 성경·찬송을 출판하여 '한글의 세상'이 되게 하였다 생각하니 하나님의 크신 섭리에 감읍(感泣)할 따름이다.

2) 흑인 노예들의 노래

아브라함 링컨이 노예해방 전쟁을 일으킬 당시 미대륙에는 무려 1,500만 명의 흑인 노예가 있었다. 이들 흑인 노예들의 참상은 스토우 부인이 쓴 〈톰 아저씨의 오두막〉이나 알렉스 헤일리(Alex Haley)의 〈뿌리(Roots)〉에 잘 나타나 있다. 농장에서, 목장에서 고향 아프리카를 그리며 눈물짓던 흑인 노예들은, 고향을 그리며 자기네 곡조로 이런 노래를 불렀다.

(영어 스펠링은 흑인 발음 그대로이기 때문에 틀리다.)

> Goin' home. Goin' home. I'm a-goin' home.
> Quiet-like some still day, I'm just goin' home.
> It's not far, just close by, through an open door.
> Work all done, cares laid by, goin' to roam no more;
> Mother's there 'xpecting me, father's waiting, too,
> Lots of folks gathered there, all the friends I knew.

이 5음계 곡조에 매료된 안토닌 L. 드보르자크(Antonín Leopold Dvořák, 1841~ 1904)는 미국에서 작곡한 〈신세계 교향곡〉(From the New World) 제2악장에서 이 곡조를 절묘하게 사용함으로써, 1893년 12월 15일 뉴욕 필하모닉 오케스트라가 초연할 때, 거기 모였던 사람들은 모두 눈물을 흘렸던 것이다. 이 노래는 흑인합창단의 주요 레퍼토리가 되었다.

3) 저 천국 없으면 난 어떻게 하나

노예들은 귀동냥으로 복음을 접하여 마음으로 예수를 영접하고는, 이 세상이 아닌 저 하늘나라의 소망으로 어려움을 참고 이겨낸다. 그들은 간절한 소망을 이렇게 노래했다. 우리말과 원문을 1절만 소개한다.

죄 많은 이 세상은 내 집 아니네.
내 모든 보화는 저 하늘에 있네.
저 천국 문을 열고 나를 부르네.
나는 이 세상에 정 둘 수 없도다.

I'm just passing through;
My treasures are laid up
Somewhere beyond the blue;
The Angel beckon me
From heaven's open door,
And I can't feel at home
In this world anymore.

〈후렴〉
오! 주님 같은 친구 없도다.

저 천국 없으면 난 어떻게 하나?
저 천국 문을 열고 나를 부르네.
나는 이 세상에 정 둘 수 없도다.

O Lord, you know
I have no friends like you;
If heaven's not my home,
Then Lord what will I do?
The Angel beckon me
From heaven's open door,
And I can't feel at home
In this world anymore.

'나는 이 세상에 정 둘 수 없도다
(I can't feel at home in this world anymore.)'

어찌 그들이 이 세상에 정을 붙일 수 있겠는가!
"만일 그리스도 안에서 우리의 바라는 것이 다만 이생뿐이면 모든 사람 가운데 우리가 더욱 불쌍한 자리라"(고전 15:19)
바울이 말한 대로 흑인 노예들은 '저 천국 없으면 난 어떻게 하나?' 라고 노래하는 것이다. 그들의 노래는 대개가 이렇게 내세 지향적이다.
Steal away, Swing low sweet chariot 등 이루 셀 수 없이 많은, 하늘나라를 사모하는 영가들은 그들의 절규요 마지막 희망이었다.

4) 신자 되기 원합니다

그들은 주인이 믿는 예수를 믿고 싶었으나, 예수는 백인만의 구주였다. 당시 신학자들 중에는 흑인에게는 영혼이 없다고 주장했고, 더욱 한심한 것은 여자에게도 영혼이 없다는 주장이었다. 성경 어디를 보아도 하나님이 여자에게 「생기」를 불어넣어 주셨다는 기록이 없다는 것이다.

여성 참정권에 대해 알아보자.

민주주의의 발상지라는 유럽에서 여성 참정권을 도입한 첫 나라는 핀란드 대공국으로서 20세기 초다. 1905년 봉기 이후, 여러 개혁이 뒤따랐다. 핀란드는 1906년 여성에게 선거권과 피선거권을 부여했다. 여성이 의원으로 처음 선출된 것도 핀란드였다. 1907년 총선에서 19명의 여성의 핀란드 의회의 의원으로 선출되었다.

제1차 세계 대전 이전에 노르웨이(1913)와 덴마크(1915)에서도 여성에게 참정권이 주어졌다. 1차 대전이 끝날 무렵, 캐나다와 소비에트 러시아, 독일, 폴란드에서도 여성 참정권이 주어졌다. 1918년, 영국에서는 30세 이상의 여성에게 참정권이 주어졌다. 1919년에는 네덜란드, 1920년에는 미국 여성에게 참정권이 주어졌다. 터키에서는 1926년 참정권이 주어졌다. 1928년에, 영국에서는 남성과 마찬가지로 21세 이상의 여성에게 동등한 참정권이 부여되었다.

대한민국은 1948년 정부수립 때부터 여성 참정권이 부여 되었다.

본론으로 돌아가서, 아메리카 노예가 '나도 예수 믿겠습니다. 한다면 10중 8-9 린치를 당할 게 뻔했다. 그런데 예수를 안 믿으면 천국에 못 간다니…! 이를 어쩌나. 그래서 어느 날 한 노예가 용기를 내어

"주인님, 저도 크리스천이 되고 싶습니다. 진정이에요"

이렇게 간청을 한다.

Lord, I want to be a Christian,
In a my heart, In a my heart !

여기서 「Lord」는 흑인의 상전인 백인을 가리킨다. 이렇게 자기 주인에게 신자 되는

것을 허락해 달라고 간청하는 노래의 「Lord」가 「주님」으로 바뀌어, 오늘에는 예배당에서 '신자'라는 사람들이 주님께 '신자 되기 원합니다. 참맘으로…' 라는 말도 안 되는 찬송을 부르고 있다. 주님께는 "주여 믿습니다! 믿음 없는 저를 도와주소서!" 하면 되는 것이다.23)

흑인들은 서툰 영어로 직설적인 노래를 만들어 자기네 곡조로 혹은 미국인 민요 곡조로 불렀다. 흔히 「영가」라고 하면 흑인영가만을 생각하지만, 성경적으로는 영가란 「신령한 노래, Spiritual Songs」를 말한다. 따라서 미국의 경우 백인영가와 흑인영가로 나누인다.

5) 흑인영가와 가스펠

❶ 백인영가(White Spiritual)

여기에는 전도집회 및 신앙부흥을 위한 모임에서 부르던 노래 등 여러 찬송가들이 포함된다. 초기 미국찬송가 작곡자들은 감히 찬송(Hymn)이란 말을 못 쓰고 「영가, Spiritual Song」, 혹은 「복음가, Gospel Songs」란 이름으로 책을 펴내었던 것이다. 캠프 집회에 모인 회중들은 대개가 글을 읽을 수 없었으므로 선창자가 시편가의 가사를 먼저 한 줄씩 노래하면 회중이 따라 불렀는데, 느린 곡조에는 경과음이나 돈꾸밈음(turn), 그 밖의 꾸밈음들을 넣어 불렀고, 선창자가 자신에게 맞는 음높이에서 고유한 즉흥 찬양을 해나갔다. 이러한 양식은 20세기에 와서도 흑인과 백인 교회 중 일부 지역에서 계속되고 있다.

백인영가의 첫 번째 원천이 시편가와 관련되는데 비해, 두 번째 원천은 찬송가를 부르던 노래 관습과 연관된다. 미국 찬송가는 감리교 존 웨슬리와 찰스 웨슬리 같은 18

---

23) 그래서 반세기 전만 해도 〈신자 되기 원합니다〉를 찬송으로 채택한 나라는 없었다. 그러나 예배당에 나와 앉아 있다고 다 〈신자〉냐? 아직 안 된 자도 있으니 넣자, 하여 여기저기서 채택을 하여 오늘에 온 것이다.

세기의 복음주의자들이 도입했는데, 이들은 세속 민요나 기존의 곡조에 새로 만든 찬송가 가사를 붙였다. 복음주의자들의 이러한 찬송 중 대부분이 구전으로 전해졌다. 18세기 말엽에서 19세기 중반까지는 캠프 집회나 전도집회가 유행하였다. 여기서 사람들은 정열적으로 회중찬송을 불렀는데, 시편창처럼 메기고 받는 방식으로 불렀으며 선율은 장식음으로 장식되었다. 가사는 전반부는 시구(phrase)로, 후반부는 후렴구(refrain)로 구성되는 게 보통이었다.

기존의 민속 곡조에서 가져온 찬송들은 대부분 구전되다가 후일, 전술한 셰이프 노트 기보법(shape-note notation)에 의해 민속 찬송가집으로 출판되었다. 19세기에 신앙부흥운동과 관련된 영가와 그 밖의 여러 민속찬송가들은 표준화된 유럽 찬송가 양식들이 들어오자 도시 교회에서 밀려나게 되었으나, 'Amazing Grace(405장)24)' 같이 현재까지 전 세계적으로 애창되는 찬송들도 있다. 이런 찬송들은 구전의 전통이 지속된 몇몇 지역들과 「셰이프노트 찬송가」를 사용하던 사람들에 의해 계속 보존된 것들이다.

❷ 흑인영가(Negro Spirituals)25)

흑인영가는 5음 음계로 된 전통 흑인 선율들을 많이 빌려온 점, 창법의 성질이나 리듬 반주의 유형 등에서 백인영가와 뚜렷이 구분된다. 흑인영가는 또한 찬송가로서 뿐만 아니라 노동요로도 불렸고, 가사의 내용은 흔히 노동의 구체적인 내용을 반영했다. 흑인영가는 음악적으로 볼 때 아프리카의 민속 음악적 요소와 백인의 민속 음악적 요소가 한데 섞인 것이며 이 두 요소는 또 다시 서로 영향을 끼쳤다. 메기고 받는 방식이나 5음 음계, 특정 음의 유동적 억양 등이 그 예가 된다. 아프리카 음악의 영향은 아프리카 특유의 노래 양식 및 복잡한 복리듬적 타악기 반주, 다성적인 합창양식 등에서 볼 수 있다. 흑인들은 노예로 끌려오는 노예선에서까지 정열적으로 그들의 노래를 불

---

24) 이 찬송 곡조는 전 세계 크리스천이 가장 애창하는 찬송인데, 미국 남부에 사는 우리 동이족, 체로키족(Cherokee)의 민요곡이다. 아리랑 같이 3박자인 이 노래는 '낙원 조선', '조선 낙랑' 이라는 가사로 보아 고국을 그리는 노래다.

25) 검은 피부를 가진 사람들의 인권을 위해서 요즈음에는 negro란 말 대신 아프리카-미국인(Afro-American)이란 말을 쓴다.

렸다 한다.

　노예선 위에서 그들은 비탄의 노래를 불렀다. 그들은 구타의 두려움과 음식, 특히 그들 고유의 음식을 갈망하는 마음, 그리고 다시는 고향에 돌아갈 수 없다는 절망을 노래로 표현했다.[26]

　흑인 노예들의 이러한 노래는 빙 둘러서서 춤을 추며 큰 소리로 부르는 독특한 노래인데, 그들은 노예상인들의 성화에 못 이겨 부르기 싫을 때에도 노래를 해야만 했다. 역사는 이렇게 기록하고 있다.

　"만약 그들이 노래하지 않으면, 갑판장과 그의 동료들은 심하게 노예들을 채찍질해서 그들로 하여금 노래하도록 하였다."[27]

　이 기록을 읽으니 일본의 전국시대(戰國時代) 세 장군의 일화가 생각난다. 오다 노부나가(織田信長)·도요또미 히데요시(豊臣秀吉)·도꾸가와 이에야스(德川家康) 이 세 사람은 같은 시대 사람으로서 자웅을 겨루었는데 그들의 성품을 알아볼 수 있는 명언이 유명하다.

　〈織田〉 꾀꼬리가 울지 않거든 죽여 버려라.
　〈豊臣〉 꾀꼬리가 울지 않거든 울도록 하라.
　〈德川〉 꾀꼬리가 울지 않거든 울 때까지 기다려라.

　노예상인들은 오다 노부나가 같은 단기(短氣)의 인간들이었을 것이다.
　시편에는 이런 말씀이 있다. 바벨론에서 노예 생활하던 이스라엘의 노예들의 노래다.

"우리가 바빌론의 강변 곳곳에 앉아서,
　시온을 기억하면서 울었다.

---

26) D. J. Epstein: Sinful tunes and Spiritual: Black folks music to the Civil war. Urban Illinois, 1977.
27) James Towne: Minutes of the Evidence…respecting the Slaves Trade.

그 강변 버드나무 가지에
우리의 수금을 걸어 두었더니,
우리를 사로잡아 온 자들이
거기서 우리에게 노래를 청하고,
우리를 억압한 자들이
저희들 흥을 돋우어 주기를 요구하며,
시온의 노래 한 곡조를
저희들을 위해 불러 보라고 하는구나.

우리가 어찌 남의 나라 땅에서
주의 노래를 부를 수 있으랴.
예루살렘아, 내가 너를 잊는다면,
내 오른손도 수금 타는 재주를 잊을 것이다.

내가 너를 기억하지 않는다면,
내가 너 예루살렘을
내가 가장 기뻐하는 그 어떤 일보다도
더 기뻐하지 않는다면,
내 혀가 입천장에 붙을 것이다. (표준새번역 시 137:1-6)

❸ 흑인들의 예배와 백인들의 비판

노예해방령이 선포되기 전, 흑인들은 처음 백인교회 한구석에서 예배를 드렸다. 어떤 백인 크리스천은 그들의 개종을 인정 않고 반대하였지만, 세월과 함께 흑인들의 개종이 늘어나 그들 노예들만의 교회(?)가 생겨나자 그들은 백인방식의 예배가 아닌 자기들 방식의 예배를 드리게 된다.

1755년, 데이비스(Samuel Davis) 목사는 이런 편지를 남겼다.

"그들 어중이떠중이들은 우리 부엌에 모여 밤새 예배를 드린다. 나는 새벽 2, 3시경에 깨는 일이 있는데, 그 때 거룩한 하모니가 격류처럼 내 침실로 들려와 내 마음을 천국으로 이끈다. 나는 이 흑인들이 내가 알고 있는 어떤 종족보다 음악에 대한 천부적 재능을 가지고 있음을 인정하지 않을 수가 없다…."

흑인들이 이렇게 주인집 부엌에서 벗어나 독립된 교회를 가질 수 있었던 것은 1770년대에 가서야 가능해졌다. 1801년 흑인들을 위한 최초의 찬송가 「영가와 여러 작곡가들의 찬송가 모음」[28]이 나왔다. 최초의 흑인 독립교회의 목사 리처드 앨런(Richard Allen)의 편집으로 낸 이 찬송가에는, 아이자크 왓츠와 찰스 웨슬리 등이 지은 찬송들과 다른 이들의 찬송이 실려 있는데, 판을 거듭하면서 백인들의 작사와 그들의 민속음악 찬송은 줄어들고, 흑인들의 영가가 추가되었다. 그리하여 1819년, 감리교 목사인 왓슨(J. F. Watson)은 이렇게 맹렬히 비난했다.

"공공의 그리고 사회적인 예배장소에서 부르는 찬송에서 악마가 자라나고 있다. 그것은 일자무식인 흑인사회에서 아주 자주 만들어지는 오래된 흑인 전통곡조 찬송인데, 우리 백인 찬송가에서도 이를 채택하여, 분위기를 들뜨게 하는 이 노래들이 첫 번째로 불리고 있다."

아메리카의 흑인들의 노래는 특이하고 격정적이다. 그들은 둥글게 원을 이루어가며 노래를 시작하면 점점 큰 소리로 노래하는데, 춤이 따랐고 또 타악기로 리듬을 치는 등 아프리카 선조들의 관습을 그대로 이어나갔다. 이런 흑인들의 전통노래와 창법이 예배에 도입되자, 이를 비판하는 또 다른 글이 나타났다. 1880년 감독교회 목사가 쓴 글에는 이런 대목이 있다.

---

28) A Collection of Spiritual Songs and Hymns selected from Various Authors.

"이들은 야만인이요 사교도(邪敎徒)들이다. 그대는 샤우트(shout)란 춤을 본 적이 있는가? 나는 그것에 대해 부정적이다. 그게 도대체 무언지 묻고 싶다. 흑인 남녀가 어울려 그들의 목소리를 높여 노래하며 추어대는 춤이라니! 거기는 특별한 형태도 없고 곡조도 없다. 즉흥으로 가사를 만들어 즉흥곡으로 부른다. 몇 시간이고 이렇게 춤추며 노래한다."29)

마리아 워터버리(Maria Waterbury)란 사람은 조지아주 연안인 바다제도(Sea Islands)에서의 목격담을 다음과 같이 기술하였다.

"그것은 보통 설교가 거의 끝나갈 즈음에 시작되었다. 클로에(Chloe)나 다이나(Dinah) 아주머니가 찬양을 하곤 하는데, 그 찬양은 기쁨을 억누를 수 없는 것처럼 보였다. 그들은 갑자기 벌떡 일어나서 가까이 있는 사람의 손을 덥석 잡고는 흔들어댄다. 이 의식은 삽시간에 마구 퍼져, 모인 사람들 가운데 3분의 2 이상이 모두 일어나서 서로 악수를 하는데, 반대편 남자석이나 여자석으로까지 가서 악수를 한다. 그리고 교회 한가운데 연단으로 모여들어서는, 일부가 소리를 질러대어(shout) 공기를 가른다. 노래할 수 있는 몇몇 사람들은 그들의 생명이 노래 부르는데 달려 있는 것처럼 큰 소리로 노래하며, 계속 몸을 아래위로 흔들며 서로 상대방의 주위를 돌며 악수를 하는데 박자에 맞추어 발까지 굴러댄다. 그러면 설교자는 연단에서 내려와, 모인 사람들에게 20분 동안 돌아가며 악수를 한다. 악수가 끝나고 목사가 손을 높이 들면 모두 조용해진다. 조용한 가운데 목사가 감사의 기도를 드리는 동안 교인들은 예배당을 떠나간다."

1865년, 북군의 승리로 노예제도가 폐지되자 흑인은 노예에서 해방되어 자유인이 되었다. 이제는 더 이상 '주인님, 저도 크리스천이 되고 싶습니다. 하고 간청하지 않아도 되었다. 그러나 노예에서 해방이 되었다고는 하지만, 흑인들의 생활은 전보다 더

---

29) E. Southern: The Music of Black American 2nd edition New York 1983. p. 169.

처참해졌다. 흑인의 고장인 남부는 흑인단속법(Black Code)을 만들고, 흑인 차별정책법(Jim Crow)을 제정하고, 극도의 백인 우월주의 폭력단인 「큐 클럭스 클랜단(Ku Klux Klan=KKK단)」까지 나타나서 흑인을 마구 잡아 죽이자, 무일푼인 가난뱅이 흑인들은 생계를 위해 도로 백인들을 찾아가기도 했으나, 많은 흑인들이 자유의 땅 북미로 몰려갔다.

그러나 그들은 백인 교회에 갈 수가 없어, 처음에는 그들만이 모여 백인 목사를 청하여 예배를 드리다가 흑인 목사가 배출되자 흑인들만의 교회에서 아프리카 식으로 예배를 드리게 된다. 브레머(Frderika Bremer)는 신시내티에 있는 흑인 교회에서 예배를 드린 소감을 이렇게 기술하였다.

"나는 아프리카인들의 교회에서 그들의 정열과 삶을 보았다. 교회는 신도들로 넘쳐났으며, 그들은 자기네들 고유의 영가를 불렀다. 그들의 노래는 점점 격앙되었으며 아름다운 멜로디는 폭우가 쏟아지듯 넘쳐났다. 신도들의 머리와 발꿈치는 리듬을 따라 움직였으며 그들의 노래 속에는 황홀감과 기쁨의 증거가 넘쳐흘렀다."

영국인 윌리엄 폭스(William Faux)는 그의 저서 〈미국에서 겪은 일들〉[30]에서 이렇게 증언한다.

"설교가 끝나자 그들은 즐겁게 찬송을 부르기 시작하였다. 이 찬송은 무려 한 시간 동안 계속되어 완전히 지치고 호흡이 거칠어질 때까지 계속되었다. 찬송하는 동안 그들은 계속 손뼉을 치고 큰 소리를 지르며 발을 구르고 또 껑충껑충 뛰기도 하고, '오! 하나님, 오! 하나님, 예수님을 보내주소서. 아멘' 하고 외쳐댔다.

백인 교회에서는 이러한 예배방식을 비판하고 금지령을 내렸지만, 오히려 역효과를 내어 더욱 발전하게 되었다. 이렇게 하여 흑인 영가와 흑인 가스펠 음악이 퍼져 나

---

[30] Memorable days in America, November 27, 1818-July 21, by William Faux 1820

가고, 아프리카 방식의 정열적인 고함(shout)과 춤과 노래가 혼합된 바디워십(Body worship) 예배방식이 생겨난 것이다. 뒤에 흑인 영가는 북부 사람들에게도 전파되어 화성을 붙인 상태로 새롭게 발전했다. 직업 합창단이 나타나 불렀는가 하면, 한편으로 시골과 특정 교파에서는 옛 전통 양식 그대로 보전하기도 했다.

❹ 흑인 가스펠송의 기원과 특징

근대 흑인 가스펠송은 백인가스펠 송과 마찬가지로 영가에서 발전한 형태이며 반주가 따른다. 흑인가스펠송은, 영가가 노동요와 블루스에 밀접하게 관련된 것처럼 세속 흑인음악과 깊이 관련되었으며, 흔히 재즈의 리듬과 악기, 전통적인 손뼉 반주 및 춤이 포함된다. 가스펠송은 대개 새롭게 작곡되지만 대중적인 곡조가 재즈에서 즉흥연주의 기초로 쓰인 것처럼 그 선율은 교회 예배에서 즉흥 연주의 기초로 사용되었다.

19세기말 오순절교회의 부흥은 가스펠음악이 나오게 된 직접적인 계기가 되었다. 오순절교회 예배는 방언과 아프리카 흑인의 원무(圓舞)와 관련이 깊다. 1920년대 오순절교회 목사들의 설교 테이프는 미국 흑인들 사이에서 엄청난 인기가 있었는데 여기에 합창·악기반주와 더불어 청중들의 참여 상황도 함께 녹음한 음반들이 계속 나왔으므로 가스펠음악은 백인들에게도 알려지게 되었다.

"다윗과 이스라엘 온 족속이 잣나무로 만든 여러 가지 악기와 수금과 비파와 소고와 양금과 제금으로 여호와 앞에서 주악하더라."(삼하 6:5)의 말씀에 따라 오순절교회는 탬버린·피아노·오르간·밴조·기타·현악기 ·금관악기 등을 예배에서 사용했다. 목사가 설교하는 동안에 종종 높은 음역의 소프라노 코러스가 배경음으로 깔리기도 한다. 즉흥적인 낭독 악구, 멜리스마 노래, 과장된 표현 등이 가스펠 음악의 특징이다.

가스펠음악에는 거리에서 전도하는 순회 설교사들의 노래와 통기타 연주, 때로는 악대에 맞춰 노래하는 일반 연주자들의 음악, 남성 4중창단도 포함된다. 찰스 틴들리(Charles A. Tindley (1851-1933)) 목사는 「나는 승리하리라, I'll Overcome」이라는 노래를 작곡했는데, 이 노래는 미국 민권운동의 운동가 「우리 승리하리라, We Shall Overcome」으로 변형되어 널리 불렸고 우리나라에서도 시민운동 때면 애창곡이 되었다. 요즘 우리 젊은이들에게 인기가 있는 「열린 예배」 즉 구도자의 예배(Seeker's Service)는, 미국의 흑인 영가나 가스펠 찬양방식으로 찬양을 드리며 전통방식을 깬 예배방식으로 예배하는데 찬반양론이 만만치 않다.

5) 아메리카 원주민의 〈시편가〉

아메리카 원주민[31]들에게 복음을 전파하면 할수록 그들의 말로 된 그들의 시편가의 필요성이 절실하게 되었다. 이들 원주민들을 위해 선교의 열을 올려 [원주민의 사도] (Apostle to the Indian)라 불리며, 미국 최초로 성경을 번역한 영국 선교사 존 엘리엇(John Eliot, 1604-1690)은 1661년에 케임브리지에서 원주민 언어로 된 〈시편가〉를 출판하고, 이어서 그들을 위한 성경도 출판했다. 이 시편가는 원주민의 언어와 운율로 되어 있었지만, 곡조는 영어인 〈베이 시편가〉 곡조로 불렀다.

〈시편가〉는, 앞서도 자주 언급했지만 '라이닝아웃(lining out)창법'이라 하여, 인도자가 한 줄 부르면 회중이 따라 부르는 식이었다. 1647년에 존 코튼(John Cotton, 1585-1652) 목사는 당시 상황을 이렇게 써 남겼다.

"예배에 참석한 많은 사람들이, 거의 다 글을 모르는 형편이니 만치, 시편가를 부를 때에는 목사나 적당한 사람이 한 줄씩 선창을 하여, 이를 회중이 따라 부르게 하면 매우 편리하다."

그런데 음악교육을 받지 못한 무식한 사람들은 인도자가 내는 소리를 제대로 내지를 못하기 때문에, 당시 예배의 모습을 월터(T. Walter)란 사람은 이렇게 회화적으로 표현하였다.

---

31) 이 글에서 〈원주민〉은 필자가 고친 것. 영어는 Indian으로 되어 있다.

"(……) 시편을 노래하는 사람들의 소리는, 맑은 소리로부터 점차 웅얼거리는 소리로 변해간다. 그러다가 어떤 사람이 한 옥타브 높여 소리를 내면 다른 사름은 4도 혹은 5도 아래나 위에서 노래하기 때문에, 혼잡스런 잡음으로 들린다…. 그래서 음악을 좀 아는 사람의 귀에는 500개의 다른 음이 동시에 울부짖어 대는 것처럼 들린다…"

이 글을 읽으며 나는 70여 년 전, 내가 어렸을 적의 고향 교회 찬양 모습이 생각이 난다. 찬송을 부를 때면 '한 곡조로 모든 찬송을 부르는 기술'을 가진 할머니 할아버지들이 큰 소리로 '소신껏 틀리게' 부르는 데에는 말릴 사람이 없었다. 그런데 어느 영수님은 곡조를 정확하게 부르기는 하는데, 남들 음정보다 5도 아래에서 따라 부르는 것이었다. 일종의 오르가눔(organum)32)이라고 할까? 나는 그 분의 음성이 높은 음을 내지 못하기 때문인 줄 알고, 내가 선창을 할 때, 그 분이 부르기 쉽게 5도쯤 낮춰 시작을 하였는데, 이게 웬 일인가? 그는 정확하게 다시 5도 아래에서 따라 부고 있었는데, 가장 낮은 음에 이르러서는 소리를 내지 못하고 애를 쓰는 모습을 보며 실소를 한 적이 있다.

6) 가창학교(歌唱學敎)

시편가의 곡조는 인도자의 실력에 따라 멜로디가 변했기 때문에, 교회마다 곡조가 엉망이 되어 음악을 조금이라도 아는 이라면 '이래선 안 되겠다'는 생각을 하게 되었다. 그래서 올바른 창법 운동이 일어났다. 1721년에 존 터프츠(John Tufts)는 【시편가 가창 입문】이란 책과【올바른 창법】이란 책을 내어 문서로 계몽하는 일을 펼쳤다.

또한 자연발생적으로 가창학교(Singing School)가 나타났다. 하지만 당시 가창학교 지도자들도 제대로 음악교육을 받은 사람들이 아니었다. 취미와 소질을 가진 사람 중 독학으로 공부한 자원 봉사자가 가창학교를 운영하였는데, 허름한 창고나 마구간 등

---

32) 오르가눔(Organum) : 9-13세기경의 가장 초기의 다성음악으로, 그레고리오 성가의 곡조에 하나 또는 그 이상의 대성부를 붙여 동시에 부른다. 9-10세기의 가장 오랜 것은 병행 오르가눔이라 하며, 그레고리오 성가의 곡조(정한곡조)과 제2의 성부(오르가눔 성부)가 1음표 대 1음표의 스타일로 되어 5도 또는 4도의 음정으로 엄격하게 병행하여 진행한다.

에서 가르쳤다. 초기에는 돈을 받지 않았기 때문에, 학생들은 저녁 6-8시에 모일 때면, 각자가 필요한 초를 가지고 와야만 했다. 여기서는 솔페주(solfege) 방식, 즉 계명창법(階名唱法)의 기초교육을 하였는데, 가르치는 사람들이 귀도의 7음계에 익숙지 않아서 파-솔-라-미의 4음계로 가르쳐(그림 참조), 안 배운 사람들보다는 훨씬 낫다고는 하겠으나 그 수준이 말이 아니었다.

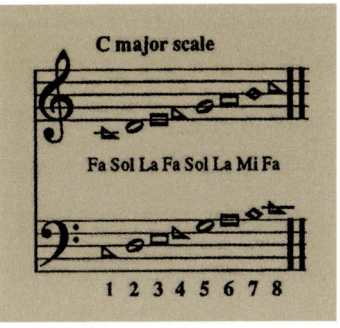

파솔라미 4음계

그러나 시간과 함께 가창학교의 수준은 향상되었다. 그리하여 사무엘 슈얼(Samuel Sewall, 1652-1730)은, 1720년대 초기의 뉴잉글랜드 청교도들의 삶과 정신을 깊이 있게 다룬 【일기】33)에서 이렇게 적고 있다.

"집회 장소는 사람들로 가득 찼으며, 노래는 너무도 훌륭했다. 이전에 보스턴에서는 들을 수 없는 훌륭한 것이었다. (…)"

도형악보(shape-note) 찬송가

---

33) 매사추세츠 역사학회에서 1878-82년에 걸쳐 3권으로 펴낸 것으로 유명함.

세월이 흐르자, 집회 장소를 얻지 못해 창고나 마구간이나 교인들의 집을 전전하던 가창학교가 제자리를 잡게 된다. 음악의 수준은 날로 향상되었고 예배의 찬양은 점차 자리가 잡혀갔다. 그러자 악보를 쉽게 알아볼 수 있도록 도형화한【도형악보, shape-note】가 등장했다.

위 악보는 미국 사단법인 존더반(Zondervan Corp)에서 도형악보로 출판한《영감의 새찬송(New Songs of Inspiration, volume ten, 1982)》에서 스캔하여 올린 것이다.[34]

7) 셰이프노트 찬송가

위 그림에서 보는 대로 악보 머리만 보아도 무슨 음인지 알 수가 있다. 이렇게 도형 악보로 만든 찬송가를【셰이프노트 찬송가】[35] 라고 한다. [브리태니커 백과사전]의 설명을 수정 인용한다.

셰이프노트 찬송가: 많은 민속 찬송가들을 특수 기보법으로 기록·수집한 미국의 찬송가. 7음계의 계이름을【도-레-미-파-솔-라-시】대신 초기 영국 이주민들이 사용하던【파-솔-라-파-솔-라-미】로 된 4음계 체계를 사용하여 나타냈다. 4개의 음에 해당되는 기호(머리)를 각기 다르게 사용했는데…. 기보법은 음표의 머리만이 다를 뿐 보통의 기보법과 같고, 따라서 음표의 머리 모양만 보고도 악보를 읽을 수 있었고, 이 방법에 익숙하지 않은 사람은 보통 5선보 기보법으로 옮겨 읽었다. 이 찬송가는 보통 3성이나 보다 적게는 4성부를 화성화한 것이었다. 전통적인 유럽 화성법 칙이 일관성 있게 무시되었으며, 각 성부의 선율 움직임이 중시되는 간소하고 생동 감 있는 양식을 보여준다. 선율은 보통 테너 성부에 있었다. 민요 찬송가, 종교 발라드, 리바이벌 영가, 18-19세기 미국 찬송가 등에서 선율을 따왔으며, 잦은 일은 아니었으나 대중 찬송가와 유럽 작곡가들의 찬송가에서도 선율을 빌려왔다. 셰이프

---

34) 18세기에는 '파솔라미' 네 개의 음만 도형화했으나, 현대의 것은 세븐 셰이프 체계(seven-shape system)로서 7음을 모두 도형화했다. 필자 주.

35) 'shape-note hymnal or patent-note hymnal, buckwheat-note hymnal'

노트 음악의 전통은 1815년경 뉴잉글랜드 지방에서는 유럽음악을 지향하는 도회적 조류에 밀려 쇠퇴하지만 중서부와 남부지방에서는 계속 살아남았다. 이 시기에 나온 중요한 찬송가로는 존 웨이스의 【종교 음악의 보고, 제2부, Repository of Sacred Music, Part Second, 1813】와 에나니우스 데이비슨의 【켄터키 하모니, Kentucky Harmony, 1816】를 들 수 있다. 1880년대 들어 셰이프노트 찬송가는 쇠퇴했다. 그러나 아직도 이 기보법을 사용하는 가수들은 매년 열리는 연주 모임에 모습을 나타낸다. 윌리엄 워커의 【남부 하모니 Southern Harmony, 1835, 제7판 1854】, 벤저민 프랭클린 화이트와 E. J. 킹의 【거룩한 하프, Sacred Harp, 1844, 제7판 1960】는 모두 이 기보법에 의한 곡집이다. 한편 워커는 【크리스천 하모니, Christian Harmony, 1866】에서 그 자신의 세븐 셰이프 체계(seven-shape system)를 사용했다.

1750년대에 나타난 괄목할 만한 찬송가들을 들어본다.
① 젊은이들의 오락(Youth Entertaining Amusement, 1754)
② 우라니아(Urania, 1761)
③ 왕실 멜로디(Royal Melody Complete, 1767)

이러한 것들은 시편가라고 하기보다는 찬양대용 곡조라고 할 만큼 수준 있는 것들이다. 이러한 곡들을 교회음악에 열정을 가진 이들이 어느 지역에 가서 가르치고는 다른 곳으로 옮겨가서 가르쳤다. 당시 그들은 음악을 가르치는 학교다운 게 없어서 독학으로 음악을 한 사람들이었는데, 그들의 열정은 영국에서와 마찬가지로 도시의 대형 교회에서는 환영을 못 받았으나, 무식한 노동자들이 탄광이나 유전(油田)을 일구는 서부 개척지 교회나 남부에서는 환영을 받았다. 이들은 부지런히 그 지역의 애창곡들에 찬양 가사를 붙여 각지에서 출판을 하였다. 그 중에서 유명한 것들은 모두 shape-note hymnal 곧 도형악보 찬송가이며 흔히 민속음악 찬송가라고 부르는데 대표적인 것들

은 아래와 같다.36)

① 켄터키 하모니, Kentucky Harmony, 1816
② 버지니아 하모니, Virginia Harmony, 1831
③ 남부 하모니, Southern Harmony, 1835
④ 유니언 하모니, Union Harmony, 1837
⑤ 녹스빌 하모니, Knoxville Harmony, 1838

그런데 민속음악 찬송가란 그 말이 나타내듯이, 이런 찬송가들은 본래 아메리카에 있던 민요나 속요의 가사를 버리고, 거기다가 찬양 가사를 붙인 콘트라팍타 찬송이다. 따라서 이런 민속찬송가들은 도시의 식자층에서는 거부를 당했지만, 시골의 무식한 사람들은 잘 아는 곡조에 은혜로운 찬송 가사를 붙여 부르니까, 쉽게 적응하여 애창하게 된 것이다.

이 때 만든 민속찬송가의 대표라 할 만한 것이 우리가 애창하는 "나 같은 죄인 살리신, Amazing Grace"이다. 이 노래는 본래 버지니아 하모니에 실려 있는 아이자크 왓츠 작사의 "순전한 기쁨이 있는 곳"(There is a land of pure delight)이란 가사로 불리다가, 후에 존 뉴턴(John Newton, 1725-1807)의 가사로 바꿔 부르게 된 것이다.

【남부 하모니】에는 우리가 애창하는 영국 민요 Auld Lang Syne 곡조도 들어 있는데, "놀라운 사랑, Wondrous Love"란 아이자크 왓츠의 찬송가 가사를 여기에 맞춰 불렀던 것이다.

우리나라 사람들도 5음계로 된 이 곡조를 사랑하여, "천부여 의지 없어서"는 지금도 구곡조로 애창되고 있다. 구한 말, 윤치호 장로는 이 멜로디에 맞춰 애국찬송, 「동해 물과 백두산이」를 작사하여 그가 펴낸 〈찬미가, 1908〉 제14장에 Patriotic Hymn이란

---
36) 〈The Story of Christian Music〉 (by Andrew Wilson-Dickson, Portress Press 188p.에서

Tune Name으로 실었다. 이 애국 찬송은 대한제국 말기에는 물론, 왜정 시대에도 비밀리에 불렸고, 해방 후 한 동안 전 국민이 이 곡조로 애국가를 불렀던 것이다.

그런데 애국가 작사자가 누구냐 하는 문제로 학계에 논란이 일자 윤치호 장로는 그의 말년에 미국에서 친필로 자기의 작사임을 확인하였던 것이다.

위의 인용에서도 언급되었지만,【거룩한 하프, Holy Harp, 1844】란 찬송가는 1844년에 출판되었다. 하프 연주자들의 총회에서 연례적으로 민속 찬송가를 연주하며 춤을 추는 모임을 가졌는데, 이 모임을 '거룩한 하프 총회'라고 불렀다. 그 찬양곡들이 모두 도형악보로 그린 〈민속음악 찬송가〉란 점이 특이하다. 이 총회의 이런 음악은 아직도 미국 남부지방에서 유행되며 사랑을 받고 있다는 것이다.

8) 윌리엄 빌링스와 남부 교회음악[37]

가창학교 교사 중 당대에 가장 이름난 사람으로서 윌리엄 빌링스(William Billings, 1746-1800) 만한 사람은 없을 것이다. 보스턴에서 태어난 그는 초기 가창학교에서 노래를 배웠다. 교회음악에 남다른 열정을 가진 그는 작곡·지휘·보급·음악교육에 일생을 바쳤다. 좋은 곡을 많이 작곡하여 많은 사람에게 애창되었지만, 저작권법이 없던 그 시절 그는 평생 가난에 쪼들려 고생을 하였다.[38] 그는 생계를 위해 청소부, 돼지 몰이꾼 등 막일을 하며 꾸준히 찬양곡을 작곡하고 지휘하고 가르치고 출판했다. 그의 인품과 생애에 대해 히치코크(H. W. Hitchcock)는 〈합중국의 음악, Music in the United States, New Jersey, 1974〉에서 이렇게 간단히 쓰고 있다.

"보통 키에 한쪽 다리가 짧은 그는 외눈박이요 특정한 주거지도 없었고, 단정한 차림새도 아니었다. 그런 그가 보통 사람들보다 월등히 높은 차원의 고상한 말을 하였고, 노래를 잘 불렀다. 그는 평생 가난하게 무시당하며 살다가 죽었다."

---

37) 〈The Story of Christian Music〉 (by Andrew Wilson-Dickson, Portress Press, 186p.
38) 필자도 평생 찬송가를 1,000곡 가까이 작곡하였지만 저작권료 한 푼 못 받고 평생 가난하게 살아 왔다.

빌링스가 펴낸 찬송가의 하나인 【대륙의 하모니, Continental Harmony, 1794】 머리말에서 그는 이렇게 기록하고 있다.

"이와 같이 당당하고 힘찬 장음계의 곡조로 '와서 주께 노래하며 즐거운 소리로 찬양 드리자' 라고 장엄하고 기쁨이 넘치는 가사를 노래하는 것을 들을 수 있으니, 이 얼마나 기쁜 일인가!……."

빌링스는 200여 곡의 찬송을 당시로서는 드물게 장음계로 작곡하였는데, 푸가[39] 형식을 즐겨 썼다. 그는 이렇게 말했다.

"음들이 서로 뒤를 이어 날아간다. 그 음들은 언제나 같은 소리를 내는 것은 아니다. NB 음악(New Brunswick Music)은 한 파트의 음악이 다른 한 파트의 음악 다음에 나타날 때 이를 푸가라고 하는데 그것의 아름다움은 표현할 수가 없는 것이다."

독학을 한 그는 유럽에서 작곡 이론을 공부한 사람들에게는 '대위법'으로 통하는 작곡 기법을 이렇게 설명하여 조소를 당하기도 했다. 그러나 무식하면 용감하다던가? 그는 이런 조소를 되받아 친다. 앞서도 인용한 【대륙의 하모니】 머리말에서 그는 또 이렇게 밝혔다.

"나는 나보다 앞선 음악가들이 정해놓은 어떤 규칙에도 구애받지 않는다. 나는 내 식으로 한다. 내 뒤에 오는 사람들도 그들에게 주어진 어떤 법칙에도 집착할 필요가 없으며, 그들 역시 그들의 방식대로 하면 된다고 생각한다. 나는 모든 작곡가들이 그 자신만의 칼자루를 잡고 작곡하는 것이 가장 좋다고 생각한다."

이런 그의 방식은 많은 사람들의 관심을 끌기에 충분했다. 교회보다는 음악대학에서 더 관심을 보였다. 빌링스의 음악은 영국 빅토리아 여왕 직전 시대의 지방교구 교회의 '서쪽회랑 음악'과 대동소이하다는 견해였다. 비판론자들은 빌링스의 풍부하지만 투박하고 강렬한 음악은 물론 【도형악보】 기법도 배척하고, 차차 영국의 정통 음악으로 대치해 나갔다. 그들은 이렇게 주장했다.

---

[39] 푸가(이 fuga) :【명사】『악』악곡 형식의 하나《하나의 성부(聲部)가 주제를 나타내면 다른 성부들이 그 것을 모방하면서 전개하는 대위법적(對位法的) 악곡》. 둔주곡(遁走曲).

"우리가 부르는 찬송의 거친 면은 반드시 시정되어야 한다. 우리의 찬양하는 목소리는 반드시 곱게 가다듬어야 하며, 모든 음들은 부드럽고 호소력이 있어야 하며 감동적이어야 한다."

그리하여 미국의 교회음악은, 지식인들이 많이 집결해 있는 북미의 음악과, 노동자·농민·흑인 노예가 많은 남미 음악으로 갈라져, 두 개의 전통으로 오늘까지 이어지고 있다.

빌링스는 남부 음악의 장엄한 감동을 이런 말로 자신 있게 자랑하고 있다.

"각 파트가 (…) 서로 내기를 하듯 경쟁적으로 연주하는 동안, 청중들은 가장 황홀감에 넘치는 기쁨을 맛보게 된다. 그들의 마음은 흥분하기도 하고, 어느 파트를 편들기도 한다. 마지막 장엄한 베이스가 우렁찬 소리와 함께 주의를 환기시키면, 테너와 카운터(counter)인 알토 그리고 고음부가 이쪽에서 저쪽으로, 다시 이쪽저쪽으로…. 오! 황홀함이여! 오! 기쁨이여! 화음으로 찬양을 계속하라!…."

9) 르네상스와 신앙부흥 운동

14~16 세기에 이탈리아를 중심으로 유럽 여러 나라에서 일어난 인간성 해방을 위한 문화 혁신 운동인 르네상스는, 도시의 발달과 상업 자본의 형성을 배경으로 개성·합리성·현세적 욕구를 추구하는 반(反) 중세적, 다시 말하면 반 가톨릭적 정신 운동을 일으켰으며, 문학·미술·건축·자연 과학 등 여러 방면에 걸쳐 유럽 문화의 근대화에 사상적 원류가 되었다. 이어서 일어난 인본주의적 낭만주의는 종래의 신본주의에 정면 대립했다. 이 시기에 일어난 종교개혁 운동은, 미신화·형식화되고 타락한 로마가톨릭을 그리스도교 본연의 모습으로 되돌리려는 안간힘이었고, 지도자에 따라 수많은 분파가 생겨났다. 이른바 신대륙의 바람이 불자 모두들 아메리카로 떠나갈 때, 참 신앙을 지키려는 소수의 무리들이 아메리카 대륙으로 건너갔는데 그 숫자는 미미하였다. 1790년대 북아메리카 주민들을 대상으로 한 조사보고서에 의하면, 당시 그리스도인들

의 숫자는 5% 미만이었다는 것이다. 오늘의 95%라는 숫자와 비교해 볼 때, 참으로 격세지감을 느끼게 된다.

마침내 아메리카란 신대륙에서 그리스도교의 「대각성운동, Great Awakening」이 일어났다. 18세기 초반에 일어난 이 신앙부흥 운동은, 영국의 존 웨슬리가 이끈 복음주의와 관련이 있는데, 이 운동은 아메리카 식민지 이주자들에게 신세계에서의 일체감과, 하나님이 자신들에게 특별한 목적을 부여해주셨다는 자각을 불어넣어 준 운동이며, 예배의식에 집착한 형식주의를 버리고, 하나님과 그 백성 사이의 계약을 새롭게 하려고 노력한 부흥운동이었다.

그 지도자로서는 조나단 에드워즈(Jonathan Edwards, 1703-1758), 그리고 조지 화이트필드(George Whitefield, 1714-1770)를 꼽는다. 제2차 대각성운동으로 알려진 부흥운동은 1790년대 뉴잉글랜드에서 시작되었는데, 이 기간 동안 켄터키 주에서도 부흥운동의 영향을 받아 캠프집회 부흥운동이 발전했으며 19세기 내내 미국 개척지에 영향을 주었다.

10) 대각성운동과 어린이 찬송가

한편 로벗 레익스(Robert Raikes, 1736-1811) 목사가 영국에서 벌인 주일학교 운동은 신속하게 전국 방방곡곡으로 퍼져나갔다. 1780년에 영국성공회 성직자와 협력하여 주일학교가 처음으로 문을 열었는데, 당시 평신도들은 수업료를 냈다. 강의는 교사의 집에서 이루어졌다. 3년 후에 레익스가 그의 신문에 글로스터주의 주일학교에 관한 기사를 쓰면서 주일학교에 대한 관심이 일기 시작했으며, 이 체제를 모방한 유사한 학교들이 영국 제도 전역으로 확산되었다. 몇몇 교회 지도자들은 이 주일학교가 성수주일에 위배된다 하여 반대했으며, 또 어떤 이들은 빈민을 교육시키는 것은, 그들을 혁명세력으로 만들 위험성이 있다며 반대했다. 그러나 결국 주일학교는 교회와 밀접한 연관을 갖게 되었고 마침내 1785년에는 주일학교협회가 발족되었고, 주일학교연맹(1803)도 설립되었고 연맹 100주년 기념을 〈주일학교 찬송가, The Sunday School Hymnary,

1905〉도 출판되었다.[40]

이 주일학교 운동은 미국교회에서도 활발하게 벌어져, 1824년, 미국 주일학교연맹이 조직될 만큼 활발해졌다. 영국은 그리스도교가 국교이기 때문에 공립학교에서도 성경을 가르칠 수가 있었으나, 정교(政敎) 분리 정책을 쓰는 미국에서는 교회의 주일학교 교육은 필수적인 것이 되었고, 따라서 이들을 위한 어린이 찬송가의 필요성도 절실해졌다. 어린이들이 주일학교에서 예배드릴 때, 성경을 공부할 때, 일상생활에서, 속된 노래를 부르지 않고 하나님을 찬양하는 노래, 하나님을 증거하는 노래를 부르게 하기 위하여, 어린이를 사랑하는 사람들이 발을 벗고 나선 것이다.

이 일에 큰 공헌을 한 사람이 미국에는 많이 있다. 어린이 찬송가를 작곡하여 어린 심령들에게 뿐 아니라 캠프 전도집회에서 직접 보급을 한 어린이 찬송가 작사·작곡자들이 그들이다. 우리나라에서 애창되는 많은 미국 찬송들이, 당초 어린이 찬송으로 작곡되었다는 사실은 미국 찬송가 역사를 아는 사람이라면 상식에 속한다. 그중 괄목할 만한 이들의 생애를 간추려본다.

11) 미국 대표적 찬송가 작가

1) 로웰 메이슨(Lowell Mason, 1792-1872)

대각성운동 기간 중 캠프 집회에 모인 사람들은, 신대륙에 와서 지치고 영적으로 메마른 사람들이었다. 그들의 태반이 글을 모르는 사람들이었고, 가난과 질병으로 고생하는 사람들이었다. 이들이 모여 하나님을 찬미하며 하나님의 위로를 받게 하기 위해 찬송가를 작곡하여 열심히 보급한 사람 중, 첫째를 꼽으라면, 누가 뭐라 해도, 「미국 찬송가의 아버지」라 불리는 로웰 메이슨이다.

---

40) 이 책은 40판 622p.에 624곡의 찬송을 실렸다.

「내 주를 가까이」 작곡자로 유명한 그는 1792년 1월 8일에 매사추세츠의 미드필드에서 태어났다. 어려서부터 남다른 음악적 재능을 나타내, 무슨 악기이건 잡으면 금세 연주하는 재주를 보여, 16세 때부터 찬양대를 지휘하였다. 그는 23세 때 조지아주의 사바나로 이주하여 은행원으로 일하며, 독립 장로교파 교회의 찬양대 지휘자가 되었다. 1822년 보스턴으로 가서 유명한 [헨델과 하이든 협회의 교회음악 모음집]을 출판했다. 1829년에 [어린이 시편가] 를 출판하는 것을 시작으로 1869년까지 80여 권의 찬송가를 작사·작곡·편곡하여 출판했다. 그는 평생 1,500 여곡의 찬송을 작사·작곡·편곡하였는데, 그의 손자 헨리가 편집 출판한 책 [로웰메이슨 찬송가집] 에는 그의 창작 찬송 1,126 곡이 실려 있다.

그는 1832년 보스턴 음악원을 설립했고, 교회 찬양대를 지휘하는 한편, 어린이 찬양대를 만들어 그들에게 음악을 가르쳐서 큰 호응을 얻었다. 마침내 1838년 보스턴에서 미국 최초로 국민학교 음악교육 프로그램을 실시했으며, 음악교사를 훈련시키는 데도 큰 영향을 끼쳤다. 그는 미국 대학에서 수여하는 음악박사 학위를 최초로 받은 인물로 유명하다. 그가 작곡한 찬송이 우리 찬송가에 18곡이 실려 있다.

2) 드와이트 무디(Dwight L. Moody, 1837-1899)

세계적인 대 부흥사 무디는 미국 매사추세츠 이스트 노스필드에서 태어났다. 17세 때 어머니의 농장을 떠나 보스턴에 가서 일하다가 유니테리언파[41]에서 복음주의자로 개종했다. 1856년 시카고로 이사해 구두 외판원으로 성공했으나, 1860년 선교활동을 위해 사업을 포기했다. 기독교청년회(YMCA)와 관계하면서 시카고 YMCA 회장을 역임하고, 무디교회를 세웠으며, 빈민 선교활동에 전념했다. 1870년 찬송가 작곡가이며 성악가인 생키를 만나 함께 복음을 설교하고 복음을 노래하는 새로운 전도양식을 만들었으며, 영국에서도 복음전도 집회를 많이 했다.

---

41) 유니테리언(Unitarians) : 삼위일체론을 부정하고, 그리스도의 신성을 부정하며 신격의 단일성을 주장하는 기독교의 한 파

이들은 신명기 31장에서 하나님께서 모세에게 명령하신 〈노래로 증거하고 말씀으로 증거하라〉는 명령을 잘 알았다. 그리하여 1873년에 무디는 작곡가요 성악가인 생키를 자기 전도 팀에 초청하여 평생 함께 다니며 전도를 하였는데, 역사상 최초로 구성한 설교자와 찬양자의 전도 팀인 그들의 슬로건은 이러했다.

"무디 씨가 복음을 설교하고, 생키 씨가 복음을 노래할 것입니다."
(Mr. Moody will preach the Gospel and Mr. Sankey will sing the Gospel.)

무디와 생키가 시작한 「복음 설교자」와 「복음 찬양자」의 팀 구성은 다른 전도자들에게도 파급되어, 많은 팀이 생겨났고, 그들은 늘 함께 다니며 전도를 하였는데, 설교자의 설교 제목이 결정되면 찬양자는 그 내용을 찬송으로 만들어 청중과 함께 불렀다.

문맹이 태반이던 그 시절, 새 곡조를 즉석에서 가르치려니 「후렴(Chorus, 혹은 Refrain)」이란 곡조 양식이 생겨났다. 즉 독창자는 미리 청중에게 신작 찬송의 후렴을 가르쳐 준다. 그리고 자기가 1절(phrase)을 부르고는 "all together!" 하고 외치면 청중이 독창자와 함께 후렴을 부른다. 이런 식으로 2절·3절 계속해 부른다.

우리의 「메기고 받는 노래」다. 그래서 미국에서 발생한 【복음 찬송가, Gospel Hymn】[42]에는 거의 모두 합창구(Chorus)가 붙어 있었고, 우리나라 초기 찬송가들은, 미국 찬송가 방식대로 후렴 부분을 「코-라스, Chorus」라고 찬송가책에 표기하였던 것이다. 이런 신작 복음 찬송가들은 책으로 나오기 전에 낱장 악보(sheet music)로 인쇄되어 팔렸다. 이렇게 하여 복음 찬송가가 세상에 나타났는데, 무디는 [복음 찬송가]란 말을 처음으로 쓴 사람이 필립 블리스(Phililp P. Bliss, 1838-1876) 목사라고 말하고 있다.

3) 아이라 D. 생키(Ira D. Sankey, 1840-1908)

생키의 작곡에 대해서 당시 신문의 평론은 다음과 같았다.

---

42) 처음에는 「복음 노래, Gospel Song」라고 불렀다

"종교적 가사를 작곡했지만 많은 세속적인 장치, 다시 말하면 곡마단의 속보행진·흑인들의 감정적 발라드·대학의 합창 그리고 찬송가들을 한데 모아, 매우 매혹적으로 만들어졌다."

아이라 D. 생키는 미국 펜실베이니아의 에든버러에서 농부의 아들로 태어났다. 19세기의 대 부흥사 무디와 함께 미국의 대각성운동 때,「무디는 복음을 설교」하고,「생키는 복음을 노래」하는 전도방식을 창출한 생키는, 천부적인 아름다운 바리톤 음성을 지니고 있었을 뿐만 아니라 찬양을 사명으로 알고 뉴캐슬 감리교회에 나가면서 찬양대에서 독창을 시작하였다. 1870년 YMCA 회원인 그는 Y 총회에서 독창을 하다가 처음으로 부흥사 무디를 만났다. 무디가 지방 공무원인 그를 '당장 사표 내고 오라'고 강권하자 생키가 기꺼이 합류하여 두 사람의 복음 전도 찬양 행렬은 시작되어 30년 간 이 일에 헌신하였다. 말년에 그는 당뇨로 시력이 나빠져 63세에는 완전 실명을 하였다. 그러나 그는 실명한 후 구술로【내 생애와 복음 찬송가 일화, 1906】라는 책을 저술하여 생생한 찬송가 역사를 후대에 남겼다. 그 책에서 '양 아흔 아홉 마리는 우리에 있으나'(101장)의 작곡 일화를 그는 이렇게 회고하고 있다.

　-스코틀랜드를 기차로 횡단할 때, 나는 신문에서 엘리자벳 클레페인(Elizabeth C. Clephane) 양이 쓴 '양 아흔 아홉 마리는(There were ninety and nine…)'으로 시작되는 찬송시를 발견하고 오려서 주머니에 넣었다…. 부흥회에서 무디 목사는 탕자의 비유로 설교를 하다가, 이 날 설교에 어울리는 찬송을 불러달라고 요청을 하였다. 그러나 아무리 찾아도 생각이 안 떠올라 고민하고 있는데, "기차에서 오려둔 그 찬송을 불러라!" 하는 음성이 들려오는 것이었다. "하나님, 이때를 위해 이 아름다운 시를 주셨사오니 곡조도 주옵소서" 하고 기도하고, 시를 보면대에 올려놓고 앉아서 오르간 건반을 눌렀다.「A♭코드」로 시작하여 즉흥적으로 'There were ninety and nine that safely lay, in the shelter of the fold….' 하고 신문의 시를 노래하며 오르간 연주를 이어 나갔다. 곡조가 술술 풀려 나갔다. 참으로 신비한 일이었다. 이것은 하나님이 주신 곡조다. 그러자 무디 목사가 달려와 눈물을 글썽이며 "생키

씨, 그 찬송은 어디서 났소? 이 같이 감동적인 찬송가는 내 평생 처음 들어보오." 라고 말했다. 나는 보면대의 신문 쪽지를 가리키면서 눈물을 흘렸다. 이 곡조는 그 후 하나도 고치지 않았다. 생키 목사 작곡 찬송가는 우리 찬송가에 8곡이 채택되었다

4) 패니 J. 크로스비(Fanny J. Crosby, 1820-1915)

「미국 찬송가의 어머니」라 불리는 패니 크로스비는 맹인이라는 역경을 딛고, 인류 역사상 최고인 9,000 편 가까운 주옥같은 찬송시를 쓴 여인으로서, 우리 찬송가에 가장 많은 작품을 제공한 위대한 인물이다. 그는 1820년 3월 24일 미국 뉴욕주 푸트남의 사우스 이스트에서 태어나, 1915년 2월 12일 아침에 코네티컷주 브릿지포트에서 95세로 삶을 마쳤다. 생후 6개월도 채 안 되던 갓난아기 시절, 감기로 인해 그의 눈언저리가 부어오르자, 약사는 겨자를 갈아서 눈에다 바르라고 처방했다. 그 집 식모는 겨자를 뜨겁게 하여 눈에 발라주었으며, 이로 인해 크로스비는 맹인이 되고 말았다.

그는 1847년 맹인학교를 마친 후 그 학교의 교사가 되어 11년 간 영문법과 수사학·라틴어·미국 역사 등을 가르쳤다. 그녀의 나이 38세이던 1858년 맹인 음악가이며 같은 학교 교사이던 알스타인(Alexander Van Alstyne)과 결혼하여 행복한 가정을 꾸렸다. 크로스비는 시인일 뿐만 아니라 복음찬송을 부르는 가수였으며, 위대한 복음 사역자였다. 그는 감리교회의 평신도로 살면서 수많은 찬양시를 썼다. 그는 자신이 맹인이라는 사실을 조금도 불편하게 생각하지 않고 오히려 감사하게 받아들였다. 그는 이렇게 말했다.

"하나님은 나의 육신의 눈을 멀게 하신 대신에, 나의 영의 눈을 열어주셨다. 내가 영의 눈으로 하나님을 바라보며 하나님 찬양을 위해 살고, 다른 사람들도 하나님을 찬양하도록 찬양시를 쓰게 하셨음을 나는 믿는다. 만약 내가 육신의 눈을 떠서 세상 것으로 장애를 받았더라면 내 어찌 그토록 많은 찬송시를 쓸 수 있었으랴…. 인생이 그다지 길지 않기에.

크로스비는 30 살이 되던 1850년에 진정한 회개를 하고, 온 몸과 마음과 생애를 하

나님께 바쳤는데, 그 때 일을 그는 자서전 'Fanny Crosby's Memories of Eighty Years'
에서 이렇게 회고하고 있다.

-1850년은 나에게 잊을 수 없는 해다. 이 해에 나는 참마음으로 회개하고 변화되어 하나님께 모든 것을 바쳤다. 집 근처 감리교회에서 부흥집회가 열렸다. 친구와 나는 매일 저녁 참여하여 평안을 갈구하였지만, 갈망하는 평화는 찾아오지 않았다. 1850년 11월 20일 저녁, 기도가 끝난 후 회중들은 아이자크 왓츠 목사가 작사한 찬송을 열심히 부르고 있었다.

웬 말인가 날 위하여 주 돌아가셨나?
이 벌레 같은 날 위해 큰 해 받으셨나?

찬송은 4절을 부르고 5절로 접어들어갔다.

늘 울어도 눈물로써 못 갚을 줄 알아
몸밖에 드릴 것 없어 이 몸 바칩니다.

이 5절을 계속 부르며 나는 제단 앞으로 걸어나가 나의 모든 것을 주님께 드렸다. 「몸 밖에 드릴 것 없어 이 몸 바칩니다!」 그러자 내 영혼은 하늘의 거룩한 빛으로 충만해졌다. 나는 펄펄 뛰면서 "할렐루야!" 하고 주님을 찬양하였다.

5) 하워드 돈(W. Howard Doane, 1832~1915)

하워드는 우드스톡 아카데미(Woodstock Academy)에서 음악을 공부하여 2년 만에 작곡집을 낸, 음악의 재능이 탁월한 사람이다. 그는 고등학교 졸업 무렵 예수를 믿고 침례교회에 출석하였다. 제재기계상사에 취직하여 그 회사 사장이 될 정도로 사업에 능하였다. 그래서 음악을 「부업」이라고 그는 말했지만, 2천 곡 이상의 찬송을 작곡하였다. 특히 패니 크로스비와 친밀하여 두 사람 합작 찬송이 가장 많다. 그는 오하이오 주에 있는 마운트오번침례교회(Mount Auburn Baptist Church)의 주일학교 부장과 찬양대 지휘자 일을 맡아 성실히 일하였다. 그는 죽기 전 많은 유산을 사회에 환원하여 시카고에 돈 기념음악당 (The Doane Memorial Music Building)이 건설되었다.

그의 작곡 찬송이 21세기 찬송가에 16곡이 채택되었다.

6) 필립 폴 블리스(Philip Paul Bliss, 1838~1876)

미국의 가난한 집에서 태어났다. 11살이 되었을 때 집을 떠나 농장과 제재소에서 일을 했는데, 12살에 예수를 영접하여 침례교회에서 신앙을 키워 나갔다. 그리고 이때부터 음악을 공부하였다. 21살인 1859년에 결혼하여 한 해 동안 처가의 농장 일을 거들었으나, 그 이듬해 음악교사로서 일을 시작하였다. 1864년 26세가 된 그는 시카고의 음악잡지 「루트 앤 캐디」(Root & Cady)에 자기 작곡을 보내주었고, 무디 목사에게 재능을 인정받아 음악 전도사가 되었다. 그가 편찬한 찬송가 목록을 연도별로 적어보면 다음과 같다.

1. The Prize, 1870
2. The Charm, for Sunday School, 1871
3. Sunshine for Sunday School, 1871
4. The Song Tree, 1872
5. The Joy, 1873
6. Gospel Songs(I), 1874
7. Gospel Songs(II), 1875
8. Gospel Songs(III), 1876

1876년 12월 19일, 블리스는 아내와 함께, 시카고에서 열리는 무디교회 전도집회에서 찬양하기 위해, 펜실베이니아에서 기차를 타고 시카고로 가고 있었다. 그런데 절벽에 건너질러 놓은 아쉬타불라(Ashtabula) 철교가 무너지는 바람에 기차는 60피트(약18.3 미터) 절벽 아래로 떨어져 불길에 휩싸였다. 100명이 희생되었는데, 그 중에 블리스 부부도 포함되어 있었다. 블리스는 처음에, 다치지를 않아 빠져나가려 하였으나, 의자에 몸이 낀 아내를 구하려고 애쓰는 동안 기차가 강물에 빠지는 바람에 두 사람 다 순직하여, 시체도 못 찾아 그의 묘지는 없다. 맥그라나한은 이 비보를 듣고 사고 현장으로 달려갔다. 거기서 먼저 만난 사람이 휘틀 소령이었다. 맥그라나한을 만난 휘틀은 그 때 일을 이렇게 회고하였다.

"내 앞에 블리스가 선정한 그의 후계자가 서 있구나."

두 사람은 함께 시카고로 돌아오며 많은 얘기를 나누었다. 시카고에 도착하기 전에 맥그라나한은 자기의 나머지 생애를 온전히 주께 바치기로 결심하였다. 이로써 오페라계는 스타를 잃어버렸고, 그리스도의 복음전도단은 위대한 복음 찬양자를 얻게 된 것이다. 맥그라나한은 그 후 미국은 물론, 영국과 아일랜드에까지 나가 전도하였다.

1876년 블리스가 별세한 후 그의 동료들이《복음 성가집》'Gospel Songs'를 계속 내었다.

9. Gospel Songs, 1877

10. Gospel Songs, 1878

11. Gospel Songs, 1881

그는 정확히 매해 한 권씩 찬송가책을 펴냈으니, 그의 찬송가 사랑의 정렬이 정말 대단하다 하겠다. 이 여러 권의 찬송가 중에서, 우리 찬송가에 채택된 찬송은 10편이다.

미국이 기독교 국가가 된 것은 첫째로 이제까지 살펴본 대로 청교도의 정신을 이어받은 「대각성운동」에서 복음을 설교하고, 복음을 노래하는 방식의 찬송가 보급을 통한 교회 부흥운동 때문이며, 이런 운동을 통하여 어려서부터 주일학교 어린이에게 찬송가를 가르쳐 그들이 일상생활에서 찬송가를 부르며 자라나 미국의 기둥이 되게 한 때문임을 믿어 의심치 않는다.

신명기 31장에서 하나님은 이렇게 미리 말씀하시지 않았던가!

-그들의 자손이(곧 어린이들이) 부르기를 잊지 아니한 이 노래가 그들 앞에 증인처럼 되리라 (신 31:21)

어린이 찬송가는 이렇게 중요하다. 그러나 방해자가 나타난다. 사탄이 청소년들에게 사탄음악을 퍼뜨리기 시작하는 것이다.

CHAPTER 4

한국찬송가 약사

01. 복음으로 밝아오는 아침의 나라

우리나라에 복음이 들어온 게 언제일까?

첫째 학설은, 바벨탑 사건 이후 같은 언어 공동체가 우랄 알타이산맥을 넘어 동진(東進)하여 요동 벌에 대 제국을 세운 고조선 때라며, 그 증거로 우리 민족이 하늘에 계신 유일신 하나님을 섬겼음을 든다. 또 이스라엘 민족과 같은 풍습이 많이 있음도 들고 있다.《천부경(天符經)》을 보면 구약성경 같은 내용이 많이 있는데, 이를 믿는 대종교 사람들은 이렇게 주장하고 있다.

"천부경은《카발라, Kabbalah》[1]이며, 바로 '생명나무'에 대해 설(說)한 경전이다"

다음은 인도로부터의 전래설이다. 12제자 중의 하나인 사도 도마는 인도에서 전도하다 순교하였는데, 그의 전도로 예수를 믿은 인도 아유타국의 허황옥(許黃玉, 주후 32-189) 공주는 주후 48년 16세의 나이에 하나님의 계시를 받고 복음을 들고 이 땅에 와서 김수로왕비가 되어 가야를 복음화 하였다는 주장이다.《삼국유사》가락국기(駕洛國記)에는 다음과 같은 흥미 있는 기사가 있다.

"김수로왕(金首露王)은 천신(天神)의 명으로 배를 타고 바다를 건너온 아유타국(阿踰陀國)의 공주 허황옥(許黃玉)을 왕비로 삼았다."

그는 많은 선물과 함께 페르시아 돌 다섯 개와 물고기 두 마리의 조각을 가지고 와서 김수로왕과 결혼하여 가야국을 세웠는데, 가야(伽倻)라는 나라 이름도 아유타국의 드라비아(dravya)어로 '물고기'라는 뜻이니, '5병 이어'의 신앙 고백적 나라 이름이 아니냐는 주장이다. 그가 가야국에 상륙한 곳 주포촌(主浦村)은 '주님의 포구마을'이란 뜻이다.

다음은 당나라로 부터 경교(景敎)의 전래설이다. 주후 431년에 열린 '에베소공의회'에서 성모 마리아를 「데오토코스, Theotokos」[2]라는 호칭으로 부르기로 결의할 때, 이

---

1) 히브리어로 '전승'이라는 뜻이며 중세에 발달한 유대교의 신비주의이다.
2) 헬라어로 '하나님을 낳은 자'라는 뜻.

를 반대하고 이단으로 몰린 네스토리우스(Nestorius)의 추종자인 네스토리안(Nestorian) 교도들이, 실크로드를 거쳐 중국으로 들어와 그리스도교를 전파하였는데, 중국에서는 이를 경교라고 하며, 당 나라 때 가장 부흥했다. 신라가 당나라와 긴밀한 관계를 맺고 있었으니 당연히 우리나라에 전파되어 신라는 기독교 국가가 되었으리라는 주장이며, 그 증거로 불국사에서 발견한 돌 십자가와, 아기를 안고 있는 보살상, 그리고 분처바위 등을 제시한다.

불교가 고구려를 통하여 백제에서 흥왕하고 기독교 국가인 신라를 넘보자, 가야 출신으로서 독실한 그리스도인인 김유신이 나당 연합군을 형성 삼국 통일을 하였으나, 이차돈 이후 불교가 국교로 되자 그들은 기독교도들을 무마할 생각으로 절 뒤에 삼신당(三神堂)을 지어 생명의 주관자로서의 삼위일체 하나님을 모셨는데, 아버지 하나님을 '삼신할머니'로 변형시켰다는 주장이다.

이런 주장들은 나름대로 재미있고 어떤 면은 수긍도 가지만, 그 증거 제시를 위해 학자들이 계속 연구하고 있으니 여기서는 뒤로 미루고, 확실한 이야기만을 알아보자.

02. 찬송가는 언제 한국에 들어왔는가

개신교 선교사가 정식으로 입국한 것은, 동쪽 나라 미국에서 1885년 4월 5일 부활절 날, 장로교 선교사 호레이스 언더우드 목사와, 감리교 선교사 헨리 아펜젤러 목사의 제물포 상륙을 기점으로 하고 있다. 그러나 찬송가는 동쪽이 아닌 북쪽 만주를 통하여 중국어 찬송이 들어왔다.

1) 중국어 찬송 '쥬 예수 아이워(主耶穌愛我)'

우리나라 사람이 찬송가를 불렀다는 가장 오래 된 기록으로는 백홍준 장로의 따님 백성관 여사의 회고에 이런 말이 전해오고 있다.

"내가 어렸을 적에 우리 아버지는 만주에서 돌아오셔서 새벽에 기도를 하시고는 나지막한 소리로 '쥬 예수 아이워(主耶穌愛我)' 라고 찬송을 부르시곤 하였다."

'쥬 예수 아이워'는 '예수 사랑하심은'의 중국어 찬송 후렴이다. 여기서 잠시 [耶穌]라는 중국식 주님의 이름에 대해서 살피고 넘어가자.

많은 사람들이 耶穌가 아닌 耶蘇를 쓰는 것을 보며 답답한 마음 가눌 길 없다. 중국어 성경에서는 '耶穌'라 쓰고 있다. '穌' 자를 《漢韓大辭典(張三植 著)》에서 찾아보자.

① 쉴 소(息也),

② 기뻐할 소(舒悅),

③ 깨어날 소(死而復生),

④ 예수 소(太西救世主曰耶穌).

이 뜻들은 모두가 예수의 이름에 적합한 것들이다.

한편 蘇자의 풀이는 ①차조기 소, ②부소나무소, ③나무할 소, ④술소, 실드릴소, ⑤까무러칠소, ⑥깨어날소, ⑦나라이름소, ⑧성소 등으로 풀이되어 있다.

耶穌의 발음도 흔히 '야소'라고 읽지만, 중국인들은 '예수'라고 읽는다. 백홍준은 평안북도 의주에서 태어났다. 1874년 만주 고려문(高麗門)을 방문했다가, 영국 스코틀랜드 장로교회 선교사인 로스목사와 매킨타이어 목사를 만나 개신교 신자가 되었다. 선교사들의 체류지인 우장(牛莊)에서 그들에게 한국어와 역사 등을 가르쳐 주고 자신은 영어를 배웠다. 1879년 백홍준은 이응찬(李應贊), 이성하(李成夏), 김진기 등과 함께 매킨타이어 목사에게 세례를 받음으로써 한국 최초의 개신교 신자가 되었다. 그리고 로스역 성경 번역에 참예하였다. 그리하여 전술한 대로 최초의 우리말 신약성경을 간행하였다. 1882년부터 최초의 쪽복음서(4복음서를 따로 인쇄한 작은 책·필자 주)인 누가복음, 요한복음을 가지고, 서상륜과 함께 최초의 권서(勸書, 쪽복음을 가지고 다니며 팔고 또 전도하는 무보수 전도인·필자 주)가 되어 만주·평안도 지방을 다니면서 전도하여 결신자를 얻었다. 1887년 언더우드가 14명의 신자와 함께 한국 최초의 새문안교회를 창립할 때 서상륜과 함께 장로로 추대되었다.

그는 선교사 마펫, 게일 등의 안내자로서 순회전도집회를 주선하다가, 1892년 체포되어 모진 고문을 받고 옥중에서 목에 칼을 쓴 채 순교하여 한국 프로테스탄트 사상 최초의 순교자의 영예를 얻었다.

2) 미션스쿨 영어 찬송 'Jesus loves me'

다음 경로는 미국 선교사를 통해 찬송가가 들어왔다. 애당초 그들은 선교사의 자격으로 들어온 게 아니었기 때문에 선교의 방편으로 학교를 세워, 학교에서 영어로 성경을 가르치며 영어로 찬송가를 가르쳤는데 처음 가르친 찬송 역시 '예수 사랑하심은'이었던 것이다. 언더우드 선교사가 최초로 번역한 가사를 보자. (하오) 부분은 한 음절로 읽는다.)

언더우드 역	영어 원문	《찬송가, 1908》
예수 나를 스랑ᄒ오	Jesus loves me this I know,	예수 스랑ᄒ심은
셩경에 말슴일셰	For the Bible tells me so;	거룩ᄒ신 말슴네
어린 ᄋ히 임쟈요	Little ones to Him belong,	어린 가시 약ᄒ나
예수가 피로 샷네	They are week but He is strong .	예수 권세 만토다
예수 날 스랑하오	Yes, Jesus loves me!	날 스랑ᄒ심
예수 날 스랑하오	Yes, Jesus loves me!	날 스랑ᄒ심
예수 날 스랑하오	Yes, Jesus loves me!	날 스랑ᄒ심
셩경 밀슴일셰	The Bible tells me so.	셩경에 쓰셧네

이 찬송은 선교사가 어느 지역엘 가든 맨 처음 가르치는 어린이 찬송이다.

이 어린이 찬송에는 신학의 모든 주제가 다 포함되어 있다. 우리 찬송을 중심으로 단어를 간추리면 이렇다.

①예수, ②사랑, ③거룩함, ④약한 우리, ⑤강한 예수, ⑥성경

⑦죄, ⑧사죄, ⑨천국, ⑩구원, ⑪함께 계심, ⑫영생

구구절절이 모두 신학용어인데, 어린이를 위해 아주 쉽게 풀어 썼다. 이런 신학의 모든 주제가 쉬운 말로 씌어 있고, 쉽게 노래로 배울 수 있고 누구나 외울 수가 있다. 그렇기 때문에 선교사들은, 선교지에 가서, 맨 처음에 이 노래만 가르치고 가사를 설명해 주면, 성경의 골자를 다 알려 줄 수 있다. 그래서 가는 데마다 이 찬송을 제일 먼저 가르쳐주는 것이다.

초기 크리스천들이 가장 애창하는 또 다른 찬송은 '내 주를 가까이'와 '예수의 피밖에 없네'로서 교회에서 이 찬송을 부르는 소리가 10리 밖까지 들렸다고 언더우드 부인은 그의 회고록에서 기술하고 있다.

03. 교육선교와 의료선교

1) 교육선교

공식적인 선교는 금지 당한 상태이므로 장·감 선교사들은 우선 교육사업을 시작하였다. 1885년 8월, 아펜젤러는 배재학당을 세웠으며, 의료선교사 윌리엄 스크랜턴(William B. Scranton, 1856-1922) 목사의 어머니 스크랜턴 대부인(Mrs. Scranton, M. F.)은 3) 1886년에 정동에 여학당을 설립했는데, 이 학교는 이듬해 명성황후의 사명(賜名)으로 [이화학당]으로 불리게 되었다.

한편 언더우드는 1886년에 명동 자기 집 곁에 있는 건물을 얻어 부모 없는 아이들을 모아 〈언더우드학당〉이란 이름으로 학교를 열었는데, 학생들에게 숙식을 제공하며 공동생활을 하게 한 것이 오늘의 경신중고등학교다.

---

3) 스크랜턴 대부인은 필자의 조부(吳隣善)에게 전도하여 1895년 경기도용인군남사면 아리실감리교회를 세우신 고마운 분이다. 그러나 1906년 선교지역 분할로 장로교로 바뀌었다.

장로교 계통으로 여학교를 세운 이는 미국 북장로교의 의료 선교사인 애니 엘러스 (Annie J. Ellers)다. 제중원 의사인 그는 1887년 6월, 정동의 제중원(濟衆院) 사택에 정동여학당(貞洞女學堂)을 세워, 5세의 여자아기 1명으로 학교를 시작하였는데 이 학교가 오늘의 정신여고다.

당시에는 '양코백이들이 어린 아이의 간을 빼 먹는다'는 소문이 돌아, 거저 가르쳐주고 먹이고 입히고 하는데도 학교에 보내는 사람들이 없었다.

장·감 양 선교사들에 의해 세워진 이 학교 출신들이 교계는 물론 우리 근세사에 지도자 역할을 한 것은 두루 아는 사실이다.

2) 의료선교

우리나라에 근대식 병원이 생긴 것은 장로교 선교사로서 언더우드보다 1년 먼저 입국한 알렌(Horace N. Allen, 1859-1932)의 공로다. 1884년 한국에 입국, 주한 미국공사관 소속 의사로 있으면서 선교사업을 시작한 그는 갑신정변 때 부상당한 민영익(閔泳翊)을 치료한 것이 계기가 되어 왕실의사 겸 고종황제의 정치고문이 되었다. 알렌은 1885년 4월 고종황제에게 서양 병원 건립을 건의하여 왕립〈광혜원(廣惠院)〉을 설립하였는데 2주 후에〈제중원(濟衆院)〉으로 개칭되었고, 1886년 3월 29일 서양의학 교육기관인 〈제중원의학당〉을 세워 의학생 16명을 뽑아 의학교육을 시작하였다.

제중원은 매일 1백여 명의 환자를 진료했는데, 환자들은 왕족과 양반으로부터 거지나 행려병자에 이르기까지 모든 계층을 망라했다. 1885년 5월 입국한 감리교 의료선교사 스크랜턴 목사도 알렌의 부탁으로 제중원에서 일했다. 스크랜턴은 제중원에서 일하면서 왕실의 도움을 받지 않는 독자적인 병원 설립을 계획했다. 그러다가 9월에 자신이 미국을 떠나올 때 보낸 의료기구가 도착하자, 제중원에서 나와 9월 10일 정동 자신의 집에 진료소를 차렸다. 스크랜턴의 진료소에는 평민들이 많이 찾아왔다. 그의 보고서에 따르면, 환자들 중에 극빈자들이 많았고 종종 버림받은 사람들도 돌봐줬다.

1886년 여의사 엘러스가 제중원에 오면서 부인부(婦人部)가 설치되고, 이듬해 정부의 후원으로 홍영식(洪英植)의 집(지금의 을지로 입구 한국외환은행 본점 자리)으로 옮겼다. 고종은 제중원의 의료 활동을 높이 평가하여 앨런과 엘러스에게 당상관 품계의 벼슬을 내렸다. 병원과 학교로 시작된 기독교의 간접 선교방식은 주효했다. 이렇게 교육선교와 의료선교로 발판을 만들며 주야로 숨 돌릴 틈도 없이 초대 선교사들은 이 땅을 위해 목숨을 바쳐 봉사하였다.

04. 처음부터 3분된 찬송가

곳곳에 예배처소가 생기고 교회가 설립되어 예배를 드리는데 찬송이 빠질 수 있겠는가? 위에서 살펴본 대로 중국에서 들어온 중국어 찬송이 서상륜과 백홍준 등의 초기 자생적 전도인들에 의해 불리다가, 아펜젤러의 배재학당, 스크랜턴의 이화학당, 그리고 장로교 선교사 언더우드의 언더우드학당과, 엘러스의 정신학원 등 미션스쿨에서 영어로 찬송을 가르쳤고, 그들 나름대로 우리말로 번역하여 부르기에 이르렀다. 병원에서는 또 병원대로 환자들을 위해 기도하며 치료하며 찬송을 가르쳐 함께 불렀다.

1) 감리교단의 《찬미가, 1892》

한국에서 처음으로 출판된 찬송가는 1892년에 감리교 선교부에서 낸 《찬미가, 1892》이다. 편집은 배재학당 교사로 일하던 약관 24세의 존스(George A. Jones, 1867-1919) 목사와, 이화학당 교사로 일하던 여선교사 로스와일러(Louis C. Rothweiler) 등 두 젊은 교사의 공저로서, 당시 번역되어 불리던 찬송들을 모아, 주로 배재학당과 이화학당 학생들을 위해 출판했다. 이것은 소형본(小形本, 소책자, 필자 주)으로서 당지(唐紙) 39매에 악보 없이 가사만 27편이 수록되어 있는, 감리교만의 '불완전한 찬송가'라는 평이다.

2) 언더우드의 《찬양가, 1894》

우리말이 서툰 선교사들은 [한영사전]의 필요성을 절감하고 이의 출판을 준비하였다. 먼저 언더우드가 한국 문법과 영어 사전 출판에 착수하여 인쇄술이 발달한 일본 요꼬하마를 왕래하며 준비하던 중, 그의 부인의 중병으로 미국으로 갈 수밖에 없게 되자, 사전출판 사업은 선교사 게일이 이어받아 양기탁(梁起鐸, 1871-1938) 부자와 함께 완성·출판하였다. 이 [한영사전]은 필자도 어려서 애독하던 책으로서 우리나라 최초의 영한사전이다.

제임스 게일(James Scarth Gale, 1863-1937)은 한국에서 활동한 캐나다 출신의 미국 장로교 선교사로서 한국에 온 이후, 1890년 토론토대학교 선교부가 해체될 때까지 평신도 선교사로 일했다. 한국에 1890년부터 성서공회 전임 번역위원이 되어 성경을 번역하고 한국성교서회(현 대한기독교서회, 필자 주) 창립위원이 되는 등 문서선교의 기틀을 잡았다. 1897년에 미국에서 목사 안수를 받았고, 1898년 함경도가 캐나다 장로회의 선교 지역으로 결정됨에 따라 서울로 와서 새롭게 선교를 시작했다.

1900년부터 연동교회에서 선교사로 임명되어 목회를 시작했으며, 연동여학교(정신여고의 전신·필자 주)를 설립하는 등 교육사업을 시작했다. 이후 서울을 중심으로 이상재·이승만 등 지식인과 밀접한 교우관계를 맺어 그들을 그리스도교로 개종시키는 데 주력했으며, 1904년에는 기독교교육협회를 설립하기도 했다. 또 1909년에는 『예수교회보(耶穌教會報)』 주필이 되어 교회신문의 산파역을 맡는 등 활발한 활동을 했다.

그리스도교의 예배나 교육에 있어서 성경과 찬송가는 필수적이다. 장·감 양 교단 선교사들은 성경과 함께 찬송가를 공동출판하기로 하였다. 그리고 양 선교회에서는 찬송가 편찬 책임을 언더우드와 존스에게 위임하여 작업에 들어갔다.

3) [하나님]이란 신명(神名) 사용문제

그런데 시작부터 난제에 부딪쳤다. 영어의 'God'를 무슨 말로 표기할까 라는 문제를 놓고 격론을 벌이다가, 천주교 식으로 '텬쥬'로 하자는 주장과, 옛날부터 한국인이 쓰는 '하나님'으로 하자는 주장이 맞서 이를 놓고 투표를 하였는데 3대 1로 '텬쥬'가 우세하였으나, 《찬미가, 1892》에서 '하나님'이란 말을 이미 쓰고 있는 감리교단의 반발로 그 투표는 무산되고 말았다.

그런데 이보다 훨씬 전에 나온 로스역 성경에는, [하나님][4)]으로 모두 통일하였다. 이건 나중에 된 일이지만, 선교사들은 그 후 [하나님]이란 말에 대해 여러 옛글을 참고하다가 놀람과 함께 이런 글들을 남겨놓았다.

★언더우드 선교사의 글:
"옛 한국의 일부였던 고구려 왕국(the Kingdom of Kokurei)에서는,
하나님(Hananim)이라 불리는 유일한 신만을 섬겼다. 그리고
유일하신 Hananim은 크고, 유일한 하나(only One)을 가리키는 것이었다."

★게일 선교사의 글:
"우리의 색슨어 'God'는 복수로 사용되었고, 이방 신에게 적용되는 것이기 때문에, 원하는바 목적에 사용되기 전에 많이 조정을 하지 않을 수 없었다. 그리스어 'Theos'나, 일본어 'Kami(神)'는 소위 많은 신들에게 적용될 수 있는 것이었고, 중국의 샹다이(上帝) 또한 많은 신위(神位) 중에서 최고신에 불과하다. 그러나 [하나님]은 다른 이름들이 오랜 기간 동안 사용 시기를 거치면서 애써 도달하려 했던 의미를 일시에 획득하고 있다."

★헐버트(H. B. Hulbert, 1863-1949) 박사의 글.
"한국인은 엄격한 일신론자(monotheists)들이다. 그리고 한국인이 소유하고 있는 종교적 개념은 외래적 의식과는 아무런 연관이 없다는 것이다."

---

4) [하나님]이지 〈하느님〉이 아니다. 한글학회의 표준어 제정 때, 〈하느님〉이라 오해하고 〈하느님〉을 표준어로 정한 건 씻지 못할 잘못이다.

《찬양가, 1894》 편집 때, 한국인 찬송가 번역자로서는 서상륜·백홍준·최명오 등의 도움이 컸는데, 그들은 서울 사람들이 아니라 사투리가 심한 지방 사람이요, 쪽복음을 들고 전국을 돌아다니며 전도를 하기 때문에, 한번 회의를 하려면 일주일 이상이나 걸려 작업은 지지부진이었다. 새로 생긴 교회마다 찬송가 출판을 재촉하는 소리가 높아가고 있는데, 설상가상으로 언더우드는 부인의 병 치료차 안식년으로 1891년 2월에 미국으로 떠나게 되었다.

4) 심각해진 갈등

언더우드는 감리교 책임자 존스에게 '빨리 서둘러서 나 돌아오기 전에라도 출판해주시오'라고 전권을 위임하였는데 2년 후 돌아와 보니 전혀 진전이 없었다. 그런데 이번에는 감리교 존스 목사가 안식년으로 미국에 돌아갔다. 언더우드는 성급한 나머지 [하나님]이나, '천주'라는 말은 다 빼고 '여호와'와 '아버지' '쥬' 등의 표현을 사용하여 총 117장의 4성부 곡조 찬송가를 예수성교회당(대한기독교서회의 전신·필자 주) 간행으로 출판하였다. 출판비는 타자기 회사 사장으로 거부(巨富)인 자기의 형 존(John)이 대주어 일본 요꼬하마에 가서 인쇄하여 왔다. 그 때 일을 언더우드 부인(Mrs. L. H. Underwood)은 그의 저서 《Underwood of Korea, 한국에 온 첫 선교사 언더우드·이만열 옮김, 교문사 1990, 131쪽 이하》에서 인용한다.

- 그 해(1893년) 여름 언더우드의 일은 찬송가를 편찬하는 것이었다. 그가 미국으로 가기 전에 이 일을 시작하였고, 미국으로 떠나면서 이 일을 다른 사람들에게 맡겼는데, 그는 이것이 그가 돌아오기 전에 끝나기를 바랐다. 그러나 2년 후 그가 돌아와 보니, 아무 것도 진전된 것이 없음을 알게 되었다. 주한 선교회들은 연합 찬송가를 만들기로 하고 감리교 선교회의 존스 목사(Rev. Jones)와 언더우드를 자료수집 담당으로 임명하였다. 그러나 존스 목사는 (미국으로) 떠나고 없었으므로 언더우드는 일을 진행시켜 빨리 책을 끝내야 한다고 스스로 인식하고 있었다. 뿐만 아니라 친구들의 재촉도 있었기 때문에, 항상 그랬듯이, 그는 민첩하게 착수하였다. 많

은 찬송가들은 그가 번역한 것이고, 또 다른 많은 찬송가들은 다른 선교사들이 준비해 놓았던 것이었다. 그러나 한국어가 틀린 곳이 많아서 대부분을 고쳐야만 했다. 문법만 틀린 것이 아니라 의미 자체가 틀린 것도 많았다.

예를 들면, 이런 번역도 있었다.
Jesus loves me this I know, '예수 사랑하심을 내 아노니,
For the Bible tells me so. 오, 성경이여, 그렇게 말해 주십시오.'

또 어떤 번역은 누가 했는지도 모르는 것들이었다. 뿐만 아니라 어떤 번역가는 서울에서 아주 먼 곳에 살았는데, 교통이 불편하여 그들과 만나려면, 일주일씩이나 걸리곤 하였다. 사소한 내용을 바꾸기 위해 ^(서울에도) 없는 작자들을 찾아다니며, 일일이 상의할 수도 없는 노릇이었다. (…) 그의 형이 이미 출판비용을 보내주었기 때문에, 그는 여름 내내 일하면서도 가을 선교부 연례회의에서 기쁘고 놀라운 소식을 발표할 생각을 하며 기뻐하였다. 악보가 있는 아름다운 찬송가책을 내놓게 되다니! (…) 그것은 틀림없는 놀라운 일이 될 것이며, 그들 모두를 기쁘게 할 선물이 될 것이었다.

그러나 사태는 엉뚱한 방향으로 흘러갔다. 동기의 순수성은 제쳐놓고, 감리교 선교회에서는 '하나님'이란 명칭을 전혀 안 쓰고 '여호와'니 '아버지'니 '쥬'니 하는 말로만 썼다는 점, 다른 사람들이 번역한 것을 멋대로 고쳤으며, 선교회에서 감수를 받지 않고 냈다는 점, 장로교 교리적인 특색이 강하다는 점 등의 이유를 들어 공동 사용을 거부하였다. 언더우드 부인도 그의 저서〈Underwood of Korea〉에서 남편의 잘못이라고 시인하고 있다. 그러나 언더우드의 순수한 동기와 노력과 인쇄비 조달 등의 전후 사정을 잘 아는 친구이며, 그의 권유로 한국 의료선교사가 되어 세브란스 병원을 개설한 에비슨 박사^(Dr. Oliver R. Avison, 1860-1956), 그리고 백정^(白丁) 선교에 앞장서서 곤당골 교회^(현 승동교회 · 필자 주)를 개척한 무어 목사^(S. F. Moore, 1846-1906) 두 사람만은 그의 입장을 변호해주었다.

이 기회에 '곤당골'이란 이름의 내력을 알아본다.

5) 곤당골의 유래

'선조(宣祖) 때 통역관 홍순언(洪純彦)이 북경사신으로 갔다가, 아버지의 1,000냥 빚 때문에 술집에 팔린 한 명나라 처녀의 빚을 갚아주고 구해준 일이 있었다. 몇 년 후 다시 북경에 간 그는 뜻밖에 예부시랑 석성의 집으로 저녁초대를 받아 갔는데 석성의 후실이 다름 아닌 옛적 자기가 구해준 처녀였던 것이다. 처녀는 홍순언에게 아버지라 부르며 '報恩'이란 글자를 수놓은 비단을 선물하였고 석성의 협조로 외교현안(임진왜란 때 파병문제, 필자 주)도 잘 해결할 수 있었다.

후일 사람들은 이를 기려 홍이 살던 마을을 '보은단골'이라 했는데 그가 자기집 담에다 효충 등 여러 글자를 새겨 아름답게 꾸며, 일명 '고운담골'⇒'곤당골'이라고 불리게 되었다. 이런 내력이 있는 곳에 첫 터를 잡았기 때문인지 승동교회에는 백정과 같은 가난하고 비천한 신분의 사람들이 많이 모여 양반들과 함께 예배를 드렸다.

다시 본론으로 돌아가서, 의기양양하게 회의장에 들어간 언더우드는 어깨가 축 쳐진 모습으로 회의장을 떠났다. 장-감 합동찬송가의 꿈은 이렇게 첫 작업부터 깨지고 말았다. 이를 계기로 양 선교부는 전도지역에서 선교사들의 경쟁을 염려하여 경기지역을 남북으로 나누었다. 감리교는 경기 북부지역을, 장로교는 경기 남부지역을 선교구역으로 정한 것이다. 그래서 필자의 고향 경기도용인군 아리실교회는 이화학당을 창설한 스크랜턴 부인과 필자의 할아버지(吳隣善)가 1895년 9월에 창설한 감리교회이지만, 1906년에 감리교회에서 장로교회로 바뀌었던 것이다.

6) 《찬미가, 1895》와 《찬셩시, 1895》

1895년, 감리교 측에서는 27곡이 수록 된 무곡 《찬미가, 1892》를 81편으로 증보하여 곡조 없이 같은 이름으로 내었고, 2년 후에는 9편을 증보하여 존스·로스와일러·벙커 3인 공저로 출판했다. 존스 목사는 찬미가 머리말에서 한국찬송가에 끼친 언더우드의 공헌은 간과할 수 없다고 기술하고 있다.

한편 장로교 선교회에서는 선교사 그람 리(Graham. Lee)와 기포드(Mrs. M. H. Gifford) 부인에게 위임하여 새로 찬송가를 편찬하여 역시 같은 해 54편을 수록한 무곡《찬셩시, 1895》를 출판하였다. 이렇게 찬송가는 처음부터 세 갈래로 출판되어,《찬양가, 1894》는 서울이남 지방에서,《찬미가, 1895》는 감리교에서,《찬셩시, 1895》는 장로교 서북지방에서 사용하는 불행을 가져왔다.

❶ 번역의 어려움

문화와 언어 구조가 다른 말을 번역한다는 것은 참으로 어려운 일이다. 성경 번역의 경우 적도 지방에서는 '너희 죄가 흰 눈 같이 되리라'는 말을 번역하느라 선교사들이 무진 애를 썼다는 일화가 있다. 더군다나 찬송가의 경우는 한 음에 한 자씩 맞춰 넣으려니 보통 어려운 게 아니다. 구체적으로 예를 들어보자. 영어의 Love라는 동사는 한 음절인데 우리말로는 '사랑하다'의 네 음절이다. 더 어려운 것은 운율 문제이다. 우리말은 모두 강박으로 시작하는데, 영어는 약강격(弱强格, iambic) 운율과, 강약격(强弱格, trochaic) 운율이 있는 것이다. 한 마디로 이 두 운율의 성격을 얘기하면 【약강격】 운율은 이름이 말해주 듯이 첫박에 악센트가 안 붙는 시를 말하고, 강약격 운율은 첫박에 악센트가 붙는 시를 말한다.

그런데 영어 찬송가의 태반이 관사(冠詞)인 [A]나 [The]로 시작하는 [약강격] 운율인 것이다. 이런 영어 찬송을 음악을 모르는 서상륜, 백홍준, 이성하 등, 항상 전도하러 다니느라 바쁜 한국인과 주로 함께 번역해야만 하는 초기 선교사들의 고충은 이만 저만이 아니었다. 언더우드는 그 고충을 찬양가 서문에서 이렇게 피력하고 있다.

"…그러나 곡조를 맞게 하려 한즉 글자가 정한 수가 있고, 자음도 고하(高下) 청탁(淸濁)이 있어서, 언문 자 고저가 법대로 (되지 않아) 틀린 것이 있으니, 아무라도 잘못된 것이 있거든 (발견되거든) 말씀하여 고치기를 바라오며…"5)

---

5) 맞춤법과 표준어 및 한자 등은 필자가 현대 문장으로 바꾼 것임.

《찬미가, 1895》서문에서 존스 목사도 찬송가 번역의 어려움을 이렇게 호소하고 있다.

"번역으로 가장 적절하고 모두가 수긍할 만한 찬송가를 만들 수 있는가 의문스럽다. 한 편의 찬송가를 가지고, 며칠을 씨름하여 겨우 한두 줄 만들어놓고 미완성으로 그친 경험을 한 우리는, 마침내 큰 결론에 도달하였다. 한국찬송가는 한국인들의 솟구치는 믿음으로 작사 작곡하는 그런 사람들이 나와야 하겠다는 결론이었다."

초기 한국찬송가의 번역자요 작사자로《찬송가, 1908》편집자로서 한국찬송가에 많은 공헌을 한 프레데릭 밀러(Frederick S. Miller, 1866-1952, 한국 이름 민로아) 선교사는 전문가의 입장에서 이런 글을 남겨놓았다.

"한국 초창기 찬송가는 대부분 중국 찬송가를 번역, 아니 자역(字譯, transliteration)한 것이었기 때문에, 한국 문인들조차 이해하기 힘든 중국어로 가득 차 있었다. 이 찬송들은 한국 전통 운율인 44조(Eight foot)의 강약격(强弱格, Trochaic) 운율로 씌어졌는데, 이것은 서양 곡조에 맞지를 않는 것이었다. 이유는 우리 서양의 모든 찬송들은 거의가 약강격(iambic)이기 때문이다. 가장 컸던 어려움은 한국어가 약강격에 맞지 않는다는 점이다. 둘째 음절에 악센트가 있는 낱말이 전혀 없다는 것이다. 그래서 할 수 없이 한 음절의 단어를 거의 모든 단의 첫머리에 놓게 되었다. 단조로움이란 말할 필요가 없다. 차라리 모든 약강격의 찬송을 다 빼어버리고 싶을 정도였다.

이건 훨씬 후에 나온《신정 찬송가, 1931》서문이지만, 이참에 인용해본다. 고문이지만 현대문으로 필자가 바꾸었다.

"조선말로 찬미를 쓰기는 그리 쉬운 일이 아니었나니, 조선교회에서 처음에는 지나(支那) 찬미에서 얼마를 써보았으나, 한문에 너무 흘러 그 뜻을 알 수 없었으며, 또 서양 곡조에 조선 글을 붙이고보니, 구절과 억양이 잘 맞지 않아, 크게 곤란하였나니, 찬미를 짓고 쓰는 이들이 이 점에 있어서 오래 동안 많은 애를 썼나니라."

❷ 경어의 어려움

세계에 우리말 같이 경어가 발달된 말도 드물 것이다. 엄격한 유교의 위계질서와 반상(班常)의 구별이 뚜렷했기 때문에 이를 잘못 쓰면 큰 실례가 된다. 초기 선교사들이 우리말을 배울 때 가장 힘들었던 게 바로 이 경어법이다. 초대 한국교회 성도들은 나이가 많은 남신도에게는 형님, 여신도에게는 누님이라고 불렀다. 그 때 어느 선교사가 자기 식구를 소개하는데 이렇게 소개를 하여 폭소를 자아냈다는 이야기가 전해진다.

"여기 이 누님은 저의 아내이고, 이쪽 형님은 저의 자식놈이올시다."

이렇게 경어법을 잘 모르던 선교사들이 곡조에 맞추다보니 경어를 쓸 수 없어서 나름대로 찬송가를 번역하여 웃지 못 할 난센스가 많다. 한 예를 들어본다.

《찬양가, 1894》 65장의 「인애하신 구세주여」 1절을 보자.

쥬여 날 브리지 말게. 내 음셩 듯게.
다른 사름 오라 할 쎅 브리지 말게.
쥬여, 쥬여! 내 음셩 듯게.
다른 사름 오라 할 쎅 브리지 말게.

이렇게 주님께 〈하게〉를 하고 있다. 그런가 하면 그보다 나중 나온 《찬미가, 1895》 43장에 존스 부인이 번역한 같은 찬송은 이러하다. (띄어쓰기는 필자가 한 것임)

주여 나를 외디(外待, 푸대접 · 필자 주) 마오
내 음셩 드로(들으오의 준말?)
다른 사름 주비(慈悲)홀 쎅 날 외디 마오.
쥬여 쥬여 내 음셩 드로
다른 사름 주비홀 쎅 날 외디 마오.

어느 번역이 그래도 나은 건지는 독자가 판단하시기를.

찬송가 번역에서 경어법 문제는 현행 찬송가라고 완벽한 것은 아니다. 같은 찬송가 안에서 주님께 '저'라고 했다 '나'라고 했다 한 게 아직도 있는데, 이것은 글자 수의 문제가 아니라 순전한 불찰이다. 예를 들어본다. 《새찬송가, 1962》 113장 '자비하신 예수여'를 보자.

〈1절〉
1단: 내가 사람 가운데
4단: 저를 보호하시고
〈2절〉
1단: 저의 맘이 곤하니
3단: 저의 공로 없으니
〈3절〉
2단: 나는 믿사옵니다
〈4절〉
1단: 피로 날 사셨으니
3단: 나도 입게 하시고

1·2절에서는 '저'라고 했는데, 3·4절에서는 '나'라고 하고 있다. 어디서 이런 실수를 한 것일까. 1·2절은 앞의 두 절은 〈합동〉과 〈새〉 찬송가의 것을 채택하고, 뒤의 것은 '나'로 통일한 〈개편〉 찬송 것을 따왔기 때문이다.

❸ 인쇄의 어려움 / 한글 활자체

우리나라는 세계에서 금속활자를 가장 먼저 발명한 나라다. 그럼에도 불구하고 서양의 출판기술에 훨씬 뒤떨어진 이유는 무엇일까? 구텐베르크에 비해 200년이나 앞서 금속활자를 발명하고서도 책의 대량인쇄와 지식의 대량유포, 지식인층의 확산이 일어나지 않은 이유는 무엇일까? 그 이유는 구텐베르크는 금속활자로 먼저 성경을 인쇄하여 온 유럽에 퍼뜨려 활자의 위력을 널리 알려 급속한 발전을 가져온 반면, 한국의 금속활자는 한글이라는 가장 좋은 글이 창제된 뒤에도 이를 천시하고, 한자로 불경과 족보 만드는데 국한시키다시피 했기 때문에, 모처럼의 좋은 기술을 썩히고 있었던 것이다. 1443년 세종대왕은 훈민정음을 창제하시고 1447년 석보상절 등을 만들었는데, 그 한글 활자체는 지금의 고딕체 같이 세련되어 있다. 이것을 계속 발전시키지 못하고 천시한 사대주의자들이 원망스럽다.

1883년 수동식 활판인쇄기를 도입한 박문국(博文局)이 우리나라 최초의 신문인 〈한성순보〉를 발간함으로써 우리 인쇄문화는 근대 인쇄의 새로운 시대를 맞는다. 한편 1885년에 개교한 배재학당은 인쇄부를 설치하여 [독립신문], [그리스도신문], [매일신문] 등을 발행하고 학생들에게 인쇄교육을 실시하는 등 우리나라 인쇄문화의 발달에 중요한 역할을 담당하였다.

❹ 악보 편집의 어려움

《찬양가, 1894》를 편집하던 그 시절의 활자는 1869년에 만든 보광사인서체자(寶光社印書體字), 그리고 1884년 광인사활자(廣印社活字)가 고작이었다. 일본은 50음을 활자화하여 인쇄술이 엄청나게 발달하였건만, 국운이 쇠해가는 19세기 말 조선에서는 《찬양가, 1894》와 같은 악보가 있는 책을 만들 수가 없었다. 하는 수 없이 일본 요꼬하마에가서 인쇄해 왔다. 이로써 《찬양가, 1894》는 한국 최초의 악보책이 되었다.

지금은 ENCORE나 FINALE 등 악보출판 소프트웨어가 있어서 쉽게 예쁜 찬송가를 만들 수가 있지만, 100여 년 전 그 시절 일본에서는 악보에 들어가는 각종 모양을 모두 도장으로 새겨 손으로 인쇄잉크를 찍어 그렸는데, 당시 우리나라에는 이런 사보사(寫譜士)가 한 명도 없어서 일본 요꼬하마에 가서 만들었다. 우리나라 사람으로 사보를 처음 한 사람은 홍난파로 알려져 있다. 이렇게 그린 악보를 악보교정을 보아 수정을 하고, 거기에 가사를 아트지에 전사(轉寫)하여 일일이 잘라서 악보 밑에 맞춰 붙이고, 그밖에 곡명(TUNE NAME)이나 영문 가사 첫줄을 오려 붙이고, 페이지라든지 장수를 전사하여 잘라 붙이는 데까지가 편집자의 일이다.

언더우드 목사는 일본에 가서 한국인 조수들과 한여름 동안 이를 해 가지고, 자랑스럽게 가을 장·감 선교부총회에 제출하였는데, 앞서 말한 대로 채택이 되지 않자, 개인 출판의 허락만 받아 117장의 《찬양가, 1894》를 출판하였던 것이다.

05. 언더우드의 《찬양가, 1894》 분석

1) 판형과 편집 체제

판형은 국판(A5판) 본문 150쪽, 인쇄는 오프셋인쇄, 제책은 양장 오른쪽 열기다. 당시만 해도 왼쪽열기 책이 없던 시절이라, 악보책을 오른쪽 열기로 출판하기까지 많은 논란이 있었을 것으로 짐작된다. 표지에는 찬양가란 제목이 궁서체 그림자 글씨로 중앙에 세로, 금박으로 인쇄되어 있고, 그 왼쪽 아래에 〈예수셩교회당간〉이라고 출판사 이름을 역시 금박으로 찍었는데, 언더우드 목사가 창설한 오늘의 대한기독교서회다.

《찬양가, 1894》 안 표지

안표지는 보시는 대로 국적을 알 수 없는 섬세한 무늬로 테두리를 두르고 패선으로 3등분하여 가운데에 표지에 있는 〈찬양가〉란 제목을 넣고, 오른쪽에는 출판연도를 〈구셰쥬강싱일쳔팔빅구십ㅅ년〉이라고 한글 옛체로 썼다.

왼쪽에는 위에 〈기국오빅삼년갑오〉라고 썼는데, 여기서 503년이란 조선왕조 개국연도다. 그 밑에는 표지에 있는 대로 〈예수셩교회당간〉이란 글이 씌어 있는데, 이 글자체는 오늘날 바탕체라 하겠다.

속표지 다음에는 〈찬양가셔문〉이 앞뒤 두 쪽 있고, 그 다음에는 이례적으로 한문으로 내용분류 목차를 실었다. 이것은 중국 찬송가를 본 딴 것으로 보인다.

그리고 아랫단에는 찬송가 사용법을 〈목록〉이란 제목으로 이렇게 설명하고 있다. 현대 맞춤법으로 고쳐 인용한다.

예배와 천부 찬송하는 것은 제1장부터 제17장까지라.
예수 찬송하는 것은 제18장부터 제54장까지라.
성령 찬송하는 것은 제55장부터 제71장까지라.
믿는 무리가 사는 것은 제72장부터 제94장까지라.
성회 찬송하는 것은 제95장부터 제117장까지라.

그 다음에는 〈언문ᄎ례로ᄆᆞᆫ든찬미뎨목〉 즉 찬송가의 목록이 요즘말로 가나다순으로 되어 있는데, 당시만 해도 한글의 소트(sort) 방법이 확정되지 않았기 때문에 선교사의 방식대로 했는데 나름대로의 이유가 있지만, 현대 우리가 보면 재미있다. 그 순서란 이렇다.

[아-하-가-나-라-사-다-타-자] 14음이 다 들어가지 않은 것은 그 음으로 시작되는 찬송이 없기 때문이다. 여기까지가 10쪽으로 독립되어 있다. 다음에는 찬송가 본문인데 페이지를 새로 하고 있다.

2) 격식을 갖춘 곡조 찬송

악보를 오른쪽에서 여는 책으로 만들었기 때문에 우리가 보기에는 아주 불편하다. 1장 찬송은 '거룩거룩하다 전능하신 샹쥬'로서 오늘의 '거룩 거룩 거룩'이다. 그 편집으로 보자.

위에는 4성부로 된 악보에 가사는 1절만 실었는데 지금 편곡과 꼭 같다. 다만 오늘과 다른 점은 2단과 4단 종지 음을 4분 쉼표를 뺀 온음표로 하였고, 최종 박자에 페르마타를 붙이고, 모든 곡에 아멘을 넣지 않은 것이다.

악보 왼쪽 머리에 작은 글자로 1.이라고 장수를 달아놓았고, 이어서 곡명(TUNE

NAME)인 NICEA가 기록되어 있다. 이어서 미터(Meter)가 PM이라 기록되어 있다. 악보 오른쪽 머리에는 영문 가사 첫줄이 이탤릭체로 실려 있으며 작사·작곡자 이름은 없다.

그리고 악보 아래에는 오른쪽에서 왼쪽으로 4절 가사를 실었는데, 장수만은 한자를 써서 ◎ 第一 讚頌三一, 곧 삼위일체 찬송이라고 곡명을 명기해 놓았다. 그런데 모든 편곡에 있어서 간략하게 하기 위하여 도돌이표를 써서 악보가 차지하는 면을 최대한 줄이었다. 예를 들면 36장(만세반석 열리니) 같은 경우, 작은 세도막 형식인 이 곡조는 D.C. al Fine로 처리하여 2단 형태로 그렸다.

또 특이한 것은 같은 곡조를 채택한 찬송은 한번만 악보를 그리고 다음에는 가사 위에다가 TUNE NAME만을 적어주는 형태로 하여 최대한 지면을 아껴, 출판비를 줄여 값을 낮추었다는 점이다.

여기에는 언더우드가 서문에서 밝힌 한국인 작사의 찬송가는 왼쪽 아래 부분에 영문으로 †Composed by a Korean 이라고 표시해 놓았고, 영문 가사 첫줄 머리에 십자표를 해 놓았다. 맨 끝 117장은 1단짜리 단음의 주기도문 영가로 찬송곡은 끝나고, 다음에는 십계명, 그리고 사도신경과 주기도문이 있다.

왼쪽에서 열면 영어로 된 찬양가 속표지가 나오는데, 찬양가라는 한글 표시 아래 HYMNS OF PRAISE, EDITED BY H. G. UNDERWOOD, D.D.라 큰 글자로 넣고, 맨 아래 부분은 둘로 나누어, 왼쪽에는 PRINTED BY The YOKOHAMA SEISHI BUNSHA, YOKOHAMA, JAPAN이라고 인쇄소 이름이 씌어 있고, 오른쪽에는 FOR SALE AT TRILINGUAL PRESS, SEOUL KOREA라고 출판사를 표기하고는 1894라고 출판연도를 표시해 놓았다.

속표지를 넘기면 영문 서문이 나오는데, 한글 서문 맨 끝에는 7월 27일이라고 쓴 날짜까지 박아 놓았는데, 영문은 Seoul, Korea, Sept. 1893이라고 써놓았다. 이로 보아 영어 서문을 써서 1893년 10월 장·감 선교부연례회에서 보고하였다가 사용 거부 되자, 이듬해 인 1894년 7월에 한글 서문을 써서 출판한 것으로 보인다.

그 뒷면에는 앞의 한자로 된 찬송가 분류표가 영문으로 실려 있고, 그 옆에는 TUNE NAME의 차례 INDEX OF TUNES가, 장을 넘기면 METRICAL INDEX가 두 쪽에 걸쳐 실려 있고, 마지막으로 INDEX OF FIRST LINES가 실려 있다. 이리하여 총 150쪽으로서 B5용지 3매로 딱 끝내어 자투리 한 장 안 남게 잘 편집되어 있다. 100년 전에 만든 찬송가지만 현대 찬송가 편집체계와 똑같다.

3) 《찬양가, 1894》 출처

지면을 아끼기 위해 같은 곡조는 안 그리고 TUNE NAME만 적어 놓았기 때문에, 여기 실린 곡조는 88곡 뿐이다. 곡조의 출처에 대해서 조숙자 교수는 〈찬양가 연구 자료집, 1994〉에서, 25곡은 미국의 찰스 로빈슨(C. S. Robinson) 목사가 편찬한 《주찬양 새노래, New Laudes Domini》에서 가져왔고, 25곡은 《복음 찬송가, Gospel Hymns, 1894》에서 채택하였고 21곡은 위 두 책에 다 들어 있는 것이라고 기록하고 있는데 확인한 결과 맞다. 이 찬송들은 미국의 대각성운동 때 주로 캠프집회에서 사용되던 복음전도에 중점을 둔 찬송가로서 이 찬송을 찬송가의 원전으로 받아들인 우리나라는 복음전도에 열을 올려 세계를 놀라게 하며 오늘에 이르렀다.

4) 한국인 창작 가사

선교사들은 운율 구조가 다른 영어 찬송을 번역하다가 모두 한국인이 만든 찬송가가 나와야 하겠다고 이구동성으로 글을 남기고 있다. 그래서 번역에 동참한 사람들에게 작사를 하라고 권유한 게 틀림 없다. 이리하여 얻어낸 열매가 언더우드의 서문에 보면 다음 7편이라 되어 있다.

4장: 이 세상을 내신 이는 여호와 하나뿐일세
38장: 우리 예수 큰 공로가 내 죄악을 모두 씻네

61장: 예수의 높은 이름이 내 귀에 들어온 후로

93장: 어렵고 어려우나 우리 주가 구하네

113장: 이 세상의 준맹(準盲)6)들은 주의 은덕 바이 몰라

114장: 만국 방언 다 잘 하고 천사 같이 강론한들

115장: 나는 믿네, 나는 믿네. 여호와이7) 천지만물 만드신 줄 나는 믿네

이 가사들을 보면 리듬은 안 맞지만, 모두 우리 전통 운율인 44조임을 알 수 있다. 그런데 이유선 교수는 40장과 87장도 우리나라 사람의 작품이라고 주장하고 필자도 이에 동의한다. 그런데 필자는 여기에 다음 63장도 한국인 작사라고 주장한다.

049장: 주의 말씀 내 도를 펴 모두 은혜 받게 하라(*)　　　=44조
063장: 중죄 더욱 당연컨만 죽어생문(生門) 을열었네(*)　　　=44조
110장: 하날엔 곤찮고 장생불로 신체가 쾌(快)하여 장생불로(*) =34조

위 3편의 찬송들이 한국인 작사라는 증거는 《찬양가, 1894》에 있다. 언더우드는 한국인 작품에는 왼쪽 아래에 [†Composed by a Korean] 이라고 명기하고, 위에 표기한 영문 가사 첫줄 끝에 (*) 표를 해 놓았는데 위의 세 찬송들은 영문 가사에 (*) 표가 있는 찬송들이다. 아래에 표기하는 것을 잊었거나, 붙인 것이 떨어져나갔거나 했을 것이다. 초기 사보에는 이렇게 떨어져나간 사례가 비일비재하다. 따라서 《찬양가, 1894》에 있는 한국인 작사 찬송은 모두 12편이 되는 것이다.

《찬양가, 1894》 초판에 실린 언더우드의 번역 가사가 오늘도 거의 그대로 불리는 찬송이 딱 하나 있다. 444장 〈예수가 거느리시니〉이다. 그 가사를 현대 맞춤법으로 옮겨 《새찬송가, 1962》와 비교해보자.

---

6) 준: 맹(準盲) 【명사】『의』약 2m 앞의 손가락 수를 알 수 없을 정도의 시력 장애자.

7) [여호와이] : '여호와가' 라고 쓴 것인데, 표준어가 제정되기 전이므로 '-이'라는 접미사(接尾辭)는 '-가'라는 접미사와 같이 썼다. 그래서 옛 주기도문에 '나라가 임하옵시며' 라고 써야 할 곳에 '나라이'로 썼던 것이다.

《찬양가, 1894》88장	《새찬송가, 1962》488장
〈1절〉	〈1절〉
예수가 거느리시니 즐겁고 태평하구나	예수가 거느리시니 즐겁고 태평하구나
주야로 자고 깨는 것 예수가 거느리시네	주야에 자고 깨는 것 예수가 거느리시네
〈후렴〉	〈후렴〉
나를 항상 거느리네 친히 나를 거느리네	날 항상 거느리시고 날 친히 거느리시네
나를 항상 거느리네 친히 나를 거느리네	날 항상 거느리시고 날 친히 거느리시네
〈2절〉	〈2절〉
때로 우고를 만나면 때로 쾌락을 만나네	때때로 우고 만나면 때때로 쾌락 만나네
풍파 중에 거느리고 평안할 때 거느리네	풍파 중에 거느리고 평안할 때 거느리네
〈3절〉	〈3절〉
주의 손을 일생 잡고 천당으로 올라가네	내 주의 손을 붙잡고 천당에 올라가겠네
괴로우나 즐거우나 예수가 거느리시네	괴로우나 즐거우나 예수가 거느리시네
〈4절〉	〈4절〉
이세상이 다 간 후에 안팍도적 다 이기네	이세상 이별할 때에 음부의 권세 이기네
참 죽을 때까지라도 예수가 거느리시네	천당에 있을 때에도 예수가 거느리시네

이 가사는 《찬송가, 1908》편찬 때, 베어드 선교사 부인 안애리 선교사가 수정한 것인데, 《찬양가, 1894》에서 《통일 찬송가, 1983》까지 무려 90년을 수정 없이 불려 온 것이다. 대단한 일이다.

5) 순 한글 출판으로 한글 살려

100여 년 전 당시만 해도 한글은 '언문'이라 천시하며 '아녀자의 글'이니, '암클'이니, '반쪽글'이니 하며 천시하여, 한글은 빈사상태에 있었는데, 선교사들은 한글의 위대성을 알아보고 찬송·성경을 모두 순 한글로 출판하여 한글 발전에 결정적인 역할을 하였는데 이는 자타가 공인하는 사실로서 우리 한국교회의 자랑이다. 그래서 교회가 설립되면 새 신자에게 먼저 한글을 가르쳐주었다. 아무리 머리가 둔한 사람도 주일 예배와 삼일예배 전후에 한 시간씩 4주간만 배우면, 창호지에 써서 걸어놓은 찬송을 보면서 함께 불렀던 것이다. 참으로 한국교회는 성도들의 영의 눈을 열어주었을 뿐 아니라, 육의 눈도 열어준 것이다.

❶ 어투 문제 : '-이'와 '-가' 등 접미사(接尾辭) 문제

많은 사람들이 찬양가에 있는 번역 찬송가인 '여호와이 천지 내고'(10장), 또 백홍준 장로의 창작 찬송으로 알려진 115장의 '培端氏十信歌'의 '여호와이 천지만물 만드신 줄 나는 믿네' 등의 '여호와이'와, 먼저 주기도문 중, '나라이 임하옵시며'의 '나라이'는 문법적으로 틀리다, '-가'가 맞는다고 말한다. 물론 현행문법으로는 틀리다. '나라이'의 '-이'는 '-가'와 같은 격조사로서, 받침 있는 체언 뒤에 는 '-이'가 붙고, 받침 없는 체언 뒤에는 '-가'를 붙이는 게 현재 문법이다. 하지만 100여 년 전 그 시대에는 표준어는 물론 맞춤법이 아직 없던 시절이다. 따라서 '-이'와 '-가'의 격조사를 혼용하였다. '-든지'와 '-던지'를 현행에서는 구분하지만 당시는 혼용하였다. 표준어와 맞춤법이 통일된 것은 1931년이다.

❷ '-라고', '-하고' 따위의 격조사 문제

하나만 더 예를 들어보자. 누가복음 22장 8절 이하를 보자.
예수께서 베드로와 요한을 보내시며 이르시되,
"가서 우리를 위하여 유월절을 준비하여 우리로 먹게 하라."
"어디서 준비하기를 원하시나이까?"
"보라 너희가 성내로 들어가면…."

예수님의 말씀을 인용했으면 그 뒤에 '라고' 라든지 '하고'라는 격조사(格助詞)를 붙여 문장을 마감해야 하는데, 우리 한글역 성경에는 위에서 보는 대로 빠져 있다. 그래서 《한글 개역 개정판》 성경을 낼 때, 일부지만 '-하고'니 '-라고'니 하는 격조사를 넣어 수

정을 하였다. 필자는 감수위원으로 위촉되어 "이 문장은 구한말 문장 형태로서 '가라사대'란 말은 영어의 said나 중국어의 왈(曰)과 같이 썼기 때문에 격조사를 생략한 것이다." 라고 하며, 1898년 1월 8일자 "外國에 비친 朝鮮人"이란 【독립신문】의 사설을 인용하여 보였다. 그 사설을 여기서도 인용한다. 사설에서는 '가로되'라 하지 않고 '말이'라고 쓰고 있다.

-대한사람 말이 "만일 도리가 있으면 일러주는 것이 친구의 정이어늘, 어찌하여 도리가 있다면서 가르쳐주지 아니하뇨?" 외국사람 말이 "내가 가르쳐주어도 당신이 능히 행하지 못할 줄 내가 아는 고로 말을 아니하노라." 대한 사람이 말하기를 "어찌하여 내가 행치 못할 줄을 아느뇨?" 외국사람 말이 "내가 두어 마디 말을 물어볼 것이니 당신이 조금치도 협사 없이 대답하라…."

❸ 사도신경 문제

현재의 사도신경 본문은 3, 4세기에 로마에서 사용한 세례신조와 비슷하며, 그 최종적인 형식은 6세기 말 또는 7세기 초 프랑스 남서부지방에서 확립되었다고 하는데, 초기 찬송가를 보면 《찬양가, 1894》에는 전문이 번역되어 있는데, 《찬미가, 1897》에는 한 구절 'He descended into hell.'(지옥에 내리사)'란 부분을 뺐고, 오늘 우리는 이 뺀 사도신경을 가지고 신앙을 고백하고 있다. 먼저 《찬양가, 1894》의 것을 보자. (띄어쓰기와 구두점은 필자가 한 것임.)

나 - 텬디롤 문두신 젼능ᄒ신 춤신 셩부를 밋으며, 그 외아들 우리쥬 예수 그리스도를 밋으며, 뎌 - 셩령으로 잉틱ᄒ샤 동졍녀 마리아ᄭᅴ 나심을 밋으며, 본듸오 빌나도 손에 고난을 밧으샤 십즈가에 못박혀 죽으시고 뭇치심을 밋으며, 디옥에 ᄂᆞ리샤 사흔날에 죽은 쟈 가온듸셔 다시 살으심을 밋으며, 하늘에 오르샤 젼능ᄒ신 춤신 셩부 우편에 좌뎡ᄒ심을 밋으며, 뎌리로셔 산 이와 죽은 이를 심판ᄒ려 오실 줄을 밋ᄂᆞ이다.

나 - 셩령을 밋으며, 거륵ᄒ고 공번된 회와 모든 셩인이 셔로 통공흠을 밋으며, 죄의

샤흠을 밋으며, 육신이 다시 살믈 밋으며, 영원이 살믈 밋느이다. 아멘.

"감리교에서 만든 《찬미가, 1897, 무곡》에는 이렇게 되어 있다.

나는 텬쥬 - 아바님 젼능ᄒ옵시고 텬디를 문드옵심을 밋ᄉ오며 ᄯᅩ흔 우리 쥬 예수 크리스도ᄭᅴ옵셔 셩신으로 잉틱ᄒ옵셔서 동졍녀 마리아의게 강싱ᄒ옵심을 밋ᄉ오며 예수ᄭᅴ옵셔 본듸오쓰 빌나도의 손에 고난을 밧으샤 십ᄌᆞ가에 못 박혀 죽ᄉᆞ와 쟝ᄉᆞᄒ ('지옥에 내려갔다가' 부분 누락) 졔삼일 만에 다시 살아나 하늘에 오르샤 젼능ᄒ옵신 텬쥬 - 아바님 우편에 안자 계시다가 후에 그리로셔 강림 ᄒ옵셔서 산사름 죽은 사름을 다 심판 ᄒ옵실줄 밋ᄉ오며 나는 셩신을 밋ᄉ오며 셩공회를 밋ᄉ오며 셩도가 서로 교통 흠을 밋ᄉ오며 죄샤ᄒ옵심을 밋ᄉ오며 몸이 다시 살아날줄 밋ᄉ오며 영싱을 밋ᄉ옵ᄂ니다. 아멘

1908년에 장·감 합동으로 발행한 《찬숑가, 1908》에는 위의 두 사도신경을 참고하여 지금의 사도신경으로 확정하고 있다. 언더우드 역은 '지옥에 내리사(He descended into hell)' 뿐만 아니라 '성도들의 통공을 믿으며'라고 하였는데, 이 사도신경에서 말하는 '성도'란 가톨릭의 죽은 성자들을 말하기 때문에 신학적으로 문제가 있다. 참고로 지금우리가 외우는 '거룩한 공회'도 영문으로는 거룩한 가톨릭 교회(Holy Catholic Church)이다. 쉽게 단정 지을 수는 없지만, 디옥에 ᄂ리샤 부분은 카톨릭의 연옥(煉獄)설을 뒷받침하는 신앙고백 같기 때문에, 당시 진보적인 감리교 선교사들이 아예 뺀 게 아닌가 생각한다.

6) [독립신문]과 애국가

한국 교회가 찬송가와 성경을 순 한글로 출판한 일은 생각할수록 잘한 일이다. 로스 역 성경을 시작으로 찬양가·찬미가·찬셩시 등을 순 한글로 출판하여, 교회마다 야학으로 한글을 가르쳐 눈 뜬 장님이던 민초들이 '예수의 피밖에 없네'니 '예수가 거느리시니' 그리고 '내 주를 가까이' 등의 찬송들을 목청을 높여 찬양하고, 지식인들이 줄을

지어 예수를 영접하여, 꺼져 가는 대한제국의 심지를 돋우며 불을 밝혀가고 있었다.

일본 정부의 사주를 받은 주한 일본공사 미우라 고로(三浦梧樓)는 1895년 10월 8일 일본 깡패(낭인)를 궁중에 침입시켜 건청궁(乾淸宮)에서 명성황후를 난자시해(亂刺弑害)하는 천인공노할 만행을 저질렀다. 고종황제는 언제 누가 당신을 독살할지 몰라 '동생'이라 부르며 믿고 의지하는 언더우드 선교사가 집에서 만들어다 주는 음식만을 들며, 밤이면 그를 침전 옆방에서 당직을 봐 달라 하여, 언더우드 목사는 매일 음식을 해다 드리고 밤에는 권총을 차고, 다이·에비슨·존스 등 선교사들과 교대로 고종을 호위했다.

이런 살얼음판 정국이지만 미국에서 돌아온 서재필은 '독립협회'를 결성하고, 1896년 4월7일에 격일간 [독립신문]을 순 한글로 창간하였는데, 제1권 제1호 논설에서 서재필 박사는 이렇게 피력하고 있다. 현대어로 고쳐 인용한다.

(…) 우리 신문이 한문은 아니 쓰고 다만 국문으로만 쓰는 것은, 상하귀천이 다 보게 함이라. 또 국문을 이렇게 귀절을 띄어 쓴즉 아무라도 이 신문 보기가 쉽고, 신문 속에 있는 말을 자세히 알아보게 함이라. 각국에서는 사람들이 남녀 무론하고 본국 국문을 먼저 배워 능통한 후에야 외국 글을 배우는 법인데, 조선에서는 조선 국문은 아니 배우고 한문만 공부하는 까닭에 국문을 잘 아는 사람이 드믊이라. 조선 국문하고 한문하고 비교하여 보면 조선국문이 한문보다 나은 것이 무엇인고 하니 첫째는 배우기가 쉬우니 좋은 글이요, 둘째는 이 글이 조선 글이니 조선 인민들이 알아서 백사를 한문 대신 국문으로 써야 상하귀천이 모두 보고 알아보기가 쉬울 터이라. (…)

당시 우리 교회는 예배당에서, 미션학교에서, 병원에서 애국가를 만들어 찬송가 곡조로 불렀는데, [독립신문] 1896년 7월 23일자에는 [대죠선 달성 회당 예수교인 등 애국가]라는 제목으로 다음과 같은 애국가가 실려 있다.

독립공원 굿게짓고 태극긔를 놉피달세

샹하만민 동심ᄒᆞ야 문명례의 일워보셰
젼국인민 깁히ᄉᆞ랑 부강셰계 쥬야빌셰
압뒤집이 인심됴량 급히급히 합심ᄒᆞ셰
쳔년셰월 허숑말고 동심합력 부ᄃᆡᄒᆞ오

하ᄂᆞ님의 셩심긔도 국틱평과 민안락을
님군봉츅 졍부ᄉᆞ랑 학도병졍 슌검ᄉᆞ랑
사ᄅᆞᆷ마다 의ᄌᆞ품어 공평뎡직 힘을 쓰오
뉴신셰샹 잇슬ᄯᅥ에 국틱평이 뎨일죠타
국긔잡고 밍셰ᄒᆞ야 대군쥬의 덕을돕셰

1896년 8월 20일자에는 [졍동 빅지 학당 학원 문경호가 나라를 위ᄒᆞ야 ᄌᆞ쥬 독립가를 지엿ᄂᆞᄃᆡ]란 제목으로 44조 노래를 실었는데, 현대 맞춤법으로 고쳐 1절만 인용한다. 당시에는 태극기를 [팔괘기]라고 불렀음을 알 수가 있다.

'예수가 거느리시니' 곡조로 불러 보라. 힘이 솟는다.

우리나라 독립되니 팔괘기가 기운나네.
팔괘기를 높이다니 세계상에 제일일세.
좋을시고 좋을시고 독립문이 좋을시고
독립문에 맹세하여 우리나라 힘써보세

1896년 9월2일 고종황제의 탄신일이 되자 언더우드가 담임한 새문안교회 교인들을 중심으로, 당시 수용인원이 가장 큰 서대문 밖 모화관에서 축하예배를 드렸다. 언더우드 선교사의 초청으로 정부의 고관들과 기독교학교 학생들과 교인 등 1,000 여명이 모였다. 예배는 기도로 시작됐고 강연과 찬송가 제창, 주기도문 암송의 순서로 진행되었다. 이 때 일을 [Underwood of Korea]에서 인용한다.

"언더우드는 왕의 생신을 기념하는 그리스도인들의 기도 및 찬양 집회가 열릴 것이라고 널리 선전하였다. 단을 만들고 건물은 만국기로 장식되었다. 각료들과 유명 인사들이 초청되었고, 단상에는 귀빈들 의자와 오르간이 놓여졌다…. 건물 안에는 사람들로 꽉 찼고, 건물 밖에도 유리창 문마다 사람들로 가득했다. (….) 언더우드는 밤새 몇 가지 전도 소책자를 인쇄하여 미션스쿨 학생들을 시켜 서울 전역에 배포하게 하였고, 모여온 군중들은 이 책자를 손에 들고 있었다. 거기에는 다음과 같은 황제에게 복을 내려달라는 애국 찬송이 실려 있었다. 곡조는 [AMERICA]^(아래 곡조)였다. 미션스쿨 학생들의 연합찬양대가 이 노래를 부를 때 글을 아는 사람들은 속으로 따라 부르고, 모르는 사람에게 가사를 읽어주기도 하였다."

다음 날 [독립신문]은 논설에서 이 대회를 논평하였는데, 논설 전체가 한 문장으로 되어 있으나 편의상 적당히 끊고 현대 맞춤법과 현대용어로 바꿔 그 요지를 인용한다.

"어제 모화관에서 서울 예수교회 신자들이 대군주 탄신 경축회를 하였는데, 사람들이 거의 천명이나 모였다. 애국가를 부르고, 하나님께 기도하기를, 조선을 불쌍히 여기사 서양 나라와 같이 복을 받게 하여달라고 머리 숙여 기도하는 것을 보니, 하나님이 이 기도를 응답하실 것이라. 무엇보다 고마운 것은 예수교인들이 나라사랑하는 마음으로 이런 대회를 열고, 만방에 이를 알리고, 애국가를 지어 교회학교 학생들이 불러 감동을 주었는데, 이 대회가 조선 사람들을 가르치는 것은, 첫째 위국위민(爲國爲民)하자는 것이요, 둘째는 이런 마음을 온 국민에게 알리고 세계에 알리는 것이요, 셋째는 예수를 믿어 서로 사랑하며 도와주어 상하귀천 없이 평등하게 살자는 것이다. 하나님 앞에 가장 귀한 사람은 정의롭게 사는 사람으로서 이런 사람은 금생과 내생에 복을 받을 것이라. 바라기는 예수 믿는 사람들은 교회에서 가르치는 대로 행하여 이웃의 본이 되어 온 국민이 바른길을 가도록 힘써주길 바라는 바이다.

이 날 [독립신문]에도 [최병희의 애국가]란 44조 3절의 애국가가 실려 있다. '예수가 거느리시니' 곡조를 불러보자.

〈1절〉

인의동방 꽃이피니 건양원년 초순일세
꽃피었네 꽃피었네 만민화락 꽃피었네
요순세계 돌아왔나 거리거리 격앙가라
학도들아 학도들아 충애두자 잊지마라

〈2절〉

입신양명 할랑이면 충군애국 위주로다

학교세워 교육하니 성상덕택 산해로다
산해같은 많은덕택 무엇으로 갚을소냐
갚을것은 하나있네 교육하여 성취한후
〈3절〉
문명진보 하는때에 조선관민 일심하세
시호시호 부재래라 어서바삐 공부하세
만세로다 만세로다 성상폐하 만세로다
만세로다 만세로다 우리독립 만세로다
주: 시호시호 부재래(時乎時乎 不再來, 시간은 다시 돌아오지 않는다.)

7) 한국판 [부림절]

이 행사에 감동적인 에피소드가 있어서 이를 소개한다.

에스더서에 보면 하만이 유대인들을 몰살하라는 어명을 받아 시행 직전에 에스더의 목숨을 건 충정으로 구원받은 이야기가 있는데, 그 날을 유대인들은 지금도 [부림절]로 지키고 있다. 그런데 이런 일이 우리나라에서도 벌어졌고, 이를 미리 알아 엄청난 순교의 피를 사전에 막은 사람이 있는데, 그는 고종황제 생신 축하 모임에 왔다가 예수를 영접한 사람이다.

황해도 은율(殷栗) 고을에 사는 홍성서(洪性瑞)라는 부자가 벼슬을 하나 사려고 돈을 바리바리 싸들고 서울에 왔다가 우연히 이 행사에 참여하여 그리스도를 영접하였다. 그는 벼슬을 사려고 가지고 온 돈을 몽땅 털어서 기독교서적과 이 책을 싣고 갈 나귀를 사 가지고 고향에 돌아가 전도하여 [은율읍교회]를 세웠고 초대 영수(領袖)가 되었다.

그는 1900년 겨울에 일어난 이용익(李容翊)과 김영준(金永準)의 기독교인 박멸 음모 사건 때, 이 음모를 언더우드에게 알려 엄청난 비극을 막아냈으니 참으로 하나님의 하시는 일은 기묘하다. 그 내막을 [조선예수교장로회사기]에 기록된 기사를 간추려 옮기면 다음과 같다.

"이해⁽¹⁹⁰⁰년⁾ 겨울에 군부대신 김영준과 내장원경 이용익이 기독교의 폐해를 황제 폐하에게 거짓으로 아뢰고 칙교를 내려, 같은 해 12월 초하루에 국내에 거주하는 선교사와 예수교도들을 일시에 도륙 소탕할 밀지를 각 도에 비밀리에 포고하였으니, 당시 교회의 운명이 곧바로 위급에 처해 있었느니라. (…..) 향장⁽鄕長⁾은 은율읍교회 영수 홍성서와 친사돈간이라 혼인한 집이 변을 당함을 긍휼히 여겨 홍성경의 백부에게 비지를 밀고하여 화를 면할 방책을 생각하라고 간절히 권하였더니, 홍성서가 이 말을 듣고 그 아들 명기⁽洪明基⁾를 해주에 파송하여 선교사 언더우드에게 급히 보고를 전하니 (….) 언더우드 군은 즉시 라틴어로 에비슨⁽魚丕信⁾ 의사에게 전보함으로 미국 공사⁽알렌⁾는 폐하를 뵙고 상주하여 엄준한 칙전⁽勅電⁾을 각 도에 급히 발하여 외국인과 교도를 도리어 보호하라 함으로 잔혹한 화를 겨우 면하였나니, 이는 옛날 페르시아 시대에 하만이 모르드개와 이스라엘 민족을 소멸하려던 흉악한 책모와 비슷하니라.(….)"

06. 감리교단의 《찬미가, 1895》

앞서도 언급했지만, 존스 목사와 로스와일러 양이 편찬하여, 감리교선교부에서 발행한 《찬미가, 1892》는 국반판⁽菊半版, 14.8cm×10.5cm⁾에, 당시 번역되어 불리던 모든 찬송가 27편을 수록한 소책자였다. 1895년에 54편을 증보하여 81편으로 만들었는데, 무곡 찬송이요 오른쪽 열기로 되어 있다. 《찬양가, 1894》에는 누가 그 찬송을 번역했는지 언급이 없지만, 《찬미가, 1895》에는 영문 서문에 번역자와 출처가 다음과 같이 기록되어 있다.

1) 언더우드 선교사의 번역
(괄호 안은 《찬양가, 1894》 장수 및 가사 첫줄과 《통일 찬송가, 1983》 장수.)

① 14장: 성령이 참 빛으로 (56, 영화로신 주 성령·176)

② 21장: 대주재 위에 달리신(32, 주 달려 죽은 십자가 · 147)
③ 22장: 내 죄를 씻는 것은(64, 나의 죄를 씻기는 · 184)
④ 23장: 나는 죄가 많아(34, He died for me)
⑤ 50장: 사랑하세 예수(82, 내 구주 예수를 · 511)
⑥ 52장: 하늘 고양 예수께(103, 성부의 어린양이, 90)
⑦ 56장: 천지 만드신 여호와(91, 나그네와 같은 내가 · 422)
⑧ 58장: 하늘 같이 널렸으며(58, There's a wideness to God's mercy)
⑨ 61장: 예수가 거느리시니(61, 예수가 거느리시니 · 444)
⑩ 65장: 우리를 구하여준 예수(65, 선한 목자되신 우리 주 · 442)
⑪ 66장: 내게 옛일 말하게(66. 주 예수 크신 사랑 · 236)
⑫ 67장: 주의 옛일 말하세(67, 주 예수 넓은 사랑 · 274)
⑬ 73장: 북빙해로조차서(73, 저 북방 얼음산과 · 273)

2) 배위량 선교사 부인(안애리)의 번역
(괄호 안은 《찬셩시, 1895》 장수와 《통일 찬송가, 1983》 첫줄과 장수)

① 29장: 세상 다 어두워 빛 없었더니(38, 온 세상이 어두워 캄캄하나 · 95)
② 31장: 여러 이름 중에(39, 이름들 가운데 · 합446)
③ 32장: 예수를 사랑하고 주신 줄 아오(44, 내 주 되신 주를 참 사랑하고 · 512)
④ 33장: 우리 주 내려왔으니(50, Our Lord Came down)
⑤ 40장: 예수가 말씀하기를(49, 내게로 와서 쉬어라 · 467)
⑥ 41장: 멀리멀리 갔더니(41, 멀리멀리 갔더니 · 440)
⑦ 62장: 예수 인도하소서(40, 나는 갈길 모르니 · 421)
⑧ 63장: 아무데나 예수 나를 이끌 때(46, 어디든지 예수 나를 이끌면 · 497)
⑨ 74장: 떠날 것이올시다(12, 떠날 것이올시다 · 합동 92)
⑩ 80장: 예수 언제 오실는지(48, 예수 언제 오실는지 · 합동146)

3) 안애리 선교사의 애국 위로 찬송

여기서 특기할 일은 장로교 선교사 배위량(裵緯良, 1862-1931) 부인이 작사하여 《찬성시, 1895》에 실은 찬송들이 거의 그대로 10 편이나 같은 해에 출판한 《찬미가, 1895》에 실려 있는 것이다. 배위량 부인 안애리 선교사는 한국어를 썩 잘하고, 음악에도 조예가 깊어 다른 선교사들과 같은 방식으로 직역을 하지 않고 한국어 운에 맞추어 번역을 하였기 때문에 전국 어디서나 애창되었고, 어떤 것은 원어의 시상만 참고하여 창작한 것이 있다. 예를 들어보면;

《찬성시, 1895》 41장 〈멀리멀리 갔더니〉의 원문 "I am coming to the Cross"가 대표적인 예이다. 원 곡은 한도막 형식[A$^{(a+b)}$]인데, 베에드 부인은 A에만 4절 가사를 붙여 13년 동안 부르다가 《찬송가, 1908》 편찬 때 2절을 후렴으로 돌리고, 3,4절을 2,3절로 바꾸어 두도막형식(A$^{(a+b)}$-A$^{(a+b)}$)으로 출판해 오늘에 이른 것이다.

영어 원문	안애리 선교사 작사
I am coming to the Cross;	멀니멀니 갓더니
I am poor and week and blind;	곤하고 쳐량하며
I am counting all but dross;	슬푸고도 외로와
I shall full salvation find.	뎡쳐업시 돈니니

[REFRAIN]	후렴
I am trustuing Lord in Thee,	예수예수 우리 쥬
Dear Lamb of Calvary,	곳 갓가히 오셔셔
Humbly at the Cross I bow;	쉬 써나지 맙시고
Save me, Jesus, save me now.	부형 ᄀ치 되쇼셔

1895년은 치가 떨리는 해다. 간악한 왜놈들이 명성황후를 일본도로 난자해 죽이고, 시간을 하고, 시신을 불태운 해다. 우리 이천만 민족 전체가 치를 떨며 땅을 치며 통곡

229

을 하고 분해하던 해다. 이를 본 안애리 선교사는 이 찬송에서 '곤하고 처량하며 슬프고도 외로워'하는 이 민족을 이 찬송으로 달래며 이렇게 기도했다.

"예수 예수 우리 주 곧 가까이 오셔서
쉬 떠나지 마시고 부형(父兄)같이 되소서"

위 가사에서 특히 '멀리 멀~리 갔더니' 부분은 어쩌면 우리말의 장단(長短)과 그리 잘 맞는지 놀랍기만 하다.

또 하나, 62장의 〈예수 인도하소서〉의 원문을 보자.

영어 원문	안애리 선교사 작사
Jesus Savior, pilot me	예슈 인도ㅎ쇼셔
Over life's tempestuous sea;	어둡고 길 모르니
Unknown waves before me roll,	어듸가야 됴흘지
Hiding rock and treach-erous shoal;	나를 도아주쇼셔
Chart and compass came from Thee:	어듸 가야 됴흘지
Jesus Savior, pilot me.	나를 도아주쇼셔

2절
가르쳐 주옵소서 아무 것도 모르고
미련하고 둔하니 가르쳐주옵소서
미련하고 둔하니 가르쳐주옵소서

3절
나를 도와주소서 아기 같이 어리고
힘도 없고 약하니 나를 도와주소서

힘도 없고 약하니 나를 도와주소서

4절
위로함을 빕니다 부모 죽은 아이가[8)]
의지 없음 같으니 위로함을 빕니다
의지 없음 같으니 위로함을 빕니다

여러분이 그 당시에 살고 있다고 생각하며 이 찬송을 불러 보라.
눈물이 절로 날 것이다. 땅을 치며 이 찬송을 부르게 될 것이다.

07. 감리교단의 《찬미가, 1897》, 《찬미가, 1900》

1897년, 감리교 선교부에서는 95년 판에 9편을 증보하여, 책임편집인인 존스 목사와 로스와일러 양 외에 벙커(D. A. Bunker) 선교사를 추가하여 3인 공동 편찬으로 하여 10월 15일자로 출판하였다. 제3판의 특이한 점은 차례는 찬양가와 마찬가지로 '가나다라' 순서가 아닌, '아하가마' 순서요, 차례 다음에는 [예십계명]이 있고, 마지막 찬송인 90장 뒤에는 [쥬의 긔도문]과 [사도신경]이 포함된 것이다. 그런데 사도신경은 천주교 사도신경과 흡사하다.

3년 후에 나온 [찬미가, 1900]은 장수도 많이 늘여 176장이요, 글자도 노인들도 보기 편하게 크게 하였고, 따라서 판형도 크게 하였다. 편집인은 존스와 로스와일러인데, 영문 머리말은 존스 목사가 썼고, 우리말 서문은 존스 목사가 담임한 인천 내리교회 복정채 전도사가 쓴 것이다.

뒤이어 실려 있는 [사도신경]은 95년판에는 [텬쥬]라 하였지만, 이번 판에는 [하느

---

8) 명성황후 참살과 고종의 독살의 뜻으로 보인다. 온 국민은 나랏님의 자녀들 아닌가?

님]으로 고쳐져 있다. 다음 쪽에는 [데십계명]이 있고, [교회에 학습훌 사룸을 밧는 례문], [쟝성훈 사룸 세례 례문], 그리고 [쥬의 셩만찬 베프는 례문]이 자세하게 기록되어 있다.

08. 감리교단의 《찬미가, 1905》

1902년, 찬미가 제6판이 나왔다. 1900년판에 29편을 증보하여 205편의 찬송가를 수록하였는데, 노블 부인(Mrs. W. A. Noble)의 번역이 몇 편 들어 있다고 존스 목사는 서문에서 언급하고 있으나, 몇 장의 것인지는 밝히지 않고 있다. 존스 목사는 이 찬송가 서문에서 '이 찬송가는 새찬송가가 나올 때까지 징검다리 역할'을 하기 위한 것이라고 겸손해라고 있다. 그리고 2년 후인 1902년에 [찬미가, 1902] 최종판이 출판되었는데 총 183장으로 이전 것보다 장수를 줄였다.

맨 처음에 [찬미가셔문]이 나오는데, [찬미가교뎡위원]의 이름으로 된 머리말은 선교회와 조선감리회가 함께 낸 위원들이 편집하였으며, 장수를 다 고쳐 이전 책은 쓰기 어렵다는 점, 〈찬셩시〉와 〈찬양가〉에서 채택한 것은 목차에 표시하였음을 명기하였다.

다음에 눈을 끄는 것이 [례배절츠] 곧 예배 순서를 실었는데, 특이한 점이 있어서 그대로 인용한다.

1) 례배졀츠

우리 예배하는 시간은 미리 작정한 대로 꼭 시작하고 교우들이 회당에 들어온 후에 즉시 엎드려 기도할지니라.

*뎨일 풍류로 노래함

뎨이 교우들이 서서 찬미가를 노래함

*뎨삼 교우들이 서서 사도신경을 외움

뎨사 목사와 교우들이 함께 엎드려 목사가 기도한 끝에 여러 교우들이 다 같이 주의기도문을 외움

*뎨오 성가나 풍류로 노래함

뎨륙 구약 말씀을 교우들이 서서 목사와 함께 번차례로 읽음

*뎨칠 성부 성자 성신께 찬송함 찬미가 제182

뎨팔 신약 말씀을 읽음

뎨구 목사가 광고하고 수전을 받은 후에 목사가 기도로 바침

뎨십 교우들이 서서 찬미가를 노래함

뎨십일 전도함

뎨십이 교우들이 엎드려 기도함

뎨십삼 교우들이 서서 찬미가를 노래함

뎨십사 교우들이 서서 제일(장) 찬미를 노래한 후에 목사가 축도함. (고린도후서13장14절)9)

별(*)표시한 마디는 목사가 시간의 조만(早晚)을 따라 마음대로 할 것.

여기서 관심을 끄는 것은 [뎨일]의 '풍류로 노래함'과 [뎨오]의 '성가나 풍류로 노래함'의 '풍류'란 말이다. 국어사전의 풀이를 보자.

풍류(風流)[-뉴] 명

①멋스럽고 풍치가 있는 일. 또는 그렇게 노는 일. ≒화조풍월②. ¶멋과 풍류의 고장/풍류를 알다/풍류를 즐기다. ②[음악] 대풍류, 줄풍류 따위의 관악 합주나 소편성의 관현악을 이르는 말.

그러니까 예배 시작 전에, 오늘 우리가 '경배와 찬양'이라 부르는 시간에, 멋지게 민족적 정서가 어린 '풍류로 노래하라'고 한 것이다. 즐겁고 자유롭게 우리의 노래를 불

---

9) 고후 13:13의 오식.

러 예배의 분위기를 돋우라고 하는 말이 아닐까. 풍류란 말은 《찬숑가, 1908》 136장('깃븐 일이 잇서 텬당 종 치네')에도 나온다. 이 가사는 [신편]→[합동]→[새]로 계속 그대로 이어졌다. 《새찬송가, 1962》 245장에서 인용한다.

〈1절〉
기쁜 일이 있어 천국 종치네.
먼데 죄인 돌아왔도다.
부친께서 길에 마주 나와서
잃은 자식 도로 찾았네.

〈후렴〉
영광 영광 주께 돌리세.
하늘 풍류(風流)10) 소리 크도다.
파도 소리 같은 찬미 소리를
천지진동 하게 부르세.

'찬송을 부르라' 하지 않고 '풍류로 노래하라' 라고 하고, 다섯 번째는 '성가나 풍류로 노래하라'고 하였으니, 찬송가가 아닌 것은 분명하다.

필자가 옛 어른께 들은 바로는 한국 노래에 흥미를 느끼는 선교사들이 예배 전에 자유로이 우리 곡조를 부르게 함으로써 분위기를 돋우었는데, 우리 음악을 천히 여기는 한국 선배들은 이를 마다했고, 《찬숑가, 1908》 제10장에 담바구 타령 곡조를 나름대로 채보하여 '놉흔 일홈 찬숑하고'란 가사로 넣기까지 하였는데, 이에 대해 거의가 반대를 하였다는 것이다. 그래서 오늘의 [준비찬송] 형태로 이어진 게 아닌가 하는 생각이다.

---

10) 〈통일 찬송가〉 314장에서는 '하늘 비파 소리' 라고 고쳤다. 원문은 'How the loud harp ring!'이다.

2) 《찬미가, 1905》의 원곡 출처

《찬미가, 1905》는 처음 출판 때부터 출처를 무슨 찬송가 몇장에서 가져왔다고 명기하여 놓았기 때문에, 후학들에게 많은 도움을 주고 있다. 그 출처를 보면 감리교 찬송가에서 가져온 것이 대부분을 차지하고 있다.

Methodist Hymnal(1878) 119곡

New Laudes Domini(1892) 6곡

Gospel Hymns Complete(1894) 40곡

Finest of the Wheat(1890, 1892) 6곡

Church Hymns and Gospel Songs(1898) 4곡

Young People's Hymnal 3곡

Epworth Praise(1909) 1곡

Sacred Songs and Solos(1873) 1곡

표시 없는 것 3곡

맨 마지막 장 183장 뒤에는 [쥬기도문]이 있는데, 초기 것과 같다. 다음에는 [수도신경]이 있는데, 현행과 같으나 다른 점은 '전능하사 천지를 만드신 하나님 아버지를 밋사오며' 앞에다가 주어를 넣어 '내가 전능하시고 천지를…'이라고 한 부분과, '저리로서 산자와 죽은 자를' 부분의 저리로서를 '그리로서'로 한 것, 그리고 '성령을 밋사오며' 앞에도 '내가 성신을 밋사오며'로 한 것이다. 지금 것은 우리 어법에 맞게 주어를 생략한 것이다.

다음에는 [십계명]이 있고, 그 뒤에는 [셰례문], [학습과 입교문], [쥬의 셩만찬 베프는 례문], [혼인례문], [샹쟝례문] 등이며, 영문 머리말은 없다.

09. 북장로회의 《찬셩시, 1895》

1) 편집 체제

언더우드의 《찬양가, 1894》 사용을 거부한 장로교단 선교부는 찬송가 편집에 들어갔다. 1895년 선교사 그램 리(李吉成, Graham Lee)와 기포드(D. L. Gifford) 부인의 편집으로 54편을 수록한 무곡 《찬셩시, 1895》를 출판했다.

오른 열기로 된 국반판의 안표지에는 우리나라 완자무늬로 둘러싸인 네모 안을 상하로 3등분하여 오른쪽에 세로로 '구셰쥬강생일천팔백구십오년'이란 출판 연도가 있고, 한 가운에 궁서체로 '찬셩시'란 제호가 큼직하게 박혀 있다. 그 아래에는 오른쪽에서 왼쪽 쓰기로 '예수교회당간'이라 기록되어 있고, 왼쪽에는 다시 출판연도를 기록하였는데, '개국오백사년을미'라고 한글 옛체로 넣었다. 아직 주강생연도(AD)에 익숙지 않으므로 조선왕조 개국연도와 육십갑자 연도를 병기한 것이다.

차례의 소트(sort) 방식은 '가나다라' 순서가 확정되기 전이라서, 《찬양가, 1904》와 마찬가지로 선교사 임의로 정한 【아하가나라마다타파사자차】로 되어 있다.

뒤표지를 열면 영문 머리말이 있고, 다음에 영문 가사 첫줄이 있다.

각 장은 세로 2단으로 짜여 있는데, 상단 왼쪽에는 장수와 곡명(TUNE NAME) 그리고 운율(Meter)이 기록되어 있고, 오른쪽 꼭대기에는 영문 가사 첫줄이 기록되어 있다.

2) 《찬셩시, 1895》의 번역자

이 책에는 번역자 이름이 아무데도 안 나와 있지만, 《찬셩시, 1898》 영문 머리말에 자세히 기록되어 있으므로 알 수가 있다.

❶ 언더우드 선교사의 번역. 현대 맞춤법으로 고쳐 인용한다. 괄호 안은 현행 찬송가 장수와 가사 첫줄이다.)

2장 : 높은 이름 찬양하고

4장 : 하나님이 천지 내고

5장 : 구주 공로 무한하니

9장 : 우리를 구하여 준 예수(442장 / 선한 목자 되신 우리 주)

13장 : 찬미 상제 복의 근원(1장 / 만복의 근원 하나님)

14장 : 천사 부름 들으라(126장 / 천사 찬송하기를)

15장 : 기쁘게 하라 구할 이가 왔네(149장 / 기뻐 찬송하세)

16장 : 해가 가는 길과 같이(52장 해 빛을 받는 곳마다)

21장 : 내 죄를 씻는 것은(184장 / 나의 죄를 씻기는)

23장 : 하나님의 허락 예수만 믿으면(201장/ 주의 확실한 약속의 말씀 듣고)

24장 : 영혼 호위하라 억만 원수 있네(합동 429장 / 내 혼아 깨어서)

25장 : 우리 주를 찬미함이 만복 중의 근원일세(1장 / 만복의 근원 하나님)

27장 : 사랑하세 예수(511장 / 내 구주 예수를 더욱 사랑)

28장 : 예수를 믿었으나 믿는 중 더 믿세(합동 413장 / 내가 주를 믿으나)

31장 : 예수가 거느리시니 즐겁고 태평하구나(444장)

35장 : 한 복지 있으니 멀고 멀어(합동 491장 한 복지 있으니)

52장 : 하나님 가까이 더 가까이(364장 / 내 주를 가까이)

❷ 베어드 선교사 부인(안애리)의 번역과 창작

1) 번역

38장 : 셰샹 다 어두워 빗 업더니 이 셰샹의 빗 예수요

44장 : 예수 ᄉᆞ랑ᄒᆞ고 내 쥬신 줄 아오(My Jesus, I love Thee, 내 주 되신 주를. 합동 385장)

2) 창작

12장 : 떠날 것이올시다(합동 92장)

40장 : 예수 인도하소서(합동 350장 / 나는 갈 길 모르니)

41장 : 멀리멀리 갔더니

48장 : 예수 언제 오실는지 알 수 없으니(합동 / 146장)

50장 : 우리 주 내려왔으니

3) 한국인의 창작

32장 : 어렵고 어려우나 전능상제 구하네(29장 / 성도여 다 함께 곡조)

이 찬송은 새문안교회 초대 장로이며 개신교 첫 순교자인 백홍준의 창작이라 한다. 가사를 적어 남긴다. 스페인 전통 민요곡인 이 곡조는 [A-B-A]의 작은 세도막형식(三部形式)이었는데, 29장에서는 A를 반복하여 [A$^{(a+a)}$-B$^{(b+a)}$] 4단으로 만들어 두 도막형식(二部形式)으로 만든 것이다. 〈찬셩시〉에서는 원곡대로 반복을 뺀 [A-B-A] 곡조로 불렀다. 속으로 불러보기 바란다.

    1절
    어렵고 어려우나 전능상제 구하네 (A)
    옷과밥을 주시고 좋은것을 다 주네 (B)
    어렵고 어려우나 전능상제 구하네 (A)
    2절
    우리기도 다 듣고 항상같이 있구나
    우리가 자니깨나 우리주 돌아보네
    어렵고 어려우나 전능상제 구하네
    3절
    하늘에서 주재나 세상에서 괴로워
    욕을보고 수심중 변개할곳 없어도
    어렵고 어려우나 전능상제 구하네

4) 선교사들의 번역

❶ 존스 선교사의 번역

18장 : 예수 이름 권세 치하 ^(통찬 36장).

54장 : 연약하고 병이 많고 ^(합동 436장 / 잔약하고 피곤하니)

❷ 펜윅 침례교 선교사 번역

7장: 하나님 아버지 주신 책은 ^(241장)

❸ 로스와일러 양 번역

11장 만세반석 열리니 ^(188장)

❹ 페리 양 번역

33장: '하늘에 계신 아버지' ^(식사기도 찬송, 통찬 1장 곡조)

10. 북장로회의 《찬셩시, 1898》

3년 뒤인 1898년 미국 북장로회선교부는 54편의 《찬셩시, 1895》에 30편을 더하여, 같은 편집자·같은 이름·같은 판으로 출판하였는데, 안표지의 완자무늬를 굵은 줄과 가는 줄이 나란히 있는 '모자괘션^(罫線)'으로 바꾸고, AD 연호를 우측에, 좌측에는 '대한광무이년무술'이라고 대한제국 연호와 육십갑자 연호를 넣어 출판하였다.

영문 머리말에 찬송가의 출처를 밝혀놓아 후학인 우리들에게 좋은 자료를 남겨놓았다. 예를 들면 1장 '찬송하는 소리 있어'는 'N. L. D p. 187' 이렇게 적어놓았는데, 이 말은 [The New Laudes Domini, 1892 p.187]란 말로서, 선교사들은 이를 보고 곡조를 찾아 불렀던 것이다.

먼저 판에는 영문 머리말만 실었었지만, 이번 판에는 우리말 '서문'을 실어 한국인들을 계몽하고 있다. 책이름은 《찬셩시, 1898》 '그대로 두었는데, 서문에 '찬송시 셔문' 이라고 한 것으로 보아, 이때부터 '찬셩'이 '찬송'으로 바뀌게 된 게 아닌가 하는 생각이 든다. 머리말은 좋은 역사적 자료이므로 전문을 현대 맞춤법으로 인용한다. 구두점과 한자, 인용부호 등은 필자가 한 것이다.

1) 셔 문

"교인들이 예배할 때에 다섯 가지 규례가 있으니, 기도하는 것이며, 성경을 보고 듣는 것이며, 덕을 세우는 말로 강론하는 것이며, 연보하는 것이며, 찬송하는 것이라. 찬송이라 하는 것은 기도하는 말이나, 하나님께 영화를 돌려보내는 말이거나, 덕을 세우는 말이거나, 다 찬송하는 곡조에 합하게 하여 노래하는 것이라.

　사도 바우로 - 예배하는 뜻을 의논하실 때에, 일러 가라대 '혀로 분명치 못한 말을 강론하면 어찌 말하는 바 - 무슨 뜻인지 알리요? 비컨대 공중을 향하여 말하는 것이 아니뇨. 나 - 반드시 영신(靈神)으로 노래하고 슬기로 노래하리.' 하셨으니, 여러 교인들도 입으로만 찬송하지 말고, 자세히 그 뜻을 알아 영신으로 노래하며, 지혜로 찬송할지로다. 그렇지 아니하면 하나님과 사람 사이에, 아무 유익이 없을지라. 그러므로 알아듣기 쉬움을 위하여 이 책을 지을 때 뜻이 옅고 말이 어렵지 아니한 것으로 찬송시를 만들어, 유식지 못한 사람이라도 그 뜻을 알기 쉽게 하며, 아무 노래든지 곡조의 고하청탁이 있는지라, 하나님께 노래로 찬송하는 시를 드리려 하면 어찌 곡조의 고하청탁이 없으리요.

　이 책을 지음에, 고하청탁에 대강 맞게 새로 번역한 시를 뽑아 짓되 이왕 있던 찬미 몇 장을 합부하여 지었고, 또 구약 시편에서 몇 편을 합하여 올렸으니, 이 말씀은 옛적 다빗 왕과 여러 성인의 말씀이라. 이스라엘 고(古) 교인들이 이 말씀으로 하나님을 찬양하고, 예수께서도 이 세상에 계실 때에 이 시편으로 찬송하셨으니, 그것을 생각하고 기쁨으로 찬송할지로다. 이 찬송시를 쉬운 말과 옅은 뜻으로 지었으나, 혹시 알기 어려운 뜻이 있을 듯하며, 더욱 시편의 말씀으로 찬송함이 처음인고로 알기 어려울 듯하니, 알지 못하는 구절이 있거든 교사에게 물어보고, 찬송하는 소리도 곡조가 각각 다르되, 한 곡조의 법으로 혹 다른 장을 찬송할 수 있으니, 교인들이 아는 곡조를 가지고 교사에게 물어, 어떤 장에 맞는 것을 배우면, 혹 한 장 곡조법으로 능히 다른 장을 찬송하리로다.

이 책을 보시는 이들은 뜻이나 말의 어그러진 것이 있거든 말씀하시기를 바라노라. 이 책을 만들기에, 외국 교인만 도와줄 뿐 아니라, 대한 교인들도 동심(同心)하여 지었으니, 우리들이 어찌 감격히 여기지 아니하며, 또한 하나님께서 우리를 보우하사 이 책을 이루게 하셨으니 더욱 감사하오며, 또 비옵기는 하나님께서 이 책을 받아들이시고 영광을 많이 나타나게 하옵시기를 바라옵나이다."

여기서 주목할 대목은 첫째, 장로교 전통대로 〈시편가〉를 새로 만들어 넣었다는 것이요, 둘째, 곡조를 모르면 교사에게 물어 아는 곡조로 부르라는 지시이다. 옛날에도 그랬지만, 20세기에 나온 영어 찬송가를 보면, '이 운율에 맞는 다른 곡조는 ○○장을 참조하시오'라고 하여 좋아하는 곡조로 부르는 것을 대수롭지 않게 생각하고 있다. 필자가 늘 주장하는 대로 「가사는 몸이요 곡조는 옷」이니까, 경우에 따라서 다른 옷을 입혀도 된다는 말이다. 필자의 어렸을 적 경험을 말하면, 1930년대 시골 교회에서는 10곡 이내의 곡조로 266장의 《찬송가, 1908》 전체를 불렀던 것이다.

2) 번역자들

앞서 밝힌 대로, 영문 머리말에 이 책에 실린 찬송의 번역자들 이름이 거의 다 실려 있다. 그 가운데 현재까지 애창되는 찬송을 살펴보자. 괄호 안에 통일 찬송가의 장수를 표시하였다.

❶ 언더우드 목사의 번역(괄호 안 숫자는 통찬 장수)
05장 : 구주 공로 무한하니
09장 : 우리를 구하여 준 예수[442],
13장 : 영혼 호위하라
14장 : 천사 부름 들으라[126],

15장 : 기뻐하게 하라 구할 이가 왔네 (149),

21장 : 내 죄를 씻는 것은 예수의 피밖에 없네 (184),

23장 : 하나님의 허락 예수만 믿으면 (201),

24장 : 찬미 성제 복의 근원 (1),

25장 : 우리 주를 찬미함이 (1),

28장 : 사랑하세 예수 더욱 사랑 (511),

29장 : 예수를 믿었으나 (more to follow),

31장 : 예수가 거느리시니 (444),

35장 : 한 복지 있으니 (합동 491)

52장 : 하나님 가까이 (364),

66장 : 해가 가는 길고 같이 (52),

67장 : 하나님이 천지 내고

68장 : 높은 이름 찬양하고

❷ 로스와일러양 번역 / 11장 만세반석 열리니 (통찬 188)

❸ 페리 양(Miss Perry)의 번역 / 33장 하늘에 계신 아버지 (식전찬송)

❹ 스트롱 양(Miss Strong)의 번역 / 55장 저를 부르셨으니

❺ 민로아 선교사 부인(Mrs. Miller)의 번역 / 30장 주여 햇빛 저무니 (합동 39)

❻ 배위량 선교사 부인 안애리 선교사 번역. 28편. (거의가 현재까지 불리고 있다.)

02장 또 한 이레 동안을, (56),

03장 저희들이 눕기 전에 (합동 38)

08장 예수 사랑하심은 (411),

10장 풍우대작 할 때와 (441),

12장 떠날 것이올시다 (합동 92장),

16장 날 위하여 날 위하여 (426),

17장 아버지여 이 죄인을(334),

26장 천지간의 만물들아(3),

27장 나도 내 십자가 지고(367),

34장 기쁜 소리 들으니(252),

38장 온 세상이 어두워 빛 없더니(95),

39장 이름들 가운데(합동 446)

40장 예수 인도하소서(421).

41장 멀리 멀리 갔더니(440)

42장 아이 같이 순하고(합동 444)

44장 내 예수 사랑하고(512)

45장 울어도 못하네(343).

46장 아무데나 예수 나를 이끌면(497)

47장 주께서 내려왔으니

49장 예수 언제 오실는지(합동 146)

50장 주 예수 말씀하기를(합동 408)

51장 들에 왕래하는 객은(422)

56장 주의 십자가 있는데(501)

57장 예수께서 오실 때에(299)

58장 웬 말인가 날 위하여(141)

59장 제일 좋은 친구여

60장 천당 길을 버리고(328)

63장 찬미하라 복 주신 구세주 예수(46)

안애리 선교사의 남편 배위량(W. M. Baird) 선교사는 사재를 들여 1897년 숭실학당 (현 숭실대학교)을 세운 분이다. 그가 평양에 숭실학당을 세운 그 시대는, 한국 근대사에서 가장 암울한 시기요, 열강의 패권 각축으로 우리 민족의 운명이 풍전등화 같은 시기였다. 그런 절박한 시기에「신학문과 그리스도교 정신으로 민족과 교회의 지도자 양성」이란 원대한 목표로 숭실학당을 세웠다. 1891년 2월 1일 인천항을 통하여 입국한 배위량 선교사는 1896년까지 약 5년 간 부산과 대구지방에서 선교사로 일하다가 평양으로 옮겨, 자기 사택 사랑방에서 [중등교육반]을 시작한 것이 숭실대학의 출발이며 평양으로 온지 일주일 만인 1897년 10월 초순의 일이다.

❼ 존스 목사 번역
18장 예수 이름 권세 치하(36)
54장 연약하고 병이 많은(합동 236)
64장 여호와의 보좌 앞에(찬트)

❽ 펜윅 목사(Malcolm C. Fenwick, 1863-1935) 번역
7장 하나님 아버지 주신 책은(241).

❾ 소안련(W. L. Swallen) 목사 번역
1장 찬송하는 소리 있어(44)
20장 이 세상에 근심한 일이 많고(474)
22장 내 잔약하고 곤할지라도
43장 주 예수 피를 흘리고(339).

❿ 피득(A. A. Pieters, 1872-1958) 목사의 번역과 신작.
피득 목사는 그리스도교로 개종한 유대인 선교사로서 성구와 시편을 우리말로 운문화 하여 창작하였다. 괄호 안에 해당 성구와 통일 찬송가의 장수를 넣었다.
61장 우리 죄를 인ᄒ여서(사 53:5),
62장 하ᄂ님이 령혼을 부르고 또 주시네(살전 2:6),
69장 올지어다 우리들이(시 95:), 찬트
70장 우리 전도 ᄒ던 말을(사 53:),
71장 쥬여 나의 원슈가(시 3:), DIJON. N.L.D. 26p.

71장은 해설이 필요하다. DIJON이란 곡명(Tune Name)이며 N.L.D란 New Laudes Domini의 약자로서 그 책 36p에 있는데 26p로 잘 못 적은 것이다. 인간이 하는 일에는 이렇다.

72장 쥬의 일홈 온 셰샹에(시 8:), N.L.D. 127p. 공중 나는 새를 보라 곡조

73장 하ᄂ님은 큰 영광을(시 19:),

74장 너의 환난 맞날 째에(시 20:), 합동 72장 나의 형님 되신 예수 곡조

75장 하ᄂ님 내 목쟈시니(시 23:), 만복의 근원 하나님 곡조

76장 쥬여 우리 무리를 (시 67: 통찬 47장),

77장 셰샹이어 깃븜으로(시 100:), 구세주를 아는 이들 찬송하고 찬송하세 곡조.

78장 이스라엘이 애굽서(시 114:), 합동 281장 심히 악한 죄인이 곡조

79장 눈을 들어 산 보리니(시 121:, 통찬 433장),

80장 하나님이 우리와 함ᄭᅴ 아니 ᄒᆞᆻ더면(시 124:),

81장 사로잡힌 씨온 사름(시 126:),

82장 내가 깁흔 곳에셔(시 130:, 통찬 479장),

83장 내가 일심으로 쥬를 기리고(시 138:, 통찬 17장).

❶베어드·밀러 공역

53장 우리 다시 만날 때까지

❷한국인 작사

32장 어렵고 어려오나

3)《찬셩시, 1898》의 특징

이 찬송가의 특징은 장로교의 창시자 칼빈의 전통을 따라 한국어《운율 시편가》를 많이 만들어 넣었다는 것이다. 종교개혁 초기 칼빈은 찬송가를 다 배제하였으나, 망명중 독일 교회의 회중 찬송가에서 큰 감동을 받고 찬송가의 필요성을 깨달았으나, '인간의 완전 타락'을 교리의 핵심으로 삼은 그는, '타락한 인간은 찬송시를 쓸 자격이 없

다'고 생각하였으므로, '성령의 감동으로 씌어진' 시편을 자기 나라말로 운문화 하여 부를 것을 주장, 스스로 시편가를 만들었다. 그래서 그의 교리를 따르는 장로교에서는 《시편가》를 만들어 불러 왔는데, 이 판에서부터 시편가를 넣기 시작한 것이다.

그런데 이 시도는 실패하고 말았다. 한국 사람들은 아름다운 곡조를 좋아하기 때문에 한 음표에 긴 가사를 붙여 부르는 시편가는 부르려 들지를 않는 것이다.

1) "한국인은 음치가 아니다"
-외국 선교사들의 반성-

선교사들은 7음계 서양 곡조를 잘 못 부르는 한국인은 「모두 음치」라며 흉보았다. 그러나 「천부여 의지 없어서」, 「멀리 멀리 갔더니」, 「나의 죄를 씻기는」, 「이 천지간 만물들아」 등 5음계 찬송을 정확하게 부르는 것을 보고, 자기들의 무지와 오만을 하나님께 회개하였다고 한다. 선교사들은, 7음 음계는 잘 부르지 못하나 5음 음계는 잘 부르는 한국 사람들을 위해서는, 7음 음계 찬송가를 주로한 찬송가책이 근본적으로 잘못 되었음을 깨닫는다. 그로브(高路芙, Paul H. Grove) 선교사는 이렇게 말했다.

"내가 한국에서의 첫 주일을 맞아 한국인들이 수백 명 모이는 큰 규모의 모임에서 나의 음악적 감수성에 받은 충격을 잊지 못할 것이다. 그들은 시끄러운 소리로 찬송하였는데….

그 첫 번째 경험은 나의 모든 음악적 감각을 모욕했고, 나로 하여금 한국인들이 형편없이 비음악적이라는 결론을 내리도록 만들었다.

그 후로 3년, 내 고통은 여전히 극심하지만, 내가 처음 가졌던 그들의 음악적 본성에 대한 판단은 바뀌어 왔다. 한국 민족은 비음악적이지 않고, 그들은 매우 음악적이며, 본성적으로도 그러한데 단지 우리 식이 아닌 것이다. 그 경험을 한 지 오래되지 않아서 난 그 사람들이 어떤 노래들은 잘 부르고, 어떤 것들은 귀에 거슬리게 잘못 부른다는 것을 발견했다.

그로브는 처음에 서양인의 관점에서 한국전통음악을 파악한 점이 잘못되었음을 인식한 것이다. 그리고 한국인들이 틀리지 않고 잘 부르는 찬송가가 무엇이며, 그 이유를 파악하게 된다.

"나는 우연히도 그들이 부르는 어떤 멜로디를 들었는데, 실수도 없이 완벽하게 부르는 것이었다. 그건 정말 내겐 충격이었다. 그 멜로디는 「Auld Lang Syne」이었고, 내가 가르쳐 본 적도 없는 효과까지 내며 부르는 것이었다. 나는 열심히 그것을 연구했고 거기에 반음정이 없다는 것을 발견했다. 나는 찬송가를 가르치는 중에 반음정이 없는 곡이 그들의 문제를 해결하기 쉽다는 것을 발견했다…. 결국 나는 동양과 서양의 음계를 비교하여 적절한 길을 택했다.

서양음계는 7음이 기본음이며, 동양음계는 5음 뿐이다. 생략된 두 음은 서양음계에서 반음정이며 모든 왜곡의 원인이 된다. 한국 사람에게 이 두 음을 강요하면, 그는 살짝 비켜나 교묘한 방법으로 원곡을 왜곡하는데, 당신이 그에게 면밀히 질문한다면, 그가 무엇을 하는지 그가 스스로 알지 못한다는 걸 당신은 알 수 있게 된다.

왜냐하면 그는 서양음계를 들어서는 구별하지 못하고 무엇인가 잘못 됐다고 그저 느끼는 것처럼 보인다. 그 결과 그 나름대로 고치려고 하는데 여기에는 회중의 노래 부르기에 많은 희생이 따른다. 그들 모두는 같은 방법으로 잘못된 것을 고치려 했고, 성과는 지속되었으나 그것은 그 경우가 아니었다. 반음정은 혼란을 야기한다….

한국인들을 비난하지 말자. 왜냐하면 그들은 비난받을 일을 하지 않았다. 그들은 우리가 7음을 듣는 곳에서 오직 5음을 들을 능력을 타고 난 것이다. 잘못은 찬송가책에 있는 것이다…. 나는 5음 음계로 된 몇 개의 멜로디를 모을 수 있었다. 나는 미래의 언젠가 5음 음계로 된 찬송가가 출판되기를 바라고 있다.5)[11]

고로부 선교사 : 1910년 미감리회 선교사로 내한하여 해주에서 순행목사로 전도활

---

11) 5) Paul L. Grove; 'Adequate dong books' The Korean Mission Field(April 1915). 문옥배,《한국찬송가 100년사》서울 예솔출판사, (2002) 537쪽에서 재인용.

동을 전개하였다. 1913년 장로목사로 안수를 받고 해주읍남학교 교장을 역임하였으며, 1914년 원주지방 순행목사, 1915년 평양에서 동북방 순행목사로 활동하였으며, 1916년부터 1917년까지 해주지방 감리사 겸 연회서기로 재임하였다. 1919년 수원에서 감리사로 선교활동을 하다가 1920년 귀국하였다.

2) 재미있는 사실 / 고요한 바다로

《찬송가, 1908》 169장 고요한 바다로. 이 찬송이 우리 찬송가에 처음 채택된 것은 《찬미가, 1905》 97장이다. 지금 가사는 《찬송가, 1908》 169장에서 수정 채택한 것이다. 사용 곡조는 로웰 메이슨 편곡의 「셀빈」 'SELVIN' 이다.

이 곡조를 《개편 찬송가, 1967》 324장까지 60여년 실렸지만, 나는 한 번도 이 곡조로 부르는 사람을 본 적이 없다. 지금 사용하는 '금빛 언덕'이란 뜻의 「골든힐」 'GOLDEN HILL' 곡조는, 《통일 찬송가》 373장 외에 229장 「아무 흠도 없고」 그리고 536장 「이 곤한 인생이」 등 세 곡이나 된다.

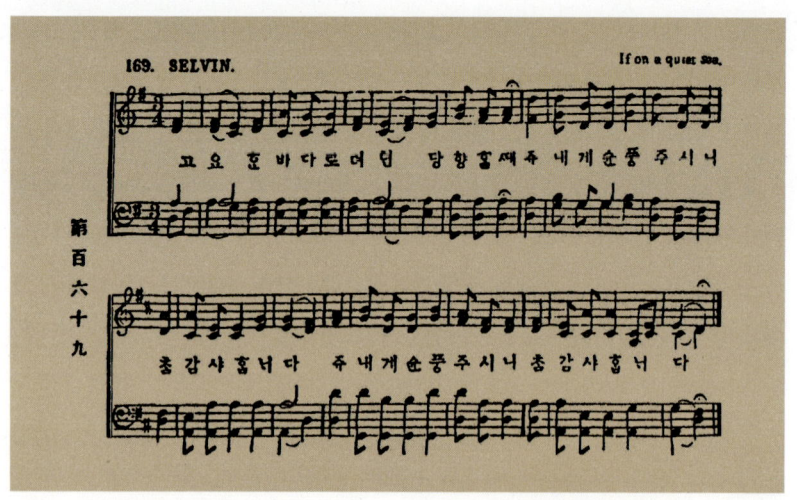

《찬송가, 1909》에 있는 이 곡조가 《개편 찬송가, 1967》까지 이어졌다.

「고요한 바다로」는 영국 찬송가 작가 톱레이디$^{(Augustus\ M.\ Toplady,\ 1740\sim1778)}$ 목사가 작사한 찬송을 번역한 것으로서 영국의 「복음 잡지」에 처음 실렸다. 이 찬송이 로웰 메이슨 편곡의 「셀빈」 'SELVIN' 곡조 옷을 입고 나타난 것은, 에드윈 엑셀$^{(E.\ O.\ Excell)}$이 편집하여 미국 감리교출판사에서 발행한 「어린이를 위한 노래」 216장이 처음이다. 《찬송가, 1908》 편찬 때 여기서 채택·번역하여 169장에 실렸던 것으로 보인다. 메이슨이 편곡한 「셀빈」이란 곡조는 위 그림에서 보시는 대로 2단으로 그렸지만 3단짜리 곡조다. 나는 어려서 《찬송가, 1909》를 가지고 딴 곡조 「금빛 언덕」 곡조로 부르며 자랐다. 이 곡은 2단 곡조이지만, 당시에는 가사가 반복되니까 제2단을 반복하여 불렀다. 내가 악보를 읽기 시작한 1940년대부터 이 곡조를 찾아보았으나 어디에도 없었다. [금빛 언덕] 곡조는 성결교회의 《신증 복음가, 1919》 97장의 「아무 흠도 없고」 곡조로 우리나라에 처음 들어왔다. 5음계 3/4박자 곡조라서 할머니들도 쉽게 잘 불렀다. 일본에서도 명치시대에 이 곡조가 널리 애창되었다고 한다.

그러면 어떻게 하여 「고요한 바다로」가 '금빛 언덕' 곡조로 불리게 된 것일까? 서양의 7음계로 된 곡조는 잘 못 부르지만, 5음계로 된 곡조는 썩 잘 부르는 한국인들을 보며, 어느 슬기로운 선교사가 5음계 이 곡조에 맞춰 「고요한 바다로」를 퍼뜨린 것 아닌가 생각된다.

이 찬송은 「조선」이라는 배가 난파되어 국민의 생명이 위협을 받고, 2천만이 도탄에 빠졌을 때, 「주 내게 순풍주시니 참 감사합니다」 하고 노래를 부르며 순풍 불기를 기도했던 것이다. 어려움이 닥치면 이렇게 또 노래하였다.

큰 풍랑 일어나 내 쉬지 못하되
이 풍랑 인연하여서 더 빨리 갑니다

이 풍랑 때문에 더 빨리 갑니다, 얼마나 위로가 되었을까! 왜놈들이 들볶을수록 우리의 믿음은 더욱 강해졌다. 기독교는 박해받을수록 강해진다. 이 가사에 이 곡조가 찬송가에 처음으로 채택된 것은 《새찬송가, 1962》 425장이 처음이다. 나는 어려서 「주 내게 순풍 주시니 참 감사합니다」를 반복하여 불러왔는데, 《새찬송가》에는 반복이 빠져 있지만 앞으로는 위 곡조처럼 반복기호를 넣기 바란다.

11. 북장로회의 《찬셩시, 1900》

1900년 판은 다음의 한국인 신작 찬송 3편을 먼저 것 뒤에 추가하여 한국감리교출판사에서 인쇄·출판하였다. 감리교 선교부는 선교 초기에 배재학당에 인쇄소를 차려 놓고 〈독립신문〉·〈그리스도신문〉 등을 발행할 정도로 인쇄문화 확장에 앞장섰기 때문에, 장로교 찬송인 이 책을 감리교 출판국에서 인쇄해 냈던 것이다. 신작 세 편의 찬송들은 오늘 통일 찬송가에도 실려 애창되는 찬송들이다. 작사자에 대해서는 뒤에 나온 1905년 판 영문 머리말에 '한국인 형제들'(Korean brethren)이라고 기록한 것으로 보아 모두 남자들의 작사인 게 분명하다.

85장: 천부님께 빕니다(통찬 286장 · 성부님께 빕니다)
86장: 지나간 밤 보호하사(통찬 66장 · 지난 밤에 보호하사)
87장: 천지간에 가득하고(통찬 244장 · 천지 주관하는 주님)

12. 북장로회의 《찬셩시, 1902》

1902년, 이 해는 민로아 선교사와 한국찬송가 역사에 기념할 만한 해다. 이유는 민로아 선교사의 한국어 신작 찬송이 5곡이나 태어난 해기 때문이다. 민로아 선교사는 한국어를 썩 잘하여 모두 놀랄 정도였다 한다. 그가 이 해에 창작한 찬송가는 모두 지금까지 애창되는 찬송이다. 그 찬송들은 다음과 같다.

1) 민로아 선교사의 명작 찬송들

① 088장 : 예수 영광 버리사 (통찬 504장)

② 090장 : 예수님은 누구신가 (통찬 94장)

③ 091장 : 맘 가난한 사람 복이 있나니 (통찬 516)

④ 092장 : 공중 나는 새를 보라 (통찬 307장)

⑤ 102장 : 주의 말씀 듣고서 준행하는 자는 (통찬 379장)

하나하나 해설을 한다.

❶ 88장 예수 영광 버리사

이 찬송에 사용한 곡조는 우찌아 버냅(Uzziah Christopher Burnap, 1834-1900)이 작곡한 찬송으로서, 본디 「무한하신 주 성령」(통일 180장)을 위한 곡조였다. 민로아 목사는 이 곡조에 맞추어 "참고 참아라"라는 찬송을 작사하였다. 침략자 왜놈들이 구중궁궐 왕비의 침전까지 침입하여 명성황후를 난자하여 참살하는 만행을 저지를 때(1895), 이를 보는 온 국민들은 분노로 치를 떨었다. 이때 민로아 목사는 "참어라"라는 주제로 이렇게 찬송을 지어 위로하였다.

〈1절〉
예수 영광 브리샤 사룸 되신 것 보고
너도 해를 당하나 기리 춤어라
〈2절〉
예수 친히 십즈가 지고 가신 것 보고
너도 너희 십즈가 지고 춤어라
〈3절〉
예수 너를 위흐야 도라가신 것 보고
너도 핍박 당흐나 밧고 춤어라
〈6절〉

예수 도라오서서 상벌 주실 줄 알고

너도 상을 엇도록 춤고 춤어라

이 찬송의 주제는 "참고 참아라"다. 참을 수 없는 것까지 「참아라」다. "일러 가라사대 '이것까지 참으라' 하시고 그 귀를 만져 낫게 하시더라.(눅 22:51). 참으로 당시 우리 선배들에게는 더없이 좋은 찬송이었다.

❷ 90장 예수님은 누구신가

이 찬송은 매절 첫머리에 "예수님은 누구신가?" 라는 물음을 제기하고, 이에 하나하나 예수님의 속성(屬性)을 대답하도록 하여 「메기고 받는 노래」로 만들어진 교육용 노래다. 예수님은 누구신가?

1절 : 우는 자의 위로, 없는 자의 풍성, 천한 자의 높음, 잡힌 자의 놓임, 우리 기쁨
2절 : 약한 자의 강함, 눈먼 자의 빛, 병든 자의 고침, 죽은 자의 부활, 우리 생명
3절 : 추한 자의 정함, 죽을 자의 생명, 죄인들의 중보, 멸망자의 구원, 우리 평화
4절 : 온 교회의 머리, 온 세상의 구주, 모든 왕의 왕, 심판하실 주님, 우리 영광

어찌 이뿐이겠는가. 설명하려면 끝이 없다. 장 자크 루소의 경쾌한 행진곡 곡조에 예수님의 속성을 20 가지나 적어 넣어, 찬송을 부르면서 예수님의 위대하심을 깨닫게 한 민로아(閔老雅, 1866-1952) 선교사의 기지에 감탄할 뿐이다.

민로아 목사의 본명은 프레드릭 S. 밀러(Frederick S. Miller)다. 1892년에 미국 북장로회 소속으로 부인과 함께 내한하여 민로아(閔老雅)라는 한국 이름으로, 1893년 서울에서 예수교학당(경신학교) 책임자가 되어 교명을 「민로아학당」으로 고치고 자신의 교육 방침대로 발전시켰다. 안창호(安昌浩) 등 많은 인재를 길러내어 기독교교육에 힘썼다. 1895년 연동교회의 기초를 마련하였으며, 청주지역에서 44년간 선교활동을 하였다. 1902년에는 장-감 연합의 《찬숑가, 1908》제정을 위한 「통합공의회 찬송가위원회」 위원으로 활동하였다. 1911년에는 조선예수교장로회 최초 노회 경기-충청 노회장으로

활동하였다. 그가 설립하였거나 시무한 교회로는 충북 청주신대교회, 청원북일의, 묵방리교회, 북일화주리교회(1921), 송파교회(1922) 등이 있다. 그는 1936년 정년은퇴 후 필리핀 중국을 여행하고 청주로 다시 돌아왔으며 1937년 별세하여 양화진 제2묘역에 온 가족이 안장되었다. 그가 번역한 수많은 찬송들은 100년 동안 거의 수정 없이 애창되고 있다.

그가 이 때 작사한 찬송으로서《통일 찬송가, 1983》에 채택된 찬송은 다음 5편이다.

❸ 91장 맘 가난한 사람

민로아 목사가 로웰 메이슨이 작곡한 550장 「시온의 영광」 곡조에 맞춰 작사한 찬송이다. 산상보훈의 8복 말씀으로 만든 찬송으로서《찬셩시, 1902》91장에 처음 채택되었다.

❹ 92장 공중 나는 새를 보라

이 찬송은 발표 되자마자 대 히트를 쳤다. 연동교회를 맡아보고 있던 게일 목사는 한국 민요가락에 흠뻑 빠져, 광대 출신 장로 임공진(林公鎭)을 주일예배 시간에 교회 앞에 세워, 민요 「양산도」가락에 맞춰 이런 찬송을 부르게 하였다.

    1. 에에이에 공중 나는 새를 보라
       천부가 저 새를 먹여 기르신다.
    2. 에에이에 들에 백합꽃을 보라
       천부가 저 꽃을 귀히 입히신다.
    3. 에에이에 너희들은 낙심말고
       먼저 그 나라와 의를 구하여라
    4. 에에이에 내일 염려 내일 하라
       오늘은 오늘에 고생 족하니라
    〈후렴〉
    염려 말아라 의복 음식 염려 말아라

천부가 너에게 복을 내리신다.

연동교회가 자리잡았던 연못골과, 그 이웃 찬우물골(현 효제동) 방아다리(충신동) 두다리목12) 등은 조선시대 직업서열인 사농공상(士農工商)의 제일 하층인 나막신 장수·배추장수·천민·갖바치·하급 병졸 등의 집단거주지였다. 그래서 초기 교인들의 대부분은 이 계층 출신이었다. 원산의 유명한 싸움꾼이었던 고찬익 장로도 원래 평안도 안주의 갖바치 출신이었다. 임공진은 비록 천민이었으나 신앙의 열의가 대단하여 게일 목사가 장로로 추대하였는데, 양반교인들의 반발이 거세게 일어났다. 특히 이 문제를 토론하기 위해 모인 1909년 6월 25일 연동교회 제직회에는 언더우두·아펜셀라·헐버트 목사 등 장·감 양 교파의 선교사들까지 참석했는데 이 자리에서 게일 목사는 단호하게 임공진의 신분을 무시하고 장로로 충분한 자격이 있다고 주장하였다. 그러자 이원긍·함우택·오경선 세 영수가 천민 출신의 장로 장립에 분노하여 마침내 1백여 명의 성도를 데리고 나아가 묘동교회를 세웠다. 이런 상황에서도 게일은 임공진을 장로로 세웠으니, 그의 인권평등 사상과 국악사랑의 정성은 가히 「마니아급」이다. 임 장로는 게일의 격려에 힘입어 가야금 병창 등 전통국악에 기초한 한국적 찬송가 개발에 나섰다. 1917년에는 「조선음악연구회」를 조직, 3년간 찬송가 토착화작업을 모색하기도 하였다.

❺ 102장 주의 말씀 듣고서 준행하는 자는

민로아 선교사는 음악을 잘하는 시인이었다. 한국인이 애창하는 블리스의 삼분박(三分拍)13)곡조에 맞추어 「산상 보훈」의 결론을 바탕으로 작사한 것이다. 블리스가 작사·작곡한 원 찬송은《찬양가, 1894》83장에 「예수를 믿엇시나 밋는줄 더 밋세」로서

---

12) 동대문에서 광화문 쪽으로 가는 길에 놓인 두 번째 다리로 오늘날 종로4-5가 사이.
13) 3분박은 3박자와 다르다. "박자"는 한마디 안에 이루어지는 비트(beat)를 말하지만 "분박(分拍)"은 1비트 안에 쪼개(split)지는 기본단위를 말한다. 따라서 3분박은 1비트 안에 쪼갤 수 있는 기본리듬이 3개라는 것이다. 이 3분박은 인위적 리듬인 서양의 셋잇단음과 개념이 다르다. 이 3분박은 주변국 중국, 일본, 몽골, 러시아 등에서 사용하는 분박과는 전혀 다르다. 하나님께서 우리민족에게만 주신 것이다.

언더우드 선교사 번역으로 실려 있다. 그런데 민로아 목사는 한국인이 삼분박 곡조를 좋아하는 것을 알고 8분의 6 박자인 이 곡조에 맞춰 「주의 말씀 듣고서 준행하는 자는」을 작사해 두 가사를 다 실렸다. 「날아온 돌이 박힌 돌을 뺀다.」는 격언대로 원 가사보다는 우리말로 새로 지은 이 가사가 애창되자, 《통일 찬송가, 1983》에서는 아예 원 가사를 빼어버렸던 것이다.

〈그리스도신문〉 창간

언더우드 목사는 1897년 4월 1일 주간(週刊)으로 〈그리스도신문〉을 창간하였다. 이 신문은 이 타블로이드판 8면으로서 그리스도교 교리를 소개하는데 큰 비중을 두고 있었으나, 농사일이나 관보(官報), 기타 상식 등도 실었다. 언더우드 목사 부인이 쓴 Underwood of Korea (179쪽)에 보면, 선교본부에 제출한 신문 창간 목적은 이러했다.

(…) 목적은 그리스도의 진리와 선교회의 목적을 보여주는 것입니다. 거기에는 항상 일반적 주제에 대한 논설을 싣고 있으며, 한 면은 농업에, 또 다른 면들은 가정·예술·과학에 대한 항목에 할당되어 있습니다. 또한 관보(官報, the Royal Gazette)의 번역, 국내외의 전문들, 주일학교 수업의 연재, 기도회 주재, 교회와 외국 선교사 소식 등이 실려 있습니다….

그리스도교 이외의 기사가 많기 때문에, 고종 황제의 어명으로 정부에서 이 신문 467부를 구입하여 전국 10개 부처와 367군에 배포하였다고 한다. 찬송가에 남다른 애착을 가진 언더우드는 자기가 편집하는 동안 찬송가에 관한 기사나 논설을 자주 실었는데, 1901년 5월 2일자 논설 일부를 보자. 현대 맞춤법으로 고쳐 인용한다.

-(…) 곡조를 여러 가지로 변하여도 관계치 아니하니, 제 나라 곡조를 좇아서 하는 것이 또한 관계치 않소. 기쁜 마음과 진실한 뜻으로 하면 하나님 아버지께서 반가

이 받으시리라.

지금도 우리식 곡조 찬송에 대한 거부감이 심한 형편인데, 100여 년 전 언더우드는, 운율만 맞으면 아무 곡조로 불러도 좋다, 7음계의 서양 곡조를 고집하지 말고 잘 아는 한국 전통 곡조로 불러도,「기쁜 마음과 진실한 뜻으로 하면 하나님 아버지께서 반가이 받으시리라」라고 권장하고 있다. 그리고「대한형제가 지은 노래」라며 44조로 된 4절 가사를 신문에 실었다. 전문을 44조 운 그대로 인용한다.「예수가 거느리시니」곡조나,「부름 받아 나선 이 몸」곡조로 속으로 부르며 읽어보면 재미있다.

〈1절〉
예수기독 믿는사람 찬미노래 불러보세.
예수예수 믿는예수 하나님의 아들일세.
유대국에 강생하사 천하만민 구하셨네.
십자가에 못박히니 흘리신피 보배로다.
〈2절〉
누구든지 믿는사람 보배피로 속죄하네.
가련하다 우리인생 시조죄악 몰랐더니,
성경말씀 들어보니 통천죄악 어찌하리.
회개하세 회개하세 우리죄악 회개하세.
〈3절〉
회개하고 믿는사람 믿음으로 구원얻네.
구원하는 예수기독 우리들의 구주로세.
찬미하세 찬미하세 구세주를 찬미하세.
찬미하세 찬미하세 구세주를 찬미하세.

1901년 6월부터는 매호에 신작 찬송 한 편씩을 실어 11회나 계속하였는데, 그 중에서 지금도 애창되는 찬송은 다음과 같다.

1901년 6월 27일자에는 '공중 나는 새를 보라'가 실려 있고,
1901년 7월 11일자에는 '오늘 모여 찬미함은'이 실려 있고,
1901년 7월 18일자에는 '주의 말씀 듣고서 준행하는 자는'이 실려 있다.

그 후 1902년 4월 17일자에 다음과 같은 기사가 실려 있다.
-우리 장로교회가 여러 목사와 대한 자매·형제의 지은 찬미를 모아, 교정할 것은 더러 교정을 하여, 전에 있는 《찬셩시, 1900》 아래 붙였는데, 시편 외에 109장이라. 수천 권을 개간하였더라.

이 〈그리스도신문〉은 1905년 7월부터 감리교의 〈대한그리스도인회보〉와 통합하여 1907년 말까지 〈그리스도신문〉으로 발행하였다.
《찬셩시, 1902》에 추가된 한국어로 창작된 찬송은, 1905년 판을 근거로 살펴보면 다음과 같다.

★민로아 작사
88장·예수 영광 버리사(통찬 504장)
90장·예수 누구신고 하니(통찬 94장)
91장·맘으로 빈자는 복 있는 잘세(통찬 516장)
92장·공중 나는 새를 보라(통찬 307장)
94장·주의 말씀 듣고서 준행하는 자는(통찬 379장)

★한국인 작사
95장·오늘 모여 찬미함은(통찬 287장)

13. 북장로회의 《찬셩시, 1905(곡조판)》

이때까지 발행된 감리교의 《찬미가》나 장로교의 《찬셩시》나 모두 무곡 찬송으로서 곡조는 제시된 곡명(TUNE NAME)을 보고 선교사들이 가지고 있는 영어 찬송의 곡조를 찾아보아야 부를 수 있게 되어 있었다. 곡조 찬송을 만들면 되지 않느냐 할 수도 있지만, 《찬양가, 1894》 항목에서 언급했듯이, 비용도 문제지만 일본 요꼬하마까지 가서 편집을 해야 하는 번거로움 때문에 불편한 대로 참고, 곡명만 가지고 선교사들이 가르쳐주었던 것이다.

그러다가 1905년 《찬셩시》 최종판을 편집할 때는, 힘이 들더라도 곡조 찬송을 내기로 하였다. 그래서 일본 요꼬하마 복음출판사(The Fukuin Printing Company, LTD)에서 인쇄하여, 《장로교 찬송가》(The Presbyterian Hymnal)란 제목으로 출판하였지만, 한글로는 〈찬셩시〉라 표기하였다. 그 때 사정을 영문 머리말에 이렇게 남겨 놓았다.

1) 영문 머리말 번역

"그 동안 펴낸 무곡 《찬셩시》에는 곡명만을 적어 놓았는데, 미국·캐나다·호주 등지에서 온 장로교 선교사들은 각자 자기가 익숙한 곡조로 불렀기 때문에, 같은 찬송이라도 지역에 따라 다른 곡조로 불리어 불편하였다. 그래서 이를 통일하여 가장 적절한 곡조를 골라 곡조 찬송가로 만든 것이다."

많은 사람들이 찬송가에는 지정된 곡조가 있는 줄 알고 있지만, 세계 각 나라 찬송가를 살펴보면, 어느 가사에 이 나라는 이 곡조, 저 나라는 저 곡조로 부르는 것이 많다. 비근한 예로 찰스 웨슬리의 대표작 '비바람이 칠 때와'(441장)의 예를 들어보자. 우리 찬송가에는 곡명 마틴(MARTYN)이 실려 있는데, 이 곡조는 본디 미국의 음악교사 시므온 마쉬(Simeon B. Marsh, 1798-1875)가 「주님의 무덤가에 있는 마리아」(Mary to her Savior's tomb)라는 존 뉴턴(John Newton) 목사의 부활절 찬송을 위하여 작곡한 곡조다. 《찬셩시, 1898》을 편집할 때, 베어드 선교사 부인 안애리 여사가 《찬양가, 1894》 41장에 있는 가사를 다시 번역하고는 거기 있는 곡조 마틴을 그대로 채택하여 오늘까지 왔는데, 다른 찬송가는 어떠한지 살펴보자.

① 미국 연합 감리회 찬송가(The United Methodist Hymnal, 1989)에는 웨슬리의 이 찬송곡으로 ABERYSTWYTH(21세기, 124장 '양을 치는 목자여'곡)가 실려 있는데, 이 곡조만 택한 영미 찬송가는 많다.

② 《개편 찬송가, 1967》에는 서양 찬송가의 관행에 따라 431장에 ABERYSTWYTH, 그리고 430장에는 MARTYN을 실어 같은 가사에 두 곡조를 싣고 있다.

③ 미국《침례교표준찬송가》(The Baptist Standard Hymnal, 1985)는 웨슬리의 위 찬송가에 REFUGE(통찬 450장 자비하신 예수여 곡조)와 마틴을 붙여 두 곡을 실었는데, REFUGE는 홀브룩(J.P. Holbrook, 1822-1888)이 웨슬리의 이 찬송을 위해 작곡하고 「피난처」(REFUGE)란 곡명까지 붙인 것인데, 우리는 이 곡조에 '자비하신 예수여' 가사를 붙여 부르는 것이다.

④ 중국 찬송가(普天頌讚, 1935)에는 HOLINGSIDE(508장·주와 같이 되기를 곡조)와 MARTYN 두 곡조를 싣고 있다.

⑤ 일본《讚美歌, 1954》273장에는 REFUGE를《讚美歌21, 1997》456장에는 MARTYN 곡조를 채택하였다. REFUGE와 MARTYN 두 곡조를 다 채택한 찬송도 수두룩하다.

2) 편집체제

다시 본론으로 돌아가서,《찬셩시, 1905》의 편집체제는 언더우드의《찬양가, 1894》와 거의 같다. 장수는 151장. 1906년에는 악보가 필요 없는 이들을 위하여 무곡판도 내놓았는데, 이 찬송가의 체제 역시《찬셩시, 1902》와 다를 바 없다.

3) 원 자료 출처

1 · The New Laudes Domini (1892)에서 89곡
2 · Gospel Hymns Consolidated (1883에서) 24곡
3 · Gospel Hymns No. 5 (1883)에서 8곡
4 · Church Hymns and Gospel Songs (1898)에서 2곡
5 · Finest of the Wheat (1890)에서 1곡
6 · Epworth Hymnal 에서 1곡
7 · Songs for Young People 에서 1곡
8 · Presbyterian Book of Praise 에서 1곡
9 · Canadian Presbyterian Book of Praise 1곡

이 찬송들은 19세기 미국대부흥운동 기간에 만들어진 찬송들이다. 그 밖의 찬송들은 주일학교의 어린이 찬송들이다. 이 찬송을 부르며 우리나라 교회는 급성장을 하여 세계를 놀라게 한 것이다.

4) 번역자와 작사자

이 찬송가에도 영문 머리말에 번역자와 작사자의 이름이 기록되어 있음은 한국찬송가 역사를 연구하는 이들에게 참으로 다행한 일이라 아니할 수 없다. 그런 면에서 그 후에 우리나라 사람들이 편집한 책에는 이를 표기하지 않아 연구에 큰 불편을 주고 있다. 지면 관계상 새로 채택된 찬송들로서 통일 찬송가에 있는 것만 현행 맞춤법으로 소개한다. 괄호 안은 《통일 찬송가, 1983》 장수이다.

❶ 베어드 부인 안애리 선교사 번역
009장 · 예수씨여 목자같이 (통찬 442)
013장 · 옛적 임금 다윗성에 (통찬 119)
114장 · 어지러운 세상 중에 (통찬 366)
115장 · 주여 복을 받는 것은 (통찬 481)

117장 · 천지에 있는 이름 중(통찬 101)

118장 · 온유하신 예수께서(337 · 인애하신 구세주여)

119장 · 예수께로 가면(통찬 300)

120장 · 거룩하시도다 전능하신 주님(통찬 9)

121장 · 주와 같이 되기를(통찬 508)

132장 · 눌 자리 없어서 그 어린 주(통찬 113)

❷ 그리슨 박사(Dr. Grierson) 번역

123장 · 하나님 허락하심에(통찬 282)

❸ 밀러 선교사(Miller, Edward Hughes. 한국명 : 密義斗) 번역

006장 · 영화로신 성신여(통찬 176)

133장 · 무한하신 성신여(통찬 180)

❹ 민로아 선교사 번역

018장 · 예수의 이름 권세여(통찬 36)

112장 · 주 예수 대문 밖에(통찬 325)

134장 · 영혼의 해 내 구주여(통찬 67)

❺ 베른하이젤(Charles F. Bernheisel, 1874-1958)14) 목사 번역

130장 · 날빛보다 천당 밝으니(통찬 291)

베른하이젤(한국명 편하설) 선교사는 미국 북장로교회의 파송을 받고 1900년에 내한한 개신교 선교사다. 1874년 9월 11일 미국 인디아나 주 컬버(Culver)에서 출생했다. 1896년 하노버대학을 졸업하고 시카고의 매코믹신학교를 졸업한 후 그해 3월, 미국 북장로회 뉴 올바니 노회에서 목사 안수를 받은 그는 고향을 떠나 1900년 10월 16일 부산에 도착했다. 서울에 올라와 미국 공사관에 등록을 하고 선교부로부터 평양에 선교지를 배정받고 다시 배를 타고 진남포를 거쳐 평양에 입성하였다. 그는 일생동안 평

---

14) 편하설(1874-1958) 또는 찰스 F. 번하이셀(Charles F. Bernheisel) 선교사는 미국 북장로교회의 파송을 받고 1900년에 내한한 개신교 선교사이다.

양을 중심으로 한 서북지방에서 활동하다 태평양전쟁이 일어난 후, 일제가 외국 선교사들을 추방할 때인 1942년, 다른 선교사들과 함께 고국으로 돌아감으로써 그의 42년간의 선교활동도 끝나게 된다. 편하설의 가장 중요한 업적은 한국교회가 내세울 대표적 순교자인 주기철 목사가 목회하던 평양 산정현교회를 창립하고 그 초대 목사가 되었다는 점이다. 그는 일기에 산정현교회의 설립에 대해 다음과 같이 기록했다.

"1906년 1월 25일 도시에서의 필요성을 고려해 본 후에 남문과 중앙교회(장대현교회를 가리킴)지역에 새 교회를 세우기로 결정했다. 우리가 내일부터 열흘간 주최하기로 한 전도대회를 위해 중앙교회가 너무 작으리라 생각되어 특별히 이 결정이 내려졌다. 나는 새 교회의 목사로 임명되었고, 좀 더 중심부에 교회를 세우기 전에는 동문교회에서 예배를 드릴 것이다. 나는 오늘 밤 기도회에서 교구 사람들을 만났다. 50~60명이 나왔다."

❻ 엥겔 겔손(Gelson Engel, 1868-1938, 王吉志) 선교사 번역

131장·못 패할 성은 하나님(통찬 384·내 주는 강한 성이요)

'내 주는 강한 성이요'를 번역한 엥겔 겔손 선교사는 남부 독일 비템베르크에서 태어났다. 그는 어렵게 공부하여 교사대학을 졸업하여, 바젤선교회에서 3년간의 신학훈련을 받고, 에든버러에서 특별교사훈련을 받은 후 인도의 푸나에서 6년간 사역했다. 호주 출신 클라라 바스 양과 결혼, 1898년에 질병 치료를 위해 호주로 가서 학교 교장을 역임하다가 빅토리아 장로교여선교회(PWMU) 소속의 한국선교사로 파송됐다.

1900년 10월 29일 부산에 도착한 그는 3~4개월 만에 한국어로 설교할 수 있을 정도로 천재적인 언어 능력이 있었다.

자기 이름을 '왕길지(王吉志)'로 정한 것은 '엥겔'과 '왕길'이 발음이 비슷했고, 만왕의 길한 뜻을 전한다는 뜻이라 했다. 왕길지 목사는 18년 동안 부산에서 목회, 교육, 순회전도자로 많은 교회들을 설립했다.

그는 1902년부터 평양신학교에서 주로 교회사와 교육학을 강의했다. 1916년 제5차 장로교 총회가 헬라어와 영어를 가르칠 것을 결정한 후 왕길지 목사는 최초로 영어강

독과 성서원어를 가르친 교수였다. 1917년 평양신학교의 이사 겸 정교수가 되었고, [신학지남(神學指南)]의 책임편집자로서 1918~1921년 동안, 총 13권의 책을 발간하고 27회의 글을 기고했다. [신학지남]은 교육기간이 짧았던 신학생들과 목회자들에게 목회현장에서 설교하고 기도하는데 필요한 자료들을 공급했다.

그는 일평생 언어공부를 즐겼다. 그는 성서언어인 헬라어, 히브리어, 라틴어, 서방현대어인 독어, 영어, 불어, 이태리어, 인도방언인 마라티어, 힌디어, 우르드어, 한국어와 중국어에 능했으니, 후일 일어도 독학으로 익혀 불편 없이 사용했다.

그는 1920년에 성경개역자회 위원으로 선출되었고, 1933~1934년에 아모스서를 개정했다. 그는 음악에도 조예가 깊어서 피아노, 바이올린, 오르간을 연주하였고, 찬송가 편찬위원으로 일했는데 독일인이므로 루터의 "내 주는 강한 성이요"를 번역한 것이다. 그는 또한 미국선교사 아담스와 함께 교회헌법을 제정하기도 했다.

❼ 소안론(W. L. Swallen) 목사 창작과 번역

124장 · 내 죄를 회개하고(통찬 368) = 창작, 아래 3장은 번역

125장 · 예수의 전한 복음(통찬 264)

126장 · 온 세상과 또 마귀로(통찬 397 · 주 믿는 사람 일어나)

127장 · 영광에 계시는 능하신 주님(영광을 받으실 만유의 주여)

❽ 김인식 집사 번역과 작사

137장 · 예수 나를 위하여(통찬 144) = 작사

김인식은 많은 찬송을 번역하였는데 자기 이름 밝히는 것을 사양하여 기록을 남기지 않았다. 겸손이 미덕임은 알지만 역사학도 입장에서는 아쉽다.

❾ 한국인 형제들 작사 5편 (32, 70, 71, 72, 99 등). 익명으로 발표한 이중에 김인식 집사 창작이 있을 것이라 생각된다.

5) 한국찬송가에 큰 공을 세운 이들

이제까지 살펴본 대로 초기 한국찬송가에서 가장 잘 번역되고, 창작된 찬송들은 거의가 배위량 선교사 부인 안애리 선교사와 민로아 부부의 것이다.《찬셩시, 1905》판에만도 배위량 부인의 찬송은 58편,《통일 찬송가, 1983》에 30여 편의 번역 찬송을 남긴 민로아 부부의 것은 25편, 피득 목사의 운문 시편가 16편, 언더우드 13편, 소안론 11편 등으로서 66편이나 된다. 이 찬송들은 지금도 애창되는 찬송들이다.

1) 베어드 부인 안애리 선교사는 어학의 천재

게일 목사는 안애리 선교사를 이렇게 칭찬하고 있다.

"(안애리 선교사는) 한국 외국인 사회에서 첫째가는 어학자였습니다.(…) 부인에게는 그 본성에 시적 영감이 흐르고 있었습니다. 그것이 그의 글이나 말에 맑게 나타나 있습니다."

1916년 베어드 부인이 돌아갔을 때, 북장로교 해외선교부 총무인 브라운(A. J. Brown, 1856-1945) 선교사는 추모사에 이런 말을 남겼다.

"(…) 아내·어머니·전도자·교사·저술가·번역자·그리고 성자…. 부인은 이렇게 대단한 인물이었습니다."

독립운동가 안세환(安世桓,1888-1926)도 베어드 부인을 극찬하면서 이런 말을 남겼다. 국한문으로 쓴 것을 풀어서 인용한다.

"(…) 그가 번역한 것은 萬國通鑑·생리학·동물학·青年必知·四小比喻·高永九傳 등이요, 저술한 것은 찬송가의 약 3분지 1과 (…) 조선어 교수용 서책 등인데…."

2) 신작 찬송가 작가 민로아 선교사

장·감 합동 찬송가인《찬송가, 1908》편집자로서, 우리 찬송가에 지대한 공을 세운 장로교 선교사 민로아 목사는 어학의 천재요 창작의 천재다. 민로아 선교사는 한국 온지 얼마 안 되어 한국말로 설교를 하고 많은 찬송가를 번역했을 뿐만 아니라, 신작 찬송도 많이 하였다. 그가 작사한 찬송은 다음 5편이다.

①예수님은 누구신가,

②주의 말씀 듣고서 준행하는 자는

③맘 가난한 사람 복이 있나니,

④예수 영광 버리사,

⑤공중 나는 새를 보라

마지막으로 우리나라 사람으로서 유일하게 명작을 남긴 김인식(金仁湜, 1885- 1962)의 공을 치하하지 않을 수 없다. 이유선(李有善) 교수는 그의 저서 [韓國洋樂100年史]에서 이렇게 썼다.

"김인식은 100여 편의 찬송을 번역하거나 시작(試作)하였다."

이런 큰일을 하고서도 이름을 안 남긴 그의 겸손이 돋보이지만, 한편으로는 역사학도의 입장에서는 '작사자 미상'이 되었으니 야속하기도 하다.

14. 장감 합동 《찬송가, 1908》

1) 피득 선교사가 발행인이 된 이유

1908년 장·감 양 교단은 분열된 찬송가를 통일하여 《찬송가, 1908》란 새 이름으로 내었는데, 이때에는 「하나님」이란 이름을 사용하였다. 우선 무곡 찬송가로 내고, 이듬해 곡조 찬송을 출판해야 하겠는데 돈이 없었다.

그 때 선뜻 나선 유대인 청년이 있었으니, 그 이름은 알렉산더 피터스. 한국 이름은 피득이었다. 피득 목사는 찬송가 사랑이 극진하였다. 《찬송가, 1908》 무곡판은 그런 대로 출판했으나, 막상 《곡됴 찬송가, 1909》를 내려 하니 비용이 무곡보다 엄청나게 많이 들어 엄두를 못 내고 있는데, 이런 안타까운 사정을 보다 못한 피득 목사 내외는 사재를 털어 전액을 부담하여 초판 5,000권을 출판하고 계속하여 4판까지 90,000권을 출판하게 된 것이다. 내가 가지고 있는 《곡됴 찬송가, 1909》 판권에는 이렇게 적혀있다. 알기 쉽게 한자 뒤에 한글로 주를 단다.

大正十四年十月四日 印刷 1925년 10월 14일 인쇄
大正十四年十月十七日 發行 (四版) 1925년 10월 17일 발행 (4판)
著作者 美國人朝鮮宣川郡 彼得牧師 지은이 미국인 조선(평안북도)선천군 피득 목사
發行者 英國人 京城鐘路 班禹巨낸 이 영국인 서울 종로 반우거(벙커)
印刷所 漢城圖書株式會社 인쇄소 한성도서주식회사
發行所 朝鮮耶穌敎書會 낸 곳 조선예수교서회 (현 대한기독교서회)

이렇게 저작권을 피득 목사가 가지고, 발행권을 벙커 선교사가 가진 것은, 악랄한 왜인들이 출판 금지를 못 시키도록 미리 막아 놓은 것이다.

후에는 간편한 포켓판도 피득 목사 자비로 출판하였고 신약성경과 합본으로도 출판하였다. 1916년 재판을 낼 때에는, 피득 목사 부인 에바 필드(Mrs. Eva Field Pieters, 1868~1932) 여사가 음이 높아 부르기가 어려운 곡들은 한 두 음 낮게 이조(移調)하여 악보를 새로 그려 출판하였다.《신정 찬송가, 1931》서문에 보면「교열은 피득 목사 부부와 김인식 씨가 ᄒ였고…」라고 하여 감리교 찬송가 편찬에도 깊이 관여하였음을 알 수가 있다. 피득 목사 약력을 간단히 소개한다.

1872년 남부 러시아의 유대인 상인의 아들로 태어난 알렉산더 피터스(Alexander A. Pieters, 1872~1958)는 김나지움(Gymnasium)을 졸업하고 독일 철학을 공부하였는데, 독일어·라틴어·그리스어·히브리어·러시아어·프랑스어 그리고 영어를 말할 줄 아는 어학 천재였다. 1895년 4월 7일, 당시 23세의 이 청년은 일본 나가사끼의 한 일본인 교회에서, 서양 선교사를 만났다. 그는 러시아의 열악한 생활환경과 미래에 대한 좌절감 속에서 고향을 떠나 호주로 가려고 이집트의 항구도시 포트사이드(Portsaid)로 갔으나 호주로부터 되돌아오는 사람들로부터 호주의 악조건에 관해 이야기를 듣고 호주 행을 포기한다. 이번에는 미국으로 가려고 마음먹고 홍콩까지 오게 되는데, 그 곳에서

도 역시 탐탁지 않은 소문을 듣고 동부 시베리아로 가서 철도건설 노동자로 취직을 하려고 일본 나가사끼에 도착하여 블라디보스토크로 가는 배를 타기 위해 며칠을 기다리던 중, 한 일본인 교회에서 미국 선교사를 만난 것이다.

그 해(1895) 4월 19일, 불과 12일 만에 그곳에서 그리스도교 교리를 공부하며 예수를 영접한 이 유대인 청년에게 엄숙한 세례식이 거행되었다. 평범한 철도건설 노동자가 될번 한 그에게 미국 성서공회 성서매서인 혹은 권서(勸書·colporteur) 자격으로 한국에 가서 일할 생각이 없느냐고 제안한 사람은 일본 주재 미국 성서공회 총무인 헨리 루미스(Henry Loomis, 1839~1920) 목사였다. 그리고 「이 제안은 기쁨으로 수락되었다.」15)

1895년 5월 16일, 23세의 그가 한국에 도착하여 이름을 베드로, 피득(彼得)으로 개명하기까지16) 구약성서는 한국어로는 아직 단 한 줄도 번역된바 없었다. 한국어 최초의 성서 번역은 1882년 스코틀랜드 장로회 선교사 로스(J. Ross)가 만주 심양(瀋陽/奉天)에서 번역 출간한 신약성서 누가복음서이며, 「로스역 성서」가 당시 한국인들에게 끼친 영향은 마치 마틴 루터의 독일어 성서가 독일인에게 끼친 영향과 같았다. 피터스는 자신이 처음으로 히브리어 구약성서를 번역하기로 한 배경을 다음과 같이 썼다.

"한국에서 처음으로 복음서가 번역되어 나온 지 15년 만에 구약 번역을 시도하게 되었다. 그 동기는 내가 정통 유대교 집안에서 자라났으며, 매일 히브리어로 된 기도서를 읽었기 때문에 시편의 아름다움과 그 영적인 영감이 강하게 인상으로 남게 되었고, 많은 시편을 암송하게 되었다. 그 후 하나님의 섭리로 일본에 와서 예수를 믿게 되었고, 미국 성서공회의 권서로 한국에 보냄을 받았다. 그것이 1895년이었다. 당시 한국의 성

---

15) H. Loomis, "The Story of a Russian Jew who became a Christian Colporteur in Korea," 1896. 이 글은 영문 타자기로 작성된 2쪽 분량의 글로써 알렉산더 피터스 자신의 권서활동 보고서가 4편 수록되어 있다.

16) 「동아일보」1929년 1월 1일자 보도에 따르면, 「在住外國人士 最近十年 朝鮮觀 傍觀者明의 感想과 觀察 : 敎會獨立(現長老會宣敎師) 猶太人 彼得氏」라 적고 있다. H.A. Rhodes and A. Campbell, eds, History of the Korean Mission, Vol. II 1935~1959, The United Presbyterian Church in the U.S.A., 1964, P.421. 그가 1941년 은퇴할 때까지 피터스의 활동 근거지는 주로 서울.재령.선천 등이었다. 러시아의 관습에 따르면, 누구든지 종교를 바꾸게 되면 그의 이름도 새로 바꾸어야 했다고 한다.

서위원회가 신약성서를 새로 번역하고 있었으며, 구약성서가 앞으로 번역되려면 상당한 시일이 걸릴 것을 알고서, 나는 한국 사람들에게 최소한 시편 중에서 얼마라도 번역해 주고 싶은 바람으로 가득 차 있었다. 한편, 영어를 배우면서 한국어도 습득하는 데 시간이 오래 걸리지만, 도착한지 2년째 말에 가서 나의 히브리어 성서 지식에 힘입어 시편 중에서 「저주 시편들」(The Imprecatory Psalms)만 빼고 나머지를 골라서 감히 번역을 시도하였다. 시편의 절반정도 분량으로서 번역은 1년 내에 끝났다. 이 번역 본문이 사용 가능한지 여부를 확인하기 위해 그 원고를 한국어를 잘 하시는 네 분 선교사들에게 보내어 심사를 요청하였다. 그분들이 이 번역을 인정했을 뿐 아니라, 그 중 세 분은 이 시편 역을 인쇄하는 비용도 대겠다고 나섰다. 「시편촬요」라고 제목을 붙인 이 책은 1898년에 출판되었고, 이후 8년 동안 유일한 한국어 구약 역으로 기독교인들이 사용하게 된 것이다.」17)

한국에서 자비로《찬송가, 1909, 곡조판》을 냈을 뿐만 아니라, 히브리어 구약성서 중 시편을 한국어로 번역하여 출판한 소설의 주인공 같은 유대인 피터스의 공헌은, 1926년 3월 구약개역위원회 「평생회원」이 되어 김인준과 남궁혁과 이원모 등과 함께 성서 번역가로서 주역을 담당하였으며, 마침내 1938년 국역 구약개역성서를 완간함으로써 그 꽃을 피웠다.

한국 근대사에서 이 유대인이 남긴 업적은 개화기 한국의 기독교 전파는 물론 성서를 통해 고대 이스라엘과 유대인에 대한 다양한 지식을 전달해 주는 데 크게 기여한 것을 넘어, 최초의 한국어 구약성서 번역이 본래 언어인 히브리어로부터 직역되었다는 점에서 세계 성서 번역사에서 그 유례를 찾기 어려운 사례로 평가된다.18)

각설하고, 이《곡됴 찬송가, 1909》역시 46판, 오른쪽 열기로 되어 있다. 서양 사람들은 왼쪽에서 오른쪽으로 글을 쓰기 때문에 모든 책이 왼쪽 열기로 되어 있지만, 동양

---

17) Alexander A. Pieters, "First Translation," The Korea Mission Field, May 1938, pp. 91~93.
18) 김중은; 「한국어 성경 번역의 역사」,《기독교사상》1993년 2월호, pp. 23~33

사람은 이스라엘을 포함하여 오른쪽에서 왼쪽으로 글을 쓰기 때문에 모든 책이 오른쪽 열기로 되어 있다. 악보 책을 이렇게 매었기 때문에 현대인들이 보면 거북스럽지만 당시로서는 당연한 일이다. 참고로 한국찬송가에서 처음으로 왼쪽 열기로 편집한 찬송가는《부흥성가, 1930》가 처음이다.

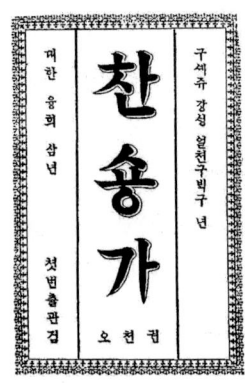

안표지를 보면 무곡과 같은 형식인데, 연도가 1909년 융희 3년이고, 초판은 5,000권 밖에 안 찍었다.

악보 형식은 반복되는 것은 도돌이표나 D. C. al Fine 등으로 줄여 지면을 아꼈고, 가사는《찬양가, 1894》와 같이 1절만 악보에 넣고, 나머지 절은 밖에 세로 짜는 형식이다. 후렴은 당시 미국의 관례대로 Chorus라고 표기해 놓았다. 오른쪽 꼭대기에는 영문 가사 첫줄이 있고, 왼쪽 꼭대기에는 아라비아 숫자와 영자로 장수와 곡명(Tune Name)이 기록되어 있다.《찬양가, 1894》와 마찬가지로 왼쪽에서 열면, 영문 안표지가 나오는데, CHAN SONG KA라 커다랗게 쓰고 그 아래 작은 글자로, THE HYMNAL OF THE GENERAL COUNCIL OF PROTESTANT EVANGELICAL MISSIONS IN KOREA, SEOUL 1909 이렇게 기록하였다. 안표지 뒤에는 인쇄소 이름이 영문으로 기재되어 있고, 이어서 곧바로 INDEX가 보인다.

2) 번역이 완벽에 가깝다

초기의 세 찬송가들은 선교사들의 한국어 실력 부족으로 번역이 서툴었으나,《찬송가, 1908》는 전문가를 책임 편집위원으로 선정하여 작업을 했기 때문에, 오늘날도 수정 없이 부르는 좋은 찬송이 많이 수록되었다는 점이다.

3) 한국 전통곡조도 채택하였다

이 《찬숑가, 1909》 제10장에 한국 곡조로 부르라고 하며 한국 전통곡조를 채보해 넣고는, 선교사들을 위하여 창법까지 영문으로 이렇게 제시하고 있다.

"한국 곡조로 부를 때에는 지도자가 첫 줄을 선창하고, 회중이 가사와 곡을 따라 부른 다음, 둘째 줄을 부르는 식으로 한다."

-When the Korean Music is used the leader sings one line, the congregation repeating words and tune, then second line, etc.

모두 8소절의 「깡충 리듬」으로 된 4분의 2박자의 이 곡조는 곡명으로 KOREAN MUSIC or OLD HUNDRED(현 1장, 만복의 근원 하나님 곡)라 기재되어 있다. 그런데 한 해 먼저 나온 무곡 《찬숑가, 1908》에서는 그냥 한국 곡조로 부르라고만 했지 곡명 제시가 안 돼 있다. 그래서 인도하는 선교사들이 「여러분이 좋아하는 한국 곡조로 부르십시오」라고 했다 한들 한국 곡조로 불릴 리가 있겠는가. 하는 수 없이 선교사들은 자기가 잘 아는 「만복의 근원 하나님」 곡조로 불렀을 게 아닌가.

이듬해에 나온 곡조 《찬숑가, 1908》에 실린 한국 음악은 「구군가(舊軍歌)」 곡조라고 어려서 아버지께 배웠다. 그런데 채보하는 서양 선교사가 3분박 곡조를 4분의 2박자로 채보한 것 같은데, 필자가 어려서 배운 이 「구 군가」 곡조는 다음과 같은 8분의 6박자 3분박 곡이었다. (위 악보 참조)

가사는 아이작 왓츠의 'Sweet is the Work, my God, my King'이다. 그 가사를 보자. 8절 가사 중 1절만 인용한다. 운은 8.8.8.8. 우리의 44조다.[19]

---

19) 출처: Isaac Watts, The Psalms of David, 1719;

10. KOREAN MUSIC or OLD HUNDRED.   Sweet is the work, my God, my King

놉흔일홈찬숑ᄒᆞ고 너른은혜감사ᄒᆞ야

우리들의노래소리 ᄒᆞ곡됴로놉혀보세

뎨십

놉흔일홈을찬숑홈

一 놉흔일홈찬숑ᄒᆞ고
너른은혜감사ᄒᆞ야
우리들의노래소리
ᄒᆞ곡됴로놉혀보세

二 아ᄎᆞᆷ브터져녁ᄭᅡ지
귀ᄒᆞ신랑츙된말ᄉᆞᆷ
노래로찬숑ᄒᆞ기가
둘고둔일이거실세

三 우리무음의줄거움이
하ᄂᆞ님ᄭᅴ셔나는고나
놉고놉흔하ᄂᆞ님의
일과말을찬양ᄒᆞ세

四 이세샹에주신일은
형형식식귀묘ᄒᆞ다
김고김흔오묘ᄒᆞ졍
엇지ᄒᆞ면분히알가

五 닥근무음과착ᄒᆞᆫ힝실
영싱셰계가리로다
아셰샹을ᄯᅥ난후에
쳔만소ᄅᆡ동달니리

"When the Korean Music is used the leader sings one line, the congregation repeat words and tune, then second line, etc.

Sweet is the work, my God, my King,

To praise Thy Name, give thanks and sing,

To show Thy love by morning light

And talk of all Thy truth at night.

위의 한국 곡조로 부르라고 지정된 찬송은 모두 전통운율(44조)의 다음 6곡이다. 아래 찬송들도 위 곡조로 부르라고 기록되어 있다.

① 높은 이름 찬송하고(10장)
② 하나님이 천지 내고(11장)
③ 해가 가는 길과 같이(12장)
④ 전능하신 아버지의(13장)
⑤ 여호와의 보좌 앞에(14장)
⑥ 하나님 내 목자시니(40장)

한국음악으로 찬송가를 만들어 보려고 생각한 대표적인 선교사는 게일 목사다. 그는 1895년 한국문화에 관해 논하면서, 한국인의 문화로 한국인들에게 접근해야 한다는 생각을 피력하기도 했다. 그러나 한국 곡조를 천히 여기던 그 시절, 위의 곡조를 우리 곡조로 부르는 일은 가물에 콩 나듯 했다는 것이다.

《아동 찬송가, 1936》에 「조선의 꽃」 등 좋은 어린이 찬송을 작사 작곡한 박경호는 교회에 조선음악을 도입시키려 했던 김형준을 높이 평가하고, 김형준의 의도대로 조선음악을 교회에서 연주하려 했던 자신의 경험담을 다음과 같이 회고했다.

4) 전문가의 체험담

-김형준씨는 특히 「기독교인들이 서투르게 부르는 구미식 찬송가보다는 차라리 동일한 의미의 가사에 조선식 곡을 도입시킴이 좋지 않으냐」는 주장으로 다양한 조선 찬송가를 만들어 도입한 결과, 일부 고루한 교역자 측에서 맹렬한 반대가 있었다. 그 일례로 필자가 시내 모 교회의 음악을 지휘할 시 김형준씨의 이 운동에 공명하여 김씨를 초빙해 예배순서에 조선 곡 찬미가를 합창한 일이 있었다. 특히 젊은 학생들의 감격은 실로 다대하였건만 강단 위에 앉아 있던 목사가 돌연히 기립 大呼하야 가라사대 「오늘 합창을 한다기에 허락하였더니 이런 것인 줄은 몰랐소. 이런 소리를 요정이나 놀이터에서나 부를 것이지, 신성한 교회당에서는 절대 허용할 수 업소.」 당시의 창피는 말할 것도 없거니와 김씨는 「미상불 그럴 것이다」는 듯이 미소를 챙기고 卽退하시던 광경이 아직도 눈에 서리는 것이다. 신성한 교회일수록 (서양) 찬미의 곡조는 부를 수 있으되 조선 음악을 부를 수 없다는 부패한 정신의 소유자가 당시 교역자 중의 대부분이었던 것이다."

박경호는 교회 안에서 조선식 교회음악을 할 수 없다고 생각하는 교역자들을 「부패한 정신의 소유자」라고 매도한다. (…) 그런데 조선식 교회음악을 반대했던 목사의 입장에서 보면, 조선 음악이 「요정이나 놀이터에서나 부를 것이지 신성한 교회당에서는 절대 허용할 수 없는 것」이었으니 어찌하랴. 이 논란은 100년 후인 오늘도 일부 계속되고 있지 않은가.

5) 사도신경 · 주기도문 · 십계명의 통일

초창기에는 교단마다 제 각각이던 시도신경, 주기도문이 성경 번역이 완료되고, 양 교단의 연합노력의 결과로 통일이 되어 이 책에 실렸는데, 100년 가까운 오늘까지 수정 없이 사용되다가 2007년에 주기도문과 사도신경이 수정되었다.

6) 백만명 복음화 찬송

무곡《찬숑가, 1908》는 총 266장인데, 곡조 《찬숑가, 1908》에는 267장을 추가하였다. 이 찬송은 'A Million Souls for Jesus, 백만 명 구원하기를 간구함'이란 찬송이다. 장신대 조숙자 교수는 이 찬송을 한국인의 창작으로 보는데 아니다. 작곡자는 로버트 하크니스(Robert Harkness, 1880~1961)다. 그는 1907년 평양 대부흥 때에 한국을 방문하여,《찬숑가, 1909》266장에 실린 「백만 명 구원하기를 간구함」 이란 찬송을 작곡했다. 노해리(魯解理, Harry Andrew Rhodes, 1875~1965) 선교사가 쓴『미국장로회의 한군선교사, (전2권)』20) 에서 당시 상황을 알아본다. 그 책에는 1903년 원산에서 남감리회 소속인 캐나다 출신 의료선교사 하디(R. A. Hardie) 목사에 의해서 일어난 대부흥운동을 소개하고, 1907에 평양 길선주 목사가 시무하는 장대현교회의 새벽기도 운동을 소개한 다음 이렇게 적고 있다.

(전략) 매일 아침 4시 30분에 교회 종을 쳐서(새벽 기도회를) 알렸다. 첫날 새벽 2시가 되자 많은 사람들이 모여 들었고, 종이 울리자 500여명이 모여왔다. 「백만 영혼을 그리스도께」 란 표어는, 월버 채프만(J. Wilbur Chapman) 목사, 찰스 알렉산더(Mr. and Mrs. M. Alexander) 부부, 로버트 하크니스(Robert Harkness), 데이비스(G.T.B. Davis)와 그의 어머니, 노턴 부부(Mr. and Mrs. Norton) 등의 부흥사들 총회에서 채택되었다(중략). 부흥 노래 특별 소책자가 발간되었는데, 거기에는 로버트 하크니스가 작곡한 「백만 영

---

20) Harry A. Rhodes; 'Histoty of the Korea Mission, Presbyterian Church, U.S.A. Volume I. 1884-1934' Published by The Protestant Church of Korea Department of Education, Seoul Korea; Copyright 1934, Chosen Mission, Presbyterian Church, U.S.A. pp. 286-286

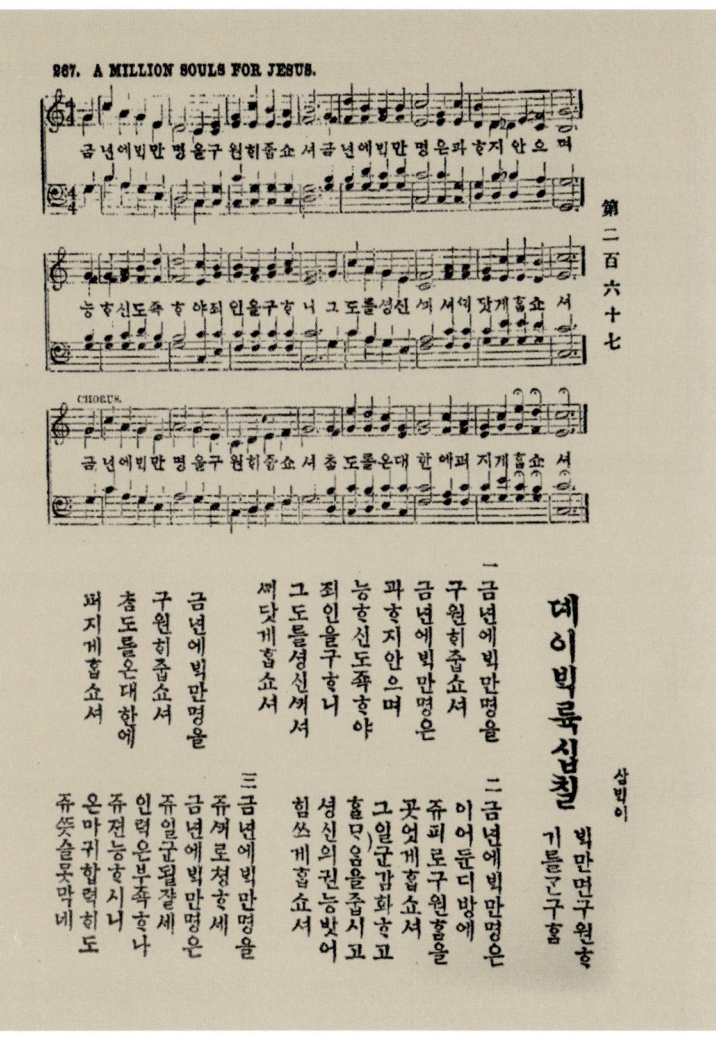

혼을 그리스도께」 'A Million Soul of Christ' 란 곡조도 들어 있다.

이 찬송을 부르며 선교의 열을 올린 한국 교회는 세계 역사상 찬란한 「선교의 기적」을 이룩하였다. 1925년의 수정판 안표지도 스캔하여 올린다.

7. 《찬송가, 1908》의 영향

《찬송가, 1908》의 좋은 번역 찬송들은, 1908년부터 《신편 찬송가, 1931》가 출판된 1935년까지 장장 27년 동안 한국 교회의 기본 찬송으로 명성을 떨쳤다. 해방 후 장-감-성 세 교단이 《합동 찬송가, 1949》를 내었을 때, 《찬송가, 1908》의 것이 228편이나 채택되었고, 현재 우리가 부르는 속칭 《통일 찬송가, 1983》에도 178편이 채택되는 등, 《찬송가, 1908》는 한국찬송가의 원 줄기라고 해도 과언이 아니다. 다만 문제는 당시 번역 가운데 사투리라든지, 신학적, 혹은 문학적으로 부적절한 표현들이 발견되었는데도 그대로 사용하고 있음은 재고할 일이라 하지 않을 수 없다.

15. 성결교단 찬송가

1) OMS와 한국 성결교회

《찬양가·찬미가·찬셩시》 등 셋으로 갈라졌던 찬송가가 《찬송가, 1908》란 이름으로 하나가 되어 전국에서 애창되던 시절, 한국에서는 새로운 교단이 싹터 오기 시작하였다. 동양선교회(Oriental Mission Society / OMS) 소속의 미국 감리교인인 카우먼(C. E. Cowman)과 킬보른(E. A. Kilbourne)이 일본을 거쳐 한국에 들어와 선교를 시작한 것이다.

동양선교회는 1901년부터 일본 동경에 본부를 두고 활동을 개시한 비교파적 선교회로서, 복음 전파만을 목적으로 오직 구령운동에만 전념하였다. 이들은 1907년 한국

선교에 착수, 교회가 아닌 전도관 전도를 중심으로 많은 교인을 모았다. 이로써 이들은 자연스레 하나의 교파를 이루게 되었는데, 이는 본국의 교파 배경 없이 해외에서 교세를 확장한 특이한 사례였다.

1907년에는 일본에서 동양선교회 소속 성경학원을 졸업한 김상준(金相濬) 등의 전도사가 귀국, 전도를 시작하였고, 1910년에는 미국 선교본부에서 파견된 토머스(J. Thomas) 목사가 조선의 동양선교회 초대감독으로 부임하였다. 1911년에는 무교동 성경학원이, 1913년에는 아현교회가 설립되었다. 1921년에는 킬보른이 서울에 주재하면서 대 부흥운동을 벌였고, 서울 충정로에 대규모 본부 건물 겸 성경학원 교사가 신축되어 교세확장의 계기를 만들었다.

1930년대에는 교회의 성장에 따라 교회헌법을 발표하는 등 정식교단을 발족시키는 한편, 동만주·남만주·일본 등으로 활발한 해외선교를 펼쳤다. 일제강점 말기에는 재림신앙을 강조하는 성결교의 교리가 일본의 국체(國體)에 위반된다 하여 탄압을 받다가, 1943년에는 결국 교단 자체가 해산되는 수난을 겪었다.

8·15해방 후 재건총회에서는 기독교대한성결교회로 개칭하였고 서울신학교를 정비하는 등 교단 재건을 위한 활발한 움직임이 있었으나, 6·25전쟁의 발발로 심각한 피해를 입었다. 전쟁 후 해외선교부의 지원에 힘입어 서울 무교동에 희년기념관을 마련하는 등 중흥의 기틀을 마련하였다. 그러나 1960년대에 들어와 한국교회가 한국기독교회협의회와 한국복음동지회로 양분된 상황에서, 보수적 신앙을 지지하는 측이 예수교대한성결교회를 만듦으로써 성결교도 분열되었다. 이후 합동을 위한 여러 차례의 노력은 부분적으로 성과를 얻기도 하였으나, 결국 완전한 합동을 이루지 못하고 오늘에 이르고 있다.

2) 성결교단의 첫번째 찬송가《복음가, 1907》

일찍이 일본에 유학 가서 일본 홀리네스교단(ホーリネス敎團)의 동경성경학원에서 공부한 이장하(李章夏)는 재학 중 일본 찬송가《구원의 노래(救いの歌)》와《福音唱歌》를 번

역하여 1907년에 《복음가》란 이름으로 출판하였다. 이 찬송은 이름이 말해 주듯이 19세기 미국의 부흥운동에 큰 영향을 준 복음찬송들이었다. 미다니 다네끼지(三谷種吉, 1868-1945) 목사가 편찬한 《福音唱歌》에는 사사오 데쓰사부로(笹尾鐵三郎, 1868-1914) 목사와 미다니의 찬송이 실려 있는데 우리 찬송에 채택된 것은 다음과 같다. 장수는 《통일 찬송가, 1983》 장수다.

3) 사사오 데쓰사부로 목사 작사
220장: 구주 예수 그리스도
281장: 아무 흠도 없고
403장: 나 위하여 십자가에
459장: 지금까지 지내 온 것(구곡)
460장: 지금까지 지내 온 것(신곡)
510장: 겟세마네 동산의

사사오목사는 미다니와 함께 OMS의 초교파 전도자이다. 벅스톤(R. F. Buxton) 선교사의 도움을 받아, 마쓰노 기꾸다로(松野菊太郎)와 함께 일본 홀리네스교단 최초의 찬송가인 《구원의 노래(救いの歌)》를 편집 발행한 인물로서 많은 찬송을 번역·창작하였다. 우리의 애창 찬송, '지금가지 지내온 것'은 그가 1897년에 작사한 명작이다.

4) 미다니 다네끼지 목사 작사
344장: 이 눈에 아무 증거 아니 뵈어도
416장: 하나님은 외아들을

동지사대학(同志社大學)을 졸업한 미다니는 어학에 능통하여 당시 일본 선교사들의 통역을 하며 복음 전도에 힘썼다. 아코디언을 어깨에 메고 전 일본을 순회하며 전도하다가 찬송가 출판의 필요성을 절감, 창작과 번역 찬송 104편을 모아, 1901년에 위에 말한 《福音唱歌》를 출판한 것이다. 이것이 최초의 본격적인 일본 찬송가라는 게 일본 교계의 평가이다. 그런데 이들의 작사라고 일본 찬송가에 기록된 위의 찬송 중 403, 510, 344장 등은 작사라기보다는 개작이라 보는 게 옳다. 왜냐 하면 번역을 하다가 원문과 동떨어져버리자 창작이라고 했기 때문이다.

5) 《韓國聖潔教會史, 1992》》의 오류
이 책에 181쪽에는 사사오 목사의 작사라고 표시한 곡이 위의 것 외에 몇 편 더 있는데, 중요한 역사서이니 만치 잘못 기술된 것을 바로잡는다.

❶ 213장: 먹보다도 더 검은

이 찬송은 《통일 찬송가, 1983》에는 작사자 미상, 작곡자는 커크패트릭(W. J. Kirkpatrick, 1838-1921)으로 되어 있다. 그러나 일본 홀리네스교단의 《리바이벌 성가(リバイバル聖歌, 1932)》 60장에는 구세군 창시자 허버트 부스(Herbert H. Booth, 1862-1926) 작사·작곡으로 기록되어 있다.

우리 찬송가에는 《구세군가, 1912》(무곡)에서 처음 채택한 이후 《신증 복음가, 1919》 → 부흥성가, 1930》 → 《합동 찬송가, 1949》 등으로 이어지면서 작사자 없이 출판되었는데, 《합동 찬송가, 1954 수정판》에서 작사자는 '미상'으로 하고 작곡자를 커크패트릭으로 명기하여 오늘에 이르고 있다.

《구세군가, 1976》 141장에도 부스 작사·작곡으로 되어 있다.

작사·작곡자 하워드 부스(Herbert Howard Booth, 1862~1926)는 영국 콘월 펜잔스에서 구세군의 창시자 윌리엄 부스(William Booth, 1829~1912) 대장의 다섯째 아들로 태어났다. 어려서는 허버트 헨리(Herbert Henry)라고 불렀다. 에일슬리파크대학과 감독파 교회신학교를 졸업하였다. 1880년대 초, 그는 프랑스 구세군사역에 가장 뛰어난 사역자였으며, 불어로 찬송을 작사하기도 하였다. 1883년 그는 클램톤에 구세군음악부를 설치하는데 큰 도움을 주었다. 1888년 그는 구세군운동을 온 영국에 펼치고, 캐나다(1892~1895), 오스트랄리아와 뉴질랜드(1891~1901)에도 군세군 운동을 확장시켜나갔다.

❷ 통일 찬송가 49장: 눈을 들어 산을 보니

(49장은 433장의 오기)

이 찬송은 북장로회의《찬셩시, 1898》79장에 처음 발표된 알렉산더 피터스^(한국 이름 彼得, Alexander A. Pieters, 1872-1958) 선교사의 운율 시편가다. 원 가사는 '눈을 들어 산 보리니'요, 영어 가사 첫줄은 'The One Hundred and Twenty-first Psalm'이라 하여 운율 시편가임을 밝혀놓고 있다. 유대계 러시아인인 피터스는 1895년에 한국에 와서 40여 년 간 활동한 분으로서 그의 시편가가《통일 찬송가, 1983》에 이 찬송가 외에도 다음 4편이 더 들어 있다.

017장: 내가 한맘으로

047장: 주여 우리 무리를

428장: 내가 환난 당할 때에

479장: 내가 깊은 곳에서

16. 성결교회의 공식 찬송가《신증복음가, 1919》

위의《복음가》는 이장하 목사가 동경 유학 시절에 번역하여 곡조 없이 가사만 출판한 것이어서, 책만 보고서는 부를 수가 없었다. 더구나 가사와 곡의 리듬이 맞지 않는 게 많았기 때문에 불편하였다. 그리하여 토마스^(John Thomas) 감독과 몇몇 한국 성도들이 가사를 수정하고 곡조까지 붙여 1917년에 161곡의《곡조 복음가, 1917》1,000 부를 발행하였고, 이어서 1919년에는 여기에 50 곡을 증보하여 211곡의《신증복음가^(New Gospel Songs)》를 출판하였다. 그 서언을 난해한 문구는 주를 달고 한자를 넣어 현대 맞춤법으로 인용한다.

1) 서언(序言)

-우리가 조선 믿는 형제자매 제씨에게 그 심령을 진흥^(振興)시킬 만한 약간의 복음

적 송가를 드리기 위하여, 처음으로 출판하였던 《복음가》로 말하오면, 총망(悤忙) 중에 편집된 한 불완전한 것이 되었습니다. 그러나 거기 대한 타인의 비평은 어떠하였든지 관계할 것 없이, 자기(하나님을 일컬음·필자 주)의 영광을 위하여, 그 적당한 점을 보시고 쓰시는 하나님을 위하여 우리는 기뻐하오며, 또 그 찬미 중에 약간은 장차 영광스러운 나라에서 다시 듣게 될 줄 믿습니다.

리장하씨께 대하여는, 그 전 《복음가》와 또한 이 새책의 독특한 번역에 대하여 찬상(讚賞)을 아니 드릴 수 없거니와, 또한 우리는 형제의 소득(所得)한 경험으로 일반 전도 역사(役事)에 대하여, 동양에서 굴시('손꼽다'는 뜻의 屈指의 오식인듯 ·필자 주)할 만한 송가집으로 우리에게 준 줄로 믿는 바이올시다. 그러므로 우리는 여러분에게 한 번 아름답게 시험하게 될 줄 믿습니다.

또한 이 찬미를 선택하게 된데 대하여는, 토마스 부인과 기타 여러분에게와, 또 이 책을 교열(校閱)하는 등 수고에 대하여는, 스톡스씨에게 소부(所負, 신세를 짐·필자 주)한 은혜가 많습니다.

주의 영광을 찬양하기 위하여

조선 경성동양선교회에서
주강생후 1919년 4월1일
카우만·길보른 근서

2) 내용분류

서언 다음에는 「문제 목록」, 요즘 말로 내용분류가 있는데 아주 간단하다.

믿음의 싸움	(1-9)
구 속	(10-40)
성 결	(41-78)
주의 재림	(79-83)

신 유	(84-87)
혼 잡	(88-208)
송 가	(209-211)

　이 편집 형태로 보아, 초기 성결교회에서는 '선한 싸움'에 대해 큰 비중을 두었음을 알 수가 있다. 우리가 잘 아는 대로 성결교는 웨슬리안, 즉 감리교 계통으로서 [중생·성결·신유·재림]의《4중 복음》을 근간으로 하는 신앙공동체다. 따라서 거듭나기 위해서는 믿음의 싸움이 중요하였으므로 이런 내용으로 편집한 것 같다. 차례 소트 방식은 아직도 선교사들이 임의로 정한 [아하가카마] 순서이다. 그러나 한글학회의 활동이 자리 잡히자 1926년 판부터는 「가나다」 순으로 바뀐다. 편집 체제는 역시 오른쪽 열기요 세로짜기다. 작사·작곡자 이름은 물론 영문 가사 첫줄도 없지만, 곡명을 맨 꼭대기 머리에 써넣었다. 새로 시도된 것은 관련 성구를 한글 제목 옆에 8포인트 활자로 성구 전문을 넣은 것이며, 맨 아래에 판권을 승인 받았음을 영문으로 표기한 것이다.

　주로《찬송가, 1909》의 것을 많이 채택하였는데, 새로 번역한 것들은 아주 잘 번역하여 해방 후《합동 찬송가, 1949》에까지 그대로 이어진다. 그리고 하나의 특징은 웨슬리안 전통을 따라 콘트라팍타(Contrafacta) 찬송을 많이 넣었다는 것이다. 「영국 찬송가」에서 이미 살펴본 대로, 대중전도에 평생을 바친 웨슬리 형제는 마틴 루터와 마찬가지로 찬송 가사에 서민 대중이 애창하는 민요나 가곡의 곡조를 차용하여 콘트라팍타 찬송을 만들어 불러왔고, 당시 미국 감리교회도 이 전통을 따르고 있었던 것이다.
　이 찬송가에 있는 것 중, 특색 있는 몇 편을 살펴보자.

3) 특색 있는 찬송가들

1장: 행군할 나팔 불고(통찬 402)

　그리스도교의 전투가(戰鬪歌)를 첫 장에 넣은 것은 「중생」을 교리의 첫번으로 강조하는 성결교적인 편집이다. 영적 투쟁 없이 중생은 없기 때문이다.

2장: 참 이치를 위해 주의 십자가(400)
'나가세 나가세 그리스도만을 위하여
목숨이라도 버리며 싸움터로 나가세!'
청년 헌신예배 때면 어느 교회나 목청을 높여 부르는 이 찬송은 피끓는 그리스도의 군병을 부르는 용진가(勇進歌)다.

4장: 마귀들과 싸울지라(388)
이 찬송은《통일 찬송가, 1983》에는 「작사자 모름」(Anonymous)으로 되어 있는데, 일본 홀리네스교단이 1941년에 발행한《福音讚美歌, 1941》193장에 보면 미다니의 작사라고 기록하였다.
이 곡조는 존 스테프(John W. Steffe)가 소방대원으로 있는 친구의 부탁으로 1852년에 작곡한 행진곡이다. 그런데 남북 전쟁이 벌어지자 남군은 남군대로, 북군은 북군대로 이 곡조에다 전투가 가사를 붙여 불렀는데, 1861년 여류시인 줄리아 하우(Julia W. Howe, 1819-1910) 여사는, 묵고 있던 호텔 앞을 행진하는 북군 병사의 당당한 모습에서 영감을 받아, 즉석에서 재림주로 오시는 주님을 찬양하는 찬송시를 써서 이 곡에 붙였던 것이다. 'Battle Hymn of the Republic'이 그 찬송이다. 이 찬송은 캠프 전도 집회를 통하여 전국에 퍼졌고, 19세기 미국 찬송가에 거의 다 실렸을 뿐만 아니라, 최근 발행된 찬송가에도 계속 실려 있다. 원 가사 1절을 사역(私譯)과 함께 소개한다.

1절
Mine eyes have seen the glory
of the coming of the Lord;
he is trampling out the vintage
where the grapes of wrath are stored;
he hath loosed the fateful lightning
of his terrible swift sword;

his truth is marching on.

Refrain:
Glory, glory, hallelujah!
Glory, glory, hallelujah!
Glory, glory, hallelujah!
His truth is marching on.

우리 주님 영광 중에 재림하신다.
분노의 포도주를 밟고 오신다.
심판주의 칼은 전광석화(電光石火) 같도다.
예수님 오신다.

영광, 영광 할렐루야!
영광, 영광 할렐루야!
영광, 영광 할렐루야!
예수님 오신다.[21]

미다니는 「재림 찬송」인 이 가사를 「믿음의 싸움」 항목의 찬송으로 바꿔놓았다. '마귀'란 말만 들으면 질겁을 하는 믿음 약한 사람들은 이 찬송 부르기를 꺼려하지만, 축귀(逐鬼) 은사를 받은 사역자들은 마귀의 부하들인 귀신과 싸울 때 이 찬송을 BATTLE HYMN으로 애창한다.

---

21) 이 노래는 복음가수로 일하던 조 아무개의 노래로 더욱 우리와 친근해졌고, '영광, 영광 대한민국'으로도 합창이 된다.

4) 번역의 오류들

그런데 번역에 문제가 있다. '아꾸마또 다다까에(惡魔と戰え)'를 '마귀들과 싸울지라'로 번역하는 바람에 마귀가 복수가 되어버린 것이다. 마귀란 말은 성경 전체에 34회, 사탄이란 말이 48회 나오는데 모두 단수다. 사탄=마귀는 한 놈이다. 에덴에서 하와를 유혹하여 타락시켰고, 타락한 인간 구원을 위해 40일 금식 기도하신 예수님을 직접 시험한 사탄은, 주님이 십자가에 죽으셨다가 사흘 만에 부활하신다는 말씀을 예고하실 때 베드로를 시켜서 '그러시면 안 됩니다!' 하고 걸고 늘어졌다가 정체가 발각되기도 하였다.

주님은 마귀를 '거짓의 아비'(요 6:44), '세상의 임금'(요 14:30)이라 부르셨고, 바울은 '공중의 권세 잡은 자'(엡 2:2), 사도 요한은 미혹하는 자'(계 20:10) 등으로 부르고 있다. 그러나 마지막 때에는 예수님에게 대적하다가 멸망당하게 된다.

①용을 잡으니 곧 옛 뱀이요 마귀요 사탄이라. 잡아 일천 년 동안 결박하여 무저갱에 던져 잠그고…. (계 20:2-3).

②나를 떠나 마귀와 그 사자들을 위하여 예비 된 영영한 불22)에 들어가라(마 25:41).

③또 저희를 미혹하는 마귀가 불과 유황 못에 던지우니 거기는 그 짐승과 거짓 선지자도 있어 세세토록 밤낮 괴로움을 받으리라(계 20:10).

∴【용=옛뱀=마귀=사탄】

위의 ②를 보면 마귀는 많은 부하(사자)를 거느리고 있고 우리는 그들과 싸워야 하는 것이다. 성경은 이것들을 '더러운 귀신'(마 8:16), '귀신들'(눅 10:17), '악의 영들'(엡 6:1-12)이라고 하였다.《통일 찬송가, 1983》중 마귀와 관련된 고쳐야 할 찬송은 다음과 같다.

384장 · '이 땅에 마귀 들끓어'(혼자서 어찌 들끓겠는가).

388장 · '마귀들과 싸울지라'

---

22) 어떤 가톨릭 신부는 "사랑의 하나님께서 지옥을 창조하셨을 리가 없가"고 성경을 부인했다지만, 이 지옥은 마귀를 위하여 만드신 것이요, 마귀 새끼 인간들이 가는 것임을 알 수 있다.

389장 · '원수 마귀 모두 쫓겨 가기는'

393장 · '마귀들의 군사들과 힘써 싸워서'

397장 · '이 세상 모든 마귀를 다 쳐서 멸하세'

5) 콘트라팍타 찬송들

❶ 6장: 보아라 십자가의 군기

이 찬송은 프랑스 국가「라 마르세예즈」에 찬송 가사를 붙인 것으로서 합동 찬송가를 사용할 때 젊은이들이 애창하던 콘트라팍타 찬송이다.

❷ 47장: 십자가 위에서 흘리신

이 찬송은 미국의 민요작가 스티븐 C. 포스터(Stephen Collins Foster, 1826- 1864) 작곡의「고향의 옛 동무」(Old folks at home) 곡조에 찬송시를 붙인 콘트라팍타 찬송이다.

흑인 노예 자식으로 태어나 먼 곳으로 팔려 간 노예가 옛 고향을 그리며 부르는 슬픈 노래는, 마귀의 자식이 되어 하나님의 품을 떠나 고생하는 죄 많은 인간을 상징한다고 보아 많은 사람들이 찬송가 가사를 붙여 19세기 미국에서 부르던 노래인데,《신증 복음가, 1919》에 채택 된 것이다. 그 가사를 포스터가 흑인 발음대로 작사한 1절을 적어 본다.

"Old Folks at Home",
by Stephen Foster, 1851

Way down upon de Swanee Ribber, Far, far away,
Dere's wha my heart is turning ebber,
Dere's wha de old folks stay.
All up and down de whole creation Sadly I roam,
Still longing for de old plantation,
And for de old folks at home.

Chorus

All de world am sad and dreary,

Eb-rywhere I roam;

Oh, darkeys, how my heart grows weary,

Far from de old folks at home!

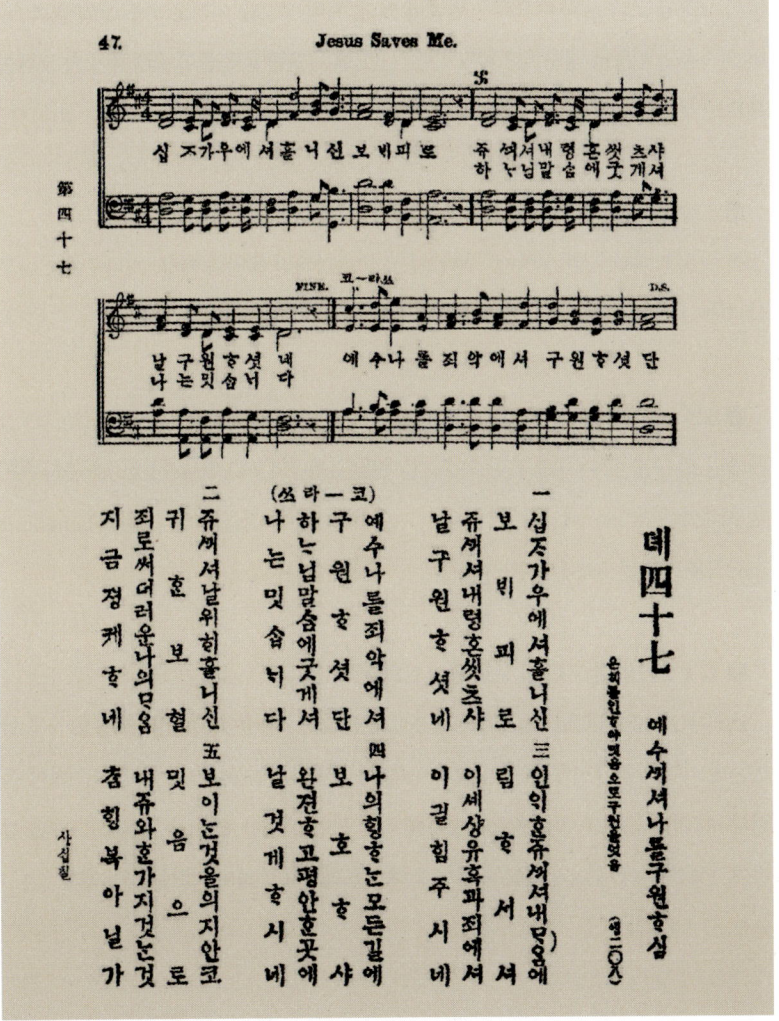

이 노래는 해방 직후 나온 중학교 음악교과서에는 이렇게 번역하였다.

날 사랑하시던 어머니 어디 갔나.
오, 오! 내 동생아! 어머니 천당에 가셨다.
온 세상이 쓸쓸하고 재미없구나.
나 어서 천당에 올라가 어머니 뵙겠네.

이 노래를 쓰다 보니 떠오르는 얼굴이 있다. 일찍 부모를 여의고 백부 댁에 얹혀 살던 외사촌 누이동생 경순이 (尹慶順, 1948~). 그 애는 온종일 눈물이 글썽하여 이 노래를 부르는 것이었다. 나도 함께 눈물을 흘렸다.

❸ 62장: 내 구주 말씀 들으니

이 찬송은 마리오 란자 (Mario Lanza)가 불러 유명해진 독일의 캐럴 [소나무야 소나무야] (Der Tannenbaum, O Christmas Tree)에 맞춘 콘트라팍타 찬송이다.

❹ 82장: 주 예수 두 번째 오시겠네

재림 찬송인 이 가사에 붙인 곡은, '즐거웠던 옛날의 얘기를 다시 한 번 들려주오'로 시작하는 토마스 베일리 (Thomas. H. Bayly, 1797-1839) 작곡의 영국 민요 'Long long ago' 곡조로서 콘트라팍타 찬송이다.

❺ 합동 200장 내 모든 죄 나를 얽어맸으나

스티븐 포스터의 Old Black Joe 곡조에 맞춘 이 이 찬송이 분명히 《부흥성가》에 있었는데 아무리 찾아도 찾을 수가 없어서 《합동 찬송가, 1949》에 있는 것을 스캔하여 올린다. 이 찬송들은 19세기 미국 찬송가에 실려 많이 불리던 좋은 찬송이건만, 《개편 찬송가, 1967》편찬 때 일반 학교 교과서에 나오는 곡조라고 빼어 버렸는데 아쉽다.

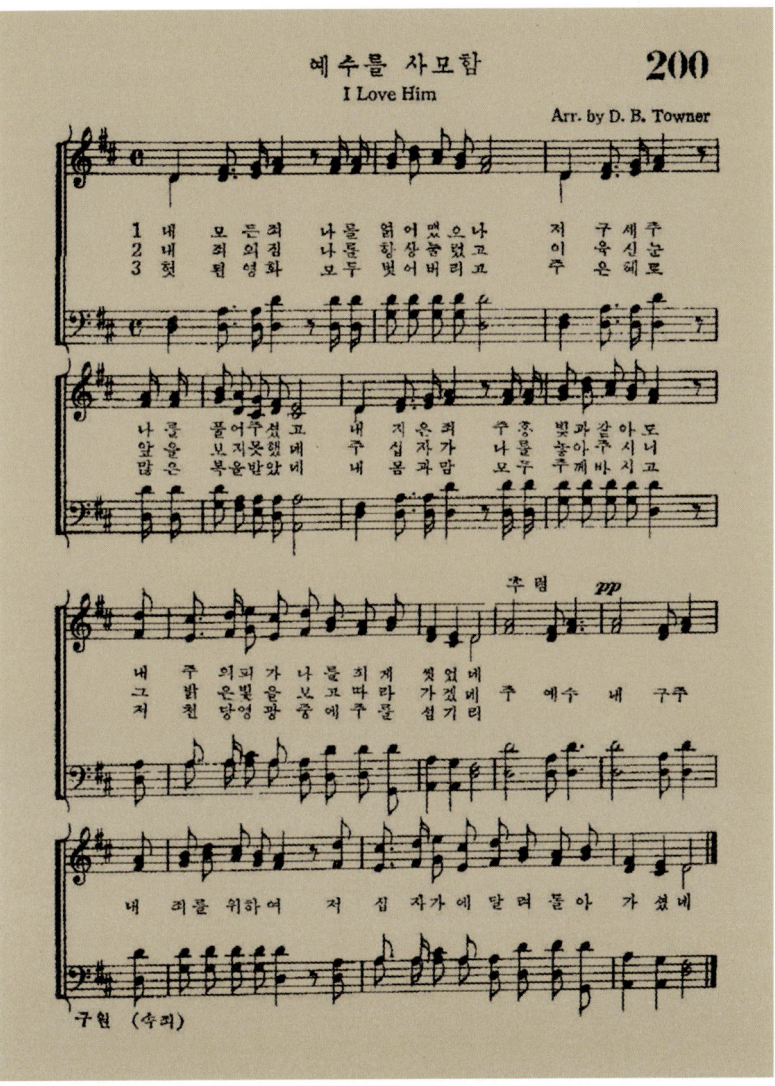

6) 일본 〈구세군가〉에서 번역한 찬송가

126장: 천지가 진동하며 햇빛 흐리고

예수님의 생애를 노래한 이 찬송은, 아래의 일본군가 「용감한 수병(勇敢なる水兵)」 곡조에 맞춰 선배 누군가가 작사한 찬송인 줄 알았는데 그게 아니라 번역이었다. 여기

사용한 10절이나 되는 이 군가는 1895년 2월 노일전쟁 때, 수병들의 애환을 노래한 사사기 노부쓰나(佐佐木信綱)의 가사에, 일본 국가《기미가요(君が代)》의 공동 작곡자로 알려진 오꾸 요시이사(奧好義)가 곡을 붙인 것이다. 참고삼아 1절 가사 원문과 역문을 소개한다. 곡조를 아는 독자는 속으로 불러보시기를….

〈1절〉

煙も見えず 雲もなく	연기도 안보이고 구름도 없고
風も起こらず 波立たず	바람도 일지 않고 파도도 없네.
鏡のごとき 黃海は	거울처럼 해맑은 황해 바다는
曇り初(そ)めたり 時の間に	눈 깜짝 할 사이에 흐려 오누나.

〈용감한 수병(水兵)〉 곡조

126장 〈천지가 진동하며 햇빛 흐리고〉 찬송은 곡의 리듬과 가사의 운이 맞지 않는 데가 너무 많은 노래지만, 성결교단에서는 이명직 목사 작사로 알고 애창된 찬송이다.

그러다가 《통일 찬송가, 1983》에서 삭제되었는데, 가사의 리듬을 손질하여 새로 작곡하면 주님의 생애를 노래하는 노래로서 큰 몫을 하리라 생각한다.

각설하고, 필자가 어렸을 적에 크게 유행한 일본 노래에 「아름다운 천연」, (美しき天然) 이란 노래가 유행했었다. 일본 최초의 서양음악 곡조로 된 창가로서 4분의 6박자 32소절, d마이너 [A + A] 두도막형식인 이 노래 가사를 보자. 곡조에 맞춰 번역을 하였다. 1절만 소개한다.

7) 일본 유행가

♪ · 美しき天然

武島羽衣 作詞 · 田中穗積 作曲

〈1절〉	
空にさえずる鳥の声,	공중에 지저귀는 새들의 노래
峯より落つるたきの音	산 위에서 쏟아지는 폭포의 소리
大波小波とうとうと,	큰 파도 작은 파도 도도하게도
響き絶えせぬ海の音。	끝없이 구비치는 바다의 소리
聞けや人びと面白き,	들으라 인간들아 재미가 있는
此の天然の音楽を	天然의 아름다운 이 음악을
調べ自在に弾き給う,	만들고 스스로가 연주하시는
神の御手の尊(とうと)しや。	하나님 그 손길 존귀하셔라 (이하 생략.)

이 노래는 명치유신 초기에 작사 작곡된, 그러니까 일본 최초의 창작 양악 창가다. 3박자 곡으로도 일본 최초이다. 그 때까지 일본인은 2박자 밖엔 몰랐다.

그런데 이건 누가 보아도 찬송가 가사 같다. 마치 시편 148편을 읽는 것 같다. 이 노래는 4절까지 있는데, 매 절 끝줄이 이 노래의 강조점이다. 모두 이런 말로 끝맺고 있다.

1절 하나님의 그 손길 존귀하셔라
2절 하나님의 그 솜씨 존귀하셔라
3절 하나님의 그 능력 존귀하셔라
4절 하나님의 하신 일 존귀하셔라

작사자 다께시마는 당시 크리스천은 아니었지만, 아내 도나꼬(となチ) 여사가 진실한 그리스도인이었기 때문에 많은 영향을 받았을 거라고 그의 아들이 증언을 하였다. 뿐만 아니라 작사자 다께시마 하고로모(武島羽衣, 1872~1967)가 죽자, 일본기독교단 후지미교회(富士見敎會)에서 그의 장례 예배를 드렸다는 사실로 보아, 그리스도를 영접하고 세상을 뜬 것은 분명하다. 일본인들은 이 노래를 모르는 사람이 없다.

일본 구세군의 창설자요 초대 사령관인 야마무로 굼빼이(山室軍平, 1872~1940)는 이 대히트곡에 맞춰 8절의 찬송시를 지어 부르다가, 1932년판《救世軍歌, 1938》에 넣었다. 그게《동남아교회협의회 찬송가, 1964》, 'EACC Hymnal' 122장에 영역되어 채택되었다.

한편, 성결교회는《신증복음가, 1819》126장에 야마무로의 가사를 번역하여 실리면서, 「아름다운 천연」(美しき天然) 곡조가 지나치게 왜색이어서 그랬는지, 당시 전국적으로 유행하던 「용감한 수병」(勇敢なる水兵)이라는 청일전쟁 때 군가 곡조를 채택함으로써, 찬송가가 통일된 1983년까지 장장 60여 년 동안 성결교단에서 애창하였다.

야마무로의 8절 가사와 성결교단의 번역을 대조해보자. 아래의《합동 찬송가》90장 악보가 「깡충 리듬」을 고치고 4/4박자로 고쳤지만, 위의 「용감한 수병」 곡조임을 누구나 알 수 있다. 예수님의 고난 찬송으로 이렇게 실감 있게 지은 찬송은 나는 보지 못했다. 가사를 살려 새로 작곡하였으면 좋겠다.

《日本救世軍歌, 1832》90장　《합동 찬송가, 1949》90장

〈1절〉
空かきくもり 地はふるい
風さへあれて ものすごき
カルバリ山の 神の子は
十字架の死を とげ給う。

〈1절〉
천지가 진동하고 햇빛 흐리고
공중에 부는 바람까지 처량해
갈보리 산상의 하나님 아들
십자가에 달려서 고난 보셨네

〈2절〉
三十三年の間を世にいまし
盲と唖(おし)と貧しいひと
惨めにおもへし主イェス様
この苦難どうしてうけたもう。

〈2절〉
삼십삼년 동안을 세상에 계셔
소경과 벙어리와 빈천한 사람
불쌍히 여기시던 주가 오늘날
이 고난을 당함은 무슨 연고뇨

〈3절〉
両手と足に釘うたれ
いばらの冠いただきて
君は四海のたみぐさ(民草)を
救わんために死ぬるなり。

〈3절〉
두 손과 양발에 쇠못을 박고
머리에 가시 면류관을 쓰셨네
세계상 모든 죄인 심판 당할 죄
구원해 주시려고 돌아가셨네

〈4절〉
泣きくずおるるその母を
見でしに残しみ弟子らを
神に任せて君は今
罪のこの世を去らんとず

〈4절〉
못 박히는 앞에서 우는 모친을
사랑하던 제자께 부탁하셨네
하나님 뜻을 좇아 우리 주 예수
어두운 죄악 세상 잠깐 떠났네

293

〈5절〉
情けをしらぬロマ兵は
君を柱にうちつけて
あざけり笑いその果ては
衣をくじにて分かつなり。

〈6절〉
二十四組の祭司たち
ちしおに渇く亂民は
歯をかみならし或は又
声いと高くののしれり。

〈7절〉
君は己れに仇をなす
罪人のため祈りけり
父よ彼らをあわれめよ
彼らを赦し給えよと。

〈8절〉
父よ彼らを赦せよと
祈れる君が誠こそ
神の恵みのしるしなれ
もろ国人の救いなれ。

〈5절〉
사정을 알지 못하는 로마병정은
주님을 형틀 위에 무례함으로
비웃고 흉보면서 욕하는 중에
제비로 의복을 나눠 가졌네

〈6절〉
스물 네 반열 위의 여러 제사와
주님을 죽이려는 흉악한 백성
분내어 이를 갈며 또한 어떤 자
큰소리 높이 불러 꾸짖었도다

〈7절〉
그러나 우리 주님 모든 원수 된
죄인을 위하여서 기도하신 말
아버지여 저들을 불쌍히 보사
저희들의 모든 죄 용서합소서

〈8절〉
하나님께 죄인을 용서하시기
들으심을 간절히 기도하셨네
주 예수 넓은 사랑 깊은 은혜로
죄인의 구원을 나타내셨네

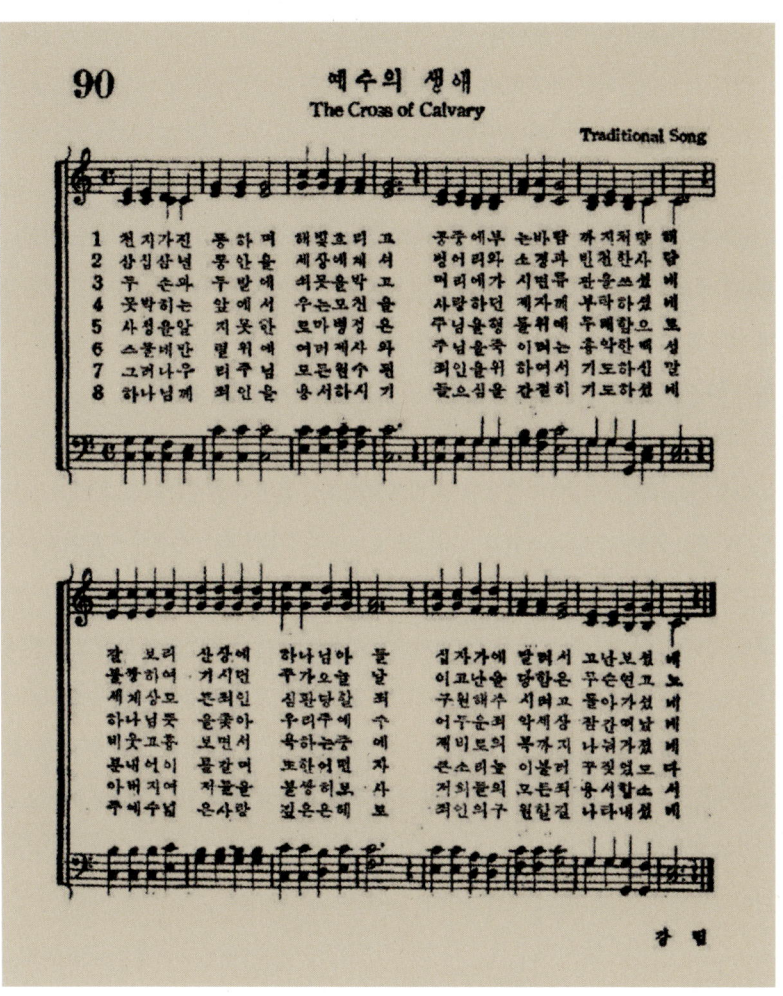

《합동 찬송가》 90장 "예수님의 생애"

8) 일본 군가 〈용감한 수병(水兵)〉 곡조

이 「용감한 수병」(勇敢なる水兵) 곡조는 열 두 제자 이름 노래로도 널리 불렸다.

베드로와 안드레 야고보 요한

빌립과 바돌로매 도마와 마태

알패오의 아들 되는 야고보와

시몬과 다대오와 가룟 우다라.

필자는 아주 어려서 이 노래로 12제자 이름을 외우게 되었다. 그런데 어느 어린이 찬송가에도 이 노래가 없는 것이었다. 그래서 1979년《어린이 찬송가, 1979》를 개편할 때 채보를 하여 싣게 되었는데, 내가 배운 가사 중 리듬에 안 맞는 것과, 문법적으로 혼동이 되는 부분을 고쳤다.

일본인이라면 모르는 이 없는 「아름다운 天然」은, 현재 서커스단의 호객(呼客)용 무드음악으로 쓰이고 있다. 작곡자는 다나까 호즈미(田中穗積). 나가사끼현의 사세호(佐世保) 해병단군악대 대장으로서, 시내 셋집에서 살 때 작곡한 것이다. 그는 집주인의 건물을 빌려서 1902년에 사립 사세호여학교를 세우고 거기서 음악을 가르치고 있었다. 어느 날, 다께시마의 「아름다운 天然」이란 시를 발견하고 곡을 붙여 자기 여학교에서 가르친 게 처음이라고 한다. 이 노래는 다나까가 죽은 지 1년 후인 1905년에 처음으로 낱장 악보로 출판되었는데, 여학생들에게서 사랑을 받아 애창되었고, 당시 처음으로 등장한 활동사진의 주제음악으로 이용되면서 대중화되었다고 한다. 이 노래는 일본의 미야꼬부시(都節), 요즘말로는 「요나누끼 단조」로 작곡되었다.

154장: 작사 · 작곡사 미상의 〈구주께서 부르되〉

이 찬송은 작사·작곡자를 알 수 없으나 분명히 한국인 창작이라고 생각한다. 이유는 첫째 가사의 운율이 한국의 4·4조의 변형인 운율이요, 곡조는 5음 음계인데 매 소절마다 셋잇단음을 사용한 것을 들 수 있다. 서양 사람들은 당김음이나 셋잇단음은 어려운 리듬이라 하여 고학년에서 가르치지만, 우리 곡조는 당김음과 셋잇단음이 기본 요소이기 때문에 유치부 어린이들도 잘들 부른다. 또 곡조가 4단 두도막형식[A$^{(a+a)}$-

$A^{(a+a')}$] 형식인 것도 우리 식이다. 우리 곡조는 많은 변화를 피하고 아름다운 주제를 살짝 변형·반복하는 경향이 많기 때문이다. 위 곡조는 4분의 4박자로 실렸지만, 필자가 보기에는 3분박 곡조다. 그래서 3분박 8분의 12박자로 편곡하여 올린 것이다.

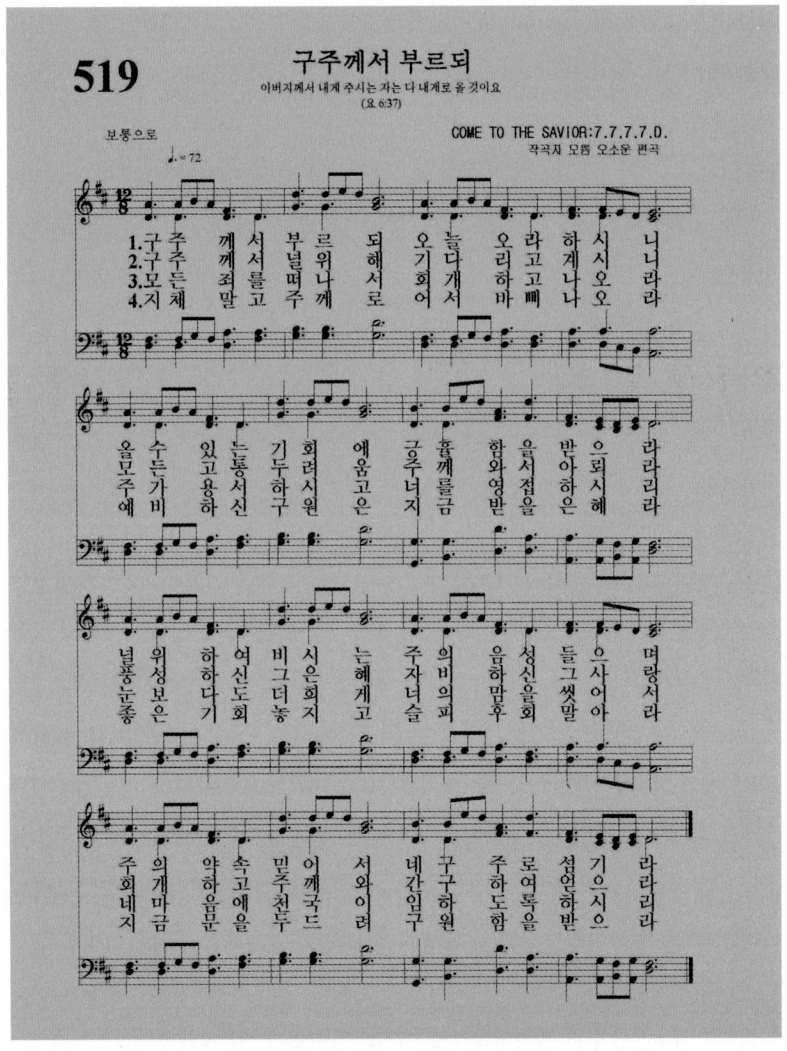

내가 3분박으로 편곡한 〈구주께서 부르되〉

190장: 예수여 나의 몸을

이 찬송은 윌리엄 돈(William H. Doane, 1823-1915)이 작곡한 NEAR THE CROSS 곡조에 맞춰 누가 창작한 것 같은데, 악보가 늦게 도착하였던지, 악보 안에 1절 가사를 넣는 기본 형식을 갖추지 못하여, 악보에는 가사가 없고 악보 밖에만 가사를 넣는 실수를 저질렀다. 책이 나온 다음 편집자들의 황당해하는 모습이 눈에 보이는 듯하다.

17. 《신증 복음가, 1919》 증보판 《부흥성가, 1930》

《부흥성가, 1930》는 《신증 복음가, 1919》의 증보판으로 발행하였다. 그래서 이름만 바꾼채 판 수는 「제4판」으로 한 것이다. 이 책 머리말을 쓴 이명직 목사는 「부흥성가 출판에 대하여」라는 글에서 이렇게 말하고 있다. 현대 맞춤법으로 띄어쓰기를 해 인용한다.

1) 부흥성가 출판에 대하여

"하나님을 영화롭게 하고 모든 사람을 은혜로 인도함에는 곧 거룩한 노래이다. 그런고로
「萬民들아 손바닥을 치고, 즐겨 부르는 소리로 하나님을 부를지어다」(시47:1) 하였고,
또 「시와 찬미와 신령한 곡조로 서로 화답하며 너희 입으로 부르며, 마음으로 주께 찬송하라」(엡 5:19) 권면하였고, 묵시록 4장 8절에 보면, 천국에 있는 성도의 하나님 섬기는 법은 주야로 쉬지 않고 「거룩하다, 거룩하다, 거룩하다!」 하였으니, 성도의 생애는 일생을 통하여 찬송이요, 영원한 저 나라에 가서도 찬송의 생애일 것을 알 수가 있다.

이제 이 「부흥성가」라 함은 전일 「복음가」의 개제인데 복음가가 출판된 이래로 모든 성도에게 사랑을 받아 왔으며 그 심령에 많은 감동과 부흥을 준 것은 사실이다. 그

러므로 이제 구미 각국에서 각 부흥회와 전도회에 성히 부르는바 활발하고 능력 있고, 많은 성도에게 큰 감동을 주는 노래 30여 종을 더 번역하여 부흥성가라는 새 이름을 붙여 발행하게 되었다. 그런데 이번에 참 신기발한 새노래를 선발하고 번역하기에 뇌력과 시간을 많이 허비하야 주신 「헤인스」 목사 부인과 렴형우 선생 두 분에 대하여는 특별히 감사드리는 바이다.

하나님께서 과거의 복음가를 가지시고 많은 영광을 받으시고 많은 성도에게 은혜를 주신 것과 같이 이번에 증보하여 새로이 출판되는 부흥성가로 말미암아 전보다 더 많은 영광을 받으시고 모든 교회를 부흥시키고 은혜 베푸시기를 간절히 빌어 마지아니 한다. 아-멘.

1930년 5월 25일
성서학원에서
리 명 직

앞서도 말했지만,《부흥성가, 1930》는 새로 편집한 것이 아니라《신증 복음가, 1919》를 증보한 것이다. 206장까지는 그대로 두고, 206장 뒤에 새로 번역한 30편을 넣고 송영을 맨 뒤로 돌려놓아, 이전 장수를 그대로 유지하였기 때문에, 신·구 찬송가를 함께 쓰는데 불편함이 없었다. 새로 추가한 것 중 오늘도 애창되는 찬송을 열거해본다. 편의상《통일 찬송가, 1983》 가사 첫줄로 인용한다.

2) 오늘까지 애창되는 찬송들
- 207장: 나는 예수 따라가는(통찬 387장)
- 208장: 내가 매일 기쁘게(427장)
- 209장: 천국에서 만나보자(293장)
- 212장: 위에 계신 나의 친구(97장)
- 213장: 너 예수께 조용히 나가(483장)
- 214장: 하나님이 언약하신 그대로(72장)

- 217장: 익은 곡식 거둘 자가(271장)
- 220장: 주 예수 이름 힘입어서(392장)
- 222장: 내 모든 소원 기도의 제목(505장)
- 223장: 오 놀라운 구세주 예수 내 주(446장)
- 224장: 피곤한 내 영혼 편히 쉴 곳(464장)
- 225장: 저 건너 편 강 언덕에(226장)
- 233장: 저 장미꽃 위의 이슬(499장)
- 234장: 빛의 사자들이여 어서 가서(259장)
- 235장: 아, 내 맘속에(473장)
- 237장: 내 기도하는 그 시간(482장)

참으로 좋은 찬송들만을 골라 보충하였다. 이건 사족을 다는 게 될지 모르나,《개편 찬송가, 1967》를 편찬할 때,「수직적인 하나님 찬양」을 많이 보강한다며 독일의 코랄을 많이 보충하고 미국의 복음찬송을 빼어버린 일이 있었다. 그러자 부흥사들이 들고일어나고 파송 위원인 성결교단에서 김성호 목사가 앞장서서 사용 거부 운동이 벌어지자, 한국찬송가위원회는 부랴부랴《합동 찬송가, 1949》편집 때《부흥성가》에서 들어온 20여 편의「수평적인 복음찬송」을 〈부록〉으로 하여 발행하는 해프닝이 벌어졌다.

성결교단은 〈부록〉이란 푸대접이 마땅치 않았으나, 추가 곡조를 각 항목의 제 자리를 찾아 넣으려면, 전체 편집을 새로 해야 하기 때문에 어렵다는 위원회의 고충을 헤아려 참아야 했던 것이다.

1937년에 발행된《부흥성가, 1930》제10판은「한글 맞춤법 통일안」의 원칙에 따라 맞춤법을 통일하였고, 먼저 판에서 11곡을 빼고 새로 14곡을 추가하여 245곡으로 하였는데, 순서를 전면 재조정하였기 때문에 개정판이나 마찬가지였다. 새로 추가한 곡조들은 다음과 같다.

· 78장: 주의 주실 화평(361)

· 89장: 기쁘다 구주 오셨네(115)

· 110장: 나의 가쁨 나의 소망(82)

· 132장: 그 맑고 환한 밤중에(112)

· 147장: 그 어리신 예수(113)

· 151장: 어지러운 세상 중에(366)

· 191장: 돌아와 돌아와(315)

· 200장: 아 하나님의 은혜로(410)

· 226장: 주를 앙모하는 자(394)

· 232장: 고요한 밤 거룩한 밤(109)

· 241장: 세상의 친구들은(449)

· 242장: 살아 계신 성신여(합동 161)

· 243장: 오라, 오라 내게 오라(합동 246)

이와 같은 편집의 변화는 그 동안 복음 전파에 전념하느라 소홀했던 교회력에 대한 배려임을 알 수 있다. 이 찬송은 《합동 찬송가, 1949》로 하나가 되기까지 성결교단의 찬송가로서 굳건히 자리를 지켰다.

18. 감리교만의 찬송가가 된 《신정 찬송가, 1931》

1) 찬송가 인쇄소의 빈번한 화재

이 글을 쓰기 위해 역사를 살피면서 필자는 이상한 점을 발견했다. 곡조 찬송가를 발행하려고 일본 요꼬하마(橫濱) 인쇄소에서 모든 작업을 하여, 이제 인쇄에 붙이려 하면 영락없이 불이 나서 다시 처음부터 작업을 해야 했다는 것이다.

❶ 《찬송가, 1908》 화재로 늦게 나옴

「신정 찬송가」 서문에 보면 이런 말이 나온다. 띄어쓰기와 한자와 문장부호를 넣어 현행 맞춤법으로 인용한다.

"이 새찬송가(찬송가, 1908·필자 주)가 횡빈(橫濱) 인쇄소의 화재로 인하야 좀 늦게 나오게 되었으나, 1908년에 6만 부가 나오게 되었고, 1910년까지 이 성망(聲望)이 높은 책은, 24만 5,000부가 발행이 되었으며, 그 이듬해에 5만(6만의 오식·필자 주) 부를 더 박이게 되니라.

❷「청년 찬송가」는 화재로 내지 못함
역시《신정 찬송가, 1931》서문에 이런 말이 나온다.
"시대의 요구에 따라 1922년에 청년용 찬미 편찬에 착수하게 되니, 메리 영 부인(캐나다 장로회 선교사 Miss Mary E. Young·필자 주)이 위원장이 되어 일백 장을 수집·편성하여 1923년에 횡빈 인쇄소에 맡겨 인쇄 중이더니, 불행히 대지진으로 동 인쇄소가 전멸되고, 인쇄 중에 있던 책도 다 태워버렸는데, 다행한 것은 원고가 남아 있는 것이니라.
이 화재는 일본 역사상 가장 처참했던「관동대진재(関東大震災)」를 가리킨다. 그때 일을 살펴보자. 백과사전의 기사를 간추려본다.

"1923년 9월 1일 오전 11시 58분에 일본 관동 지방에서 일어난 이른바「관동대진재」. 목조 가옥이 밀집해 있었고, 도로나 공원도 협소한데다가 이재민들이 들고 나온 가재 도구들이 연소를 초래하여 소사자(燒死者)가 더욱 늘어났다. 요꼬하마는 전 도시가 괴멸되었지만, 며칠 동안이나 구호의 길이 막혔다. 1926년 동경 시청에서 발간한 자료에 의하면, 이재민 약 340만 명, 사망자 91,344명, 행방불명 13,275명, 중상 16,514명, 경상 35,560명, 전소 381,090 세대, 전괴(全壞) 83,819세대, 반괴 91,232 세대에 이르고 있다. 손해액은 약 55억 엔으로 추정되었는데, 1922년도의 일반회계 예산이 약 14억 7천만 엔이었던 것과 비교해 보면 그 손해액이 얼마나 막대했던가를 짐작할 수 있다. 이런 와중에서「조선인 폭동설」을 조작 유포시켜 각지에 죽창과 몽둥이로 무장

시킨 자경단을 조직하여 수많은 조선인과 일본인 사회주의자를 무차별 학살하는 일을 꾸미기도 하였다.

※16원 50전

이 때 일본인들은 조선인들이라 의심나는 사람을 만나면 다짜고짜,「16圓 50錢」이라고 쓴 쪽지를 주면서 읽어보라고 하였다. 표준 발음은「쥬우로꾸엥 고짓셍」이다.

우리말은「ㄹ」발음이 두음에 오면 두음법칙으로「ㄴ」으로 발음된다. 이런 발음 때문에「라리루레로(らりるれろ)」발음을 많이 쓰는 일본인들은 조선인들의 서툰 발음을 비웃었다. 내가 소학교에 다닐 때만 해도 일본어 발음이 엉터리라고 매를 맞는 동무들을 많이 보았다. 그런데 더욱 까다로운 것이「웅(ん)」발음이다. 이 글자는 뒤에 오는 글자에 따라「ㅇ」도 되고,「ㄴ」도 되고,「ㅁ」도 되는 까다로운 발음이다. 간단히 예를 들어 보자.

① これ なんだ (고레 난다? 이게 뭐냐?), 여기서는「ㄴ」발음을 한다.
② これ ほんものです (고레 홈모노데스. 이거 진품입니다.) 여기서는「ㅁ」발음이다.
③ これ きみのほんか (고레 기미노 홍까? 이거 네 책이냐?) 여기서는「ㅇ」발음을 한다.

이렇게 경우에 따라 달라지는 일본발음에 서툰 조선인들은,「웅(ん)」을「ㄴ」으로만 발음하기 때문에 (하긴 지금도 교육부 표준 발음은「ㄴ」이지만…) 위의 글을 본 조선인들 중,「쥬우노쿠엔 코짓센」이렇게 대답하고 무참히 죽창(竹槍)에 찔려 죽어 갔던 것이다. 공식적으로 확인된 조선인 희생자만도 7,313명이며, 최대 30,000 명까지도 추론이 가능하다고 본다. 이 이야기는 일본인 소설가 쓰보이(壺井繁治)의 단편집에 나오는데, 그에 의하면 일본인 중에도 발음이 어눌한 사람이 많이 죽었다고 한다.

❸《신정 찬송가, 1931》도 화재로 늦게 나옴

《신정 찬송가, 1931》 출판 때는 서울에도 오프셋 인쇄소가 생겨서 거기다 맡겼는데, 이게 웬 조화인가! 또 불이 났다. 역시《신정 찬송가, 1931》서문을 보자.

"금번에 인쇄를 붙인 새찬송가(신정 찬송가·필자 주)도 경성에 있는 제칠일안식교회 인쇄소의 화재로 인쇄물을 다 태웠는데, 다행히 원판은 건지게 되어 이로 인하여 몹시 기다리던 이 책의 발행도 더 지체가 되었느니라."

어쩌면 이렇게 찬송가 인쇄 때마다 불이 났을까? 그리고《신정 찬송가, 1931》서문에는 왜 이 세 번의 화재를 낱낱이 기록하며「몹시 기다리던 이 책의 발행도」더 지체가 되었다고 써 남겼을까? 필자는 이 글의 행간에 보이지 않는 글을 발견한다. '왜놈들이 번번이 불을 질러 이 책의 발행도 더 더디 나왔다' 라고 쓰며 분노하는 편집자들의 얼굴을 떠올리는데, 나만의 지나친 상상일까?

당시 교회는 찬송가의 보급으로 날로 부흥되어 갔고, 글을 모르던 사람들이 교회에만 가면 찬송가를 가지고 한글을 배울 뿐만 아니라 애국자로 돌변하는 것을, 간교한 왜놈들이 그냥 보고만 있었겠는가! 내가 존경하는 장로교의 총회장을 지낸 유(劉) 아무개 목사님은 김좌진(金佐鎭) 장군 측근으로 청산리(靑山里) 전투에 참전한 분인데, 김장군 순국 후 서울로 와서 애국 운동을 하려 했다는 것이다.

그러나 서너 명만 모여 있어도 왜경들이 호루라기를 불며 달려와 "해산!" 하고 흩어버리는 통에 애국 강연을 못 하고 있었는데, 유독 예배당에서만은 강연(설교)하는 걸 놔두는 것을 보고, 애국운동 할 목적으로 예배당에 다니다가 예수를 영접하여 목사가 됐다는 말씀을 직접 들었다. 그러니 왜놈들이 찬송가 출판을 방해하려고 불을 지른 게 아닌가 하는 생각을 떨칠 수가 없다.23) 왜 그들이 찬송가 발행을 방해했을까? 거기에

---

23) 공의의 하나님도 더 이상 참지를 못하셨는가. 왜놈 땅에 "하늘에서 불을 내려" 30여만 명의 왜놈들이 불에 타 재가 되고, 왜왕은 〈무조건 항복〉을 했던 것이다.

는 또 다른 이유, 애국 찬송이 많이 들어 있었기 때문이다.

2) 《신정 찬송가, 1931》의 애국 찬송

「신정 찬송가」에는 특히 애국 찬송이 많이 들어 있다. 그 중의 대표적인 것 몇 장만 짚고 넘어가자.

❶ 219장 : 삼천리반도 금수강산

감리교회의 남궁억 장로가 작사한 이 찬송은 간악한 왜놈들이 트집 잡지 못하도록 교묘하게 작사한 애국 찬송이다. 여기 담긴 가사는 평범한 것 같으면서도 피를 끓게 하는 힘이 있다.

가사 내용은 아주 단순하다.

①이 땅은 하나님이 우리에게 주신 땅이다! 왜놈들 물럿거라!

②이 땅에 할 일이 많다. 동포들아 일어나라! 이 나라 다시 세우자!

③이 나라를 하나님의 나라로 만들자. 이게 하나님의 명령이다! 이를 자세히 설명해 보자

① '삼천리 반도 금수강산', 국토사랑 노래다. 이 땅은 하나님이 주신, 우리가 지켜야 할 동산임을 외치고 있다. This land is mine, God gave this land to me! 하고 노래하며 약속의 땅으로 행진하는 영화 《Exodus》의 주제가 같은 노래이다.

② 하나님이 이 강산을 위해 일하라고 너를 부르시는데 왜 가만히 있느냐는 질책이요 호소다.

③ 너도나도 이 강산 위해 일하라고 하나님은 명하신다는 천명사상(天命思想)의 노래다.

《신정 찬송가, 1931》편집 때 미국《면려회 찬송가》'The Endeavor Hymnal, 1901' 편집 위원회가 도니제티(Gaetano Donizetti, 1797-1848) 작곡의 오페라 「루치아 디 람메

르모어」 'Lucia di Lammermore, 1835' 제2막에 나오는 이 합창곡을 찬송가 곡조로 편곡하여 125장에 처음 실렸던 것이다. 가사는 「나팔 소리 들려온다」 'Hark! Tis the Clarion'라는 조셉 브라운 모건(Joseph Brown Morgan)의 3절 가사를 이 곡조에 맞춰 실렸다. 'Endeavor Hymnal' 은《신정 찬송가, 1931》편찬 때 참고자료로 사용되었고, 편찬에 관계했던 남궁억 장로는 이 곡조에 맞춰 애국 찬송 「삼천리 반도 금수강산」을 작사하여 219장에 실렸던 것이다. 힘찬 그리스도교 행군찬송을 애국찬송으로 개작한 것이다.

일반인이 부르려면 젖 먹은 힘을 다 해야 하는 에프(f) 음까지 나는 절규 같은 곡조다. 왜놈들은 이 찬송을 금지하고 못 부르게 하였으나 교회에서는 비밀리에 부르며 애국을 다짐하였던 것이다.

작사가 남궁억 장로는 1910년 한일합방이 되자 군수직에서 물러난다. 그는 그 해 「배화학당」 교사로 들어가 기독교 여성교육에 몸담았고 여성교육에 관한 책을 저술하기도 하였다. 그는 역사교육과 진보적 여성교육에 중점을 두었는데, 영어를 가르치다가도 틈만 나면 한국역사를 가르쳤으며, 민족의식 고취를 위해 무궁화 꽃으로 삼천리 금수강산을 수놓는 지도를 수본(繡本)으로 만들어 수를 놓게 했으며, 태극기도 그렇게 수놓게 하였다. 또한 야간에는 「상동청년학원」에서 영어와 영문법을 가르쳤으며, 한때 상동청년학원 야간부 원장까지 맡기도 하였다.

그는 보리울에 낙향하여 신앙교육으로 애국 운동을 할 때 전국을 「무궁화 동산」으로 만들자는 운동을 벌였다. 무려 3,000만 그루의 무궁화 묘목을 전국에 나눠주며 지은 것이 「무궁화 동산」이란 노래인데 나도 어려서 애창하던 노래다. 나는 이 노래를 채보하여 「교회학교 노래집, 1983」(한국찬송가위원회 편집, 대한기독교서회 발행) 제29장에 넣어 리바이벌 시킨바 있다. 이 노래는 베버(C. M. Weber)의 오페라 「사냥꾼의 합창」에 나오는 합창곡으로서 그 곡조를 실려 후대에 남긴다.(뒤 악보 참조)

❷ 126장 : 캄캄한 밤 사나운 바람 불 때

이 찬송은 1921년《청년 찬송가》에 싣기 위해 전국적으로 가사를 공모할 때, 이화여전 강사인 약관 22세의 김활란이 응모·채택된 찬송이다. 겉으로의 내용은, 풍랑을 만나 어쩔 줄을 몰라 하는 제자들의 배를 '아, 위태하구나!'하고 부르짖으며 하나님께 도우심을 기도하는 내용이지만, 실은 한국이란 조각배가 가라앉게 되었다며 하나님께 하소연하여 마침내 구원받는다는 신앙고백이다.

〈1절〉

캄캄한 밤 쌀쌀한 바람 불 때

만경창파 그 넓은 바다에

고독한 배 한 척이 떠나가니

아 위태하구나

〈2절〉
미친 바람 늘 쉬지 않고 불며
그 놀란 물 큰 파도 이룰 때
연약한 저 뱃사람 어찌 할까
참 가련하구나

〈3절〉
물결칠 때 배 의지하는 사공
외로운 중 큰 위험 느끼며
푸른 하늘 우러러 쳐다보고
천부께 비는 말

〈4절〉
"주 하나님 이 죄인 굽어보사
이 물결 다 잔잔케 하시고
참 불쌍한 이 인생 살리소서
사랑의 하나님"

〈5절〉
권능의 손 그 노를 저으시니
모진 바람 또 험한 큰 물결
제 아무리 힘있게 몰려 와도
잔잔케 하시네

이 찬송도 왜놈들이 트집을 잡으려야 잡을 수가 없었으니 얼마나 화가 났으랴. 한 가지 아쉬움은 이 좋은 애국 찬송을 국내 작곡자가 없어 서양 곡조에 맞췄다는 것이다. 다행한 것은, 《개편 찬송가, 1967》때 이동훈(李東勳, 1922~1974)이 민속적 곡조로 작곡하였는데, 《미국장로교찬송가, 1990》(The Presbyterian Hymnal) 373장과 《미국연합감리회찬송가, 1990》(The United Methodist Hymnal) 476장 등에 실려 국제화 되어 있다.

❸ 250장 : 엄동설한 지나가면

메타 오리드(Meta Orred) 작사, 애니 해리슨(Annie Harrison) 작곡의 이 노래는 우울한 날이 지나면 밝은 날이 온다는 절망에서 희망을 노래한 2절 가곡이다. 여기에 3절을 추가하여 찬송으로 만든 것이다. 이 찬송도 왜놈이 망할 날을 고대하는 노래다. 가사를 보자.

1. 엄동설한 지나가면 양춘가절 돌아와
   폭주하여 오던비도 애인후엔 햇빛나
   어둔밤이 지나간후 밝은아침 오도다
   극히실망 하였건만 어렵잖게 되였네

2. 맘이애통 하는자는 기뻐하며 믿으라
   허락한날 올때에는 모든괴롬 없겠네
   검은구름 벗어지면 광명한빛 비치고
   괴론여행 다한후엔 목적지에 달하리

3. 고단하고 피곤하나 밤이오면 쉬겠네
   풍파만나 위험한배 잔잔한후 안전해
   맘에고난 받는자여 의심말고 믿으라
   괴론세상 자간후엔 영생복을 얻겠네

참으로 왜놈 학정에 시달려 희망을 잃은 조선 백성에게 희망을 주는 좋은 찬송이다.

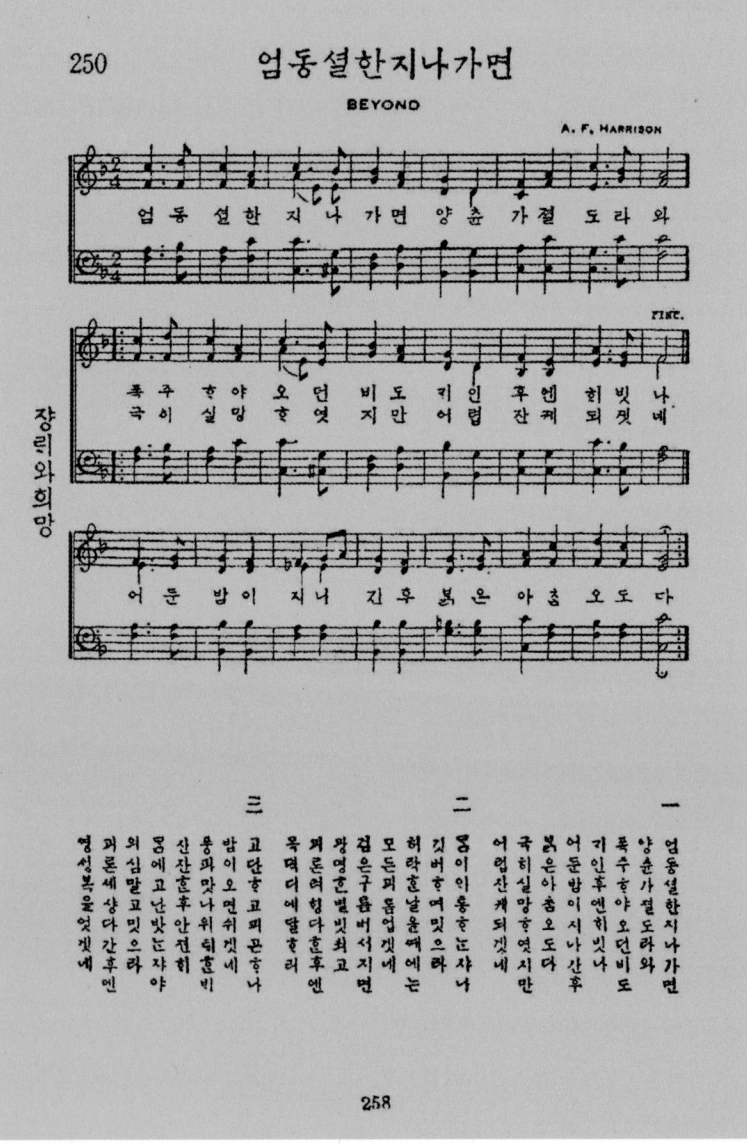

❹ 304장 : 아침해가 돋을 때

"아침 해가 돋을 때"로 시작되는 이 청소년 찬송은 90년 가까이 애창되고 있는데 작사·작곡자 이름을 적어 넣지 않고, 곡명만 「분음을 아낌」(Sunshine Minutes) 라고 적어 놓아 아직 작자를 찾지 못하고 있다. 가사와 곡조가 어쩌면 그리 잘 맞는지 한국인의 신작 찬송이 분명한데 심증만 있을 뿐 증거가 없다. 이 찬송도 애국 찬송이다.

가사 첫줄 "아침(朝) 해가 돋을 때 민물 신선(鮮) 하여라" = 朝鮮

조선이란 글자를 교묘하게 넣었고 매 절마다 "햇빛 되게 합소서"라고 한 것은 청소년들이 몸과 마음을 불태워 조선의 햇빛이 되게 해 달라는 기도다. 후렴은 세월 허송하지 말고 "왜놈들의 이 어둔 세상"에서 조선의 햇빛이 되게 해 달라는 간구의 찬송이다.

3) 개정 원칙

이 찬송가, 《신정 찬송가, 1931》는 장·감 연합으로 만들어 《찬송가, 1908》의 뒤를 잇기로 하고 편집에 들어갔던 것이다. 《찬송가, 1908》는 장·감 연합공의회 찬미위원이 제작권까지 맡아 가지고 오다가, 1918년에 출판권을 예수교서회(현 대한기독교서회)에 맡기고 위원회는 판권만 가지고 있었다. 판을 거듭할 때마다 오식을 고침은 물론, 음악적으로나 성경적·시적인 수정을 하다 보니, 전면개편이 더 낫겠다는 결론에 다다랐고, 의욕을 갖고 청년들을 위해 편집한 「청년 찬송가」가 1923년 대지진으로 소실되자 이를 포기하고, 신정(新訂) 찬송가를 발행하기로 양 교단이 합의한 것이다. 개정 작업 전 과정을 《신정 찬송가, 1931》 서문에 자세히 기록하여 놓았으므로 이를 현대 문장으로 인용한다. (원문자 숫자와 괄호 안의 글은 이해를 돕기 위한 필자의 추가임.)

4) 서 문

① 이 책(불타버린 100곡의 「청년 찬송가」·필자 주)을 (새로 편집하는) 찬송가에 넣기로 결정하고,

② 전체로 개정할 것은 개정하며,

③ 이왕 찬송가 중에서 삭제할 만한 것은 통첩으로써 물어 의견을 모아 가지고,

④ 찬미 위원들이 협(선교협의회·필자 주) 위원으로 더불어 속위원부를 조직하여, 각 부마다 개정할 찬미를 얼마씩 맡기고,

⑤ 그 맡은 것이 다 되는 대로 다른 속위원부에 넘겨, 더 개정할 것이 있나 살피게 하였는데,

⑥ 얼마 해본 뒤에 이 일에 통일이 필요한 것을 깨닫고,

⑦ 최종 개정위원에게 전임하였느니라.

⑧ 이 위원들에게 《찬송가, 1908》와 「청년 찬송가」와 새 찬미들을 선정하며 개정하고 모든 순서를 정할 것을 명할 것과,

⑨ 목록들을 만들 것을 위임하고, 완성되는 대로 연합공의회의 찬미위원회에 넘기기로 하니라.

⑩ 위원은 아편설라(H. G. Appenzeller) · 변성옥(邊成玉) · 김인식(金仁湜) · 공위량(William C. Kerr)이요, 공위량 씨가 안식년으로 귀국한 동안에 그 대리로 안대선(W. J. Anderson) 씨가 있었느니라.

이 새로 개정한 모든 문제의 표준은 이러하니;
① 번역이 원문의 뜻과 같은지
② 번역이 아닌 것은, 찬미로 쓸 만한지
③ 말이 음악의 구절과 억양에 맞는지
④ 악보가 원 악보에서 고쳐진 것인지
⑤ 기왕의 쓴 곡조의 주조음(主調音, keynote)이 적합한지
⑥ 절수를 줄여도 무방한지
⑦ 곡조가 찬미에 맞는지,
⑧ 그렇지 않으면 어떤 곡조가 적당한지
⑨ 조선 구곡을 찬미로 사용할까

하는 문제도 있었으나, '좋지 못한 사회와 관계가 있으니 불합(不合)하다'고 조선 위원의 반대로 중지하니라.

개정 위원의 집회가 1928년 1월까지 4개년 동안 계속하여, 총 314장을 선정하였

으니,

① 반수 이상이 「찬송가」에서 선택된 것이요,

② 「청년 찬송」에서 70이요,

③ 소수가 번역이요,

④ 현상 모집에서 채용된 창작 6장이 들었으니, 사실상 옛 찬송은 개정 안 된 것이 없으니, 어떤 것은 전부가 개정되었느니라.

구절의 억양을 중요하게 보았으나, 만일 그 두 가지에 어느 것이나 저촉이 있는 경우에는 음악의 억양에 따라 말이 쪼개지지 않아야 할 곳에 있어서는, 전자를 더 중요하게 보았으며 한문이면 둘째 철음(綴音)에 억양이 당하더라도 통과되기로 하고, 순 조선어이면 허락지 않기로 하니라.

교회음악의 정도가 향상함을 따라, 내렸던 주조음을 원 주조음에 회복하기로 하고, 제목 목차를 만들면서 부족한 부분에는 새 찬미를 선택하여 보충하여, 최종 개정 위원이 이 일을 다 마친 뒤에 연합공의회의 찬미위원회에 제출하여 가납(嘉納)되니라.

제목 목차 외의 모든 목차는 피득 목사 부인이 다 준비하였고, 교열은 피득 목사 부부와 김인식 씨가 하였고, 기타 상세한 일들은 반우거 씨가 맡아 보니라.

음악 활자는 얻기가 어려운 관계로 이 아래 방법으로 박여내기로 하였으니, 먼저 음악은 예술가의 손으로 쓰되 부표(部表=고음부와 저음부·필자 주) 사이에 찬미의 첫 절을 쓰게 하고, 또 전체의 찬미를 다음에 활자로 박이고, 맨 끝으로 조선문과 영문의 제목을 붙인 후에 사진을 박아서 철판(오프셋 인쇄판·필자 주)에 옮기게 하니라. 이렇게 일이 번잡한 관계로 인쇄에 잘못 된 점이 많을 것을 짐작하면서도 인쇄에 붙이기로 하니라.

금번에 인쇄에 붙인 새찬송가도 경성에 있는 제칠일안식교회 인쇄소의 화재로 인쇄물을 다 태웠는데, 다행히 원판은 건지게 되어 이로 인하여 몹시 기다리던 이 책의 발행도 더 지체가 되었느니라.

조선교회를 위하여 찬미학(讚美學, Hymnology·필자 주)의 길을 닦아주신 여러 선배에게 감사를 올리며, 동시에 교회에 이 책을 내놓는 위원들과 협력하신 여러분께 감사를 드리고, 기왕의 잘못된 것을 개정함으로^(써) 더 유익하게 될 것을 믿고, 이 찬미가 장래 교회에 적합한 찬미 작법^(作法)에 이르는데 자극이 되기를 빌며, 위원 일동은 노력한 결과를 내어놓습니다.

최종 개정위원장	아편설라
동 위원	공위량
동 위원	변성옥
동 위원	김인식

주후 1931년 4월 일 조선 경성에서

국판 3쪽에 이르는 이 서문은 진행과정을 눈으로 보는 듯하게 자세히 써놓아 후학으로서 고맙기 이를 데 없다. 다른 나라에서는 찬송가마다 이렇게 서문에다 그 동안의 경과를 자세히 적어놓아 역사에 남겨놓고 있다. 일본의 「讚美歌21, 1997」에는 서문이 4쪽, 일러두기가 6쪽이나 된다. 중국의 「讚美詩, 1983」에도 서문 5쪽, 일러두기 2쪽 등의 지면을 할애하여, 저간의 진행 과정을 자세히 적어 남겨놓고 있는데, 우리 찬송가들을 보자.

5) 역대 찬송가들의 개정 원칙

《신편 찬송가, 1936》	반쪽
《합동 찬송가, 1949》	2쪽
《새 찬송가, 1963》	1쪽
《개편 찬송가, 1967》	1쪽
《통일 찬송가, 1983》	1쪽
《찬송가^(신작 증보판), 1995》	1쪽
《21세기 찬송가, 2007》	(없음)

《21세기 찬송가, 2007》는 온 교우들이 관심을 가지고 기다리는 찬송가이니 만치 편집 원칙이라든지, 그 동안의 진행과정 등을 자세히 써 남겨 놓았어야 옳다. 나온 것을 보니 무원칙에 개악(改惡)만 한 폐기해야 마땅한 졸작이다.

6) 편찬위원 선발에 문제 있다

《신정 찬송가, 1931》가 나온 온 지 석 달이 되자 비판의 소리가 나타났다. 장로교의 기관지 「기독신보, 基督申報」(1931. 9. 30)가 「新訂讚頌歌에 對하야」라는 사설에서 다음의 몇 가지를 문제 삼은 것이다.

① 연합공의회가 장로교와 상의와 타협 없이 만든 점
② 편찬 위원이 교파 대표나 문법학자·시인들을 제외시키고 순 음악가로만 구성된 점
③ 음악가로만 구성되어 있으니 가사에 심각한 결함이 있다는 점

음악가들의 비판도 만만치 않았다. 이화여전의 음악교수인 박경호(朴慶浩)는 「기독신보」(1935. 2. 20)에 투고한 「新舊讚頌歌의 改良할 点」이란 글에서 크게 네 가지를 문제로 제기하였다.

① 신정을 한다면서 지나친 개정을 했다. 그는 그 예로 《찬송가, 1908》 252장의 「날 빛보다 더 밝은 천당」을 신정 257장에서 「태양 빛보다 더 밝은 곳」으로 고쳤는데, 영문 원 가사와도 안 맞고 가사 첫줄을 고친 것이 잘못이라는 것이다.
② 가사의 운과 곡조의 리듬이 안 맞는 찬송이 너무나 많다는 지적이다.
③ 40만 적국 교인들이 외워서 부르는 「예수의 이름 권세여」를 「쥬 예수 크신 일홈을」로, 「내 쥬를 갓가히 하게 함은」을 「쥬 압헤 나가기 곤난하야」로, 「날 빛보다 더 밝은 천당」을 「태양 빛보다 더 밝은 곳」 등으로 고쳤을 뿐만 아니라 장수도 다 바꿔놓아 전국 교인이 이 책을 새로 사야 하는 부담을 주었다는 것이다.
④ 곡조 선택을 잘못하였다. 조선 사람은 선율적(旋律的)인 것을 좋아하는데, 화성적

(和声的)인 곡을 택했다는 지적이다.

7) 전문가의 날카로운 비판

위 지적은 정곡을 찌른 지적으로서 찬송가를 개편할 때마다 꼭 짚고 넘어가야 할 중요한 문제들이다.

한편 평양신학교 음악 강사인 권태희(權泰羲)는 더 날카롭게 비판했다. 그는 「기독신보」(1935. 2. 27)에 올린 「讚頌歌 再工夫運動이 急務」란 글에서

① 장수의 혼합 문제,

② 곡조를 바꾼 문제,

③ 조선 곡조를 삭제한 문제

④ 비신앙적인 찬송 채택 문제,

⑤ 애창곡 삭제 문제

등을 비판하였는데, 특히 ③의 경우 이렇게 썼다.

"찬송가 10~14장은 조선 곡조에 맞춰 부르게 되어 있는 것인데, 그것이 비록 단순한 곡으로 되었을지라도, 朝鮮心의 表現인 曲인 것은 사실입니다. 나의 이상하는 찬송가는, 우리들의 심금을 울리는 곡, 우리들의 정서에 맞는 시가, 즉 우리의 신앙시인, 信仰樂家를 通하여서 나온 성가입니다. 노래는 민족성을 초월하는 동시에, 민족성에 따라 특성이 있습니다. 만일 마음을 움직일 수 없는 노래라면 그것은 노래가 아닙니다.

또 ④의 비신앙적인 찬송으로 예를 든 것은 230장 「금주가」와 302장 「돈이 떨어진다」이다. 금주가는《합동찬송가, 1949》까지 채택 되었으니 접어두고, 「돈이 떨어진다」를 보자. 「아해의 연보」란 이 노래는 위트(F. H. De Witt)가 작사한 'Hear the pennies dropping'을 번역한 것이다. 자곡자는 커크패트릭(W. J. Kirkpatricj). 가사를 보면 정말 유치하다.

〈1절〉

돈이 떨어진다 소래 들으라

동전 한 푼 두 푼 주께 드리네

〈후렴〉

쩔렁쩔렁 쩔렁쩔렁 연보하는 돈

동전 한 푼 두 푼 주께 드리네

〈2절〉

자꾸 떨어진다 작은 손에서

어린 동무들이 힘써 바치네

〈3절〉

어린 아이 되어 동전 뿐이나

자라나는 대로 많이 바치네.

ⓔ의 애창곡 삭제 문제를 보자. 권태희 교수가 제시한 9곡의 이 찬송들은 모두 「신편 찬송가, 1935」에 복원되었다. (괄호 안은 신편 찬송가 장수).

109장: 슈고롭고 괴롬 만하(109장).

151장: 새 친구 얻었네(151장).

164장: 예수 안에 있는 법을(164장).

181장: 일홈들 가운데(181장).

200장: 너희 환난 만날 때에(200장).

213장: 망할 세상 피하야(213장).

235장: 구주와 함께 못 박혓스니(235장).

251장: 나는 길가는 나그네니(251장).

260장: 친애한 이 죽으니(260장).

8) "찬송가로 장사를 하려는가?"

한편 김교신(金敎臣)은 그가 발행하는 무교회주의 잡지 [聖書朝鮮]에 「讚頌歌의 變革」이란 글을 썼는데, 그는 이 글에서 아주 혹평을 하였다.

"이것이 과연 개정인가 改誤인가. 신앙 없는 음악가의 찬송 편찬과, 조선말 모르는 (아편설라) 박사의 성경개역과, 이런 것이 모두 조선에서만 볼 수 있는 일이니, 반도의 靈界도 한심하지 않은가."

그리고 그는 결론적으로 '페이지만 늘리고 정가금만 높였다'라고 못을 박았다. 찬송가로 장사를 시작하였다는 날카로운 지적이다. '돈을 사랑하는 자'의 눈에는 「하나님 찬양의 책」이 「돈을 벌어주는 책」으로 보이기 시작하였던 것이다.

"돈을 사랑함이 일만 악의 뿌리가 되나니 이것을 사모하는 자들이 미혹을 받아 믿음에서 떠나 많은 근심으로써 자기를 찔렀도다(딤전 6:10).

원산에서 일어난 성령운동은 한국교회의 영적 각성제가 되어 전도에 열을 올려 신도 수가 급증했다. 따라서 찬송가의 판매 부수가 증가하고 많은 이익이 생기자, 「황금을 하나님보다 낫게 여기」는 Mammonist 장사꾼들의 눈에는, 찬송가가 하나님 찬양의 거룩한 책이 아닌 돈을 만들어내는 요술 방망이로 보이게 된 것이다. 이런 물욕을 가슴에 품은 자들은 갖은 정치적 술책을 다 동원하여 찬송가 이익금을 가로채려는 흉계를 부리게 되고, 순진한 교회 지도자들은 이를 알아차리지 못하고 그들에게 힘을 실어주어 그럴싸한 명목으로 찬송가를 새로 만들고 만다.

이렇게 하여 《신편 찬송가, 1935》가 이 땅에 생겨났고, 이를 합쳐보려는 순수한 노력은 양 교단의 이권이 맞물려 허사가 되고 마는 것이다. 안타까운 일이다. 이런 짓거리는 《합동 찬송가, 1949》 발행 이후 이익금을 각 교단이 교세에 따라 나눠먹는 관례를 만들었고, 이런 악폐는 오늘까지 계속되고 있으며 더욱 성해 가는 느낌이다.

9) 갈등과 수난의 시대

《신정 찬송가, 1931》가 출판된 1931년부터 해방이 되기까지 15년 동안의 우리 교회 역사를 보면, 한 마디로 「갈등과 수난의 시대」라고 하겠다. 세계 어느 나라보다 복음이 빨리 전파되어, 마치 초대교회 성령강림 때와 같다는 선교사들의 보고가 잇따르자, 미국과 캐나다, 호주 등의 교회는 앞을 다투어 한국 선교에 참여함으로써, 한국은 선교사들의 선의의 경쟁마당이 된다.

그중 일찍부터 선의의 경쟁을 해온 장로교와 감리교는, 동시에 선교를 시작하였건만 3대 1에 가깝게 교세가 달라졌다. 그 원인은, 장로교는 선교 초기부터 이른바 「네비우스 정책」을 채택하였는데, 이 정책에는 선교의 주 대상을 근로자와 부녀자로 하며, 의료와 교육 강화 등이 포함되어 있었다. 특히 근로자와 부녀자들을 위하여 당시 「언문」이라 천대받던 한글로 성경을 번역하고 찬송가를 출판함으로써, 한글이 겨레의 글로 정착하는데 절대적인 공헌을 하였다. 일찍이 이광수는 기독교의 공헌에 대해 이렇게 쓰기도 했다.

"조선글과 조선말이 진정한 의미로 고상한 사상을 담는 그릇이 됨은, 성경의 번역이 시초일 것이요, 만일 후일에 조선문학이 건설된다면 그 문학사의 제1면에는 신구약의 번역이 될 것이다."

네비우스 정책이란, 1890년 중국 산동성 지역의 미 북장로교 선교사 존 네비우스(John Nevius 1829-1893)를 주한 선교사들이 초청하여 선교정책 세미나를 개최하였는데, 그가 소개한 선교정책을 선교사 공의회에서 수정·보완하여 한국선교의 정책으로 채택한데서 붙은 명칭이다. 그가 소개한 선교정책을 곽안련(郭安連, C. A. Clark) 선교사는 이렇게 요약하였다.

①자력전도(自力傳道, self-propagation),
②자치제도(自治制度, self-government),

③자급운영(自給運營, self-support)

장로교파에서 이 정책은 그대로 실천되어 장로교인들은 부지런히 전도하여 교회를 세우고, 열심히 헌금하여 자립교회로 성장해 갔다. 그러나 재력이 풍부한 미국 감리회의 지원을 받는 감리교회에서는 많은 교회들이 선교비에 의존하다보니, 전도열과 헌금의 열정이 부족하여 성장이 더디었던 것이다.

언제 어디서나 힘이 생기면 자만해지게 마련이다. 스스로 「장자교단(長子敎團)」임을 자처하는 장로교는 장·감 연합공의회에서 주도권을 잡으려 마찰을 빚었고, 합동으로 펴낸《신정 찬송가, 1931》사용도 거부하고《신편 찬송가, 1935》를 내게 된다.

이런 갈등은 교단간에만 있는 게 아니었다. 같은 교단 안에서도 해묵은 지역감정이 작용하여 주도권 다툼을 하게 된다. 지금도 영·호남의 지역감정으로 온 국민이 걱정하고 있지만, 당시 장로교는 서북파(西北派)와 기호파(畿湖派)로 갈려 치열한 세력 다툼을 하였다. 훨씬 후의 일이지만 감리교도 북쪽의 성화파(聖化派)와 남쪽의 호헌파(護憲派)로 갈려서 오늘까지 선거 때면 세력 다툼을 하고 있다. 어떤 이는 이를 망국병(亡國病)이라고 한탄하지만, 그렇게 자조(自嘲)할 일만은 아니다. 이는 세계 어느 나라에나 있는 현상이고, 인간이 있는 곳이면 어디나 패거리는 만들어지게 마련이기 때문이다.

교회사가 김승태는 「독립운동가에서 친일파로 변절한 정인과 목사」라는 글에서 이렇게 쓰고 있다.

(…) 또 하나의 교회 연합운동에 걸림돌이 되고, 심지어는 장로교 내부에서도 남북 분열의 위기로까지 몰고 갔던 것은 지역적·인맥적 당파성이었다. 특히 이 시기 국내 교계에서 이승만의 「동지회」 계열과 안창호의 「흥사단」 계열간의 대립은 심각했다. 그런데 바로 이 동지회 계열의 지도적 인물이 서울중앙 YMCA의 신흥우(申興雨)였고, 흥사단 계열의 교계 실력자는 장로교 종교교육부의 정인과(鄭仁果)였다. 김인서(金麟瑞)는 그가 발행하던 [신앙생활]지 1935년 1월호에 이러한 대립을 다음과 같이 적고 있다.

(…)소위 남북분열의 원인은 1월 「경성목사의 분쟁이요」 2월 「정인과 목사와 신흥

우 박사의 불화라고」. … 남북 분열의 원인이 과연 이상 2조에 있다 하더라도 제1원인에 대하여는 분쟁하는 경성 목사를 총회가 이미 권징하였지만 경성노회는 여전히 불복이고, 제2원인에 대하여는 중앙기독청년회의 신 총무와 종교교육부 정 총무와의 불화에는 총회도 어찌할 방법이 없다는 것이다. 그러면 조선 교회는 病因을 알고도 수술 못하는 난치병에 걸린 것이다."

결국 장로교는 정인과 계열 동우회만 합법화하고 신흥우 계열의 적극신앙단(積極信仰團)은 이단으로 정죄하여, 이에 가담했던 인물들을 교계에 사과 성명을 내고 탈퇴하게 하였다. 이는 정인과 계열이 장로교의 교권을 지배하게 되었음을 말해준다.

10) 발악을 하는 일제(日帝)

한국 교회는 이런 내부갈등 속에서도 일제의 탄압과 시련을 견디며 교회 부흥에 전념했다. 그러나 《신편 찬송가, 1935》가 발행된 1935년부터 8·15 해방까지 한국 교회는 그야말로 캄캄한 암흑 터널을 헤쳐 나와야 했다. 아시아 패권을 노린 일제는 1937년 7월 중일전쟁을 일으켰고, 이어서 1941년 12월 제2차 세계대전을 일으켜 한반도는 전쟁마당이 된다.

일본 제국주의의 발악은 반일세력의 중심인 교회를 쓰러뜨리기 위해 신사참배를 강요한다.「천황폐하가 높으냐, 하나님이 높으냐?」는 따위의 유치한 질문으로 교회지도자들을 선별하여 투옥하였고, 민족정신을 고취하는 출애굽기와 에스더 다니엘서를 비롯한 대부분의 구약성경과, 신약의 요한 계시록을 읽지 못하게 하였다.
찬송가에도 손을 대어,「왕이 나셨도다」나「만 왕의 왕 내 주께서」같이「왕」이란 낱말이 들어간 찬송은「주」로 바꿔 부르라고 하였으나 안 통하자 먹칠을 해버리기도 하고 찢어 없애기도 하였다.「삼천리반도 금수강산」이나「피난처 있으니」같은 찬송은 제책소에서 찢어낸 후 판매하였다. 후에는 구약성경의 전부를 폐하게 하고, 사복음서 이외의 신약성경도 읽지 못하게 하였다. 그리고 신사참배는 종교의식이 아니라 국가의식이라고 둘러댔다. 그때 형편을 요약해 본다.

① 일본 내무성은 신사가 종교가 아니라 규정(1881. 10. 제48호령).
② 평남 내무부장은 신사는 종교가 아니라고 해명.
③ 일본그리스도교단(日本キリスト敎團)의 대 학자 에비나 단조(海老名彈正) 목사는 신사참배가 종교의식이 아닌 이상, 해도 무방하다고 주장.
④ 1936년 5월 25일, 로마 교황청도 신사참배는「국가의식」이라며 허용.

이런 일제의 강력한 선전은 마침내 교회를 큰 혼란에 빠뜨렸다.「종교의식이냐 국가의식이냐」는 논란이었다. 시기의 차이는 있지만 감리회·구세군·성공회 등 대부분의 교파들이 일제에 굴복하자, 1938년 제27회 장로교총회까지 소수 진리파의 결사반대를 묵살하고, 일제의 말대로「신사참배는 우상숭배가 아닌 국가의식이다」라고 가결한다.

「신사참배는 엄연한 우상숭배이니 할 수 없다」며 반대운동을 하는 목사와 장로들을 일제는 각처에서 체포한다. 1940년 초까지 3백여 명을 잡아 가두고 교직을 박탈했다. 그리하여 경건한 신도들은 토굴로·산속으로·해외로·지하로 숨어버렸다. 당시 70만을 헤아리던 신도 수가 절반으로 줄었고, 백여 개의 교회가 문을 닫았다. 2천여 명이 투옥되었고 50여 명이 순교의 피를 흘렸다.

일제는 한 주일을「げつげつかすいもくきんきん(月月火水木金金)」으로 바꾸고 이를 노래로 만들어 보급하였다. 토요일을 없애고 주일도 없애버렸으니 쉬지 말고「귀축미영(鬼畜米英)」과 싸우라는 것이다. 예배당은 가마니 공장·창고 등으로 징발되고 심지어 헌병대 사령부 등으로 사용되었다. 예배당 종은 무기생산 자료로 쓰겠다며 강제 공출(供出)해 갔다. 목사들은 머리를 빡빡 깎고 군복 같은「국민복」[24]을 입고 설교해야 했

---

24) 북한은 아직도 왜놈의 국민복을 입으라 하고 있다.

는데, 고등계 형사의 감시와 검열로 통제된 말만 사용해야 했다. 일어를 잘 하는 목사는 일어로 설교해야 했다. 마침내 침례교회와 성결교회 등은 아예 교단을 해체하는 비극을 겪어야 했다.

11) 만신창이가 된 찬송가

우리 민족은 세계 어느 민족보다 노래를 좋아하는 민족이다. 왜정 말년에 불린 「신고산 타령」은, 다음과 같은 콘트라팍타 노래로 전국에서 불려졌다.

신고산 타령

신고산이 우루루 화물차 가는 소리에
지원병(志願兵) 보낸 어미 가슴만 쥐어뜯고요.
어랑어랑 어허야
양곡 배급 적어서 콩깨묵만 먹고 사누나.

신고산이 우루루 화물차 가는 소리에
정신대(挺身隊) 보낸 어머니 딸이 가엾어 울고요.
어랑어랑 어허야
풀만 씹는 어미 소 배가 고파서 우누나.

신고산이 우루루 화물차 가는 소리에
금붙이 쇠붙이 밥그릇 모조리 긁어갔고요.
어랑어랑 어허야
이름 석자 잃고서 족보만 들고 우누나.
(출전 ; 조동일, 「한국문학통사(근대문학)」(5)

이런 잔학무도(殘虐無道)한 왜인들이 찬송가를 가만 둘 리가 있겠는가? 왜인들은 죽지 못해 그들에게 협조하는 교단 지도자들을 통하여 찬송가 수정 공문을 각 교회에 보낸다.

1941년 6월 감리교회가 먼저 《신정 찬송가, 1931》 정정 공고를 냈다. 전체 삭제 20장에 부분 삭제가 10장, 자구 수정이 47장 중 86 구절 등인데 그 목록은 생략한다.

가사 자구 수정은 한 마디로 천황의 권위(?)에 해가 되는 것, 일본제국 국체(國體)에 위배되는 것, 신앙의 싸움을 강조하는 것, 핍박을 감수하며 분투하라는 것, 하나님 나라를 찬양하는 것, 예수님의 재림을 기다리는 찬송들로서, 처음에는 수정표를 보내 왔으나 그대로 시행이 안 되자 인쇄소에서 그 장을 찢어버리고, 수정 글자를 먹칠해버리고 하여 만신창이의 찬송가를 만들어버렸던 것이다.

찬송가를 뜯어 고친 일제는 이번에는 성경까지 뜯어 고치려고 덤벼들었다. 1944년 5월 1일자 「기독교신문」에는 이런 취지의 글이 실렸다. 원문대로 적어 남긴다.

…猶太思想을 排除하고 純福音으로서 敎義를 宣布하기로 하고…. 舊約聖書와 新約의 黙示錄을 使用치 아니하고, 四福音書에 基因해서 敎義를 宣布하기로….

따라서 유대사상인 구약성경은 아예 없애버리고, 신약도 사복음서만을 성경으로 사용한다는 것이다. 이 공고는 물론 강제적으로 싣게 한 것이다. 이런 폭거는 인류역사상 그 유례가 없는 일이었다. 공의의 하나님이 이를 그대로 두시겠는가?

1945년 8월 6일, 미국은 마침내 일본 남부도시 히로시마(廣島)에 당시로서는 이름도 모를 「신형 폭탄」인 원자탄을 떨어뜨렸다. 원자탄 한 방에 히로시마의 주민 약 26만 여명이 죽었다. 이어서 8월 11일에는 나가사끼(長崎)에도 떨어뜨려 7만 여 명이 죽었다. 지금은 세계 어디서 어떤 일이 벌어졌는지, 안방에 앉아서 즉시 아는 시대지만, 당시 이 엄청난 사건은 비밀에 붙여져 있었기 때문에 아는 사람이 별로 없었다. 마침내 일본 천황은 1945년 8월 15일 정오, 울면서 무조건 항복의 방송을 하였다.

12)《찬숑가, 1908》(「신정」채택 부록판)

《신정 찬송가, 1931》가 출판되자 성급한 신도들은 너도나도 하고 이를 구입한다. 교회적으로 바꾸는 데도 생겨났다. 그러나 장로교 총회에서 사용을 거부하자 이들은 당황한다. 그리고《신정 찬송가, 1931》에 새로 편입된 찬송가 중에 좋은 찬송이 많이 있다는 주장을 하게 된다. 그러자 1931년 9월 11일에 열린 장로교 총회에서는《신정 찬송가, 1931》의 사용 여부를 놓고 논란 끝에, 최지화·변선욱·염복남·윤하영·차광석·김 련·김성로 등 연구위원 7인을 내고 이들의 다음과 같은 보고를 받아들인다.

① 《신정 찬송가, 1931》편찬을 위하여 수고하신 이들에게 감사한 치하를 드리오며,

② 본 총회 관할 내 각 교회는 전 찬송가를 그대로 쓰되, 부록으로《신정 찬송가, 1931》중에서 전 찬송가 개정한 것 외의 새로 지은 좋은 것을 첨부하여 주시기를 바라오며,

③ 우(右)를 실행키 위하여 서회에 교섭할 위원 3인을 택하여 주실 일이오며,

④《신정 찬송가, 1931》를 어느 단체나 개인을 물론하고 자유로이 쓰실 일이오며…

그리하여 새 찬송가가 나오기까지 잠정적으로 신정 찬송가에 있는 48편을《찬숑가, 1908》뒤에 붙여 출판하기로 결의한다. 이리하여《찬숑가, 1908》266장 뒤에 장수를 이어서, 신정에서 채택한 곡조를 붙여서 출판되었는데, 추가한 찬송들은 다음과 같다.

(괄호 안의 숫자는 통일 찬송가 장수다. 통일 찬송가에 없는 것은 지면 관계상 뺐다.)

267장·면류관 가지고(25장)

268장·여호와 하나님 천당에 계시니(30장)

270장·묘한 세상 주시고(312장)

271장·이 날은 주의 정하신(58장)

274장·성전을 떠나가기 전(59장)

276장·공중 소리 있고(110장)

277장·구주 탄생하실 때(108장)

279장·주 예수 나귀 타고(131장)

280장·만 왕의 왕 내 주께서(138장)

281장·주 예수 믿는 자여(166장)

285장·나의 사랑하는 책(234장)

289장·주의 주실 화평(361장)

290장·환난과 핍박 중에도(383장)

291장·예수는 나의 힘이요(93장)

293장·주 예수 십자 밑에(471장)

294장·주 우리게 주시는 풍성한(207장)

295장·주의 사랑 비췰 때에(414장)

296장·귀하신 주여 날 붙드사(490장)

298장·내 갈길 멀고 밤은 깊은데(429장)

299장·예수 나를 오라 하네(360장)

300장·온 세상이 컴컴하여서(96장)

301장·나 어느 곳에 있든지(466장)

302장·주의 친절한 팔에 안기세(458장)

303장·산천리반도 금수강산(371장)

304장·주를 앙모하는 자(394장)

305장·너 시온아 이 소식 전파(255장)

307장·시온성과 같은 교회(145장)

311장·이 세상 지나가고(540장)

312장·종소리 크게 울려라(297장)

313장·내게 있는 모든 것을(71장)

317장·아침해가 돋을 때(358장)

당시 찬송가 정책의 난맥 때문에 성도들이 아주 불편하였음은, 이 책머리에 실은 「찬송가 장수 대조표」를 보면 알 수가 있다. 이 대조표는 「신찬송가 기준」을 먼저 신고, 다음에 「구찬송가 기준」을 실었다. 여기서 신찬송가란《찬송가, 1908》(신정 부록판)를 말함이요, 구찬송가란《찬송가, 1908》를 말함이다. 찬송가가 개편되었다는 소식을 들으면 많은 열성적인 성도들이 앞을 다투어 새 찬송가를 산다. 그러나 교회적으로 바꾸지 않으면 먼저 산 사람만 불편을 겪게 마련이다. 아무리 대조표를 가지고 찾았다 한들 어떤 것은 없고, 어떤 것은 가사가 바뀌었으니 얼마나 불편하였겠는가.

13)《신편 찬송가, 1935》의 출판과 혼란

이렇게 하여 부랴부랴 1935년에《신편 찬송가, 1935》가 출판되었다. 그러나 큰 혼란이 일어난다.

1) 노회들의 반발

"《신정 찬송가, 1931》를 낼 때, 우리 교단과 협의 없이 단독으로 내었으므로 따로 찬송가를 낸다"는 장로교의 투정은, 1894년 언더우드가《찬양가, 1894》를 냈을 때 감리교가 한 투정과 거의 비슷하다. 하지만 속내는, 전국 신도의 과반수를 차지한 장로교단이 찬송가 판매의 이권을 차지하려는 것이다. 그래서《신편 찬송가, 1935》를 내고는 교단지 「기독교보」에 「신편 찬송가는 장로교 전용 찬송가」라고 광고를 낸다. 그런데 엉뚱한 문제가 터지기 시작한다. 김인서는 1935년 「신앙생활」(8-9월호)에 다음과 같이 문제를 제기한다.

…讚頌歌 編纂 중 歌詞는 文人 李光洙 君에게 依賴하여 修著하고 있다고 한다. 이것이 만일 事實이라면, 무엇보다도 重大問題이다. 聖經과 같은 讚頌歌 歌詞를 不信者의 손에 容託할진대, 改編 讚頌歌가 없느니만 같지 못하다. 우리 중에 아직 詩人이 없고 聖樂의 作曲者가 없거든 讚頌歌의 개편은 休하라.

정인과 총무는 종교교육부 기관지인「종교시보」(제4권 제9호)에 다음과 같이 그런 일 없다고 해명을 한다.

…「신앙생활」에 報道한 바에 의하면 모 老會員 말이, 문인 李光洙씨의 執筆로 歌詞가 著作되고 있다고 하였다. 우리는 이 일을 시작할 때에 朝鮮의 모든 文人을 많이 私募하였다. … 우리는 울고 恨歎하였다. 우리는 어찌하여 李光洙·李殷相과 같은 이들을 가지지 못하였는고 할 때에 빼앗고 싶었다. 그러나 어찌 할 수가 없는 일이기 때문에, 바라던 것까지 下智로 돌아갔다. 실로 이 역할에 중대한 責任을 지고하신 분은 安大善 목사님이다. … 새로 번역하는 몇 條目은 安大善 목사의 主宰下에서 된 일이기 때문에, 우리가 조금도 의심할 여지가 없다고 생각한다. 그런고로 이 일에 대하여는 本部와 安大善 목사를 믿고 誤解가 없기를 바란다.

새빨간 거짓말이다. 그러자 정인과를 도와 장로교 종교교육부에서 황재경(黃材景)과 함께 상무위원으로 음악작업을 한, 동요 작곡가 구왕삼(具王三)이 정인과의 말을 반박한다. 그는「기독신보」1936년 1월 1일자,「新編 讚頌歌에 對하여」라는 글에서「종교교육부에서 찬송가 편집 상무위원으로 상당기간 실무를 맡고 있었기 때문에 사정을 누구보다 더 잘 알고 있음」을 강조하면서,

「李光洙가 수십 편을 번역하였는데 그의 肉筆原稿 20여 장을 가지고 있다… 李光洙로 말하면 우리 교회에서 도저히 용납할 수 없는 背信者로서 그의 번역들은 술과 담배의 毒醉 속에서 만들어진 것이다」

라는 요지로, 이광수가 번역한「이 몸의 소망 무엔가」의 친필 원고지까지 복사하여 신문에 실었다. 그리고 또 그는「異端敎派(李龍道派·필자 주) 평양 선교원에서 신학을 가르치고 목사로 있는 전영택 씨를 모셔다가 가사를 수정하고 교정하게 하였다」고 폭로하였다. 이 신문이 나가자 경남노회에서 들고일어난다.

… 만일 비기독교인이 집필한 부분이 있을 경우에는 즉시 이러한 찬송가의 발행을

중지하며, 이 신편 찬송가를 편집·발행한 종교교육부의 책임자는 인책 사면하도록 할 것이며….

전북노회도 맞장구를 쳤다.

… 총회를 기만한 게 분명하니 총회가 사실하여 진정한 사실이면 종교교육부 총무는 인책 사직케 하고, 불신자의 번역시는 찬송가에서 빼는 것이 가한 줄로 아오며, 감리교총리원에 교섭하여 (신정 찬송가를) 연합 사용함이 가한 줄로 아오며, 예수교서회와도 타협하여 방해가 없도록 하여주시옵소서.

2) 이광수 번역 찬송가의 문제

이광수의 번역이 없다고 잡아뗀 정인과는 당황했지만, 총회 안에 그를 지지하는 서북파 세력이 태반이었기 때문에 그럭저럭 넘어간다. 앞서도 말했지만, 정인과는 안창호와 친밀한 사이이며, 이광수는 안창호의 전기 「도산 안창호, 1947」를 쓸 정도로 안창호 숭배자요 한 때 비서와 같이 가까이 모시기도 한 사람이다. 처음 이광수는 기독교 학교인 오산학교에서 교편을 잡기도 했고 주기철 목사는 그의 제자였다. 그런데 이광수는 불교에 매력을 느껴 불경을 번역하기도 하고, 「원효대사」, 「이차돈의 사」 등 불교소설을 썼기 때문에 그리스도교계에서는 그를 배교자로 질타하기도 했다. 그런 그가 번역한 찬송가가《신편 찬송가, 1935》에 자그마치 20편 가까이 들어 있다. 이 숫자는 학자에 따라 조금 차이가 있다.

★장로회신학대학 조숙자 교수 주장:
《찬송가(1983년) 해설, 1996》p. 229
14장·온 천하 만물 우러러(통찬 33장)
37장·새 아침이 밝아 오니(통찬 없음)
51장·나를 위해 성자 예수(통찬 없음)

241장 · 예루살렘 복된 집(통찬 225장)
271장 · 저 높고 푸른 하늘에(통찬 75장)
294장 · 주안에 있는 나에게(통찬 455장)
311장 · 주 예수 귀한 말씀이(통찬 없음)
317장 · 주님 찾아 오셨네(통찬 324장)
341장 · 이 몸의 소망 무엔가(통찬 539장)
364장 · 내 기도하는 한 시간(통찬 482장)
374장 · 누가 주를 따라 섬기려는가(통찬 514장)
378장 · 물 건너 생명줄 던지어라(통찬 258장)
383장 · 주 예수 안에 동서나(통찬 526장)
389장 · 괴로운 인생길 가는 몸이(통찬 290장)

★연세대학교 민경배 교수 주장:
「韓國敎會 讚頌歌史, 1997」p. 138
그는 조숙자의 목록에 다음 3편을 더한다.
333장 · 저 높은 곳을 향하여(통찬 543장)
337장 · 세상의 헛된 신을 버리고(통찬 357장)
377장 · 하나님의 진리 등대(통찬 276장)

★필자의 주장:
다음 두 곡은 이광수 번역이 아니다.
294장 · 주안에 있는 나에게(통찬 455장)
333장 · 저 높은 곳을 향하여(통찬 543장)

먼저 「주안에 있는 나에게」는 전영택 목사의 번역이다. 그는 생전에 필자에게 이 찬송이 당신의 번역임을 누누이 밝히셨다. 또 「저 높은 곳을 향하여」는 이은상의 번역이다. 조숙자 교수도 위의 책(p. 181)에서 이은상 번역이라고 하였고, 민경배 교수도 최근에 낸「鄭仁果와 그 時代」(p. 122)에서 이은상 번역이라 고쳤다.

위의 찬송들은 정말 잘된 번역이다. 그 때 그 가사를 70년간 그대로 쓰고 있음이 이를 증명한다. 그들이 비기독교인이었는지는 아직도 논란의 여지가 있다. 다만 그들을 통하여 하나님이 영광을 받으시면 안 되는 것일까?
사도 바울의 말씀이 생각난다.
"그렇지만 어떻습니까? 참으로 하든지 거짓으로 하든지, 무슨 방법으로 하든지 그리스도가 전파되고 있으니, 나는 그 일로 기뻐합니다."(표준새번역 빌 1:18).

이 말씀에서「전파되고 있으니」대신「찬양 받고 계시니」로 대입해보자.
"그렇지만 어떻습니까? 참으로 하든지 거짓으로 하든지, 무슨 방법으로 하든지 그리스도가 찬양 받고 계시니, 나는 그 일로 기뻐합니다."
그래서 우리는 이광수가 번역한 찬송을 오늘도 애창하는 것이다.

3)《신편 찬송가, 1935》의 편집체제
46판 416쪽이니까 46판 용지 6.5매로서 파지를 전혀 내지 않는 경제적인 편집이다. 아직도 오른쪽 열기로 되어 있어 불편하지만, 차례의 소트 방식은「가나다 순」으로 되어 있다.「제목 목록」이라고 한 항목분류가 한 면에 실려 있는데, 오늘날 것과 대동소이하다.「찬송가 목록」(가나다 순서)은 세로 3단으로 짜서 7쪽에 맞춰 넣었다. 세로로 짜다 보니 장수는 한자로 써서 三百五十七 하는 식으로 짜넣었다. 가사 첫줄이 긴 경우에는 활자 크기를 줄여서 맞춰 넣었다.

4) 장점과 특색
① 가장 큰 장점은 2년 후인 1937년 새 맞춤법으로 바꾼 것이다. 1933년 조선어학회는「한글 맞춤법 통일안」을 완성했다. 이 작업에 동참한 한글학자요 별칭「한글목

사」로 유명한 강병주(姜炳周, 1992-1955) 목사가 맞춤법을 교열하여 현대 맞춤법의 찬송가로 만든 것이다. 강병주 목사는 강신명 목사의 부친이다.

②또 하나의 장점은, 이때까지는 악보 안에 가사를 1절만 넣고, 아래 여백에 가사 전체를 세로로 짜 넣는 형식이었는데, 이를 과감히 버리고 모든 가사를 악보 안에 다 넣었다는 점이다. 평균 4단으로 된 찬송가 중에 2단 짜리가 나오면 악보 안에 가사를 다 넣고 아래 빈자리에 가사를 다시 세로로 짜넣어 여백을 메웠다.

③또 장수를 완전히 아라비아 숫자로 현행과 같이 좌우 꼭대기에 넣었고, 맨 위 중앙에는 찬송가 제목이나 가사 첫줄을 한글로 크게 쓰고, 그 아래에 영문 가사 첫줄을 넣었다. 또 그 아래에 곡명(tune name)과 운율을 넣었는데, 넣은 것도 있고 안 넣은 것도 있는 것을 보니, 출처 곡조를 따라 한 것 같다. 왼쪽 위에는 작사자와 메트로놈 숫자를 넣고(이것도 다 넣지는 않았다), 오른쪽에는 작곡자 이름을 넣고 작곡 연도를 넣었는데, 연도가 있는 것보다는 없는 게 더 많다. 분류 항목은 악보 좌나 우에 세로로 짜 넣었고, 성구는 악보 맨 밑 중앙에 절수만 적어 넣었다. 그리고 맨 아래 양편 구석에 해당 페이지 수까지 넣었다.

④또 하나의 특색은 많은 찬송에 아멘 코드를 넣은 점이다.

⑤도돌이표는 대개 풀어서 그렸지만 그대로 남아 있는 것도 더러 있다.

⑥악보 정사는 두 사람이 한 듯, 필체가 달라 흠이라면 흠이다.

⑦낮은음자리표도 현대식으로 그렸다.

⑧같은 가사에 두 곡을 붙여 A, B로 구분하여 곡조의 다양성을 기하였다.

❶ 52장(예수 누구신고 하니),

❷ 181장(이름들 가운데),

❸ 264장(주 자비하신 중에서),

❹ 400장(성부 성자 성령께)

등 네 곡이 A, B 두 곡으로 되었는데《통일 찬송가, 1983》를 낼 때 하나만을 택하면서 잘못 되었다.

[잘못의 이유] :「예수 누구신고 하니」는 무신론자 잔 자크 루소 작곡인 GREENVILLE이 A곡이고, 세계적으로 애창되는 SICILIAN MARINERS가 B곡으로 되어 있는데, 전자는「주여 복을 비옵나니」에도 채택된 곡으로서 작곡자의 성분 뿐 아니라 곡조 자체가 경박한 행진곡인데 이를 택하고, 장엄하고 경건미 넘치는 곡조인 후자를 버린 것이다.

그리고「성부 성자 성령께」는 같은 가사를 두 곡으로 부르는 게 세계적인 통례인데, 통일 찬송가는 번역을 달리 하여 2장과 4장에 싣고 있는 것이다. 앞으로 개편할 때 꼭 참고하길 바란다.

⑨또 하나의 특징이 있다.

이 책은 최초로「곡명 찾아보기」(Index of Tunes)를 넣은 것이다. 이 찬송을 끝으로 Index of Tunes는 우리 찬송가에서 사라졌다. 외국에서는「곡명 찾아보기」는 물론「성구 찾아보기」도 넣고 그 밖의 많은 자료를 제공하고 있건만 우리는「지면을 아끼기 위해」이런 자료를 다 빼어버린다.[25]

14) 매우 유감스러운 일, 표준어 〈하느님〉 문제

그런데 매우 유감스러운 일이 생겼다. 이때까지 성경 찬송에 써오던「하나님」이란 주의 이름을, 조선어학회 제정 표준어를 따라「하느님」으로 모두 고친 것이다. 1800년대에 나온【로스역 성경】에도 〈하나님〉으로 기재되어 있는데 〈아래 ˎ자는 ㅡ 로 적는다〉며 "하ᄂ님이니까 하느님으로 적는 게 맞다고 결정한 것이다.

그래서 오늘도 성도나 목사 중에 표준어대로「하느님」을 쓰자는 주장이 더러 나오는데, 그게 아니다.

---

[25] 그러나 다행하게도 《21세기 찬송가, 2007》에서 Index of Tunes와 함께 [성구 색인]을 넣었는데 유일한 '잘 한 일'이라 하겠다.

❶ 「하나님」과 「하느님」의 싸움

「하나님」이란 말은 유일신을 나타내는 신명(神名)으로서 고조선부터 우리 민족이 써왔다. 이 말이 한글로 기록된 것은 박인로(朴仁老, 1561-1642)의 시에 나타난 게 처음이다. 그 이전에는 한자를 써「一神」,「天神」,「上帝」등으로 기록했다. 그런데 훈민정음이 반포되자「하ᄂ님」이란 말을 쓰게 된 것이다.

이 시를 남긴 박인로는 조선 중기의 문인으로서 송강(松江) 정철(鄭澈)·윤선도(尹善道)와 더불어 조선 3대 시가인(詩歌人)으로 불린다. 그의 시에「하ᄂ님」이 나오는데….

때때로 머리 들어
북쪽 임금이 계신 곳을 바라보며,
남몰래 눈물을 하늘 저편에 떨어뜨린다.
일생에 품은 뜻을 비옵나이다.
하나님이시여!

이 시는 박인로가 76세 때 국한문으로 지은「노계가(蘆溪歌)」끝 대목이다. 이와 같이「하ᄂ님」이란 말은 400년 전 한글문서에도 나와 있는 우리 민족 고유의, 하늘에 계신 유일신을 지칭하는 거룩한 이름이요, 선교사들도 찬탄해 마지않는 자랑스럽고 보배로운 이름이다. 선교사들은「하나님」이란 말이 고대부터 사용해온 한국고유의 신명임을 발견하고, 찬송가는 물론 성경을 번역할 때「하나님」혹은「하ᄂ님」으로 써 왔다.

최초의 우리말 성경인 [로스역 성경] 초판에는 '하느님'으로 썼다가(1882년판), 이듬해에 개정하여「하나님」으로 모두 고쳤다. 당시 선배들은「하나님」이 맞다고 고친 것이다.

윤치호 장로가 편찬한「찬미가, 1908」14장에 나오는 애국가에도

"하나님이 보호하사 우리나라 만세"라고 적혀있다. 아래 ㄴ자가 아니다. 그런데 이 책을 본 적도 없는 사람들이 "유치호의 애국가에도 하느님이라고 적혀 있다."는둥 망발을 하고 있다. 이를 정리해보면 다음과 같다.

1887 / 로스역 신약전서 (1887), '하나님'으로 (그림)
1892 / 찬미가 (존스, 로스와일러 편), '하ᄂ님'으로
1994 / 찬양가 (언더우드 편), 모두 달리 표현
1895 / 찬셩시, '하ᄂ님'으로
1905 / 찬미가 (윤치호편), '하나님'으로
1908 / 찬송가, '하ᄂ님'으로
1930 / 부흥성가, '하ᄂ님, 하나님' 혼용,
1931 / 신정 찬송가, '하나님'으로
1936 / 신편 찬송가, '하느님'으로
1949 / 합동 찬송가, '하나님'으로 통일.

찬송 성경을 번역한 선교사들은 「하나님」이란 이름을 사랑하여 모든 찬송가와 성경에 「하나님」이란 이름을 썼던 40년 동안 썼던것이다.

그런데 1931년 한글학회가 [한글 맞춤법 통일안]을 낼 때, 표준어 규정을 만들었는데 〈아래아는 모음 'ㅡ'로 대체한다 (14p.) '아래아 자'를 '으' 모음으로 통일한다며 [하늘]은 [하늘]로 되고, [하ᄂ님]도 '하느님'으로 되어 표준어로 채택하였다.

1) 사탄의 장난에 놀아난 것 아닌가?

그러나 다 그렇게 되지 않았음을 옛 〈독립신문〉(창간호, 1896. 4. 7일자 1면)에서 증명하련다. 괄호 안은 아래아 자가 모두 [ㅡ] 모음으로 바뀌지 않았음을 증명한다. 첫줄부터 보자.

335

스졍(사정), 긔록홀터(기록할터), 농ᄉ(농사), 쟝ᄉ(장사), ᄒᆞ들(한달), ᄒᆞ로(하루), ᄇᆞ라옴(바라옵니다), 셰샹사ᄅᆞᆷ(세상사람), 간단ᄒᆞ게(간단하게), 들노졍ᄒᆞ든지 등등.

이 아래아를 모두 [ㅏ]로 바꿔보자.

스졍, 기록홀터, 농ᄉ, 쟝ᄉ, ᄒᆞ들, ᄒᆞ로, ᄇᆞ라옴, 세상스람, 간단ᄒᆞ게, 들노졍ᄒᆞ든지.

이렇게 아래아자 중 그냥 본래대로 아로 간 게 옛날 문서에 이렇게 수두룩한데, 40여 년 전에 로스역 성경이 다 [하나님]이라고 썼고 찬송성경이 [하나님, 혹은 [하ᄂᆞ님]을 써 왔는데 이를 무시하고 [하느님]으로 바꾼 건 한국교회를 혼란에 빠뜨리려는 사탄의 장난에 놀아난 게 아닌가 생각된다. 이 〈하느님〉 문제는 당시부터 오늘까지 우리 교회에 크나 큰 걸림돌이 되고 있다.

❷《공동번역 성경》가톨릭 식으로 「하느님」으로 통일

세계 역사에 유례가 없다고 자랑하는, 신구교 공동으로 성경을 번역할 때, 개신교의 하나님으로 할 것인가, 가톨릭의 하느님으로 할 것인가를 놓고 장시간 논란을 하였는데, 개신교측의 진보주의 학자 문익환 씨가 차제에 표준어로 돌아가자고 강력히 가톨릭의 편을 드는 바람에, 공동번역 성경에는 [하느님]으로 표기되었다 한다. 그러자 개신교회에서는 이 성경 사용을 거부함으로 가톨릭만의 성경이 되고 말았다.

한편 한글학회 사전 편찬자들은, 1947년 우리나라 처음으로 [우리말 큰 사전(전6권)]을 펴낼 때, [하나님] 항목에서 이렇게 풀이하였다.

하나님 (1) = 하느님 (2)
〈예수〉 스스로 있으면서 우주 만물과 인류를 창조하고, 타락한 사람들을 구원하려고, 참된 사랑의 섭리와 공의로운 심판을 베푸는 유일신 여호와.

이렇게 풀이해서 [하나님]이란 말을 〈예수교〉 용어로 굳혔다. 그 이후에 나온 사전들은 모두 이에 따랐다. 그런데도 「하느님」을 쓰자는 목사 장로들이 있으니 참으로 한심스럽다.

"하나님이 보우하사 우리나라 만세"
윤치호 장로가 편찬한 〈찬미가, 1908〉 제14장의 애국가를 보면[26] 윤치호는 분명히 "하나님이 보호하사 우리나라 만세"로 썼는데, 후에 정부에서 이것을 잘못된 표준어 제

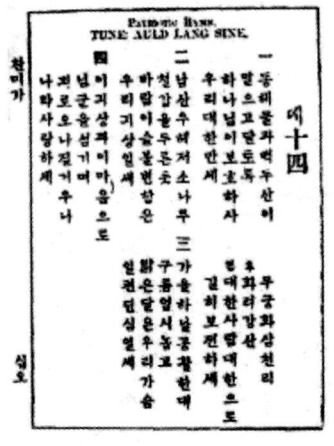
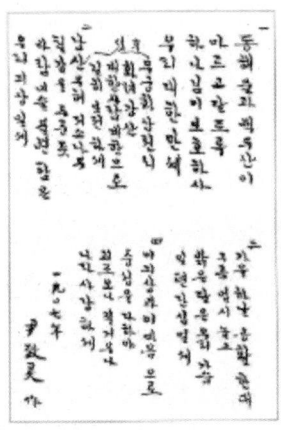

---

26) 그림에서 보는 대로 윤치호는 이 노래를 〈애국 찬송〉(Patriotic Hymn)이라고 적어 놓았다.

정을 따라 "하느님이 보우하사"로 했다. 이 책을 보지도 못한 사람들 중 윤치호 씨가 작사할 때 "하느님"으로 작사했다는 주장을 하기도 한다.

「하나님」이란 말은 유일신을 나타내는 신명(神名)으로서 고조선부터 우리 민족이 써왔다. 이와 같이 「하나님」이란 말은 400년 전 한글문서에도 나와 있는 우리 민족 고유의, 하늘에 계신 유일신을 지칭하는 거룩한 이름이요, 선교사들도 찬탄해 마지않는 자랑스럽고 보배로운 이름이다. 선교사들은 「하나님」이란 말이 고대부터 사용해온 한국 고유의 신명임을 발견하고, 놀라움과 함께 이런 글들을 남겼다.

15) 선교사들과 하나님

❶ 언더우드 목사의 글:

"옛 한국의 일부였던 고구려 왕국(The Kingdom of Kokuryeo)에서는 하나님(Hananim)이라 불리우는 유일한 신만을 섬겼다. 그리고 유일하신 하나님(Hananim)은 크고, 유일한 하나(only One)를 가리키는 말이었다."

❷ 게일 목사의 글:

"우리의 색슨(Saxon)어 「God」는 복수로 사용되었고, 이방 신에게 적용되는 것이기 때문에, (그리스도교가) 원하는바 목적에 사용되기 전에 많이 조정을 하지 않을 수 없었다. 그리스어 「Theos」나, 일본어 「Kami」(神)는 소위 많은 신들에게 적용될 수 있는 것이었고, 중국의 「상제」(上帝)」 또한 많은 신위(神位) 중에서 최고신에 불과하다. 그러나 「하나님」은 다른 이름들이 오랜 기간동안 사용시기를 거치면서 애써 도달하려 했던 의미를 일시에 획득하고 있다."

❸ 헐버트 선교사의 글:

"한국인은 엄격한 일신론자(monotheists)이다. 그리고 한국인이 소유하고 있는 종교적 개념은 외래적 의식과는 아무런 연관이 없다는 것이다."

20. 《합동 찬송가, 1949》

1) 《합동 찬송가, 1949》가 나오기까지

아무런 준비도 없이 덜컥 해방을 맞이한 우리나라는, 침략자 왜인들이 물러나자 북에는 소련을 등에 업은 가짜 김일성이 공산 국가 건설에 혈안이 되어 있는데, 남쪽에는 자유 민주주의를 표방하는 미군이 군정을 실시, 공산당 활동도 자유롭게 놓아두어 무법천지가 되었다.

이승만 박사와 김구 주석이 돌아와 형님 아우 하면서 나라를 세워보려고 애를 썼지만, 두 지도자를 중심 한 정치세력들이 치열한 세력 다툼을 하였는데, 김구 주석은 김일성의 초청으로 북한을 다녀온 후 안두희의 흉탄에 쓰러졌는데 아직도 그 배후는 오리무중이다.

물가는 천정부지로 뛰어 올랐고, 모든 공공기관의 윗자리를 차지했던 왜인들이 쫓겨 가자 그 아래 있던 사람들이 몇 단계를 뛰어 넘어 승진하여 행정은 시행착오 투성이였다. 극도로 불안한 치안 유지를 위해 이승만 박사는 왜놈 앞잡이로 있던 자들을 그대로 경찰이나 검찰이나 국군 요직에 앉혀 반민특위와 마찰을 거듭했다.

이러한 가운데 한국교회는 회개운동과 부흥운동을 일으켜 도처에서 대형집회가 열리는데, 장·감·성 세 교단의 찬송가가 달라 불편하기 짝이 없었고, 새 신자들은 찬송가를 구입하려 해도 출판하는 데가 없어서 난리들이었다.

다행히 미국으로 쫓겨 갔던 선교사들이 기동성을 발휘하여, 여분으로 가지고 있던 필름으로, 미국에서 《찬송가(신정 증보판)》을 3만 부 인쇄하여 배편으로 보냈는데 시간이 너무 걸렸다. 그 때 형편을 1947년 4월, 대구제일교회에서 열린 대한예수교장로회 제33회 총회록에서 인용한다.

◎ 종교교육부(보고)

찬송가 3만 부가 미국에서 도착하면 1만 부는 38이북 교회에 보내기로 하다.

기다리는 찬송가는 얼른 오질 않고 새 신자들은 찬송가를 빨리 만들어 달라 하자, 1947년 장로교총회는 우선 급한 대로 《신편 찬송가, 1935》를 기독교서회에 위탁하여 출판하기로 하지만, 이 필름을 보관중인 장로교 종교교육부 총무 정인과 목사는 이를 거절하고 개인출판을 하여 이익을 챙긴다. 마분지(馬糞紙·짚을 원료로 만든 저질 종이)에 인쇄하여 배포된 이 찬송가는 나도 샀었지만, 지질이 너무 나쁘고 인쇄가 안 좋아, 절반은 알아볼 수 없을 지경이었다.

한국기독교역사연구소의 김승태 연구위원의 글에 보면 이 때 상황이 이렇게 기록되어 있다.

- 해방 후 기독교서회 총무가 된 김춘배 목사가 정인과 목사를 찾아가 그가 가지고 있는 《신편 찬송가, 1935》의 판권을 서회로 돌려달라고 요구하였으나 거부당했다. 그 후 그는 이 판권을 고려신학교 교단 측에 팔아 넘겼다고 한다.[27] 사실 정인과가 교계의 비난을 받으면서까지 찬송가를 별도로 편집하고 자신의 명의로 발간하였던 것은 그가 내세운 명분이야 어떻든 바로 이 판권에 따른 막대한 이권에 있었던 것을 시사해 주는 대목이다.

1948년 4월, 새문안교회에서 열린 제34회 장로회총회는 미국에서 찍어온 찬송가의 판매권을 기독교서회에 주기로 하고, 정인과가 총회 허락도 없이 만든 사제(私製) 찬송가 구입을 금지하는 결의를 한다.

◎ 정인과 씨가 출간하는 찬송가는 개인 출판이니 구매치 않도록 성명서를 내기로 하다.

이 장로회총회에서는 장·감·성 세 교단이 합동으로 찬송가 출판할 것을 결의하는데 아예 비율까지 정하고, 정인과의 배신에 데어 판권관리의 필요성을 깨닫고 아래와

---

[27] 「대한기독교서회 백년사」, 58 쪽.

같이 결의한다.

◎ 합동찬송가의 가사를 장·감·성 4대3대2의 비율로 편입하기로 하고 판권은 3파에서 정식 파견한 찬송가 위원으로 조직된 위원회가 갖도록 하다.[28]

한편 기독교서회는 장로회총회의 결의에 따라 미국 선교사들이 가지고 있던 필름을 받아 《찬송가(신정 증보판)》를 출판하고, 각 교단은 《합동 찬송가, 1949》가 출판을 서두른다. 이렇게 하여 부랴부랴 낸 것이 《합동 찬송가, 1949》이다. 그 서문을 보자.

2) 서 문

"(…)그 후 1924년에 "합동 찬송가" 개정위원이 장감 연합공의회에서, 약 4개년간을 연구하여 1928년(1931년의 오기·필자 주)에 신정찬송가(新訂讚頌歌) 314장을 선정 출판하였으나, 사정으로 인하여 공동 사용치 못하고 감리회에서만 사용하게 되었고, 장로교회에서는 총 400장의 신편찬송가(新編讚頌歌)를 단독 출판하여 사용하였던 것이며, 성결교회에서도 1930년에 성가 40여(30여의 오기·필자 주) 곡을 증가하여 "부흥성가"로 개제(改題)하여 출판 사용하여 왔던 것이다.

이리하여 우리 교회에서는 찬송가가 합하지 못하여 말할 수 없이 불편하고 부자유한 신앙생활을 하여오던 중, 드디어 1946년 장·감·성 세 교파에서는 찬송가의 하나 됨을 원하여, 2인씩의 찬송가합동연구위원(讚頌歌合同研究委員)을 선정 파견하여 1년 간 연구한 결과, 세 교파에서 사용하는 찬송가 중 각 교파의 특이한 것은 전부를 편입하기로 하고, 공통의 것은 가사를 적절히 선택하여 편입하기로 하는 원칙 밑에서 1948년 각 교회 총회에서 정식 결정을 얻은 후, 합동전권위원(合同全權委員) 5인씩을 선정 파견하여 한국기독교연합회(韓國基督敎聯合會) 주최 하에 합동을 추진한 결과, 총 586 장을 수집하고 부록에 "성경 교독문"을 첨부하여 "찬송가"의 명칭으로 편찬 출판하여 우리

---

28) History of Korea Mission Presbyterian Church in the U.S.A. Volume II 1935-1959 p. 409에 보면 1959년 당시의 한국교회 교세는 장로교인 이 89만 2,083 명이요, 감리교인이 24만 8,899 명, 그리고 성결교인은 10만 7,266 명으로 되어 있다.

교회에 내어놓기에 이른 것이다.

찬송가 합동 전권 위원은 다음과 같다.
    (장로교회) 김관식 김춘배 유호준 김종대 정 훈
    (감리교회) 강태희 김희운 엄재희 김유순 조민형
    (성결교회) 박현명 김유연 황성택 항영환
              1949년 1월 일
                            찬송가전권위원회

김춘배 목사는 당시의 감격을 그의 회고록이라 할 [필원반백년](筆苑半百年·서울 聖文學舍 刊, 1977 p. 139)에 이렇게 써 남겼다.

"이로써 어느 교회에 가든지 같은 성경을 읽고, 같은 찬송가를 부를 수 있게 되어, 교우들에게 편의를 주고 큰 기쁨을 주었다. 이 같은 찬송가의 합동이 쉽게 이루어진 것은, 그 당시 교회 지도자들의 너그러운 생각을 나타낸 것으로, 교회 연합사업에 힘쓰던 이들에게 큰 희망을 주었던 것이다."

3)《합동 찬송가, 1949》의 출처

《합동 찬송가, 1949》는 총 586장에 교독문을 증보한 책으로 나왔는데, 1949년 이를 구입한 필자는 크게 실망한 바 있다. 각 교단에서 발행한《찬송가》·《부흥성가》·《신정찬송가》·《신편 찬송가》의 필름을 그대로 사용하였으니 체제는 물론 악보의 모양새나 활자의 모양, 편집 양식이 달라 참으로 가관이었던 것이다.

서회는 우선 이를 보급하는 한편 새로 작업을 하여 1년 후인 1950년에 악보를 모두 새로 그려 제대로 체제를 갖춘 찬송가를 발행하였다. 이 판은 피난지 부산 창선동 2층 서회 피난 사무실에서 다시 수정을 시작하여 환도 후, 내가 서회에 입사하던 1954년에 수정판을 교정할 때 필자도 참여하였는데, 10월에 나온 수정판은 현재와 같은 고급 인디안지(紙)에 인쇄하여 나무랄 데 없는 찬송이었다.

필자는 그 때 「수정판 출판 기념」으로 서회에서 받은 《합동 찬송가, 1949》를 아직도 소중히 간직하고 있다. 이 찬송가 최대의 쾌거는 종래의 모든 찬송가는 물론 성경에서 쓰고 있는 「하나님」이라는 거룩한 이름을 《신편 찬송가, 1937》에서 「조선어학회」의 주장에 따라 「하느님」으로 고쳤던 것을, 다시 「하나님」으로 환원시킨 일이다.

이 찬송은 1967년 《개편 찬송가, 1967》가 나오기까지 20판을 거듭 하였다.

전술한 대로, 장로교총회에서는 교세에 따라 찬송가 채택의 비율을 「장·감·성, 4대 3대 2로 한다」라고 못박은 바 있다. 교세에 따른 배분이다. 그런데 그 동안 찬송가는 교단간에 다음과 같이 교류가 있었음을 우리는 알아야 한다.

① 장·감 합동가인 《찬숑가, 1908》중의 많은 수가 성결교의 《신증 복음가, 1919》에 채택되었고,

② 《신정 찬송가, 1931》는 《찬숑가, 1908》와 《신증 복음가》에서도 채택하였고,

③ 《찬숑가(신정 증보판), 1931》은 《찬숑가+신증+@》 판이며,

④ 《신편 찬송가, 1931》는 위의 책들을 많이 채택했던 것이다.

따라서 합동하게 된 세 교단의 찬송가 중, 공통적인 것이 많았을 것임은 불문가지요, 공통의 것을 추릴 경우 최근에 개정한 신편의 것이 많이 채택되었음이 분명하다. 필자가 이 책들을 종합 검토하여 통계를 낸 결과는 다음과 같다.

❶ 《찬숑가, 1908》에서 채택한 것   224곡
❷ 《부흥성가, 1930》에서 채택한 것   137곡
❸ 《신정 찬송가, 1931》에서 채택한 것   90곡
❹ 《신편 찬송가, 1935》에서 채택한 것   135곡

합동 원칙 중, 「각 교단의 특색 있는 것은 무조건 채택한다」는 원칙대로 채택하였는데, 위에서 보는 대로 성결교의 것이 많이 채택된 이유는 무엇일까? 필자는 해방 후 전국에서 일어난 부흥운동의 결과가 아닌가 생각한다. 그 증거로 《개편 찬송가, 1967》를

출판했을 때, 이런 부흥 찬송이 거의 다 삭제되자 성결교가 크게 반발하였는데, 각 교단 부흥사들이 이에 적극 합세하여 마침내 「부록」으로 추가하여 되살린 것을 보면 이런 추리는 무리가 아닐 것으로 보인다.

4) 《합동 찬송가, 1949》의 문제점

(1) 첫째로 곡조 운에 맞지 않는 가사가 많다.

이런 곡조들은 대개가 《부흥성가, 1930》에서 채택한 곡들인데, 《찬숑가, 1908》는 음악과 가사 전문가들이 많이 참여하여 만들었기 때문에 아주 운이 잘 맞는다. 또 《신정 찬송가, 1931》는 전문가들이 만든 《찬숑가, 1908》를 개정한 것이요, 《신편 찬송가, 1935》는 앞의 것들을 다시 개정한 것이기 때문에 운이 안 맞는 것은 극소수다. 그러나 성결교의 경우, 《부흥성가》의 서언(序言)에서 말한 대로 「총망 중에 편집된 한 불완전한」 《복음가》를 증보하여 《신증 복음가, 1919》를 만들었는데, 그 때 《찬숑가, 1908》의 것 일부를 채택하였으나, 교단의 성격상 장·감 양 교단의 것은 약간만 채택하고 주로 일본의 홀리네스교단(日本ホ—リネス教団)의 찬송가인 《리바이발 성가》(リバイバル聖歌)에서 직접 번역하였던 것이며, 《부흥성가, 1930》는 앞의 것에 30여 장을 1930년에 증보한 것이기 때문에, 그 동안 약간의 수정이 있었다지만, 20여년이나 된 책이기 때문에 곡과 가사의 운이 안 맞는 게 많은 것은 당연한 이치이다. 이 중에서 부르기가 어려워 완전 소외된 것 중 대표적인 것 알아보자.

◎ 84장·나의 좋은 친구와

이 찬송은 《신편》 304장의 「내 진정 사모하는」의 성결교의 초기 번역인데, 신편의 전영택 목사가 의역한 것보다 원문에 가깝게 잘 되어 있다. 그러나 운이 안 맞아 부를 수가 없어서 《합동 찬송가, 1949》가 나오자 《신편 찬송가, 1935》를 애창하던 장로교인들이 크게 불평한 찬송이다. 1절만 소절 단위로 적어본다. F장조 4분의 2 박자이다.

나 | 의좋은친 | 구와 모 | 든것되시 | 는
구주 | 예수의아 | 름다움이 | 여

산 | 곡의백합 | 꽃을 그 | 에게보겠 | 네
내죄 | 를씻어완 | 전케하시 | 고
환 | 난의도피 | 성과 슬 | 플때위롤 | 세
나 | 혼자염려 | 할것없겠 | 네
구주 | 는산곡의 | 백합 명 | 랑한새벽 | 별
만인 | 위에뛰어 | 나시는줄 | 세

(2) 둘째로 2중으로 채택된 것이 여러 장이다

주: (=) 표가 있는 것은 2중으로 채택된 것이다. 괄호 안의 숫자는 《합동 찬송가, 1949》의 장수이다.

① 성령이여 강림하사(160) = 주 예수여 약속하신(164·부흥)

② 그 수욕된 십자가의(341) = 임마누엘 십자가에(204·부흥)

③ 이 몸의 소망 무엔가(313) = 십자가에 달린 주와(345·부흥)

④ 예수 나를 오라 하네(362) = 주의 음성 들은 이 몸(122·부흥)

⑤ 죄짐 맡은 우리 구주(418) = 높고 귀한 나의 친구(85·부흥)

⑥ 십자가로 가까이(424) = 십자가의 공로로(126·부흥) = 예수여 나의 몸을(129·부흥)

⑦ 이 기쁜 소식을(155) = 온 세상 만국에(159·부흥)

⑧ 구주의 십자가 보혈로(187) = 십자가에 높이 달리신(554·부흥)

⑨ 예수가 거느리시니(530) = 천국 가는 모든 성도(125·부흥)

⑩ 우리는 주님을 늘 배반(394) = 내 구주께서 영광 중에(340·부흥)

이 밖에 곡조는 다르지만 영문 가사가 같은 것은 다음과 같다.

⑪ 하늘 영광 버리시고(406) = 예수께서 천당 위를(74·부흥)

⑫ 오 만세반석이신(174) = 저 반석 되신 주님(63·부흥)

이렇게 된 이유는 어디 있을까? 위원들이 모두 목사들이요, 곡조보다는 가사 위주로 선택했기 때문이다. 현재 이 찬송들은 모두 도태되었다.

5) 편집에 유감스러운 점
(1) 곡명색인을 삭제한 점

이때까지 장·감 양 교단 찬송가에 실어 오던 곡명색인(INDEX OF TUNES)을 《합동 찬송가, 1949》에서는 다 뺀 것은 참으로 유감스런 일이다. 외국 찬송가들은 「성구색인」도 넣고 기타 여러 가지의 다양한 자료들을 넣어, 사용하는 자는 물론 연구하는 자들에게 편의를 도모하고 있건만, 「가난하던」 시절, 할 수만 있으면 책값을 낮춰야 했던 시절이기 때문에 뺀 것이, 이제는 잘 사는 나라가 되었음에도 불구하고, 빼는 것이 전통인양 아예 넣을 생각을 않는데 한심한 생각마저 드는 것이다.

6) 맺는 말

하나님은 다양성을 좋아하신다. 뻐꾸기와 꾀꼬리 소리, 매미와 쓰르라미 소리, 개구리와 맹꽁이의 소리 등을 다양하게 창조하신 하나님은, 접시만한 해바라기 아래 난쟁이 채송화를 키우시고, 커다란 목련 나무 아래 좁쌀 만한 안개꽃을 피우신다. 아름다운 장미꽃은 수백 가지의 색깔과 모양으로 다양하게 창조하셨다. 사람의 피부색도 여러 가지로 창조하시고, 나라와 민족마다 다양한 곡조와 장단을 만들어내게 하시어 그 곡조와 장단으로 당신을 찬양하시기를 바라신다. 그리고 "새노래로 하나님을 찬양하라!" 하고 명령하시는 것이다.

성경은 일점일획도 변함없지만 찬송가는 자꾸 새노래로 만들어야 하는 것이다. 흑인은 흑인 가락과 장단으로, 백인은 백인 가락과 장단으로 찬양을 하고 있는데, 한국인은 왜 한국의 전통 가락과 장단으로 찬양을 하면 안 된다는 것인가!

다행한 일은 젊은 작곡가들 중에 앞으로의 한국찬송가는 한국적인 것을 찾아서 계속 개발 발전시켜야 한다는 사명감을 가지고 활동하는 것을 보며 한국찬송가의 여명을 보는 느낌이다.

21. 〈청년 찬송가, 1959〉와 《새찬송가, 1962》

1) 한국 장로교회의 핵분열

1950년대는 한국 역사상 최악의 고난의 시기다. 무신론자 공산군의 남침으로 시작된 6·25 전쟁은 전 국토를 초토화하였는데, 세상의 빛이 되어야 할 장로교단의 분열은 가뜩이나 고생하는 성도들에게 큰 아픔을 주었다. 한국교회의 「장자(長子) 교단」임을 자처하는 장로교회는 9년 동안 세 차례나 분열을 하였다.

첫 번째 분열은 1951년 신사참배 문제로 인한 고려파의 분열이요,

두 번째의 분열은 신학사상을 내세운 보수와 진보간의 분열이지만, 실은 총회 직영 신학교 자리를 놓고 벌인 각축전이다. 그 출발은 일제 말엽 서울에 조선신학교(현 한신대학교의 전신)가 설립되고, 해방 후 38선으로 인해 북한에서 평양신학교가 폐쇄되자 1946년 6월 12일에 모인 「남부총회」가 조선신학교를 총회신학교로 인정하면서부터 시작되었다. 조선신학교 교수 김재준(金在俊, 1901-1990) 목사는, 송창근·한경직 목사와 프린스턴신학교 동기동창으로서, 프린스턴에서 자유주의 신학을 공부하고 돌아와, 그 신학을 과감히 가르침으로써 교계에 파문을 일으켰다. 그러자 1947년 봄, 조선신학교 학생 51명이 제33회 총회에 김재준 교수의 자유주의 신학을 고발함으로써 분열의 불씨가 당겨졌다.

1948년 5월 박형룡(朴亨龍, 1897-1978) 목사를 중심으로 남산에 장로회 신학교가 설립되자 양 신학교간의 대립은 극에 달하였다. 마침내 1951년 5월에 부산에서 모인 제36회 총회는 다툼을 일삼는 조선신학교와 장로회신학교의 인준을 모두 취소하고, 총회신학교를 새로이 설립하기로 했는데 그것은 실질적으로 장로회신학교의 개편이었던 것이다. 마침내 1953년 4월 24일, 대구 서문교회에서 모인 제38회 총회는 다음과 같이 김재준 목사에게 파면을 선고한다.

◎목사 김재준 씨는 제36회 총회결의 위반 및 성경 유오설(有誤說)을 주장하였으므로 목사직을 파면하고 그 직분을 행함을 금하다.

한신측은 총회 탈퇴를 선언하고 1953년 6월 10일 피난지 부산 한국신학대학 강당에서, 전북·군산·김제·충남·경서·경북·목포·충북·제주 노회 등 분립된 9개 노회 대표 47명이 모여「호헌 총회」의 이름으로 새 총회를 조직함으로써 분열은 확정되었다. 그 후 한신측은 1954년 6월 10일에 모인 제 39회 총회에서 교단명을「한국기독교장로회」로 고침으로써「기장파」라 불리게 되었다. 이로써 한국 장로교의 수많은 교회들은「예수교」장로회 파와「기독교」장로회 파로 분열되어, 치열한 예배당 쟁탈전과 법정소송 사태로까지 번져 선교 역사상 유례가 없는 싸움판이 되었다. 그러자 미국의 언론들은 이렇게 비아냥거렸다.

"한국에서는 예수와 그리스도가 치열한 싸움을 하고 있다."29)

세번째 대 분열은 교회연합 운동을 표방하는 세계교회협의회(World Council of Churches, WCC)의 에큐메니칼 운동으로 야기된 통합측과 합동측의 분열이다. 1959년 장로교 제 48회 총회를 앞두고 장로회신학교 교장 박형룡 박사를 중심으로 복음주의협의회(National Assembly of Evangelicals, NAE)가 WCC에 대해 자유주의니, 혼합주의니, 용공(容共)이니 하고 비난하다가 마침내 WCC 탈퇴를 선언하면서 장로교회는 [WCC 파]와 [NAE 파]로 갈라지기 시작하였다. 그러나 이런 이유는 표면적인 이유일 뿐, 실은 교권쟁탈전(敎權爭奪戰)이었다. 1959년 9월 28일, 대전중앙교회에서 모인 제 44회 총회는 양파의 경기노회 총대권 문제로 시비가 벌어졌는데, 사태가 불리하자 [NAE 파] 총회장 노진현 목사는 비상정회를 선포하였다. [WCC 파]에서는 총회장 불신임을 제기하고, 대전에서 서울로 이동하여 9월 30일 서울 연동교회에서 총회를 속개하여「연동파」라 불리었고, 반대편은 11월 24일 서울 승동교회에서 총회를 속개하여「승동파」로 불리었다. 그 후 연동파는 1960년 2월 17일, 서울 새문안교회에서

---

29) 〈예수교 장로회〉와 〈기독교 장로회〉의 싸움을 일컬음이다.

중립파와 승동파 일부를 포섭하여 통합 총회로 모였으므로 「통합파」가 되었고, 승동파는 고려파와 합동하여 「합동파」란 이름을 얻게 되었는데, 약 2년 후 고려파 주류는 다시 이탈해 나갔으므로 「고려파」 교단은 아직도 그대로 남아 있다.

이리하여 장로교회는 「고려·기장·통합·합동」 네 파로 갈렸는데, 합동파는 계속 핵분열을 하여 현재 그 수를 헤아릴 수 없을 정도다.

인간적으로 보아 이런 분열은 비극임에 틀림없다. 그러나 하나님은 인간의 실수를 복음전파의 기회로 역이용하셨는가. 장로교회는 분열을 통해 더욱 부흥되었다. 즉 1959년 말 분열 당시 장로교 총회의 교세는 2,177 교회, 교인 수 53만 6,000명이었으나 불과 7년 후인 1966년 말에, 통합측 2,204교회, 교인 수 53만 2,902명이었고, 합동측도 교인 수 53만 2,893명에 달해 7년 만에 교세가 배가한 것이다.[30] 그러나 우리는 바울이 말한 다음 말씀을 기억하고 하나님 앞에 회개하고 바로 서야 할 것이다.

"나는 내 몸을 쳐서 굴복시킵니다. 그것은, 내가 남에게 복음을 전하고 나서, 도리어 나 스스로가 버림을 받지 않도록 하려는 것입니다." (고전 9:27)

에큐메니칼운동으로 인한 장로교회의 분열은 한국교회 전반에 큰 파문을 일으켜 마침내 성결교도 「기성」과 「예성」으로, 감리교회도 「기감」과 「예감」으로 분열하여 오늘에 이르렀다.

2) 《청년 찬송가, 1959》 출판

(1) 구하기 힘든 《신편 찬송가, 1935》

1949년 「장·감·성」 세 교단이 《합동 찬송가, 1949》를 발행하자, 신앙의 순수성을 강조하는 고려파 교단에서는 「장·감·성 짬뽕 교리 찬송가」인 《합동 찬송가, 1949》 사용을 거부하고 장로교 정통의 《신편 찬송가, 1935》만 사용할 것을 결의하였다. 그러나

---

30) 이 통계에는 이중교적을 가진 자들까지 포함되어 있음을 참작해야 할 것이다.

《신편 찬송가, 1935》의 원본 필름은 정인과(鄭仁果) 목사 개인이 가지고 있어서 기독교서회에서는 출판을 중단하였고, 고려파 교인들은 《신편 찬송가》를 사려고 헌책방을 돌아다녔다. 나도 고신 교우를 도와 《신편 찬송가, 1935》를 사러 헌 책방을 돌아다닌 일이 있다.

이런 와중에도 순수한 선교 집단인 팀미션 (TEAM Mission)에서는 1959년 교회 청년들을 위하여 초교파적으로 위원회를 구성하여 《청년 찬송가, 1959》를 편집·발행하였다. 팀미션은 미국 일리노이주 휘튼(Wheaton)에 본부를 둔 복음주의연맹선교회(The Evangelical Alliance Mission)의 약칭으로서, 1956년에 극동방송을 세운 초교파 선교기관이다. 이 기관에서 청년들을 위하여 《청년 찬송가, 1959》를 편집 출판하였는데, 출판인은 갈필도 선교사요, 생명의 말씀사가 출판·판권을 가지고 있다.

편집 체제는 4×6판 270쪽, 224곡 수록. 보급용 반양장과 견포의(絹布衣, hard cover) 두 가지로 출판했다. 이 찬송가는 3년 후 고려파 교단에서 제작한 《새찬송가, 1962》의 밑거름이 되었다. 그 머리말을 보자.

(2) 서 문

한 사람이 그에게 허용되는 단어 그 이상을 사고할 수 없다는 것이 심리학자들의 공통관념이다. 그 사람에 있어서 단어의 넓이와 정확은 그의 지혜와 능력의 성장을 제시한다. 크리스천 생활에 있어서도 마찬가지다. 신앙이 강한 분은 신앙이 약한 분보다 더 많이 알려고 노력한다. 금번 생명의말씀사에서는 영적 생활의 성장과 축복을 위하여 이 청년 찬송가를 내놓게 된 것을 대단히 기뻐하는 바이다.

어떻게 성장할 수 있을 것인가. 여기에 대하여 사도 바울 선생은 다음과 같이 말씀하시었다. '내가 영으로 찬미하고 마음으로 찬미하리라.'

이 찬송가를 내놓기 위하여 해산의 수고를 한 편집위원회는 다음과 같은 특징을 살리기에 노력하였다. 즉

첫째로, 젊은이들의 신앙생활 기질에 적합한 곡으로,

둘째로 곡과 가사가 잘 조화되도록 하였다.

찬송 부르는 이도 또 듣는 이도 잘 이해할 수 있게 가사에 주력하였다. 이 찬송을 공부하라. 또 당신의 것으로 만들라. 이 청년 찬송가의 편집위원은 다음과 같다. 이들은 한국 교회음악에 다년간 종사하신 분들로서, 이 찬송가를 내놓기 위한 수고는 지대하였다.

박상록, 박재훈, 박태준, 장수철, 조광혁

이 찬송가 가사를 번역하여준 번역위원들은 다음과 같다.

황성수, 이종성, 장하구, 현수길, 문익환, 선우남, 신복윤, 나학진, 윤상범 그리고 편집위원 전원.

특히 시종여일하게 이 찬송을 위하여 수고하여주신 채무식 장로님과 선우남 선생과 추옥순 양에게 감사를 드리는 바이다. 하나님의 복이 이 찬송가를 부르는 이들에게 있기를 바라는 바이다.

생명의 말씀사 발행자 갈필도

(3) 《청년 찬송가, 1959》의 출처

총 270장의 출처는 다음과 같다.

① 《합동 찬송가, 1949》에서 가져온 것 51곡.

② 한국인의 창작 찬송 21곡.

③ 새 곡조들 198곡

특기할 만한 일은 한국인의 창작 찬송을 21곡이나 채택한 것이다. 그 상세 내용은 아래와 같다. (장수는《청년 찬송가》장수임).

053. 부름 받아 나선 이 몸(이호운 작사 박재훈 작곡)

058. 주여 어린 사슴이(전영택 작사 박재훈 작곡)

093. 암초에 걸린 몸(방지일 작사 박상록 작곡)

099. 해는 져서 어둡고(김정준 작사 이동훈 작곡)

104. 저 목자여 깊은 잠을(박재봉 작사　박재훈 작곡)

105. 눈을 들어 하늘 보라(석진영 작사　박재훈 작곡)

110. 천부여 의지 없어서(찰스 웨슬리 작사　나운영 작곡)

129. 어려운 시험 당할 때(백례원 작사　장수철 작곡)

130. 디베랴 맑은 바다(석진영 작사　박재훈 작곡)

131. 여호와 선하신 목자(최봉춘 작사　장수철 작곡)

147. 저 멀리 눈에 보임은(임성길 작사　박재훈 작곡)

170. 구주의 보혈로(박태준 작사　박태준 작곡)

173. 어서 돌아오오(전영택 작사　박재훈 작곡)

176. 캄캄한 밤중에 빈들에서(오피득 작사　박상록 작곡)

181. 귀하고 귀하신 나의 어머니(장수철 작사　장수철 작곡)

182. 언제나 바라봐도(김정준 작사　박재훈 작곡)

185. 무덤 문 열리고(석진영 작사　박재훈 작곡)

187. 드높은 희망 가슴에(졸업가, 작사·작곡자 불명)

191. 넓은 들에 익은 곡식(톰슨 작사　나운영 작곡)

194. 눈이 오는 고요한 밤(임성길 작사　장수철 작곡)

210. 내 진정 사모하는(전영택 작사　박재훈 작곡)

(4) 작품 해설

이 가운데《통일 찬송가, 1983》에 채택된 아래 찬송들은 간단히 해설을 한다.

053. 부름 받아 나선 이 몸(이호운 작사　박재훈 작곡)

　이 찬송은 미국에 유학 중이던 이호운 목사가 작사하여 중앙신학교(강남대학교의 전신) 학생인 박재훈에게 보내어 그가 서양풍으로 작곡하여 제1회 졸업식에서 부른 찬송으로 전해지고 있다.《개편 찬송가, 1967》편찬 때 387장에 이유선 교수의 한국적인 곡조가 채택되면서《통일 찬송가, 1983》355장에도 그 곡으로 이어지고 있다.

105. 눈을 들어 하늘 보라^(석진영 작사 박재훈 작곡)

이 찬송은《개편 찬송가, 1967》401장에 채택할 때 가사 위원장 안신영^(安信永) 장로가 가사를 대폭 수정 채택하였는데,《통일 찬송가, 1983》에는 그대로 채택하였다. 성결교단의 윤판석 장로 작사〈주의 종아 어이할꼬〉의 표절 시비가 진행중이다.

131. 여호와 선하신 목자^(최봉춘 작사 장수철 작곡)

「주는 나를 기르시는 목자요」로 수정된 이 찬송은《개편 찬송가, 1967》67장에 채택하면서 3단의 Duet 부분을 4부로 수정하고 가사도 대폭 수정 채택하였는데,《통일 찬송가, 1983》는 이를 그대로 채택하였다.

173. 어서 돌아오오^(전영택 작사 박재훈 작곡)

이 찬송은 한국 기독교 최초의 문인 전영택^(田榮澤, 1894-1968) 목사가, 1943년 당신이 편집 발행하던〈새사람〉지에 발표한 시를 박재훈에게 주어 곡을 붙인 것이다.《개편 찬송가, 1967》237장에 채택할 때 곡조 운에 맞춰 전 목사 자신이 가사를 수정하였는데《통일 찬송가, 1983》318장에 그대로 채택되었다. 이 찬송은 미국 장로교 찬송가《The Presbyterian Hymnal, 1990)》381장에 한국계 심 아무개^(Steve S. Shim)가 1989년에 영역한, 'O come unto the Lord'란 제목으로 채택되어 미국에서도 애창되고 있다.

210. 내 진정 사모하는^(전영택 작사 박재훈 작곡)

이 찬송은 지금도 애창되는 박재훈 작·편곡의 합창곡이다. 원 작사자는 구세군 밴드의 창시자 플라이^(C. W. Fly, 1837-1882)인데, 그는 이 가사를 제임스 길^(James Gill)이 작곡한 '부인을 위한 실내악' 곡에 나오는 멜로디를, 머레이^(J. R. Murray)가 편곡하여 거리나 술집에서 대중적으로 애창되는 '골짜기의 백합화^(The Lilly of the Valley)'란 곡조에 맞춰 부른 것이 찬송 곡조로 채택되어 오늘에 이른 것이다. 1919년에 성결교에서 발행한《신증 복음가, 1919》58장에 처음 실렸는데, 곡과 가사의 리듬이 너무 안 맞았다.《신편 찬송가, 1935》편집 때 전영택 목사님이 전면적으로 개작을 하여 304장에 넣어 애창되었으나,《합동 찬송가, 1949》에서 성결교의 서툰 번역으로 되돌아가자, 안타깝게 여긴 박재훈은 전 목사의 개작 가사를 넣어 작·편곡을 하면서 전영택 작사로 적어 넣은 것이다.

(5) 새로 번역한 것 128곡

찬양대용 합창곡과 송영 24곡

200. 거룩하도다 별도 찬란한 밤 (O, Holy Night, Adam)

201. 할렐루야 코러스 (Hallelujah Chorus, Händel)

202. 주님의 크신 은혜 (Wonderful Grace of Jesus)

203. 네가 나를 진정 찾는다면 (If with all your heart)

204. 하나님께서 세상 이처럼 (God so Loved the world, Stainer)

205. 나 어느 날 꿈속을 헤매며 (The Stranger of Galilee)

206. 오라 내게로 오라 (Come unto me, ye weary)

207. 거룩하신 주 (Sanctus, Gounod)

208. 내 주는 살아 계시고 (I know that my Redeemer Liveth, Händel)

209. 아버지여 나의 기도 (Father in Heaven, Händel)

210. 내 진정 사모하는 친구 (전영택 작사 박재훈 작곡)

211. 저 높은 하늘 주 하나님 찬양 (The Heavens Resound, Beethoven)

212. 주기도 (Lord's Prayer, Marlote)

213. 상처를 낫게 하시는 길리앗 (There is a balm in Gilead)

214. 어서 가 (Steal away)

215. 신자 되기 원합니다 (Lord I want to be a Christian)

216. 별이 떨어지면 (My Lord what a mourning)

217. 주 너를 축복하고 (The Lord Bless you and Keep you)

218. 죄악의 결박 푸시는 주께 (To God on High be thank)

219. 내 모든 언사와 (Let the word of my mouth)

221. 두 번 아멘 (Twofold Amen)

222. 두 번 아멘 (Twofold Amen)

223. 세 번 아멘 (Threefold Amen)

224. 일곱 번 아멘 (Sevenfold Amen)

22. 보수파 장로교의 《새찬송가, 1962》

고려파에서는 《청년 찬송가, 1959》를 중심으로 《새찬송가, 1962》를 출판하였는데, 앞서 말한 대로 「승동파」와 일시 합동하여 만들었기 때문에 보수파의 정통 찬송가로서 자리를 잡게 되었다. 1962년 12월의 일이다.

1) 판형과 특이한 점

판형은 4×6판(B5) 총 703면, 671곡 수록인데, 교독문도 《합동 찬송가, 1949》의 38편보다 많은 53편을 싣고 있다. 특이한 점은 이 책에는 이때까지 다른 찬송가에는 없던 「제목 차례」 12면, 「성구 차례」 3면을 추가한 것이다. 그리고 「일러두기」를 통하여 찬송가 사용에 편의를 제공하였다. 각 장의 편집 체제는 대동소이하나, 종래에는 성구를 장·절만 표기하였는데, 여기서는 제목 아래에 3포인트 활자로 성구를 적어 넣은 것이다. 이 관행은 통일 찬송가에도 채택되고 있다.

이 찬송가는 《신편 찬송가, 1935》를 기초로 1, 2, 3부로 나누었다.

· 제1부는 예배(1~214)
· 제2부는 성도의 생애(215~601)
· 제3부는 일반 성가와 합창곡(602~671)

2) 출 처

❶ 《청년 찬송가, 1959》에서 채택한 찬송 127곡
❷ 새로 번역한 찬송 185곡
❸ 찬양대용의 합창곡 9곡
❹ 이 외의 나머지 350곡은 《신편 찬송가, 1935》에서 주로 채택하였고, 《합동 찬송가, 1949》에서 수정 채택한 것들도 있다.

3) 《새찬송가, 1962》의 특색

이 찬송가의 편집 목적은, 「머릿말」에서 밝혔듯이, 「앞으로 있을 것 같은 보수신앙의 진영에 서게 될 타 교파들과의 관계를 고려하여」 외국의 유명한 찬송가를 직접 번역하였고, 따라서 「영구히 한국 기독교계 보수진영 전체의 찬송가책이 되기를 기원」하는 마음으로 펴낸 것이다. 「머릿말」 일부를 맞춤법을 수정, 읽기 좋게 문장부호를 넣어 인용한다.

(1) 머릿말

"교려측 총회에서는 1957년도부터 찬송가편찬위원회를 구성하고 수년을 두고 추진하던 중, 1959년 예장총회가 WCC를 탈퇴하고 에큐메니칼 운동 반대를 결의한 후, 그 때까지의 "합동찬송가" 출판사업도 「에큐메니칼 계획의 하나」라는 것을 선언하고 그와 인연을 끊음과 동시에, 정식으로 찬송가편찬위원회를 구성하게 된 것이다. 이 두 위원회가 처음에는 각자의 입장에서 그 새 출발을 모색하는 중이었으나, 1960년 12월 13일을 기해서 두 총회가 합동을 보게 되고, 그 기념사업의 하나로써 찬송가를 새로 내자는 결의를 봄으로 이 사업에 새로운 박차를 가하게 되어, 전기 두 찬송가편찬위원회가 하나로 합치게 되어 정식으로 구체적인 출판사업을 추진해 오던 중에 해를 두고 수십 차례 모임을 거듭하는 연구의 결과, 이 새로운 찬송가책이 나오게 된 것인바 이를 〈새찬송가〉라고 부르게 된 것이다.

이 〈새찬송가〉 책이 이루어진 과정을 좀 더 자세히 이야기하면 처음으로 모인 합동위원회는 그 출판계획을 세울 때 전기 〈신편 찬송가〉를 기초로 할 것과, 그 다음 수십 종의 구미 각국 교회 찬송가 중에서 선발하되 그 원작의 작사, 작곡 그리고 그 일시 및 출판의 역사 등을 세밀히 알아내고 원작에서의 직접 번역을 시도하는 동시에, 지금까지의 맹점을 보충 구비시킴으로써 완벽을 기하고자 최선을 다한다는 기본원칙을 세웠으며, 한편 앞으로 있을 같은 보수신앙의 진영에 서게 될 타교파들과의 관계까지 고려해서 그 선택, 번역. 그리고 편집의 순서로 진행한 것이며 성구·작곡·작사·제목·

가사 첫줄의 색인 첨부·교독문을 다루기까지, 하나하나의 여러 차례의 검토를 게을리 하지 아니하였다.

따라서 이 찬송가의 출판은 상기한 각 교파 찬송가들이 발전적인 개편을 거듭했거니와, 우리들 자신이 한 노릇이기는 하지만, 〈합동찬송가〉를 단지 해방의 기쁨만을 가지고 연구할 겨를도 없이 급히 만들어내게 되어, 일종의 성가곡집에 지나지 못하는 결함이 있기 때문에, 뜻 있는 이들로부터 찬송가다운 것을 강력히 요구해 왔으므로 이에 응하여 우리는 취사와 보충을 하는데 최선을 다해 보았으나, 시일의 여유가 없어 앞으로 더 보충할 기회 있기를 바란다.

끝으로 이 〈새찬송가〉를 내기까지에는 여러 가지 애로가 있기도 했지만 우리는 "생명의말씀사"와 협력하여 완성했고 이것은 영구히 한국 기독교계 보수진영 전체의 찬송가책이 되기를 기원하고 그치는 바이다.

주후 1962년 12월 일
대한 예수교 장로회총회
새찬송가 편찬위원 일동

그 특색을 살펴보자.

(2) 장로교 교리에 철저

장로교의 근본교리는 「칼빈의 예정설」이다. 「예정설」이란 어떤 것인가? 브리태니커 백과사전에서 요약해본다.

▶예정설(豫定說, predestination)

이 교리는 구원이 전적으로 하나님의 영원한 섭리에 근거한다고 가르친다. 신약성경이 하나님의 구원 계획을 강조함으로써 그리스도교 신학에서 특히 두드러진 쟁점이 되었다. 이 교리는 다음과 같은 사도 바울의 말을 해석한 것으로 볼 수 있다.

"하나님께서는 이미 오래 전에 택하신 사람들이 당신의 아들과 같은 모습을 가지도록 미리 정하셨습니다. 그래서 그리스도께서는 많은 형제 중에서 맏아들이 되셨습니다. 하나님께서는 미리 정하신 사람들을 불러주시고 부르신 사람들을 당신과 올바른 관계에 놓아주시고, 당신과 올바른 관계를 가진 사람들을 영광스럽게 해주셨습니다."
(롬 8 : 29-30)

이 교리에 따르면 하나님은 영원 전부터 사람들이 신앙·사랑·공적 등을 갖든 못 갖든, 구원할 사람과 멸망시킬 사람을 결정해놓았다고 한다. 사람이 구원을 받는 것은 하나님이 값없이 내리시는 은총, 따라서 예정에 의한 것이지만, 사람이 멸망당하는 것은 그 사람의 죄와 죄책 때문이라고 한다.

장로교 교리의 핵심인 이「예정설」과는 반대로, 감리교나 성결교는 인간의 자유의지(自由意志)를 인정하는「아르미니우스주의」가 근본교리다. 역시 위의 책에서 간추려 본다.

▶아르미니우스주의(Arminianism)

칼빈의 예정설에 대해 자유주의적인 반동으로 일어난 그리스도교 신학운동. 17세기 초에 시작되었고, 하나님의 주권(主權)과 인간의 자유의지(自由意志)는 양립할 수 있다고 주장했다. 이 운동의 이름은 네덜란드 레이덴대학교의 개혁주의 신학자 야콥스 아르미니우스(J. Arminius, 1560-1609)에서 시작되었다…. 아르미니우스주의는 웨슬리의 종교운동에서 발전한 감리교에 중요한 영향을 끼쳤으며, 보다 더 자유주의적인 이 사상은 미국 유니테리언주의(Unitarianism)를 탄생시켰다.31)

고려파에서「장·감·성」세 교단의 교리가 섞여있는《합동 찬송가, 1949》를 안 쓰고《신편 찬송가, 1935》를 쓰려다가 (실은《신편 찬송가, 1935》에도 아르미니우스주의적인 찬송가가 많다·필자 주), 판권 문제로 벽에 부딪치자《새찬송가, 1962》를 편집하게 된 것은 이런 근본교리 때문이었다. 그리하여《새찬송가, 1962》에는 칼빈의 주장대로「하나님의 주권」을 강조한 찬송들을 많이 번역하여 실었던 것이다. 그 대표적인 것을 보자. 84장을 3절까지만 인용한다.

---

31) 성결교의 교리도 아르미니우스주의이다.

▶85장

⟨1절⟩

주 권능으로써 다 통치하시니

그 영광스런 주 위엄 참 장엄하도다.

⟨2절⟩

주님의 보좌는 생명의 줄기요

그의 말씀은 영원히 살아 움직이네.

⟨3절⟩

저 바다 물결이 큰 소리 내어서

내 주의 크신 능력을 늘 증거합니다. 아멘

이런 신학적인 차이 때문에 열성 칼빈주의자와 일부 감리교인 중에도 다음과 같은 주장을 하는 이들이 있다. "모든 「복음 찬송」은 수직적으로 「하나님께 드리는 찬송」이 아닌 「인간을 향한 노래」이므로 찬송가에서 빼어야 한다."

앞에서 언급했지만 찬송가란 무엇인가 정리를 해보자.

① 하나님께서는 일찍이 모세에게 당신이 가르치신 말씀을 노래로 만들어 이스라엘 자손에게 가르쳐 부르게 하라고 이렇게 말씀하셨다.

"이제 이 노래를 적어서, 이스라엘 백성에게 가르쳐 부르게 하여라. 이 노래가 이스라엘 자손에게 내가 무엇을 가르쳤는지를 증거할 것이다."(표준새번역 신 31:19)

② 예수님은 죄인을 구원하러 오셨고(눅 5:32), 「죄인 하나가 회개하면 하늘에서는 회개할 것 없는 의인 아흔 아홉을 인하여 기뻐하는 것보다 더하리라」(눅 15:7)라고 말씀하셨다. 그리고 마지막 승천하실 때에는 당신이 못다 하신 구원사업을 제자들에게 맡기시며 이렇게 말씀하셨다.

"그러므로 너희는 가서 모든 족속으로 제자를 삼아 아버지와 아들과 성령의 이름으로 세례를 주고, 내가 너희에게 분부한 모든 것을 가르쳐 지키게 하라."(마 28:19).

하나님이 하신 일(이스라엘 구원사업)을 노래로 만든 것, 예수님이 하신 일(죄인을 불러 구원하시는 일)을 노래로 만든 것, 이게 「복음 찬송」이거늘 어찌하여 하나님이 이런 찬송을 기뻐하시지 않는다고 주장하는가!

(3) 한국인 작사·작곡 찬송 모두 배제

1959년에 발행한 《청년 찬송가, 1959》에는 앞서 살펴본 대로 한국인이 작사·작곡한 찬송이 21편이나 실려 있었는데, 《새찬송가, 1962》에서는 이를 다 삭제하였다. 왜 그랬을까? 훗날 《통일 찬송가, 1983》를 편집할 때, 새찬송가위원회 대표들은 「살아있는 사람의 찬송을 넣어서는 안 된다. 그가 남은 생애를 잘 보낸다는 보장이 없기 때문이다」라는 이유로 「살아있는」 한국인 작사·작곡은 절대 안 된다고 고집하다가 마지막에 가서 양보하여 현 찬송가에 한국인 작품이 17편 들어가게 된 것이다.

따라서 《청년 찬송가, 1959》에 실린 한국인 작 찬송가가 아무리 좋아도 그 작가가 아직 살아있기 때문에 넣을 수 없었고, 유일하게 채택된 616장의 「삼천리반도 금수강산」은 작사자가 감리교인이지만, 고인이 되었으므로 채택하였던 것이다.

그런데 하나 예외가 있다. 243장의 「캄캄한 밤 사나운 바람 불 때」는 당시 엄연히 살아있는 김활란(金活蘭, 1899~1970) 박사의 작사인데도 채택 된 것이다. 《신편 찬송가, 1935》 325장에 있는 이 찬송의 작사자 이름이 영어로 'Helen Kim'으로 되어 있기 때문에 외국인으로 착각한 것이리라.

(4) 이중으로 번역해 넣은 것

❶ 79장 「광채 나는 천성 문아」는 「내 주여 뜻대로」를 작사한 독일 목사 베냐민 슈몰크(B. Schmolck) 목사가 1732년에 작사한 독일어 찬송 'Tut mir Auf die Schöne Pforte'를 원어에서 번역하여 넣은 것이요,

❷ 333장 「시온아 너 문 열어라」는 위 찬송을 캐서린 윙크워스(C. Winkworth)가 1863년에 영역한 'Open now thy gates of beauty'를 중역한 것으로서 이중채택이다.

그런데 73장은 gate를 「성전 문」으로, 333장은 「시온성 문」으로 다르게 번역하였는데, 이 찬송은 메시야이신 예수 그리스도께서 개선하여 입성하심을 노래한 것이니,

333장의 번역이 맞다.

(5) 처음으로 시도된 것들

《새찬송가, 1962》는 오늘날 보아도 거의 완벽한 찬송가책이다. 이를 돋보이게 하는 것이 몇 가지 있다.

① 어려운 낱말은 친절하게 아래에다 그 뜻을 풀이해 놓은 것. 예를 들면 366장의 「역려과객 같은 내가」의 경우 아래에 「역려과객(逆旅過客)=길가는 나그네」 이렇게 풀이를 한 것이다.

② 매 장마다 악보 첫머리에 빠르게, 조금 빠르게, 보통으로, 조금 느리게, 느리게 등의 속도 지시와 함께 메트로놈 숫자를 표기한 것.

③ 매 장마다 곡명(Tune Name)과 미터를 표기한 것.

④ 작사자·작곡자·편곡자의 작품제작 연대를 넣고, 분명치 않은 것은 그의 생애 연대를 넣은 것.

⑤ 맨 뒤에 찬양대용 대 합창곡을 넣은 것도 획기적인 일로서, 찬양대용 악보가 귀하던 시절 지휘자들에게는 참으로 좋은 선물이었다.

이 《새찬송가, 1962》는 1983년 《통일 찬송가, 1983》가 나오기까지 21년 간 보수교단의 공식 찬송가로 애용되었다.

23. 《개편 찬송가, 1967》

해방의 기쁨으로 갈라져 다른 찬송가를 가지고 찬양하던 장-감-성 3교단이, 한 마음이 되어 출판한 《합동 찬송가, 1949》가 보수교단의 《새찬송가, 1962》의 출판으로 또 갈라지자, 한국찬송가위원회는 《합동 찬송가, 1949》를 개편하기로 하고 개편작업에 들어가 5년 만에 《개편 찬송가, 1967》을 출판한다.

그 머리말을 보자. 읽기 좋게 문장부호를 넣고 문단을 임의로 바꿔 인용한다.

1)머리말

한국찬송가위원회가 발족한 지 20여년 만이요, 실지로 개편 작업을 한 지 5년 만에 새로 개편된 찬송가를 펴내게 된 것을 기뻐하면서 하나님께 감사를 드린다.

우리 한국찬송가의 자라온 과거를 회고할 때, 선교 개시 7, 8년 밖에 되지 않았던 1893년에 언더우드 박사가 발행한 〈찬송가〉(〈찬양가〉의 오식)에서 시작하여, 1896년에는 미감리교회에서 출판한 〈찬미가〉, 그 다음 해에는 북장로교회에서 발간한 〈찬송시〉(〈찬성시〉의 오식)가 있었는데 1905년에 시작하여 1908년까지에 장로교 감리교 연합공의회가 〈합동찬송가〉(〈찬송가〉의 오식)를 편집 발행하여 이 찬송가를 20년간 사용하여 왔었다.

한편 성결교회는 1911년에 〈복음가〉를 출판하였고, 1919년에는 이를 증보 개정하여 〈신정 복음가〉(〈신증 복음가〉의 오식)를 출판하였던 것이다. 그 후 1924년에 합동찬송가 개정위원이 장로교 감리교 연합공의회에서 선정되어 약 4년간 수고하여 1928년(1931년의 오식)에는 〈신정찬송가〉를 출판하였으나, 사정상 공동 사용이 불가능하게 되어 감리교회에서만 이를 사용하였고, 장로교회에서는 〈신편찬송가〉를 편찬 사용하였으며, 성결교회에서는 1930년에 신정복음가를 증보 개편하여 〈부흥성가〉를 출판 사용하였다. 이렇게 우리 한국교회는 〈신정찬송가〉와 〈신편찬송가〉와 〈부흥성가〉를 각기 사용하게 되어 함께 예배를 드릴 때에는 그 불편함이 적지 않았던 것이다.

1945년 8월 15일 조국의 해방과 함께 조국의 복음화를 기원하던 한국교회 선배 지도자들은 한 성경 한 찬송으로 전도하여야겠다는 생각에서 장로교, 감리교, 성결교 세 교단에서 지금까지 사용하여 온 세 찬송가를 한데 뭉치어 하나를 만들기로 하고, 세 찬송가 가운데서 특이한 것은 무조건 전부를 넣고 공통된 것은 하나만을 선택하여 넣는다는 원칙 밑에서 1949년에 〈합동찬송가〉가 발행 되었다.

이를 위하여 수고하신 세 교단에서 선출된 아래와 같은 찬송가 합동위원들의 수고를 우리 한국교회는 잊을 수 없다.

장로교회 - 김관식 김춘배 유호준 김종대 정 훈
감리교회 - 강태희 김희운 엄재희 김유순 조민형

성결교회 - 박현명 김유연 황성택 한영환

한국교회는 찬송가 관리, 수정 및 출판 문제를 위하여 항구적인 찬송가위원회를 설치할 것을 결의하고, 한국기독교연합회의 알선으로 1956년 초에 기독교대한감리회, 기독교대한성결교회. 대한예수교장로회 등 세 교파에서 파송 받은 위원으로 찬송가위원회를 조직하였다.

교회가 자라고 성숙하는 대로 〈합동 찬송가〉 개편의 필요성을 느끼어 1963년 3월 5일에 찬송가위원회는 한국기독교장로회에 찬송가 위원 파송을 의뢰하여 교단의 위원을 받고 위원회를 보강하여 합동 찬송가 개편 작업을 착수하게 되었다.

본 위원회는 기독교대한감리회, 기독교대한성결교회, 대한예수교장로회, 한국기독교장로회에서 파송한 각 5명의 위원과 한국기독교연합회 대표 1명 모두 21명의 위원과, 그 동안 찬송가 발행의 책임을 수행한 대한기독교서회 대표 1명을 옵서버로 하고 일을 추진하였는데, 위원장에 강신명, 부위원장에 마경일, 서기에 박광재, 회계에 한명우, 그리고 세 분과위원회를 두기로 하고, 관리위원장에 안광국, 음악위원장에 박태준, 가사위원장에 안신영을 선임하고 교독문 선정위원으로는 김동수, 정진경을 선정하였다.

본 위원회가 이 찬송가 개편을 착수함에 있어서 먼저 8개 원칙을 아래와 같이 제정하였다.

1) 중첩된 것을 단일화 한다.
2) 국가, 민요 등의 곡조와 가사 등은 재검토한다.
3) 종류별로 편찬하는데 유의한다.
4) 예배용 찬송을 보강한다.
5) 특정 예배 때에 사용할 찬송을 보강한다.
6) 우리 찬송(한국 가사와 곡조)을 보강한다.
7) 교독문을 보충한다.
8) 가사를 모두 검토한다.

그리고 위의 8개 원칙 외에 묵도 찬송, 송영 찬송, 아멘 찬송 등을 대폭 보강하기로 하였다.

끝으로 본 위원회가 이 거대한 개편사업을 완성함에 있어서 한 마디 하지 않을 수 없는 것은, 개편 사업을 본격적으로 시작할 때, 인적 자원이 부족한 우리 교회에 있어서 음악 또는 가사 위원으로 위촉 받고 시간과 정력을 아끼지 않고 보다 더 좋은 찬송가, 보다 더 완전한 찬송가를 만들겠다는 타는 듯한 의욕을 가지고 수고한 교회 음악인들과 시인 여러분께 감사의 뜻을 표하는 동시에, 하나님의 크신 은총이 함께 하심을 비는 바이다.

바라기는 보좌에 계신 주께서 이 책으로 말미암아 영광과 존귀와 감사와 찬송을 받으시고, 이 책을 들고 예배하는 모든 성도에게 주의 은혜가 항상 풍성하시기를 비는 바이다.

각교파 대표 위원

기독교대한감리회 : 마경일 박봉배 안신영 구두회 전종옥
기독교대한성결교 : 오영필 김창근 한명우 김석규 김중환
대한예수교장로회 : 강신명 박태준 안광국 유호준 김광현
한국기독교장로회 : 김정준 정용철 박광재 문익환 조상현
한국기독교연합회 : 길진경

위촉위원

가사위원 : 전영택 이호운 반병섭 곽안전
음악위원 : 박재훈 이동훈 장수철 이중태 주진주 원진희
관리위원 : 조선출(기독교서회)
교독문선정위원 : 김동수 정진경

1967년 9월 일

한국찬송가위원회

이 서문에서 각 교단의 찬송가 이름과 출판 연도에 미스가 있음은 당시만 해도 한국 찬송가 연구가 거의 황무지였기 때문에 생긴 결과다. 이 작업 때 박재훈 목사는 찬송가위원회 간사로서 모든 작업의 중심에 있었다. 문성모 목사가 편찬한 〈작곡가 박재훈 목사 이야기〉(홍성사, 2013) 13쪽 이하에서 당시상황을 알아보자.

"박재훈은 바쁜 일정 가운데서도 1963년 한국찬송가위원회 간사와 음악위원으로 임명되어 1966년까지 일하면서 『개편 찬송가』 편집을 주도하였다. 간사 직책은 1964년 선명회어린이합창단 지휘를 맡으면서 사임하였고[32], 후임에 장신대와 연세대 종교음악과를 졸업한 김성상이 이어 받았다. (….) 박재훈은 개편찬송가 편집을 주도하면서 한국인이 만든 찬송가를 적어도 50편 이상 넣겠다는 야심찬 계획을 세웠다고 한다. 한국찬송가에 서양 곡만 들어 있고, 한국인이 만든 찬송은 보이지 않는 현실을 부끄러워하며 '한국인에 의한 한국인 찬송'의 물꼬를 트려고 노력했던 것이다. 그의 소원은 당대에 이루어지지는 못했지만 40년이 지난 오늘의 찬송가에는 한국인 작품이 100곡 이상이나 실리는 결과를 낳았으니 이는 박재훈의 기도와 노력이 그 시작임을 알아야 할 것이다.(….)"

2) 특이한 점

위의 머리말 〈8개 원칙〉에 따라 《합동 찬송가, 1949》에 있는 어려운 곡, 중복된 곡, 외국 민요, 국가 곡들을 다 빼었다.

빠진 곡들을 보자. 장수는 합동 찬송가 장수다.

1) 17장 : 천부를 찬양하라(Praise ye the Father, C. F, Gounod 작곡.) 이 찬송은 구노가 작곡한 대합창곡으로서 찬양대용이다.

2) 78장 : 예수 만 왕 되니(전능 왕 오셔서의 성결교 번역.)

---

[32] 박재훈 목사는 자신이 지휘하는 선명회 합창단 후임 지휘자로 나를 추천하겠다고 하였는데, 당시 나는 계명협회 작가 겸 편집인으로서 미국 NCC 지도자양성 장학금을 받아 일본 유학을 준비 중이었으므로 사양하였다.

3) 90장 : 천지가 진동하고(성결교 찬송가, 일본 구세군 대장 작사.)

4) 100장 : 하늘에 빛나고 영화론 별아(시온의 영광이 빛나는 아침과 같은 곡.)

5) 108장 : 구주 탄생하실 때(묘한 세상 주시고 곡조.)

6) 126장 : 십자가의 공로로(예수 나를 위하여의 성결교 번역.)

7) 138장 : 금 거문고 타며 노래하는 곳(즐겁도다 이 날과 같은 곡조.)

8) 164장 : 주 예수여 약속하신(성령이여 강림하사 성결교 번역.)

9) 200장 : 내 모든 죄 나를 얽어맸으나(〈부흥성가〉에서 온 성결교 번역.)

10) 204장 : 임마누엘 십자가에(그 수욕된 십자가에의 성결교 번역.)

11) 206장 : 십자가 위에서 흘리신(미국 민요 Old folks at home 곡조.)

12) 241장 : 내 구주 말씀 들으니(독일 민요 O tannenbaum 곡조.)

13) 262장 : 천부여 의지 없어서(나운영 장로가 새로 작곡.)

14) 297장 : 나의 몸은 곤하오니(〈신정〉128장에서 온 것.)

15) 336장 : 주여 지금 성신으로(합동 280장의 성결교 번역.)

16) 338장 : 은혜 무궁하옵신(성결교의 우리구주 나신 날 번역.)

17) 340장 : 내 구주께서 영광 중 기도하니(우리는 주님을 늘 배반하나, 성결교 번역.)

18) 344장 : 변찮는 주님의 사랑과(날빛보다 더 밝은 천당의 성결교 번역.)

19) 345장 : 십자가에 달린 주와(이 몸의 소망 무엔가의 성결교 번역.)

20) 372장 : 저 먼 바다 파도 위에(〈신정〉의 독일 민요 로렐라이(Loreley) 곡조.)

21) 379장 : 보아라 십자가의 군기(현 프랑스 국가 곡조.)

22) 384장 : 성도들아 곧 깨어서(천부여 의지 없어서 곡조.)

23) 388장 : 예수님의 귀한 사랑(시온성과 같은 교회 곡조.)

24) 400장 : 지금까지 지내 온 것(가사만 채택 박재훈 작곡으로.)

25) 406장 : 하늘 영광 버리시고(오래 동안 기다리던, 성결교 번역.)

26) 413장 : 내가 주를 믿으니(주의 말씀 듣고서, 원 가사.)

27) 424장 : 십자가로 가까이(예수 나를 위하여 곡조.)

28) 426장 : 주 명령하심은(주 믿는 형제들 곡조.)

29) 434장 : 주 믿는 자들의 견고한 터는(참 반가운 신도여 곡조.)

30) 445장 : 맘으로 빈자는 복 있는 잘세(시온의 영광이 곡조.)

31) 446장B: 이름들 가운데(못 박혀 죽으신, 곡조.)

32) 450장 : 날 위하여 날 위하여(죄짐 맡은 우리 구주 곡조.)

33) 464장 : 생전에 우리가(주 믿는 형제들 곡조.)

34) 468장 : 피란처 있으니(영국 국가 곡조.)

35) 491장 : 한 복지 있으니(인도 민요 곡조.)

36) 493장 : 하늘엔 곤찮고 장생불로(한 복지 있으니 곡조.)

37) 538장 : 영혼아 깨어서(큰 영화로신 주 곡조.)

38) 554장 : 십자가에 높이 달리신(구주의 십자가 보혈로, 성결교 번역.)

39) 562장 : 이 세상의 소망 그름 같고(내 주를 가까이 곡조.)

40) 577장 : 능력 많은 우리 청년(신정 찬송가 300장.)

41) 579장 : 내 아버지 세상(참 아름다워라, 다른 번역, 황재경 목사 번역.)33)

이 찬송들은 〈8개 원칙〉으로 뺐다. 그리고 성결교의 부흥찬송이나 복음 찬송을 거의 다 뺐었다. 성결교의 핵심 교리는 다음 사중복음(四重福音)이다. 중생(重生) / 성결(聖潔) / 신유(神癒) / 재림(再臨)

당시 한국교회는 신유은사 받았다는 사람이 여기 저기 나타나 사회적 문제를 일으키고, 주님의 재림이 언제 라고 못 박는 자들도 나타났기 때문에 이런 [4중교리]의 찬송들이 거의 다 빠져 버린 것이다. 성결교단이 들고 일어났고, 찬송가 위원회 성결교 위원이던 김성호 목사는 교단의 결의사항을 찬송가위원회 석상에서 발표한다. 성결교 찬송 대부분을 뺀 것을 인정할 수 없으니 다시 개정하라. 아니면 찬송가위원회에서 탈퇴하겠다. 하자 하는 수 없이 부록으로 다음 20곡을 넣는 것으로 합의를 하고 601장부터

---

33) 황재경 목사 번역 아닌지?

추가했다.

3) 부록으로 수록 된 성결교단 찬송들

601. 노래로 다 할 수 없는 주의 영화여

602. 나 위하여 십자가에

603. 언제 주님 다시 오실는지

604. 천국에서 만나보자

605. 세상 모든 수고 끝나

606. 마음 속에 근심 있는 사람

607. 어둔 죄악 길에서 목자 없는 양 같이

608. 천성 길을 버리고

609. 주 흘린 피로 이룬 샘

610. 어둔 그늘 세상에 너는 가라

611. 하나님이 친히 오사

612. 마귀들과 싸울지라

613. 익은 곡식 거둘 자가

614. 우리 주님 언약하신 그대로

615. 나의 믿음 식을 때

616. 내가 회개하고서 구주를

617. 목마른 내 영혼 주가

618. 은혜 구했으나 은혜의 주님

619. 큰 무리 주를 에워싼 중에

620. 주여 나의 병든 몸을

4) 새로 채택된 독일 코랄

《개편 찬송가, 1967》의 가장 두드러진 특징은 예배 찬송으로 독일 코랄을 많이 채택한 것이다. 그 중 일부를 소개한다.

11장-찬양하라 만유의 주(Sing Praise to God who Reigns above). 곡명: WITTEBERG. 출처: 〈요한 발터의 찬송가〉(Johan Walther's Gesangbuch). 이 찬송가는 루터가 출판한 〈비텐베르크 찬송가〉에서 나온 고전이다. 그러나 한국인 정서에는 안 맞는 곡조다.

14장-존귀와 영광(Honor and Glory) 곡명: COELITES PLAUDANTE. Rouen Church melody. 작사자 불명의 루엔교회 찬송가로서 2절 뿐이다.

37장-주기도. 곡명 LEIPZIG 1530. 작곡자 한스 레오 하슬러(Hans Leo Hassler). 루터의 친구 하슬러가 작곡한 곡조에 주기도문 전체를 9절 가사에 넣었다. 나는 이 곡조를 좋아하여 찬양대에서 연습을 시켰는데, 대원들이 '지루하다느니 졸립다느니' 하는 바람에 취소한 적이 있다

77장-깨어라 먼동이 튼다. 곡명: WACHET AUF. 작곡자: Philip Nicola. 편곡자: 요한 세바스찬 바하. 8단 2페이지나 되는 2/2박자 이 곡은, 독일에서는 애창 되지만 우리나라에서는 수준 높은 찬양대나 부를까?

128장-주 예수 우리 죄인 위해.

곡명: CHRIST LAG TODESBANDEN. 편곡자 요한 세바스찬 바하. 작사자 마틴 루터. 유명한 코랄이지만 반주가 어렵고 멜로디도 어렵다. 5절 가사다.

5) 한국인 신작 찬송가 22곡 추가

027장 / 하늘에 가득 찬 영광의 주 하나님(김정준 작사, 곽상수 작곡).

055장 / 고요히 머리 숙여(서정운 작사, 곽상수 작곡).

067장 / 주는 나를 기르시는 목자요(최봉춘 작사, 장수철 작곡).

086장 / 고요하고 거룩한 밤(임성길 작사, 장수철 작곡).

172장 / 어둠의 권세에서(마경일 작사 박태준 작곡).

212장 / 어둔 밤 마음에 잠겨(김재준 작사, 이동훈 작곡).

213장 / 인류는 하나 되게 (홍현설 작사, 안신영 작곡).
237장 / 어서 돌아오오 (전영택 작사, 박재훈 작곡).
321장 / 캄캄한 밤 사나운 바람 (김활란 작사, 이동훈 작곡).
379장 / 이전에 주님을 내가 몰라 (정용섭 작사, 이유선 작곡).
387장 / 부름 받아 나선 이 몸 (이호운 작사, 이유선 작곡).
401장 / 눈을 들어 하늘 보라 (석진영 작사, 박재훈 작곡).
402장 / 삼천리반도 금수강산 (남궁억 작사, 이동훈 작곡).
463장 / 내 맘과 정성을 다하여서 (정용섭 작사, 곽상수 작곡).
464장 / 지금까지 지내 온 것 (사사오 데쓰사부로 작사, 박재훈 작곡).
482장 / 나 이제 주님의 새 생명 얻은 몸 (이호운 작사, 박태준 작곡).
488장 / 하늘 가는 밝은 길이 (소안련 작사, 안신영 작곡).
533장 / 어머니의 넓은 사랑 (주요한 작사, 구두회 작곡).
538장 / 산마다 불이 탄다 (임옥인 작사, 박재훈 작곡).
545장 / 사철에 봄바람 불어 잇고 (전영택 작사, 구두회 작곡).
546장 / 미더워라 주의 가정 (문익환 작사, 곽상수 작곡).
565장 / 가슴마다 파도 친다 (반병섭 작사, 이동훈 작곡).

6) 도태된 찬송가

298장 / 성부여 의지 없어서 (웨슬리 작사, 나운영 작곡).
461장 / 눈물의 골짜기에서 (안신영 작사, 김두완 작곡).
214장 / 눈물 밭에 떨어진 (고황경 작사, 이동훈 작곡).
473장 / 주 예수 흘린 피 (박태준 작사, 작곡).

7) 한국인 작사 작곡 찬송들 해설

27장 하늘에 가득 찬 영광의 주 하나님
(김정준 작사 · 곽상수 작곡)

작사자 김정준(金正俊, 1914~1981) 목사는 경남 동래 구포 출생이다. 그리스도교 가정에서 성장하여 1935년 평양숭실중학교를 졸업하였는데, 이때 성경교사 송창근(宋昌根, 1897~ 1950 납북) 목사의 총애를 받게 되었다. 1939년 연희전문학교 2년을 마치고, 동경 청산학원(青山學院) 신학부에 입학 1943년에 졸업하였다. 귀국하여 경동노회에서 목사 안수를 받은 그는 경주 불국사 역전의 구정교회 목사로 목회를 시작, 1945년 8월에 송창근 박사의 후임으로 경북 김천의 황금정교회에 전임하여 목회에 열중하던 중, 이듬해 결핵으로 마산국립요양원에 입원하게 되었다.

질병은 그에게 장애가 되기보다는 오히려 유익을 주었다. 그는 폐 하나를 잘라내고 나머지 마저 썩어가서 살아날 희망이 없던 중병으로 의사의 최후언도를 받았으나, 끝내 믿음으로 기적적인 회복을 하여 1949년 3월 조선신학교 교수로 취임하고 성남교회 목사를 겸임하였다. 그는 1953년 캐나다 빅토리아대학교 임마누엘신과대학에서 2년 동안 수학하고 귀국하여 교수직에 복귀하였다가, 다시 1959년 5월 독일 함부르크대학에 유학, 귀국하여 6대 한국신학대학 학장에 취임하였다. 그 후 1963년 4월 연세대학교 교목실장 겸 신학대학 구약학 교수, 64년 1월 동 연합신학대학 원장에 취임하였다. 70년 5월에는 다시 제8대 한국신학대학 학장으로 취임하였다.

그의 간증을 들어보자.
"약중의 약은「신약과 구약」이다"

김정준 목사는 젊어서 고학하다가 얻은 폐결핵으로 한쪽 폐를 절단하고 또 남은 것도 절반을 잘라내고, 마산 요양소에서 시형선고를 받고「죽을 날만 가다리는 병동」문간에 누워 있었다.[34] 기도하는 중에「목숨이 붙어 있는 남은 시간 동안 성경을 읽다가 죽으리라」는 각오로 신구약 성경을 통독하고 있었다. 특히 시편을 탐독하여 전부 암

---

[34] 그 병원에서는 죽을 날이 얼마 안 남은 사람은, 시체 운반이 편리하도록 문간으로 침대를 옮겨 놓았다고 한다.

송하게 되었고, 그 오묘한 의미를 터득하여, 후일 그가 스코틀랜드의 에든버러대학에서 시편연구로 박사학위 논문을 쓸 때 큰 도움이 되었다. 그의 저서전 「나의 투병기」는 많은 사람들에게 큰 감명을 주었다. 그는 건강이 호전되어 마산요양원에서 요양원 교회를 창립하고 친히 강단을 맡았다. 그러자 기적이 일어나 완치 퇴원하여 「관속에서 살아 나온 사나이」라 자처하며, 남은 폐 1/4만 가지고 30여년 여생을 살았다. 강의 시간에 이런 얘기를 들은 나는 「어떻게 그렇게 기적적으로 살아나셨느냐」 질문하니, 「약 중의 약을 다 먹었으니 병이 안 낫겠느냐」는 대답이었다. 「그 약이 무슨 약인지, 병약하여 늘 골골하는 제게도 가르쳐 주십시오」 하니까, 「신약과 구약이야」라고 대답하며 껄껄 웃는 것이었다.

작곡자 곽상수(郭商洙, 1923~2013) 교수는 충북 청주 출신이다. 일본 동경대학 미학부 수료, 서울대학교 철학부 학사, 미국 웨스트민스터 콰이어대학 석사. 성종합창단 창설 지휘, 서울소년합창단 창설지휘, 연세대 음대 교수, 연세콘서트콰이어 창설지휘, 연세대 심포니라이어 창설지휘, 한국합창단연합회 이사장, 한국교회음악회 회장, 한국오르가니스트협회 이사장 등을 역임하였다. 그는 한국 최초의 파이프오르간 전공자로서 한국오르가니스트협회를 창설 이사장을 역임하였다. 광복 후 승동교회(5년), 영락교회(4년), 새문안교회(4년), 동신교회(10년), 연세대학교회(26년) 등에서 예배음악 지도자로 활동하였다.

55장 고요히 머리 숙여
(서정운 작사·곽상수 작곡)

이 찬송은 서정운(徐正運, 1937~) 목사가 신학생이었던 1966년에 작사한 3절 가사에 1967년 곽상수 교수가 곡을 붙인 「잠들기 전에」라는 제목의 저녁 찬송이다. 작사자 서정운 목사는 대구 출신으로서 할머니 대에서부터 이어지는 모태신앙이다. 한남대 성문과에 입학하여 장신대에서 졸업하였다. 미국 칼빈신학교 대학원, 샌프랜시스코 신학대학원을 졸업하였다. 한남대 부교수, 인도네시아 선교사, 장신대 교수에서 16대 총장을 지냈다. 한남대 이사, 영신학원 이사, 전국신학대학협의회(KAATS) 회장, 한국창조과학회 이사 등을 역임하였다.

67장 주는 나를 기르시는 목자요

(최봉춘 작사 · 장수철 작곡)

1956년, 장수철이 미국 유학 시절에 작곡한 곡조에 부인 최봉춘 여사가 시편 23편으로 가사를 붙여 만든 어린이 찬송이다. 생명의말씀사에서 발행한 《청년 찬송가, 1959》 131장에 처음 발표되었다. 본디 3단은 2중창이었는데 《개편 찬송가, 1967》에서 4부로 편곡 67장에 실었고, 《통일 찬송가》 453장에도 채택되어 오늘에 이르렀다.

작사자 최봉춘(崔逢春, 1917~1998)은 황해도 황주에서 태어나 황해도 수안군청, 봉산군청 등에서 교회 주사(主事)로 일하다가 장 박사를 만나 결혼하였다.

작곡자 장수철(張壽哲, 1917~1966) 박사는 평양에서 장로의 손자로 태어났다. 그는 박재훈과 평양 요한학교 동창이다. 동경고등음악학교 작곡과를 거쳐 서울의 중앙신학교를 마치고, 미국 무디성서학교 종교음악과, 시카고 아메리칸음악학교에서 수학, 킹즈대학에서 음악박사 학위를 받고 한국에 귀국하여 「필그림합창단」과 「선명회 어린이합창단」을 창단하여 우리 한국의 음악을 전 세계에 소개하는데 큰 공헌을 세웠다. 그 공로로 국가로부터 문화훈장까지 받았다.

89장 고요하고 거룩한 밤

(임성길 작사 · 장수철 작곡)

이 노래는 생명의말씀사에서 발행한 《청년 찬송가, 1959》 194장에 「눈이 오는 고요한 밤」이란 가사 첫줄로 처음 실렸다. 이어서 1967년에 발행된 《개편 찬송가, 1967》 86장에 실릴 때, 첫줄 「눈이 오는 고요한 밤」이란 표현이 "유대나라에는 눈이 안 오는데 고쳐야 한다" 하여 「고요하고 거룩한 밤」으로 고쳐서 실렸다.

작사자 임성길(林聖吉, 1926~2006) 장로의 대구 자택으로 전화했더니, 와병 중이었다. 그는 이 노래에 얽힌 사연을 이렇게 회고하였다.

"1951년 어느 날, 절친한 친구인 장수철이 대구 계성고등학교에 재직 중인 저를 찾아와.「새로 작곡한 노래인데 자네가 가사를 붙여주게」하고 요청하여「구주 예수 나셨네」란 제목으로 가사를 붙여주다."

작사자 임성길 장로는 경북 김천에서 5년제인 구제(舊制) 중학교를 나와 평생을 계성고등학교에서 청소년을 가르치다가 정년 은퇴하였다. 그 동안 육군 군목합창단, 육군정훈합창단 등을 지휘하였고, 1984년, 선교 100주년을 맞아 초교파적인 대구권 장로합창단을 조직하고자, 친구 장로들 10명이 대구 YMCA에서 발기회를 갖고 시작한 대구장로합창단 초대지휘자를 역임하였다.

172장 어둠의 권세에서
(마경일 작사 · 김연준 작곡)

마경일(馬慶一, 1912~) 목사는 옛 경기도 개풍군(開豊郡)에서 태어났다. 송도고보를 거쳐 감리교신학을 졸업하고 목사가 되어 미국 듀크대학 대학원에 유학하였다. 동대문감리교회에서 목회하다가 감리교총리원 전도국 총무, 이화여고 교목실장, 기독교대한감리회 총회장을 지냈다. 감리교는 감독제인데 웬「총회장」인가. 해설이 필요하다. 1940년 감리교는,「일본기독교 조선감리교단」이라는 일본국 어용조직으로 강제로 변하게 되었다. 1945년 7월, 일제는 각 교단 대표들을 불러 강제로 단일단체로 합동시켜 놓았으나, 곧 광복이 되자 각 교단마다 교단의 정통성 문제를 놓고 싸우는 불행한 사태가 벌어졌다. 감리교단도 이른바 재건파와 부흥파로 갈려 한동안 혼란 상태에 빠져 있었다. 1949년 4월 두 파의 대표들이 모여 합동을 결의하고 총회를 열어 교단 명칭을 기독교대한감리회로 개칭하고, 김유순 목사를 감독으로 선임하였다. 그러나 6·25전쟁으로 김유순·양주삼 감독을 비롯하여 많은 교역자와 신자들이 순교 또는 납치당하였다.

다음 해 부산에서 3부 연합연회와 총회가 모여 유형기 목사를 감독으로 선임하였으나, 그 결의사항에 불만을 품은 일부 회원들이 탈퇴하여「호헌 감리회」를 조직하였다. 1955년 이후 감리교는 분열의 악순환을 계속, 1974년 10월 김창희 목사가 감독이 되자 반대파 회원들이 마경일 목사를 총회장으로 선임하고, 이른바「갱신파」라고 하였다. 1980년 9월 감리교는 하나가 되어 연회별 감독제를 채택함으로써 오늘에 이른 것이다. 마경일 목사는 많은 저서와 역서를 남겼다.

작곡자 김연준(金連俊, 1914~2008) 장로는 감리교 장로다. 함경북도 명천에서 태어났다. 1939년 연희전문학교 문과에 들어가 김영환과 현제명이 이끄는 음악부에서 연희전문 4중창단과 합창단에서 활동하고, 연전 오케스트라에서는 바이올린과 비올라 파트를 맡아 연주하였다. 1939년 동아공과학원을 설립했으며, 1948년 동아공과학원의 후신인 한양공과대학의 초대 학장이 되었다. 1952~1973년 기독교세계봉사회(CWS) 이사 겸 「교회연합신문」 발행인, 1959~1973년 한양대학교 총장을 지냈다. 이어 1961~1973년 대한일보사 사장, 1964년 한국정책연구소 소장, 1968년 대한체육연맹 회장, 1975~1980년 한양대학교 총장, 1976년 국제PTP 한국본부 총재 등을 지내고 1980년 이후는 한양대학교 재단이사장으로 있다가 27년 만에 은퇴하였다. 작곡가로도 활약하여 「김연준 가곡 1,600곡집」과 「성가곡집」 등 총 16집을 출간하였다. 1970년 대한민국 모란장, 1979년 독일 튀빙겐대학교 음악대상, 1984년 미국 하원 공로패, 1996년 국민훈장 무궁화장, 1998년 금관 문화훈장 등을 수상하였다.

212장 어둔 밤 마음에 잠겨
(김재준 작사 · 이동훈 작곡)

이 찬송은 본래 찬송가로 작사한 것이 아니다. 1965년 9월 성남교회에서 열린 「기독교장로회 제50회 총회 기념가」로, 당시 총회장이며 한신대학장인 장공(長空) 김재준(金在俊, 1901~1990) 목사가 작사하고, 동 대학 교수이며 성남교회 찬양대 지휘자인 나운영(羅運榮, 1922~1992) 교수가 작곡하여 총회 기간 동안 총회 장소인 성남교회에서 매일 불렸다. 《개편 찬송가, 1967》 편집 때 이동훈 교수 곡이 채택되었는데 2절 뿐이었다. 1983년 찬송가를 통일할 때 문익환(文益煥, 1918~1994) 씨가 3절을 추가 하였는데 문제가 생겼다.

3절:

맑은 샘 줄기 용솟아 거칠은 땅에 흘러 적실 때
기름진 푸른 벌판이 눈앞에 활짝 트인다
<u>고요한 아침의 나라 새 하늘 새 땅아</u>
길이 꺼지지 않는 인류의 횃불되어 타거라

여기서 문제 되는 사어는 [새 하는 새 땅]이란 말이다.

찬송은 성경을 떠나서는 존재할 수 없다. 그럼 성경의 [새 하는과 새 땅]은 어디에 나오는가?

"또 내가 새 하늘과 새 땅을 보니 처음 하늘과 처음 땅이 없어졌고 바다도 다시 있지 않더라."(계 21:1).

"고요한 아침의 나라 우리 한국이 [새 하늘 새 땅]이라니 말도 안 된다."

그러며 보수교단에서 빼자고 하자, 기독교장로회 측에서는

"교단적으로 가장 애창하는 이 찬송은 절대로 뺄 수 없다. 뺀다면 우리는 통일 찬송가에 참예 않겠다."

이리하여 오늘에 이른 것이다. 그런데 두 번 수정을 하다 보니 본래의 가사와는 너무나 동떨어지고 말았다.

작사자 김재준 목사 약력을 〈사이버백과사전〉에서 일부 옮겨 싣는다.

작사자 김재준 목사의 호는 장공(長空). 함북 경흥(慶興) 출생이다. 1928년 일본 아오야마학원(青山學園) 신학부, 1929년 미국 프린스턴신학교, 1932년 미국 웨이턴신학교를 졸업하였다. 1932년부터 평양 숭인상업학교와 간도 은진중학 교목을 지냈고, 1940년 조선신학교(한신대학의 전신), 경동교회를 각각 설립하고 이어, 1949~1961년 한신대학 교수 및 학장을 역임하며 1953년 한국기독교장로회를 창립하고, 1961~1987년 한신대학 명예학장을 지내고, 그 사이 1968년 기독교장로회 총회장 등을 역임하였다…. 일생을 한국교회의 발전과 사회참여의 신학정립, 민주화 등을 위해 헌신하였으며, 저

서에 「범용기」, 「낙수(落穗)」, 「계시와 증언」, 「하늘과 땅의 해후」, 「인간이기에」, 「장공전집(長空全集)」, 「광야에 외치는 소리」등이 있다.

213장 인류는 하나 되게
(홍현설 작사·안신영 작곡)

작사자 홍현설(洪顯卨, 1911~1990) 목사의 호는 청암(青岩)이다. 할아버지가 장로교인으로 전통적인 장로교 집안에서 성장하였다. 1929년 광성고등보통학교를 거쳐 1933년 감리교신학교를 졸업하였다. 1935년 일본 간사이(關西)학원 신학부 본과를 졸업하였다. 같은 해 일본 동지사대학(同志社大學) 신학부를 수료했고 이듬해 귀국하여 신의주교회 초대 목사로서 교회의 발전에 크게 기여했으나, 친일 성향의 정춘수(鄭春洙) 목사의 혁신교단 정책에 반대하여 목사직을 박탈당하고 옥고를 치르기도 하였다. 8·15 해방 후 목사직이 회복되었으며 1946년 월남하였다. 1951년 미국 유니언신학교를 졸업, 1956년 에반스빌대학에서 명예신학박사학위를 받았다. 1952년 서울 감리교신학교 교장을 지냈으며, 1959년 신학대학으로 승격되면서 초대 학장에 선임되었다. 1956년 한국감리교 대표로 미국 감리교회 총회에 참석하는 등 수 차례의 세계대회에 참석하여 한국의 감리교회뿐만 아니라 기독교를 대표했으며, 또한 복음주의적 감리교의 전통 수립에 커다란 공헌을 한 인물이다.(…)

작곡자 안신영(安信永 1900-1975)은 감리교 장로로서, 교육자·언론인·독립운동가다. 연희전문 문학과를 졸업했다. 연희전문 재학시절 3·1 만세운동에 참가해 주동인물로 체포당해 6개월간 복역했다. 이후 공주 영명학교, 평양정의여학교, 배화여자고등학교에서 교사로 봉직했고, 〈다락방〉, 〈기독교세계〉 등의 편집인을 거쳐 필자가 작가 겸 편집인(witer & editor)으로 오래 근무한(1957-1970) 대한기독교계명협회 창설자 중 하나로 책임자였다. 배재고 교장, CBS 국장대리, 이화여대 이사, 감신대 강사 등을 역임했다. 그의 형 안기영(安基永)은 작곡가로서 "아리랑 강남-정이월 다 가고 삼월이라네"로 유명했는데, 해방 되자 자진 월북했다. 안신영 장로는 다재다능한 분이다. 한글학회 이사로도 있었고, 글도 쓰고 작곡도 하였는데 개편 당시 가사 위원장으로서 응모하여 이 찬송이 당선 된 것이다.

그러나 곡조가 다음 어린이 찬송가의 표절이라는 지적이 나왔다.

하늘 위에 계시는 거룩하신 아버지

제가 드린 기도를 들어 주옵소서.[35]

그리하여《통일 찬송가 1983》편집 때 도태되고, 연세대음대 학장인 나인용 교수 작곡으로 바뀌어 일본《讚美歌 21》에도 채택 되었다.

237장 어서 돌아오오
(전영택 작사 · 박재훈 작곡)

이 찬송이 우리 찬송가에 최초로 소개된 것은, 생명의말씀사에서 발행한《청년 찬송가, 1959》173장이 처음이다. 이 찬송은 한국 개화기는 물론 기독교 최초의 문인인 전영택(田榮澤, 1894~1968) 목사가, 1943년 당신이 편집 발행하던「새사람」잡지에 발표한 시를 평양요한학교 제자인 박재훈에게 주어 곡을 붙인 것이다.《개편 찬송가, 1967》237장에 채택할 때 곡조 운에 맞춰 전 목사 자신이 가사를 수정하여 오늘에 이르렀다.

이 찬송은 미국《장로교찬송가》'The Presbyterian Hymnal, 1990' 381장에 스티브 심(Steve S. Shim)이 1989년에 영역한 'O Come unto the Lord' 란 제목으로 채택되었고, 미국《연합감리교회찬송가》'The United Methodist Hymnal, 1889' 343장에는 전영택 목사님의 따님 전상의(Sang E. Chun) 여사의 번역으로 'Come Back Quickly to the Lord' 라는 제목으로 채택되어 미국 장로교회와 감리교단에서도 애창되고 있다.

321장 캄캄한 밤 사나운 바람 불 때
(김활란 작사 · 이동훈 작곡)

《신정 찬송가, 1931》126장에 처음 채택된 이 찬송은, 3·1 운동 직후인 1921년 가칭

---

35) 〈감리교 어린이 찬송가, 2002〉 48장

《신정 찬송가, 1931》에 실전 곡조

「청년 찬송가」에 싣기 위해 전국적으로 가사를 공모할 때, 이화여자전문학교 강사인 약관 22세의 김활란(金活蘭, 1899-1970) 양이 응모하여 채택된 찬송이다.

아이자크 B. 우드버리(Isaac B. Woodbury) 작사에 요셉 반비(Joseph Brnby)가 곡을 붙인 "시간과 영원"(Time and Eternity)라는 찬송 1절에서 영감을 얻어 그 곡조에 맞춰 쓴 것 같다. 그 1절 가사는 다음과 같다.

When on my days of life the night is falling,   내 생애의 밤이 찾아올 때

And, in the wind from unsunned space blown.	캄캄한 밤 바람은 부는데
I hear the voice out of darkness calling,	어둠 속에서 나를 부르는데
My feet to path unknown;	난 어디로 가랴.

    곡조는 당시 미국 《감리교 찬송가, 1905》에는 무려 50곡이라는 많은 곡이 채택된 조셉 반비의 앞의 영시에 붙어있는 곡조 그 대로 썼다. 창작이라기보다 모작이다.
    이 찬송은 이중가(二重歌)다. 겉으로 나타난 내용은, 풍랑을 만나 어쩔 줄을 몰라 하는 사공들이 침몰해가는 배를 보며 「아, 위태하구나!」 하고 부르짖으면서, 주님께 도우심을 기도하는 내용이지만, 실은 한국이란 배가 가라앉아 간다며 하나님께 절규하여 마침내 구원받는다는 신앙고백이다.

    김활란은 인천에서 태어났다. 기해년(己亥年)에 태어나서 '기득'(己得)이라고 불렸으며 '활란'이라는 이름은 세례명인 헬렌(Helen)을 한자어로 표기한 것이다. 호는 우월(又月). 기독교적 가풍에서 독실한 신앙인으로 자랐다. 1907년 제물포에서 서울로 이사하여 이화학당에 장학생으로 입학했다. 1918년 이화학당 대학과를 졸업하고 모교에서 근무하였으며, 이화학당 재직중에 3·1운동을 맞았다. 1922년 7월 미국 오하이오 웨슬리안대학에 편입하였다. 1924년 6월 문학사학위를 받고, 그해 10월 보스턴대학 대학원 철학과에 입학하여 〈철학과 종교의 관련성〉으로 석사학위를 받았다…. 1930년 미국 콜럼비아 대학교 대학원에 입학하여 1931년 10월 우리나라 여성으로는 처음으로 철학박사 학위를 받았다. 1925년부터 이화여대 교수 및 학감 직을 맡고 있었는데 박사학위 취득 후 귀국해서는 부교장직도 겸했다.
    1939년 4월에는 이화여자전문학교와 이화보육학교의 교장이 되었다. 1946년 8월 15일 종합대학으로 설립인가를 받았다. 1961년 9월 30일 김옥길에게 총장직을 물려주고 명예총장과 이사장직을 맡아 이화여대에 대한 자체조사연구로부터 시작하여 이화 10년 발전계획을 추진하였다(…) 1963년 교육 부문 대한민국상, 필리핀에서 주는 막사이사이상(공익 부문), 미국 감리교회에서 주는 다락방상을 수상하였다. 1964년 5월 미국 웨스팅하우스의 타임캡슐에 넣을 자료편찬의 교육 부문 위원으로 위촉되었다. 1965년 9월 대한민국 순회대사로 임명되어 죽을 때까지 활동했으며 평생을 독신으로 지냈다. 1970년 대한민국일등수교훈장이 추서되었다.

이 찬송은 왜인들이 트집을 잡으려야 잡을 수가 없었으니 얼마나 화가 났으랴. 한 가지 아쉬움은 이 좋은 애국 찬송을 국내 작곡자가 없어 서양사람 곡조에 맞춰 불러야 하였다는 것이다. 그러나 다행한 것은,《개편 찬송가, 1967》321장에서 이동훈(李東勳, 1922-1974) 교수가 우리 민속적 5음계 가락으로 작곡하였는데, 미국《장로회찬송가, 1990》373장과 미국《연합감리회 찬송가》36) 476장 등에 실려 외국 형제들도 이 찬송을 부르고 있다.

379장 이전에 주님을 내가 몰라

(정용철 작사·이유선 작곡)

작사자 정용철(鄭容徹, 1918-) 목사는 경북 청송에서 정주봉 목사의 장남으로 출생하였다. 그의 두 아들 재두·재홍 목사가 3대째 목사로, 그리고 손자 계성 목사가 4대째 목사가 됨으로써 믿음의 가문으로도 귀감이 되고 있다. 1948년 조선신학교를 졸업한 후 목사 안수를 받고 1955년부터 한국기독교장로회 신암교회에서 목회에 전념하였다. 그 후 일본 오사까에 있는 동지사대학 신학부에 유학하였다. 그의 주선으로 매제인 석호인(石浩仁, 1926-1975) 목사와 아우 정용섭(鄭容燮, 1929-) 목사를 동지사대학에 유학하였다. 장남 정재두(鄭載斗) 목사는 1968년 동경 청산학원대학(青山學院大學) 신학부에 유학할 때 필자와 함께 다녔다. 정용철 목사는 미국으로 이민을 가서, 동생과 아들을 불러갔다. 목회하면서 미국 프린스턴신학교를 거쳐 데이비스 앤드 엘틴스대학에서 명예신학 박사학위를 받았다.

---

36) 'The Presbyterian Hymnal' : Hymns, Psalms and Spiritual Songs; Westminster/John Knox Press Louisville Kentucky, 1990, No. 373. : 'The United Methodist Hymnal' 1989, The United Methodist Publishing House, Nashville, Tennessee, No. 476.

작곡자 이유선(李宥善, 1911-2005)은 감리교 장로다. 평양에서 태어났다. 1928년 배재고등보통학교 졸업, 1933년 연희전문학교 상과를 졸업하였다. 1940년 미국음악학교 성악과 졸업하고, 현제명, 와이스(J. Weiss), 더들리 버크(Dudly Buck), 쉬니저스(Schneejuss), 간즈(R. Ganz)에게 사사했다. 국제오페라단을 창설하여 오페라 〈춘희〉, 합창을 지휘했으며, 1949년 시카고음악대학원 이론 및 지휘 과정을 수료한 후 서울을 비롯, 대도시에서 귀국 독창회를 개최하기도 했다. 저서로는 〈오페라 해설집〉, 〈음악가 일화집〉, 〈한국양악 80년사〉가 있고 가곡 〈고향〉 등 10여곡이 있다. 또한 오페라대사 번역 8편을 비롯하여 라디오, TV 등을 통한 음악해설이 4천 여 회에 달하였다. 1971년 5월에 독창회를 가진 바 있다. 한국음악협회 초대 이사장, 한국교회음악협회 부회장 겸 중앙대학교 교수역임. 난파기념사업회 이사 역임. 찬송가 「부름받아 나선 이 몸」 「이전에 주님을 내가 몰라」 외 성가곡, 가곡 등 50 여곡이 있다.

387장 부름 받아 나선 이 몸
(이호운 작사·이유선 작곡)

이 찬송은 찬송가에 채택되기 전에는 중앙신학교(현 강남대학교)의 졸업 기념가로 불렸는데 작사자는 교수 이호운 목사요, 작곡자는 학생 박재훈이었다. 생명의말씀사에서 발행한 《청년 찬송가, 1959》 53장에 처음 실렸다.

작사자 이호운(李浩雲, 1911-1969)의 호는 '목원'(牧園)이다. 평남 강동군 원탄면 상리에서 부친 이민조와 모친 최일구 사이에서 3남 2녀 중 2남으로 태어났다. 만주 용정의 영신중학교를 졸업하고, 1932년 감리교 협성신학교에 입학하여 1936년 3월 24일 졸업과 동시에 차경화와 결혼하고 동부연회 춘천지방 화천교회를 담임하게 되었다. 그 후 서부연회 해주지방 옹진으로 옮겨 마산구역을 담임하다가 옹진읍교회에서 시무하고 1939년 3월에 준회원에 허입하였으며 연회 해산 직전인 1941년 3월 9일 목사 안수를 받았다. 같은 해 9월 친일 교단을 반대하는 의미로 옹진교회를 사임하고, 일본으로 건너가 동지사대학에서 청강하였다. 1942년 귀국하여 해방을 맞기까지 고향에서 농사

중앙신학교 졸업 기념가

를 지었다. 1945년 9월부터 평양 성화여학교(평양여자고등성경학교)에서 교무주임으로 시무하였다. 이듬해 교회 측의 기념예배와 동시에 진행된 3.1절 기념대회에서 폭탄투

척사건이 발생했는데 이호운 목사가 그 배후로 지목되어 체포되어 곤욕을 치르고 석방된 후 곧바로 월남하였다.

월남하여 쿠퍼(K.E. Cooper) 선교사가 서울 충정로의 옛 여자신학교 건물에서 개설한 "보혜성경학원"에 교사로 참여하였고, 1947년 4월부터 서울 중앙신학교(현 강남대학교) 교수로 활동하다가 미감리교에서 제공하는 십자군 장학금을 받고 1949년 9월 도미하여 에반스톤 개렛신학교에서 공부하다가 1951년 9월 달라스 소재 남감리교대학교 퍼킨스신학대학원 3학년에 전입하여 1952년 6월 졸업하였다.

박재훈 목사는 그의 저서 「내 마음 작은 갈릴리, 2002」(성실문화사 간행 115쪽)에서 이 찬송가 작곡 동기를 이렇게 술회하였다.

"이 유명한 찬송시의 시인 이호운 목사님이 미국 유학을 떠난 것은, 1948년인가 1949년 초라고 기억한다. 그 분이 떠나신 지 한 달 남짓해서 미국에서 보내온 편지에 이 귀한 찬송시 '부름 받아 나선 이 몸'과 문안 편지가 들어 있었다. 읽으면 읽을수록 이 목사님의 헌신이 너무나 뚜렷하게 조각돼 있는 작품이라는 생각이 들었다. 미국을 향하여 가시는 비행기에서 일생을 주께 온전히 드리려는, 번제 같은 헌신찬송이었다. '부름 받아 나선 이 몸 어디든지 가오리다…'. 나는 눈을 비비며 읽고 또 읽어 내려갔다. 미국에 공부하러 가신지 불과 1개월 밖에 안 되는 것으로 기억하고 있는데, 어떻게 이런 고백적인 시가 무슨 동기에서 쓰여지게 되었는지 몹시 궁금하였다. (…).

401장 눈을 들어 하늘 보라
(석진영 작사·박재훈 작곡)

작사자 석진영(石鎭榮, 1926~2002) 권사는 서울대 사대 국문과를 졸업하였다. 6·25 사변이 일어나자 울산으로 피난, 울산중학교에서 교편을 잡고 있을 때, 박재훈을 만나 《어린이 찬송가, 1953》 가사부문을 담당하였다고 박재훈은 그의 자서전 「내 마음은 작은 갈릴리」에서 회고하고 있다. 1965년에 도미한 석 여사는 루터교성경학교와 라이프대학을 졸업하고, 캘리포니아에 있는 ABC Unified School District 에서 카운슬러로 근무하는 한 편, 1976년부터 성서잡지 「복음의 전령」을 23년 동안 137권을 발행하였다. 이 찬송시는 석진영이 1952년에 작사한 것으로 되어 있다. 석진영 권사는 이 찬송시 작사의 배경에 대해서 다음과 같이 말하고 있다.

이 찬송가는 칠흑같이 어둡고 절망스럽던 역사의 밤에 씌어졌다. 6·25 때 나는 공산군에게 잡혔다가 겨우 서울을 빠져 나와, 가족들과도 헤어진 채 혼자 필사적으로 남하하여, 부산 초량동 피난민 판잣집을 얻어 반년을 머물며, 흩어진 가족을 두루 찾고 있었다. 잠 못 이루던 어느 날 밤, 공포에 떨고 피난살이에 지쳐버려, 곳곳에서 탄식 소리만 들려오는 겨레의 수난과, 힘을 잃어 가는 교계의 빈곤한 모습을 생각하며 비절한 기도를 드리다가, 문득 시상이 떠올라 '눈을 들어 하늘 보라'의 가사를 썼다. 나는 신앙의 벗 박재훈(1922~) 선생께 이 가사를 보내 드렸고, 곡이 붙여져 피난교회 찬양대에서 불리기 시작해 여러 교회로 번져 나가게 되었다.

• 표절인가 패러디(parody)인가?

「눈을 들어 하늘 보라」 이 찬송은 윤판석(尹判石, 1910~1983) 장로가 작사한 「주의 종아」를 "표절(剽竊) 했다", "아니다 패러디한 것이다." "아니다. 창작이다." 등등 말들이 많다. 자세히 알아보자.

〈주의 종아〉 (사랑하는 주님 앞에 곡조)
1. 눈을들어 산을보라 만산초목 욱었구나.
   곳곳마다 가시덤불 굴러있는 해골떼라.
   재목없어 집못짓고 살곳없어 여기왔나
   맹수밥이 되는영혼 주의종아 어이할꼬.

2. 눈을들어 밭을보라 오곡백과 익었구나.

곳곳마다 들쥐들이 삼킬바를 두루찾네.
　　심는자는 많건마는 거두는자 참적구나.
　　무르익은 저곡식을 주의종아 어이할꼬.

3. 눈을들어 강을보라 물고기떼 밀렸구나.
　　곳곳마다 어부들이 그물높이 던졌구나.
　　밤새도록 애를써도 한마리도 못잡았네.
　　떠밀리는 고기떼를 주의종아 어이할꼬.

4. 눈을들어 하늘보라 신랑예수 곧오신다.
　　곳곳마다 깨진종이 녹이슬어 울지않네.
　　외치는자 많건마는 생명수가 말랐구나.
　　굶주리고 메마른양 주의종아 어이할꼬.

　이 노래는 해방 직후, 전국을 순회하며 열심히 주일학교 운동을 하던, 성결교 주일학교 전국연합회 초대 회장을 역임한 고 윤판석 장로가, 해방 직후 혼란한 나라를 생각하며 기독청년들의 사명감을 고취하기 위해, 찬송가 278장「사랑하는 주님 앞에」곡조에 맞춰 작사한 노래로서, 필자도 애창하던 노래다. 이 노래는 1985년 기독교대한성결교 출판부에서 발행한「임마누엘 성가」제45장에 실려 아직도 불리고 있다.

　이 노래를 읽는 독자들은 어디서 본 듯하다는 느낌일 것이다. 현 찬송가 256장「눈을 들어 하늘 보라」의 가사와 시상(詩想)이 같고 첫줄과 끝줄의 표현(表現)이 같기 때문이다. 특히 4절은 거의가 같다.

　이 찬송이 개편 찬송가에 채택될 때 표절 시비가 있었음은, 아는 이는 다 안다. 그러나 '좋은 게 좋지 않으냐', '굳이 따진다면 건덕상 좋지 않다'는 의견이 지배적이어서 성결교 측에서 덮어버리고 말았다. 외국에서는 절대로 있을 수 없는 일이다.

윤판석 장로는 1910년 논산에서 태어났다. 본명은 경식이었으나 예수를 믿은 후 베드로의 「반석」을 된 소리로 써서, 「判石」이란 호를 썼는데 이름이 되었다. 그는 10살 되던 해 강경성결교회에 입교함으로 평생 동안 그리스도를 위해 헌신하게 되었다. 13살 때 강경 상애소년단에 입단하여 민족의식이 강한 지도자들에 의해 그의 가슴에 민족애가 싹트기 시작하여, 그 후 일생을 애국 애족하는 자로 살게 되었다. 남달리 영민하고 감상적이며 활동적인 그는 10살 때 강경성결교회에 나가자마자 은혜 받고 친구들을 전도하는데 열심이었다. 그의 소년전도로 말미암아 예수 믿고 목사나 장로가 된 사람이 수없이 많은데 그 중 대표적인 인물로는 '사랑의 원자탄' 의 저자 안영준 목사가 있다. 「사랑의 원자탄」은 여수순천 반란 사건 때 두 자녀를 잃었으나 살해한 자를 용서하고 양자로 삼은 손양원 목사의 전기다.

윤판석은 어려서 서당에서 5년간 한학을 공부하고 신학문을 배우기 위해 강경보통학교에 편입하였다. 모든 과목에 거의 만점을 받는 우수한 학생이었다. 하지만 14살이 되던 5학년 가을에 갑자기 담임교사가 바뀌어 큰 문제가 생겼다. 당시 학생들에게 국사과목을 통해 민족혼을 불러일으켜주던 김형시 선생이 면직되고, 일본인 에노리(得德) 선생이 반을 맡았는데, 첫 시간부터 한국역사를 빼고 일본역사만 가르치는 것이었다. 이에 윤판석이 단장으로 있는 상애소년단원 중 반우 8명이 똘똘 뭉쳐 수업을 거부하고 항의하자, 일본인 교장이 강압적으로 나오자, 분통이 터진 윤판석은 앞에 놓인 찻잔을 교장의 이마에 집어던져버린 후 학교를 뛰쳐나와 자퇴하였다. 이것이 강경을 떠들썩하게 했던 '상애소년단사건'이다.

이 사건으로 윤판석은 배움이란 학교에만 있는 것이 아니라 온천지가 모두 학교라는 생각을 하게 되었고, 독학에 뜻을 두고 전보다 더 열심히 공부에 매달렸다. 그는 매일 600페이지의 책을 독파하였고 종이가 없어서 붓을 물에 찍어 넓은 마루에 가득 차도록 붓글씨를 써내려갔다.

상애소년단 사건으로 학교를 중퇴한 그는 교회에서 하나님의 위로와 함께 힘을 얻게 되었다. 그는 복음을 전하기 위해 어른들처럼 북을 메고 어린이들을 모아 교회가 없는 마을을 찾아다니며 어린 심령에게 전도하였다. 그의 열심과 충성은 곧 목사에게 인정받아 21세에는 총각 집사가 되었고 교회근처의 병촌리와 석성리 마을에 교회를 개척할 때 앞장서서 전도했다(…). 비밀결사대를 통해 독립군에게 자금을 전달하기도 했다.37) 1945년 8·15 해방이 되자 윤판석은 김성호 목사 부친 김유연 목사와 의논하여 해방 다음다음 날인 8월 17일 초교파청년회 조선기독교청년동맹을 조직하고, 일본 만주 등 해외에서 모여든 귀환 동포들의 구호를 위해 가두모금과 수용소설치 등 눈부신 활동을 펼쳤다. 1949년 4월 16일 전국 주일학교 교사들과 청년회 대표들이 주일학교전국연합회와 청년회전국연합회 창립총회를 개최하여 주일학교전국연합회 초대회장에 윤판석 장로를 선출하여 그는 전국을 순화하며 집회를 하였는데, 「주의 종아」란 이 노래는 그 시절에 작사한 것이다.

402장 삼천리 반도 금수강산
(남궁억 작사·이동훈 작곡)

이 찬송은 감리교회의 《신정 찬송가, 1931》 219장에 처음으로 채택되었는데, 왜정 말기에는 금지곡이 되어 교회마다 몰래 부르던 애국 찬송이다. 《개편 찬송가, 1967》 편찬 때 도니제티의 오페라 「루치아 디 람메르모어」 'Lucia di Lammermore, 1835' 제2막에 나오는 합창곡이기 때문에 가사만 채택, 이동훈 곡으로 바꾼 것이다.

작사자 남궁억 장로는 서울 왜송골(현 정동)에서 남궁영(南宮泳) 씨의 외아들로 태어났다. 본래 양반이었으나 불행하게도 아버지를 일찍 여의고 덕수 이씨인 홀어머니의 슬하에서 고생스럽게 자라났다. 용모가 준수하고 재질이 뛰어났던 그는 어깨너머로 공부를 시작하여 사서삼경을 통달하였고, 21세가 되던 1883년에 문중의 심한 반대를

---
37) 김성호 목사 지음 〈납북, 그 순례의 길〉 47-49 p.

무릅쓰고 관립 영어학원에 입학하였다. 이때 학생은 그와 송달현, 주우남, 단 셋뿐이었는데, 모두 도포를 입고 통량갓을 쓰고 앉아 공부하였다. 이듬해 그는 독일인 묄렌도르프의 견습생으로 들어갔다.

그가 벼슬살이를 시작한 것은 1886년이었다. 내부주사로 피임되어 어전(御前) 통역을 맡았고, 1889년에는 궁내부 별군직에 임명되어 4년 동안 일하였다. 1895년 칠곡부사를 사임하고 내부 토목국장으로 들어온 그는, 종로통과 정동의 거리를 확장케 하였으며 파고다공원도 건설하였다. (…) 그 무렵 그에게 일대 전환기가 다가왔다. 일본과 청국 사이에서 갈팡질팡하는 나라를 구하기 위해 독립협회라는 단체가 생겨난 것이다. 이에 그는 벼슬을 떠나 1896년 독립협회에 들어가 수석 총무로 취임, 애국사상 고취에 헌신하였고, 1898년 나수연 장지연 등과 함께 「황성신문」을 창간, 초대 사장이 되었다. (…) 1907년 반일단체 대한협회장에 취임, 1908년에는 순 한글로 된 《교육월보》를 창간하였다.

1910년 한일합방이 되자 군수직에서 물러나 「배화학당」 교사로 들어가 기독교 여성교육에 몸담았고 여성교육에 관한 책을 저술하기도 하였다. 그는 역사교육과 진보적 여성교육에 중점을 두었는데, 영어를 가르치다가도 틈만 나면 한국역사를 가르쳤으며, 민족의식 고취를 위해 무궁화 꽃으로 삼천리 금수강산을 수놓는 지도를 수본(繡本)으로 만들어 수를 놓게 했으며, 태극기도 그렇게 수놓게 하였다. 또한 야간에는 「상동청년학원」에서 영어와 영문법을 가르쳤으며, 한때 상동청년학원 야간부 원장까지 맡기도 하였다.

1922년,38) 「봄 돌아와 밭 갈 때」가 곧 온다는 조국광복의 찬가를 만들어 온 교회에 새로운 소망을 불러일으켰으니, 이 찬송이 바로 「삼천리반도 금수강산」이다. 일제가 애국성이 농후하다 하여 부르지 못하도록 금한 제1호 찬송가였다. 1923년에는 춘천 주재 남감리회 선교사 스톡스 목사의 도움을 받아 모곡학교 교실과 기숙사를 건축, 원

---

38) 이 연도는 검증이 안 되고 있다. 〈청년 찬송가〉 가사 모집에 응한 것으로 보인다.

근 젊은이들을 모아 애국교육을 시켰다. 1924년에는 단군 조선부터 3.1운동까지의 역사를 기록한 「동사략(東史略)」이라는 역사책 4권을 저술하였고, 1929년에는 동화 체로 사화를 기록한 《조선이야기》(전5권)를 저술했는데, 이는 선인들의 모화사상을 일깨워 자주정신을 길러주기 위한 책이다. 이 외에도 「조선어보충」, 「조선어문법」 등을 저술하였다.

"내가 널리재를 넘어 학교까지 눈길을 오는 동안 앞서간 사람의 발자국을 따라왔고 없을 때는 내 스스로 길을 뚫어 여기까지 왔듯이 여러분처럼 교육을 많이 받은 사람은 교육을 받지 못한 농촌의 농민들에게 달려가 그들의 길이 되어야 합니다."

이 말은 1931년 연희전문학교 졸업식에 참석하기 위해 홍천에서 300리 길을 눈길을 걸어서 졸업식장에 도착해 남긴 남궁 억 선생의 말이다.

한편 그는 학교 실습지에 학생들과 같이 무궁화 묘목 밭을 만들고 가꾸면서, 학교 운영비를 마련한다는 구실로, 해마다 수십만 주의 묘목을 전국 기독교학교와 교회, 기독교단체, 가정 등에 분배하였다. 이른바 「무궁화 동산 꾸미기 운동」을 시작한 것이다. 또한 「무궁화 동산」 노래39)를 지어, 학생들의 가슴에 우리 민족의 강함과 나라의 소중함을 일깨웠다. 남궁억 장로는 1933년 11월 4일 홍천경찰서에 체포 되었고, 8만주가 넘는 무궁화 묘목이 소각되었으며, 각급학교에 비밀리에 심어졌던 무궁화는 물론, 마을 가정집에 있는 무궁화 나무까지 모두 왜놈들이 뽑아 버렸다.

남궁억 장로는 1934년 7월 1일 갖은 고문으로 얻은 병으로 보석되었지만, 병약한 노구에도 불구하고, 오로지 교회 일에만 힘쓰다가 1939년 4월 5일, 77세를 일기로 하나님의 부르심을 받았다. 그는 학생들에게 이렇게 유언하였다.

"내가 죽거든 무덤을 만들지 말고 과목이나 무궁화나무 밑에 묻어 거름이 되게 하라."

---

39) 「무궁화 동산」노래 곡조는 독일의 작곡가 베버(Carl Maria von Weber)의 오페라 《마탄의 사수》에 나오는 합창곡의 멜로디를 빌려 쓴 것이다. 남궁억 장로는 음악에도 조예가 깊어, 주로 경쾌하고 힘찬 오페라 합창에 맞추어 작사를 하였다.

애국의 길을 가는 동안 수많은 고난과 옥고를 치르면서도 끝까지 지조를 지켰던 선생의 유해는, 새벽마다 올라가 조국을 위해 기도하던 모곡학교 뒤편 유리봉에 묻혔다. 그 자리에 그의 「기도상(祈禱像)」과 「무궁화동산 노래비」가 건립되었다. 1977년 독립유공자 추가 보상자로 선정되었다.

이동훈 작곡의 곡조는 통일 찬송가 편찬 때 원곡으로 돌아가는 바람에 폐기되었다.

463장 네 맘과 정성을 다하여서
(정용철 작사 · 곽상수 작곡)

작사자 정용철 목사와 작곡자 곽상수 교수 약력은 위에서 설명했으므로 생략한다.

464장 지금까지 지내온 것
(사사오 데쓰사부로 작사 · 박재훈 작곡)

이 찬송은 일본 홀리네스교단 최초의 찬가인 「구원의 노래」(救いの歌, 1894)40) 에서 이장하(李章夏, c.1886-?) 목사가 번역하여, 1919년 성결교에서 발행한 《신증 복음가, 1919》 46장에 처음 번역·채택되어 별로 수정 없이 오늘까지 애창되는 찬송이다. 일본 동양선교회(OMS) 초창기 지도자 사사오 데쓰사부로(笹尾鐵三郞, 1868-1914) 목사가 1897년에 작사한 찬송이다.

가사가 은혜롭고 거기 사용된 곡조 'NETTLETON'(복의 근원 강림하사 곡조)도 우리가 좋아하는 5음계에 3박자라서 애창되었다. 《합동 찬송가, 1949》에는 같은 곡조로 이 곡조와 함께 「복의 근원 강림하사」 「눈을 들어 산을 보니」 등도 불렀는데, 《개편 찬송가, 1967》 편찬 때 「한 곡조에 한 가사만 인정한다」는 원칙 때문에, 「눈을 들어 산을 보니」는 폐기하고, 이 찬송은 가사를 살려 채택하자 하고 작곡을 공모하였는데, 박재훈의 곡조가 채택되었던 것이다.

---

40) 「구원의 노래, 救いの歌」책은 없지만, 일본《福音讚美歌, 1941》판권승인(Acknowledgements) 난에 보면, 어느 책에서 채택하였는가를 자세히 알 수가 있다. 福音讚美歌 303장에 실려 있다.

작사자 사사오 목사는 1869년에 일본 이세^(伊勢)에서 태어난 홀리네스 교단 목사다. 무역업자로 성공해보려고 1888년에 미국으로 갔다가 어느 목사 부인을 만나 예수를 영접하였다. 그 후 샌프랜시스코에서 열린 전도집회를 구경 갔다가 하나님께 헌신하였다. 열성적인 그는 감리교인 가와베 데이끼지^(河辺貞吉, 1864-1953)와 함께 샌프랜시스코, 시애틀 등지에서 전도를 하였다.

1894년 일본으로 돌아온 그는 마쓰에^(松江)에서 벅스턴^(Buxton, Barclay Fowell, 1860-1946) 영국 성공회 선교협회 선교사의 지도를 받아, 후에 가와베 데이끼지가 시작한 일본메소디스트 교회에 출석하였다. 후에 벅스턴 선교사의 소개로 나가다 쥬지^(中田重治, 1870-1939)를 만나 1901년 동양선교회 성서학원 교수가 되었다.

그 동안에 벅스턴 선교사와 함께 영국과 미국을 돌며 순회전도를 하였다. 벅스톤 선교사의 도움을 받아, 마쓰노 기꾸따로^(松野菊太郎)와 함께 일본 홀리네스교단 최초의 찬송가인「구원의 노래」를 편집 발행할 때 많은 찬송을 번역 및 창작하였다. 1913년 성서학원을 사임하고 전적으로 전도에만 힘을 기울여 규슈^(九州)에서 혹까이도^(北海道)까지 도보로 전국 순회전도에 힘썼다.

이 찬송은「救いの歌, 1894」와「福音唱歌, 1901」에 실린 후, 일본 홀리네스교단 최초의 공식찬송가《리바이벌 성가》^(リバイバル聖歌, 1923) 186장에 실렸고, 현행 찬송가인《聖歌, 1958》292장에까지 실려 있다.

작곡자 박재훈 목사에 관하여는 237장「어서 돌아오오」해설을 참조하라.

482장 나 이제 주님의 새 생명 얻은 몸
(이호운 작사 · 박태준 작곡)

작사자 이호운 목사에 대해서는 위 387장「부름 받아 나선 이 몸」을 참조하라.
작곡자 박태준에 대해서는 172장「어둠의 권세에서」를 참조하라.

488장 하늘가는 밝은 길이
(소안련 작사·안신영 작곡)

우리 초기 장로교 찬송가《찬셩시, 1905》 128장에 처음으로 안애리 선교사의 번역으로 채택되어, 모든 한국의 성도들이 애창하는 이 찬송은, 그 동안 어느 찬송가학 교수가 합동 542장「내 죄를 회개하고」작사자 스왈런(William L. Swallen, 1859~1975) 선교사가 우리말로 작사한 것이다, 라고 주장하자 모두들 그런 줄 알고, 찬송가 해설자마다 이를 인용했으나, 그게 아니다. 이 찬송은 미국 감리교 목사인 존 로지어(John Hogarth Lozier, 1832~1907) 목사 작사다. 내가 처음으로 이 찬송 작가를 찾아낸 것은,《침례교 표준 찬송가, 1985》'Baptist Standard Hymnal, with Responsive Readings'[41] 374장이었다. 가사 첫줄은 I'm on the Shining Pathway. 곡명(Tune Name)은 'The Man of Galilee'였다.

작사자 존 로지어 목사는 미국 남북전쟁 직전에 감리교 목사가 되었다. 그는 인디애나 37연대를 창설하고 전쟁 동안 군목으로 일하였다. 제대 후 그는 개척교회 설립·강연·봉사 등을 많이 하였다. 그는 'Legend of Wooglin'을 창설하여「대제사장」이라 불리었다. 그는 많은 정치적 운동가(運動歌)를 지었으며 많은 글을 썼다.

1967년 개편 때, 영국민요화 된 애니 로리(Annie Larie)이기 때문에 가사는 살리고 곡조는 새로 작곡했는데 안신영 잘로 곡조가 채택되었다. 찬송가 초판이 나오자 이 곡조가 창작이 아니라 박목월 작사 김성태 작곡 "이별의 노래"의 표절이라는 지적이 나와 큰 난리가 났고, 이를 보도한 교회 신문사 기자는 이적행위를 했다는 죄목으로 구금당하는 사태가 벌여졌다.

"이별의 노래" 1절을 소개한다. 잘 아는 가곡이니 속으로 불러 보며 곡조를 보기 바란다.

---

41) 'The Baptist Standard Hymnal, with Responsive Readings' A New Book for All Services, Edited by Mrs. A. M. TOWNSEND, Professor of Church Worship, Music and Pageantry. Published by the Sunday School Publishing Board, National Baptist Convention, U. S. A., Inc. Nashville, Tennessee 37201.

기러기 울어예는 하늘 구만리
바람이 싸늘 불어 가을은 깊었네
아아, 아아!
너도 가고 나도 가야지.

이 곡조는 《통일 찬송가, 1983》 편집 때 원곡으로 돌아가는 바람에 폐기되고 말았다.

533장 어머니의 넓은 사랑
(주요한 작사·구두회 작곡)

'어머니'란 말은 인간의 언어 중 가장 원초적인 사랑의 말이다. 인간의 모든 사랑은 이기적이고 조건적이고, 육욕적이지만, 어머니의 사랑만은 하나님의 사랑을 가장 닮은 무조건적·헌신적·희생적 사랑이다. 이 찬송을 작사한 주요한 선생은

"만약 무인도로 정배 갈 때 책 한 권만 가지고 가라 한다면, 나는 찬송가를 들고 가

겠다."라고 말하였다.

작사자 주요한(朱耀翰, 1900~1979)은 목사인 아버지 공삼(孔三)의 8남매 중 맏아들로 태어났다. 소설가 주요섭은 그의 아우이다. 1912년 평양숭덕소학교를 졸업하고 선교 목사로 파견된 아버지를 따라 일본으로 건너가 1918년 메이지학원(明治學院) 중등부를 졸업하였다. 도쿄제1고등학교에 다니면서 1919년 2월 김동인·전영택 등과 순문예 동인지〈創造〉를 펴냈고, 그해 3·1운동이 일어나자 상해로 망명해 1925년 후장대학을 졸업하였다. 1년 동안 대한민국임시정부 기관지인「독립신문」의 편집을 맡아보았다. 1926년 귀국하여 동아일보사 기자로 입사했으며, 1929년 광주학생사건 때 잠시 투옥된 적도 있었다. 동아일보사 편집국장 및 논설위원, 조선일보사 편집국장 및 전무를 역임하고, 1935년부터 실업계에 입문하여 화신상회 이사로 근무하였다. 8·15해방이 되자 대한상공회의소 특별위원, 대한무역협회 회장, 국제문제연구소 소장 등을 역임하였다. 1958년 민주당 민의원 의원에 당선되어 1960년 재선되었으며 부흥부장관 및 상공부장관을 지냈다. 1964년경제과학심의회의 위원, 1965~73년 대한일보사 회장, 1968년 대한해운공사 대표이사 등을 역임하였다. 경기도 고양시에 안장되어 있다.〈브리태니커에서 수정 전재〉

작곡자는 구두회, 감리교 장로다.

538장 산마다 불이 탄다
(임옥인 작사·박재훈 작곡)

작사자 임옥인(林玉仁, 1915~1995)은 1913년 함북 길주군 장백면에서 출생하였다. 함흥 영생여고(永生女高)를 나와 1939년 일본 나라여고사(奈良女高師)를 졸업한 후 귀국하여 모교 교사로 부임하였다. 8·15해방과 함께 함남 혜산진에 가정여학교(家庭女學校)를 창설, 농촌여성계몽운동에 투신했다. 1946년 월남하여 창덕여고에서 교편을 잡았다. 1948년 교단을 나와 문단활동을 하면서 본격적인 소설을 썼다. 1955년 창작생활을 하는 한편 이화여대와 덕성여대에서 문학강의를 담당했다.

1959년 여성계와 문단지도자로 봉사하면서 YWCA 이사, 여류문인회장, 크리스찬 문학가협회장을 역임하였다. 그 무렵 강동구둔촌동 104-1번지에 살면서 영생여고 동창생들과 함께 새우고개 너머 둔촌동 산 29번지 야산에 함영고등공민학교를 설립하고 이사장에 취임하였다.

그의 문학적 성향은 여성 특유의 정적 세계를 훌륭히 예술화하고 있다는 데서 주목되며 여성문학상, 자유문학상을 받기도 했다. 저서로는 『월남전후』 외 22편의 장·단편 소설이 있다.

545장 사철에 봄바람 불어 잇고
(전영택 작사·구두회 작곡)

이 찬송은 처음, 기독교연합회 가정생활위원회에서 1962년에 발행한 〈가정 노래집〉 제7장에 전영택 작사·박재훈 작곡으로 발표되었으나. 1967년 《개편 찬송가, 1967》 편집 때 구두회 장로의 곡이 채택되어 545장에 수록되었다.

작사자 전영택 목사에 관하여는 237장 「어서 돌아오오」 해설을 참조하라. 작곡자 구두회 장로 관하여는 533장 「어머니의 넓은 사랑」 해설을 참조하라.

546장 미더워라 주의 가정
(문익환 작사·곽상수 작곡)

작사자 문익환(文益煥, 1918~1994) 목사는 북간도 용정에서 태어났다. 1947년 조선신학교(지금의 한신대학교)를 거쳐 1955년 미국 프린스턴신학대학을 졸업하였다. 1966년에 미국 유니언신학교에서 1년간 연구생활을 하였다. 1955~68년 한신대학교 교수, 한백교회 목사[42], 1968~76년 신구교서 공동번역 구약책임자를 지냈다. 1976년 민주구국선언 후 투옥되었다가 이듬해 풀려났다. 1978년 민주주의국민연합 중앙상임위원장, 전태일기념사업위원장 등으로 있으면서 유신헌법의 비민주성에 대한 성명발표

---
42) 한백교회는 한라산에서 백두산까지의 약자로서 보통교회와 다르다. 십자가 대니 한라산 돌과 백두산 돌을 대신 쓰고, 사도신경도 새로 만들어 쓴다.

로 다시 투옥되었다가 1979년에 석방되었다. 1983년 기독총회교사위원장, 1984년 민주통일국민회의 의장, 1985~89년 민주통일민중운동연합 의장 등을 지냈으며, 1989년 「문익환목사방북사건」으로 투옥되었다가 1993년 3월 사면으로 출소한 뒤 강연활동에 주력하였다. 저서에 「통일은 어떻게 가능한가」 옥중서신인 「꿈이 오는 새벽녘」, 시집으로 「새삼스런 하루」·「꿈을 비는 마음」·「난 뒤로 물러설 자리가 없어요」 등이 있다.

작곡자 곽상수 교수에 관하여는 027장 해설을 참조하라.

565장 가슴마다 파도 친다
(반병섭 작사·이동훈 작곡)

이 찬송은 《개편 찬송가, 1967》 편찬 때 가사위원이었던 반병섭(潘秉燮, 1924~) 목사의 작사다. 캐나다 밴쿠버 중앙일보에 난 그의 기사를 수정 인용한다.

1924년 만주에서 출생한 반병섭 목사. 당시 충북 음성에서 사시던 부모님께서는 일찍이 중국에서 독립운동을 하시던 백부의 부름을 받고 만주행을 하게 된다.

아버님은 7세 때 어머님은 12세 때 각각 별세를 하셔서 어린 나이에 천애고아가 된 반 목사. 나이 어린 형님의 보호아래 참으로 가난하고도 고단한 유년기를 보내게 된다. 신문배달 등 모진 고생 끝에 중학교를 졸업하는데 소학교 때 담임 선생님이 그의 삶에 큰 등대역할을 해 주셨다. 고아이며 가난에 찌든 그에게 삶에 용기와 희망을 불러 일으켜 주셨다. 영웅전기, 위인전 등을 권해주시며 등을 두드려 주시던 선생님. 어려운 삶을 극복할 지혜를 주시던 선생님의 은혜를 생각하면 지금도 마음이 울컥해진다. 이 때 선생님의 영향으로 크리스천의 길을 걷게 된다. 시골교회 전도사, 해군장교, 해군본부의 군목생활을 거치며 당시 여의사로서 UN민사원조기관 병원에서 일하던 부인 김정자 여사를 만나게 된다. 6·25의 상흔이 미처 아물지 않은 1953년 일이었다. 삶의 음지에서 고난의 삶을 헤쳐 나가야 했던 반 목사에게 총명하고 생활력이 강한 아내를 만난 것은 큰 행운이었다. 아내는 긍정적이고 늘 미래지향적인 사람이었다. 모태신앙을 가진 참 신앙인으로서 본보기가 될 만한 사람이었다(…).

약력: 한국신학대학 졸업, 일본 교토 동지사신학대학원 졸업, 샌프란시스코 신학교

대학원 졸업(목회학 박사), 밴쿠버 한인연합교회 담임, 토론토 한인교회 담임. 1995년 밴쿠버 밴듀센 공원에 시비건립, 1999년 한국 허균문학상 수상,

저서: 시집 『양지로만 흐르는 강』 외 다수.

작곡자 이동훈에 관하여는 345장 「캄캄한 밤 사나운 바람 불 때」 해설을 참조하라.

8) 편집 형태

안 표지 다음에 머리말, 머리말 다음에 (한목)차례, 그 다음에 가사 첫줄(가나다순)이 7쪽은 8쪽은 백지. 9쪽부터 악보가 실려 있다.

악보 왼쪽 상단에 고딕체로 항목이 있고 중앙에는 찬송가 제목이 있다. 지금은 가사 제목을 안 쓰고 가사 첫줄을 제목 대신 쓰지만, 그 때까지는 시의 제목을 달았다. 위 오른쪽 맨 위에 큰 아라비아 숫자로 장수가 쓰여 있고 그 밑에 영어로 곡명(tune name)이 있고 그 밑에 작곡자 이름과 생몰(生歿)연도, 혹은 작곡 연도가 있고 작사자 이름은 좌측 끝에 생몰연도 혹은 작사 연도를 기록해 놓았다.

그리고 악보를 넣은 후, 악보 아래 왼쪽에 영어 가사 첫줄을 넣고, 오른쪽에는 관련 성구를 넣었다. 그리고 맨 하단에 아라비아 숫자로 페이지 수가 들어가 있다.

총 600장으로 끝냈는데 앞서 언급했지만 성결교 찬송 〈부록〉이 20곡 들어가 620장으로 마감했다.

그리고 주기도문, 사도신경이 한 페이지, 십계명 한 페이지 뒤에 예수님의 말씀(마 22:37)이 기록되어 있다. 다음에는 교독문(85편) 차례 1p. 교독문 1-85. 성구 찾기 3p. 영어 가사 첫줄(Index of First Lines) 7p. 판권으로 끝난다.

9) 여담(餘談)

《개편 찬송가, 1967》가 나오자 평가는 두 갈래로 갈라졌다.

❶ 잘 만들었다는 칭찬은, 영어 가사에 충실하게 잘 번역했고 가사와 곡조의 림듬 안 맞는 것을 다 고쳐 참으로 좋다는 평가다. 가사 위원장 안신영 장로는 한글학자요 작곡도 하는 분이기 때문에 마지막 마무리를 그에게 맡겨 그가 소신껏 수정하였기 때

문에 그의 재질을 믿는 감리교인들은 대개 호평을 하였다.

❷ 잘못 만들어 《개편 찬송가》가 아니라 〈개판 찬송가〉라고 혹평하는 사람도 많았다. 그들은 신작들은 거의가 위원들이 작사 작곡하였고, 장로교 교리에 맞는 찬송들을 감리교 식으로 다 고쳤다며 다음 두 찬송을 들었다.

1) "내주를 가까이 하게 함은"을 "하려 함은"으로 고쳤는데 하나님이 강권적으로 "하게 하는" 것이지, 완전 타락한 인간이 무슨 힘이 있어서 "하려" 한다는 것이냐 하였고,

2) 312장 : '너를 위해 비네'는 완전히 새로 번역했는데 감리교 교리에 맞게 번역했다는 것이다.

I have a Savior, He's pleading in glory,	영광의 주님 날 구하시나니
A dear, loving Savior though earth friends be few;	주 예수는 참으로 내 구주라
And now He is watching in tenderness o'er me;	내 주님은 항상 날 돌보시나니
And oh, that my Savior were your Savior, too.	내 주님은 네게도 구주시라
For you I am praying, For you I am praying,	나 너를 위하여 나 너를 위하여
For you I am praying, I'm praying for you.	나 너를 위하여 늘 기도하리

이렇게 원문대로 「나 너를 위하여 늘 기도하리」라고 번역해 출판했으나, 「완전 타락한 인간」은 이웃을 위해 빌 수 없고, 오직 성령께서 「말할 수 없는 탄식」으로 우리를 위해 비실뿐이라는 칼빈주의자의 주장이다.

"이와 같이 성령도 우리 연약함을 도우시나니, 우리가 마땅히 빌 바를 알지 못하나, 오직 성령이 말할 수 없는 탄식으로 우리를 위하여 친히 간구하시느니라." (롬 8:26).

이 찬송의 곡명(tune name)은 「나 그대 위해 기도하네」 'I AM PRAYING FOR YOU' 인데, 현재 찬송가에 적혀 있는 곡명 '중보기도' 'INTERCESSION'는 《침례교 찬송가, 1956》 'The Baptist Hymnal, 1956'에서 바꾼 것을, 《통일 찬송가, 1983》 편집 때 그대로 따른 것이다.

3) 그리고 가사 첫줄에 문제가 많다는 것이다.

(1) 85장 / "아 기뻐라 주 오셨다"

"기쁘다 구주 오셨네" 가사가 어때서 원문에도 없는 감탄사 "아!"를 넣어 고친 것이냐?

(2) 35장 / "면류관 씌우자 보좌에 어린 양"

이게 말이나 되나? 보좌에 어린양에게 죄 사함을 받은 인간이 어떻게 "씌우자"란 말을 하는가. "바가지 씌운다"는 말이 상기되어 불쾌하다.

(3) 104장 / "뵙과저 예수(We would see Jesus)"

이게 어느 시대 말인가. 4절 내내 첫마디로 "뵙과저 예수"라고 하는데, 시대착오도 유분수지.

(4) 549장 / "예수 사랑하심은" 4절이 문제다.

《합동 찬송가, 1949》《개편 찬송가, 1962》

세상 지나갈 때에 저와 동행하시고   세상사는 동안에 나와 동행하시고
세상이별 하는 날 천당 가게 합소서   깨끗하고 바른 길 걸어가게 하소서

왜 이렇게 고쳤을까? 어린 아이에게 죽음을 알리는 건 가혹하다는 옅은 생각에서다. 그러나 이 찬송이 탄생한 배경을 알았다면 못 고쳤을 것이다.

이 찬송가 가사는, 주일학교 운동에 열성적인 안나 워너(Anna Bartlett Warner, 1824-1915) 양이 쓴 소설《전파하고 세례를 베풀라》'Say and Seal, 1860'에 나오는 노래다. 병들어 죽어 가는 주일학교 제자를 문병 간 선생님에게, 소년은 노래를 불러달라고 한다. 병든 아이를 안고 교사는 이렇게 노래한다.

Jesus loves me—He will stay	예수 나를 사랑해
Close beside me all the way,	나와 함께 계셔요
I love Him, and when I die	내가 세상 떠나면
He will take me home on high.	천국 데려가셔요.

Refrain	후 렴
Yes, Jesus loves me!	날 사랑하심
Yes, Jesus loves me!	날 사랑하심
Yes, Jesus loves me!	날 사랑하심
The Bible tells me so.	성경에 써 있죠

이렇게 예수님의 사랑과 천국의 소망을 노래하는 선생님의 품에 안겨 어린 영혼은 하늘나라의 꿈을 안고 평안히 눈을 감는다.

1983년 《통일 찬송가》 편집 때 모두들 "개편 가사로 하는 게 좋다. 어린이들에게 죽음을 얘기하는 것은 가혹하다."며 개편 가사 채택을 하려는 것이었다.

필자는 어린 아이 사망률이 얼마나 되는지 아는가? 아이 때부터 천국소망 교육이 필요하다 하고, 이 찬송가 작사의 목적은 바로 죽어 가는 주일학교 제자에게 하늘나라의 소망을 주기 위해 작사한 것이라고 작사 배경을 설명하여, "세상 떠나 가는 날 천국 가게 하소서"로 되돌려 놓았다.

20세기의 최대 신학자 칼 바르트(Karl Barth, 1886-1968) 목사가 시카고신학대학에서 은퇴강연을 마쳤다. 그러자 학장이 학생들에게 말하였다.

"박사님은 매우 피곤하셔서 학생들의 질문을 다 받을 수가 없으니 내가 대신하여 딱 한 가지만 질문하겠습니다."

그리고는 바르트를 향하여 이렇게 질문을 하였다.

"박사님, 바르트 신학의 요점을 말씀해주십시오."

이 질문은 수만 페이지에 달하는 복잡한 내용의 책을 저술한 그에게 엄청난 질문이었다. 그러자 학생들은, 20세기 최대의 신학자가 들려주는 〈바르트 신학의 핵심〉을 적으려고 필기 준비를 하고서 귀를 기울였다.

바르트는 조용히 눈을 감고 잠시 생각하더니, 미소를 지으며 학생들을 향해 이렇게 말을 하였다.

"내가 들은 신학적 핵심 중에서 가장 위대한 것은 바로 이것입니다. Jesus Loves me this I know, For the Bible tells me so."
그리고 그는 노래를 불렀다.

Jesus Loves me this I know,
For the Bible tells me so;
Little ones to Him belong,
They are weak but He is strong.

Yes, Jesus Loves me!
Yes, Jesus Loves me!
Yes, Jesus Loves me!
The Bible tells me so.

이 어린이 찬송에는 신학의 모든 주제가 다 포함되어 있다. 우리 찬송을 중심으로 그 단어를 간추리면 이렇다.
①예수, ②사랑, ③거룩함, ④말씀, ⑤약한 우리, ⑥강한 예수, ⑦성경, ⑧죄, ⑨사죄, ⑩하늘 문, ⑪구원, ⑫보좌, ⑬함께 계심, ⑭죽음, ⑮천국.
구구절절이 모두 신학용어인데, 어린이를 위해 아주 쉽게 풀어 썼다. 이런 신학의 모든 주제가 쉬운 말로 쓰여 있고, 쉽게 노래로 배울 수 있고 누구나 외울 수가 있으니, 바르트는 이 노래보다 신학의 요점을 더 잘 알려주는 어떤 것도 발견할 수 없었다고 말한 것이다.

그렇기 때문에 선교사들은, 선교지에 가서 맨 처음에 이 노래만 가르치고 가사를 설명해 주면, 성경의 골자를 다 알려 줄 수 있기 때문에 가는 데마다 이 찬송을 제일 먼저 가르쳐 주는 것이다.

10) 작사자 이름이 잘못 된 것

552장/ 사랑의 하나님 귀하신 이름은

이 찬송의 작사자는 어거스틴이라고 우리 찬송에 기재되어 있었는데, 아니다. 곡명 (Tune Name)이 어거스틴이다. 작사자는 영국의 제인 엘리자 리슨(Jane Eliza Leeson) 양이다. 영국에서 발행된《주일학교 찬송가, 1905》'Sunday School Hymnary' 제1장에는, 리슨 작사요 작곡자는 불명, 곡명이 "St. Augustine" 으로 나와 있다. 만약 어거스틴이 작사하였다면 천주교 찬송가에 반드시 실려 있어야 하는데, 「가톨릭 새전례성가집, 1975」은 물론, 「가톨릭 공동체성가집, 1974」 그리고 「어린이 미사와 성가집, 1976」 어디에도 이 찬송은 없다.

그러면 어쩌다가 우리 개신교 찬송가에는, 하지도 않은 어거스틴의 작사라 기록되었는가? 이유는 어이가 없다.《신편 찬송가, 1937》361장 작사자 난에 「St. Augustine」 이렇게 적어 넣음으로써, 이후 모든 찬송가에서 어거스틴 작사라고 쓰게 된 것이다. 이 작사자 어거스틴은《통일 찬송가, 1983》301장까지 이어진다.

작곡자는 알 수 없다.《캐나다 장로교찬송가》'The Book of Praise' 264장 작곡자 난에 'Chorale Songs for Four Voices, 1769' 라고 표기하였기에 혹시 이 책이 있으면 주문하려고 미국 헌책방을 둘러봤더니, 너무 오래 된 책이라서 없었다.

영국 찬송가 학자 제임스 마펫 박사(Dr. James Moffatt)가 쓴 「영국 찬송가 해설서, 1927」 'Hand-book to the Church Hymnary' 400쪽에서 리슨에 대한 해설을 요약해 적는다.

- 제인 엘리자 리슨은 런던에서 태어나 런던에서 세상을 떠났다. 젊어서는 영국 국교회 교도였으나, 후에 가톨릭교도가 되었다. 많은 찬송을 번역하고 또 작사도 하였다. 다음과 같은 어린이 찬송가도 출판하였다.

① Infant Hymnings,

② Hymns and Scenes of Childhood, 1842),

③ Lady Ella, or the Story of Cinderella, April 1847,
④ Songs of Christian Chivalry, September 1848,
⑤ Christian Child's Book, in two parts, October 1848, etc.

24. 《통일 찬송가, 1983》

1) 한국찬송가위원회 총회에서 된 일

1972년 5월, 한국찬송가위원회 총회가 종로 5가 2층 기독교회관 강당에서 열렸다. 당시까지만 해도 동 위원회는 한국교회협의회(NCC) 산하 단체로서 상임직원은 없고, 비상임 간사가 대한기독교서회 한 모퉁이에 책상 하나 놓고, 일이 있을 때에만 나와서 사무를 보고 있었는데, 당시 간사는 조의수(趙義秀, 1931-1980)였다.

조의수는 서울대음대 피아노과를 졸업하고 한동안 KBS에서 반주를 하였고, 대한합창단(지휘 나운영)에서 반주를 하였다. 향린교회를 비롯해 여러 교회의 찬양대 지휘를 하였다. 그는 1965년 최초의 내 작곡집 「할렐루야」 발표회 때 반주까지 할 정도로 나와 친한 사이인데, 오전 회의를 마치고 내가 근무하는 7층 월간 [기독교교육] 사무실로 올라왔다. 커다란 눈에 눈물이 글썽하였다.

사연을 알고 보니 회계보고가 엉망이어서 간사를 경질하자는 말들이 지배적이라는 것이었다. 고정수입이라고는 쥐꼬리 만한 위원회 월급 뿐, 피아노 레슨과 찬양대 지휘로 근근이 살아가는 그에게 간사 경질이란 치명적이었다.

조의수가 나간 다음 「평생의 심우(心友)」 김성호(金聖浩, 1930~) 목사가 찾아와, 위원회 간사를 경질해야겠다는 말을 하는 것이었다. 나는 그에게 조의수를 두둔해 말하였다.

"그 사람은 내 막연한 친구야. 음악이 전문이지 회계법은 모르는 사람이니 이번 한 번만 용서하고 넘어가도록 도와주시오. 그의 친척 중에 공인회계사가 있다니까, 내년 총회부터는 그에게 재정보고를 감수 받아 제출하도록 하고, 한 회기만 미루도록 힘을 써 주시오."

그리하여 오후 속회 때 김 목사가 제의하여 경질 사태는 면하게 되었다.

그 날 우리 세 사람은 의기투합하여 함께 저녁을 먹으며 많은 이야기를 나누었다. 그 자리에서 나는 두 가지를 제안했다.

첫째 찬송가 발전을 위해서 찬송가위원회를 독립시켜 성서공회와 마찬가지로 「찬송가공회」를 만들어 찬송가 발전에 기여해야 한다.

둘째 기독교서회의 《주일학교 찬송가, 1962》가 나온 지 10년이 넘었으니, 찬송가위원회에서 NCC 산하 각 교단 연합으로 「어린이 찬송가」를 만들자.

두 친구는 전적으로 내 의견에 동의하여 찬송가위원회를 독립시켜 찬송가공회로 만드는 작업은 김성호가, 어린이 찬송가 만드는 작업은 조의수가 추진하기로 하였다.

2) 한국찬송가공회 창립과 《통일 찬송가, 1983》 발행

마당 발 김성호 목사는 동본서주 하며 분열된 찬송가를 하나로 만들기 위하여 성서공회와 같이 〈찬송가공회〉를 만들자고 각 교단 친구들을 찾아 다녔다. 그리고 다시 하나의 찬송가를 만들어야 한다는 열망에 따라 몇 차례의 회의 끝에 드디어 1981년 4월 9일 '한국찬송가공회'가 창립되어 당시 종로2가에 있던 기독교서회 건물에 최초 사무실을 열었다. 초대 총무는 김성호 목사, 직원은 경리 보는 여직원 둘뿐이었다. 당시 나는 관악여상 교목실장으로 봉직하고 있었으므로 수시로 나가서 공회에 전문위원 자격으로 작업에 참예하였다. 수십 차례의 회의와 작업 끝에 마침내 《통일 찬송가, 1983》가 나오게 되었다. 그 머리말을 보자.

3) 머릿말

한 하나님, 한 주님, 한 성령을 믿는 하나님의 모든 자녀들이 한 찬송가를 한 입으로 불러 하나님을 찬양하는 것은 너무나 당연한 일이다.

우리 한국 교회는 1893년(1894년이 맞다. 필자 주)에 찬양가가 처음으로 나온 이후 각 교단별로 찬송가가 출판되어 사용되었다. 1945년 8. 15 조국의 해방과 더불어 당시 사용되었던 신정 찬송가, 신편 찬송가 그리고 부흥성가를 하나로 묶어 1949년에 합동 찬송가를 발행하여 모든 교파들이 다 같이 이를 사용하게 된 것은 참으로 한국 교회의 자랑스러운 전통이었다. 그 후 한국 교회의 발전 과정에서 어쩔 수 없는 이유로 1962년에 새찬송가가 나왔고 1967년에 합동 찬송가를 개편한 개편 찬송가가 출판되어 한 찬송가의 전통이 잠시 깨지는 듯하였다. 그러나 다시 하나의 찬송가를 만들어야 한다는 한국 교회의 여망에 따라 1976년에 한국찬송가 위원회와 한국찬송가 합동위원회가 공동으로 찬송가 통일위원회를 발족시켜 이 사업을 시작하게 되었다. 그 동안 하나 되게 하시는 성령의 역사로 1981년에는 한국찬송가공회가 조직되어 그 일을 계승하게 되었다. 이제 한국교회 백주년을 맞이하여 다시금 하나 된 찬송가를 출판하게 된 것은 우리 모두의 기쁨이 아닐 수 없다.

우리는 이 찬송가를 편집함에 있어서 광범위하게 서로의 의견을 모아 신앙의 전통과 기독교 삶의 실천화라는 입장에서 종합하려고 노력하였다. 이 찬송가가 어떤 면에서는 완전치 못할지 모르나 그것은 찬송가를 하나로 편찬하는 과정에서 생긴 결과인 것을 이해해 주기 바라며 미비한 면은 앞으로 보완될 것이다.

우리에게는 하나님께서 주신 두 가지 책이 있다. 하나는 말씀이 계시된 성경이요, 다른 하나는 하나님께 대한 찬양이 수록된 찬송가이다. 우리는 말씀과 찬양으로 경건히 예배드리고 더 나아가서 주께서 맡겨주신 선교적 사명을 다하기 위하여 최선을 다해야 할 것이다.

이 하나 된 찬송가의 출판이 하나님께는 영광이요 모든 성도들에게는 큰 기쁨이 되기를 바란다.

1983년 11월 20일
한국찬송가공회

4) 선곡 작업

찬송가 선곡 대본은 통합측의 《합동 찬송가, 1959》와 《개편 찬송가, 1967》, 그리고 합동측의 《새찬송가, 1962》를 사용하였는데, 같은 찬송가라도 가사의 표현이 다르기 때문에, 어떤 때는 위원의 옹고집 때문에 난항을 겪기도 하였다.

5) 살아 있는 한국인 작사·작곡 문제

보수교단에서는 살아 있는 작사·작곡자의 것은 빼야 한다고 한동안 고집을 부렸다. 그가 언제 어떤 실수를 저지를지 모르기 때문이란 것이다. 그래서 당시 찬송가 작가들의 입에서는 이런 말도 나왔다.

"우리 찬송가에 내 작곡이 들어가려면 일찍 죽어야겠구나."

그러나 외국 유명한 찬송가 작가 중에는 자살한 사람도 몇 명 있고, 개신교에서 가톨릭으로 간 사람도 있고, 곡조 중에는 무신론자의 작곡도 있고, 일신론을 주장하는 유니테리언[43] 교도 작곡도 있다. 다윗의 시편이 찬송가의 모델인데, 다윗만큼 사람을 많이 죽인 사람이 어디 있는가! 간음을 하고 이를 감추기 위해 그 여자의 남편까지 죽인 자가 아닌가!

무엇이 거룩한 것이고 무엇이 속된 거인가? 베드로가 욥바에서 본 환상 속의 부정한 음식 안 먹겠다 할 때, 하나님이 부정하지 않다고 하시며 고넬료의 가정에 보내시지 않았던가! 성(聖)과 속(俗)은 하나님이 정하신다. 겉으로 나타난 죄만 죄가 아니다. 마음으로 한 간음, 마음으로 한 살인과 도적질. 누가 누구를 정죄할 것인가. 그리고 《개편 찬송가, 1962》에서 애창되는 찬송을 보라. 그러며 한동안 토론이 벌어졌다.

이런 난상 토론 끝에 《개편 찬송가, 1962》에서 16편의 한국인 신작 찬송을 넣었는데, 그 목록은 다음과 같다.

---

[43] 유니테리어니즘(영어: Unitarianism)은 18세기 등장한, 이신론의 영향을 받은 반삼위일체론 계통의 기독교 교회이다. 이들은 신은 하나라는 유일신 신앙 즉, 단일신론(Unitheolism)을 주장하여 예수를 하나님이라고 믿지 않기 때문에, 삼위일체 신앙을 갖고 있는 주류 기독교와는 교리적으로 차이가 있다. 그가 작사한 찬송이 〈내 주를 가까이〉다.

① 053장 하늘에 가득 찬 영광의 주 하나님(김정준 작사 곽상수 작곡)
② 092장 어둠의 권세에서(마경일 작사 김연준 작곡)
③ 256장 눈을 들어 하늘 보라(석진영 작사 박재훈 작곡)
④ 272장 인류는 하나 되게(홍현설 작사 나인용 곡)
⑤ 303장 가슴마다 파도 친다(반병섭 작사 이동훈 작곡)
⑥ 304장 어머니의 넓은 사랑(주요한 작사 구두회 작곡)
⑦ 305장 사철에 봄바람 불어 잇고(전영택 작사 구두회 작곡)
⑧ 311장 산마다 불이 탄다(임옥인 작사 박재훈 작곡)
⑨ 317장 어서 돌아오오(전영택 작사 박재훈 작곡)
⑩ 355장 부름 받아 나선 이 몸(이호운 작사 이유선 작곡)
⑪ 369장 네 맘과 정성을 다하여서(정용철 작사 곽상수 작곡)
⑫ 378장 이전에 주님을 내가 몰라(정용철 작사 이유선 작곡)
⑬ 453장 주는 나를 기르시는 목자(최봉춘 작사 장수철 작곡)
⑭ 459장 지금까지 지내 온 것(사사오 데쓰사부로 작사 박재훈 작곡)
⑮ 461장 캄캄한 밤 사나운 바람 불 때(김활란 작사 이동훈 작곡)
⑯ 493장 나 이제 주님의 새 생명 얻은 몸(이호운 작사 박태준 작곡)

6) 보수교단 고집 때문에 2중으로 채택된 찬송

"지금까지 지내 온 것"은 일본 홀리네스 교단의 사사오 목사 작사인데 "복의 근원 강림하사" 곡조인 NETTLETON 곡조로 불러 오다가,《개편 찬송가, 1967》편찬 때 '한 곡조에 한 가사' 원칙에 따라 박재훈 작곡으로 바뀐 것인데, 보수교단은 그 곡조를 모르니까 옛 곡조도 넣자고 주장하여 들어간 것이다.

7) 빼 버릴 번 하다 살아남은 찬송

통일 작업이 마무리 단계에 들어간 어느 날, 충북 수안보에서 찬송가공회 세미나가 열렸다. 나는 전문위원 자격으로 참여하였는데, 보수교단 위원 중의 한 사람인 조직신학교수가 발표하는 시간에 이렇게 발표하는 것이었다.

"찬양은 인간만이 하나님께 드리는 제사입니다. 의인화(擬人化)된 찬송은 빼어야 합니다. 그 중 대표적인 것이 천주교의 성프랜시스가 만물을 의인화해서 작사한 〈온 천하 만물 우러러〉 입니다. '저 금빛 나는 해, 저 은빛 나는 별, 하나님을 찬양하라…,' 이게 말이나 됩니까. 찬양은 호흡이 있는 자만이 할 수 있는 것입니다."

나는 어이가 없었다. 그래 질문을 하였다.

"그럼 '이 천지간 만물들아'도 '이 천지간 만민(萬民)들아'로 고쳐야겠군요."

"맞습니다. 그것도 고쳐야겠네요."

"의인화 하면 안 되다는 근거는 어디 있습니까?"

"성경이 그 근거입니다."

"성경 어디에 있는지는 모르지만, 프랜시스의 찬송은 시편 148편을 가지고 작사한 찬송입니다.

"할렐루야. 하늘에서 주님을 찬양하여라. 높은 곳에서 주님을 찬양하여라."로 시작하여 무려 31종의 피조물들에게 하나님을 찬양하라고 명하십니다. 이 시편으로 작사한 찬송인데 빼야 합니까?"

"죄송합니다. 나는 이런 시편 있는 줄도 몰랐습니다. 죄송합니다."

그래서 이 찬송은 살아남았다.

흔히들 일류대학에 떨어지면 "에라, 신학교나 가자." 하고 신학교로 가는 젊은이들이 있다. 고등학교 시절에 예수 믿고, 부르심을 받았다고 성경통독 한 번도 않은 아이가 머리는 좋아 미국 가서 신학 박사 학위를 받아 와서 신학교 교수가 되면 이 꼴이 난다. 시편 148편을 한 번도 안 읽은 그런 교수가 될 수 있다.

8) 갈대밭과 홍해

비슷한 얘기. 다음은 필자가 교목 시절 겪은 일이다.

"목사님, 모세가 이스라엘 백성들을 데리고 건너간 홍해는 바다가 아니라 '갈대밭'이라던데요."

"삐딱한 학자 중에는 '홍해'란 히브리어를 '갈대밭'이라고 읽을 수도 있다고들 주장하지."

"그럼 바다를 건넌 게 아니란 갈대밭을 건넜다는 말 아닙니까."

"아니야. 그렇게 읽을 수도 있다는 것뿐이야."

"이제 이 성경을 큰 소리로 읽어보게."

-모세가 바다 위로 팔을 내밀었다. 주께서 밤새도록 강한 동풍으로 바닷물을 뒤로 밀어내시니, 바다가 말라서 바닥이 드러났다. 바닷물이 갈라지고, 이스라엘 자손은 바다 한가운데로 마른 땅을 밟으며 지나갔다. 물이 좌우에서 그들을 가리는 벽이 되었다. 뒤이어 이집트 사람들이 쫓아왔다. 바로의 말과 병거와 기병이 모두 이스라엘 백성의 뒤를 쫓아 바다 한가운데로 들어왔다. 새벽녘이 되어, 주께서 불기둥과 구름기둥에서 이집트 진을 내려다보시고, 이집트 진을 혼란 속에 빠뜨리셨다. 주께서 병거의 바퀴를 벗기셔서 전진하기 어렵게 만드시니, 이집트 사람들은 '이스라엘 사람들을 쫓지 말고 되돌아가자. 그들의 주가 그들 편이 되어 우리 이집트 사람과 싸운다!' 하고 외쳤다. 주께서 모세에게 이르셨다. "너는 바다 위로 너의 팔을 내밀어라. 그러면 바닷물이 이집트 사람과 그 병거와 기병 쪽으로 다시 흐를 것이다." 모세가 바다 위로 팔을 내미니, 새벽녘에 바닷물이 본래의 상태로 되돌아왔다. 이집트 사람들이 되돌아오는 물결에서 벗어나려고 하였으나, 주께서 이집트 사람들을 바다 한가운데 빠뜨리셨다. 이렇게 물이 다시 돌아와서 병거와 기병을 뒤덮어 버렸다. 그래서 이스라엘 백성의 뒤를 따라 바다로 들어간 바로의 모든 군대는, 하나도 살아남지 못하였다(표준새번역 출 14:21-28).

"우와! 정말 눈에 보는 듯 자세히 기록되어 있군요. 저 이 기사 처음 읽어보는데요. 그런데 왜 학자들은 그런 이름만을 가지고 헷갈리는 소리들을 하지요?"

"불신을 부추기는 마귀에게 놀아나서 그러는 거야. 이제부터라도 성경을 열심히 읽고 깊은 신앙에 들어가기 바라네."

"목사님, 죄송합니다. 잠시나마 성경말씀을 의심한 저를 용서해주십시오."

"용서는 하나님께 빌게. 성경을 읽을 때 꼭 알아야 할 것은, 성경에 나오는 모든 말씀을 우리가 다 알 수는 없다는 겸손한 마음일세. 지금은 이해가 안 돼도 언젠가는 알게 된다는 믿음을 갖고 열심히 읽게. 성경은 어린 아기서부터 레슬링선수나 축구선수 같은 근육을 쓰는 사람, 소화 능력이 약한 노인들, 다이어트 하는 아가씨들 등 모든 부류의 사람들이 먹을 수 있는 [영의 양식 뷔페]야. 자기 입맛에 맞고 소화능력에 맞는 음식을 골라 먹다 보면 언젠가는 아기 신앙이 자라서 불 갈비 같이 질긴 음식도 먹고 소화를 시킬 수가 있다네."

"그렇군요. [영의 양식 뷔페]란 비유 참 맘에 듭니다. 저도 이제부터는 내가 소화시킬 수 있는 영의 양식을 먹으며 무럭무럭 자라겠습니다."

9) 아쉬운 점:

찬송가 가격을 싸게 하기 위해서 영어 가사 첫줄(first line)만 넣고 기타 자료는 다 뺐는데, 옛날 왜놈들의 학정에 가난하던 시절에도 많은 자료들을 넣었는데, 이건 시대착오적 실수다. 그 뒤로 나온 《21세기 찬송가, 2007》는 본문 개편은 〈개판〉이지만, 부록 자료들은 많아 넣어 이것만은 칭찬할 만하다.

1. 영어 가사 첫줄
2. 성구 색인
3. 운율색인
4. 곡명(tune name) 색인
5. 작사자·작곡자·편곡자 색인
6. 나라별 색인

이렇게 55쪽이나 넣어 제대로 된 찬송을 만들었다. 앞으로 개편할 때에는 많은 자료들을 넣어 세계에 자랑할 만한 찬송으로 만들어 주기를 당부한다.

APPENDIX.

이삭 줍기

평생 찬송가학 강의와 찬송가 해설 글을 써온 필자는 그 동안 써 온 글에서 짧은 이삭과 같은 글들을 모아 여기에 실린다.

01. 곽안련 선교사의 찬송가 사용법

곽안련(郭安連, Charles Allen Clark, 1878~1961) 선교사는 많은 논문을 쓰고 많은 책을 저술한 학자 선교사이다. 그는 36년 간 평양신학교 교수로 가르치면서 교재로 낸 《목회학(기독교서회, 1925, 1996 개정판)》에서 이렇게 썼다.

다음은 그 요지이다.
① 찬송은 기도요, 찬양이요, 간구다. 또 경배요, 감동이요, 자복이요, 전도다.
② 예배에 가장 중요한 것은 찬송이다.
③ 한국에는 많은 악곡이 있는데, 곡조 자체에는 성속(聖俗)이 없다. 가사만 고쳐 넣으면 성가에 많이 응용하는 게 좋다.
④ 악기는 소란한 것은 피하고 부드러운 것을 사용하는 게 좋다.
⑤ 예배 때 보통 서너 개의 찬송을 부르는데,
   1) 개회찬송은 위안과 화평의 정서가 우러나는 하나님 찬양의 찬송이라야 한다.
   2) 설교 직후의 찬송은 반듯이 설교 내용과 일치해야 한다.

3) 설교 전의 찬송이나 특별찬양도 설교내용의 길잡이가 되는 것이라야 한다.

4) 중간에 부르는 찬송은 집회마다 특색을 살려 부르는 게 마땅하다. 예배 전에 미리 준비하고, 예배 도중 찬송가를 뒤적이는 일이 없게 해야 한다.

⑥ 목사는 성경공부와 마찬가지로 찬송공부도 하고 또 가르쳐야 한다.

⑦ 찬송가는 시간에 구애 없이 끝절까지 불러야 한다.

⑧ 낮 예배 시작 전에는 찬송을 부르지 말고 조용히 묵상을 하게 하라.

⑨ 저녁 예배시에는 찬송을 많이 부르고, 찬송을 가르치라.

⑩ 예배당에 의자가 있는 경우에는 반드시 일어나서 찬송하라.

⑪ 폐회 찬송은 일어나서 부르면 밖에 나갈 생각을 하게 되므로 앉아서 부르는 게 좋다.

02. 우리 찬송가의 표절 찬송가들
[찬송가학] 강의 중 일부

1) 유치부 찬송가 〈하얀 어린 양〉

"지난 시간에 '어린이 찬송가에 대해서 연구해 오라'고 했는데, 누가 먼저 발표하겠어요?"

"제가 먼저 하겠습니다. 저는 어린이 찬송가 가사 중, 남의 가사나 곡조를 자기 가사나 곡조라고 발표한 사례들을 조사해 보았습니다. 남의 가사나 곡조를 본 따서 작품을 만드는 것을 우리는 '표절'이라고 하며 멸시합니다. 그런데 어엿한 남의 가사를 자기가 작사했다 하고, 남의 곡조를 자기가 작곡했다고 이름을 도용하여, 거룩한 어린이 찬송가에 표기하는 일은 표절이 아니라 도적질입니다. 근절되어 마땅한 일이라고 생각됩니다. 물론 편집 과정에서의 잘못이라고 돌릴 지도 모르지만, 그 자신이 편집에 참여했다면 이런 변명은 온당치가 못할 것입니다."

"아니, 누가 그런 못된 짓을 했단 말인가? 언제 그런 일이 있었지?"

"최근과 40 여 년 전에 일어난 일을 발견했습니다. 먼저 최근에 된 일을 말씀드리겠습니다. 1995년에 한국찬송가위원회가 개정 증보하여 1997년에 대한기독교서회에서 발행한《어린이 찬송가, 1997》242장의 〈하얀 어린양〉을 보겠습니다. 이 찬송가는 유치부 어린이 찬송가인데 작사·작곡자가 장로교 (통합측) 어린이 찬송가 위원인 김○○ 목사로 되어 있습니다. 가사를 보시지요."

1. 하얀 어린양들이 선한 목자 따라서
   목장으로 나왔네. 풀밭으로 나왔네.

2. 예쁜 어린이들이 선생님을 따라서
   교회학교 모였네. 예배당에 모였네.

"이 찬송이 자기 작사 작곡이라니 기가 막힙니다. 어엿한 영어 찬송가거든요. 이 노래는 1946년 미국의 The Standard Publishing Company (Cincinnati, Ohio)에서 발행된 [미취학 어린이 노래] (Songs for Preschool Children)란 책 21쪽에 들어 있습니다. 이 책에는 총 133곡의 미취학 어린이들의 노래가 수록되어 있는데, 이 곡은 작자 미상의 노래로 실려 있습니다. 편집자는 Dorothy F. Poulton이란 여자이고 판형은 변형 A4판입니다."

"아주 자세히 조사해 왔군. 수고한 세정이에게 박수를…."

"우와! 짝짝짝…."

"그런데 그 어린이 찬송가에 대해서는 내가 잘 알지."

"아니, 교수님이 어떻게…?"

"그 찬송가를 처음으로 번역해서 우리나라에 소개한 사람이 바로 나거든."

"그러세요? 그 때 일을 자세히 말씀해 주시겠어요?"

"1971년 한국찬송가위원회 (위원장 김정준 목사)에서《어린이 찬송가, 1973》를 내기로 하고 편집에 들어갔는데, 연세대 음대 학장이며 작곡가이신 나운영 장로와 나는 전문위원으로 위촉을 받아 새 자료를 모으기 시작했지. 그 때 [Songs for Preschool Children]이란 책이 내게 있어서, 가사 위원회에서 이 곡을 채택하고 내가 직접 번역을 하게 되었지. 1절은 원 가사에 충실하게 번역했는데, 2절 가사는 내가 생각하기에 너무 신학적이어서 어린이의 관심이나 이해와 먼 것 같더라구. 그래서 1절의 단어 몇을 바꾸어 교회에서 유치부 어린이들이 부르기 좋게, 다음과 같이 패러디하여, 작사 작곡자 미상으로 160장에 실었던 거야."

2. 예쁜 어린이들이 선생님을 따라서
　교회학교 모였네. 예배당에 모였네.

나는 당시 기독교교육협회 편집인으로 있으면서 여름성경학교 교본을 직접 편집하였는데, 그 해 여름 성경학교 교본에 이 찬송을 넣어 전국 20여 개 지역을 순회하며 강습회를 열어 직접 가르쳤거든. 손유희까지 곁들여서 말이야. 그런데 그 찬송가가 김 아무개의 작사·작곡이라니 어이가 없군."

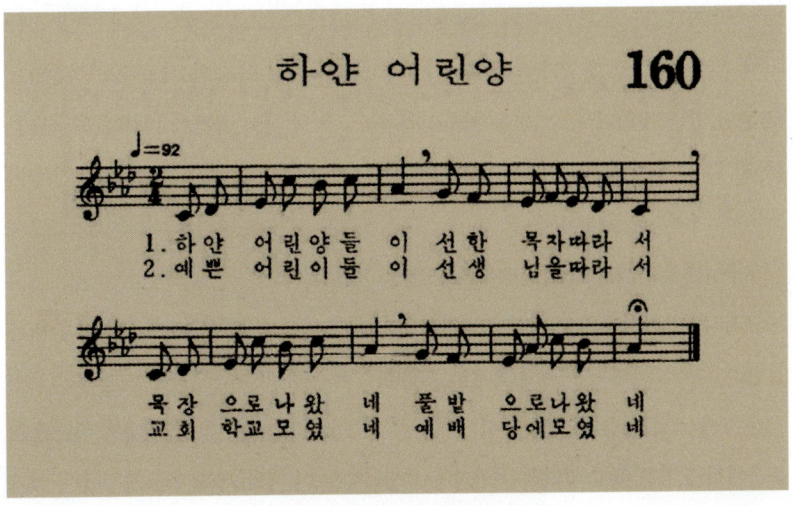

《어린이 찬송가, 1973》 160장

〈하얀 어린 양〉원본 악보

2) 이일래 작곡 〈하나님은 나의 목자시니〉

"그런데 40여 년 전에 나온 찬송가에도 이름을 도용한 게 있다고 했는데, 40여년 전에 나온 어린이 찬송가라면 1953년에 기독교아동교육연구회가 낸《어린이 찬송가, 1953》가 아닌가."

"예 맞습니다. 그 찬송가 60장에 있는 '하나님은 나의 목자'의 작사자가 석진영으로 되어 있는 것입니다. 이 찬송가는 이일래(李一來) 선생이 출판한 [朝鮮童謠作曲集, 1938] 34쪽에 '시편(23)'이란 제목으로 발표한 찬송입니다. (아래 그림).

교수님께서 자세한 말씀 설명을 해주시기 바랍니다."

그러지.《어린이 찬송가, 1953》편찬자인 박재훈 목사는 그의 회고록「내 마음 작은 갈릴리」(16쪽 이하)에서 이렇게 회고하고 있다.

(…) 이 책을 처음 기획할 당시(1951~1953, 부산) 내가 주로 이 일을 계획 추진했고, 울산에서 교편을 잡고 일하시던 석진영 선생님께서 이 책의 가사 쪽을 봐주셨다. 내가 1938년 처음으로 평양에 갔을 때, 평양 유일의 기독서점이었던「인덕서점」에서 그 해

첫 출판되었던 이일래 선생님의 《조선동요작곡집》을 산 적이 있다. 이일래 선생님은 연희전문 출신으로 마산에서 어느 교회 성가대 지휘를 하신 분이셨다. 모든 것은 다 잊었지만, 이 책에 들어 있던 한 곡조,「시편 23편」의 멜로디와 가사는 내게 오랜 동안 남아 있었다. 2-3절을 추가한 게 있으니 참고하라며 가사를 보내왔다.

〈어린이 찬송가, 1953〉60장

그리하여 1979년 개정 때,「하나님이 세상을」(183장)의 요3:16은 1절로,「주 예수를 믿으라」의 행 16:31은 2절로 하여 이일래 작곡으로 실렸고,「시편 23편」(179장)도 그의 2-3절 가사를 실렸는데 그 가사는 다음과 같다.

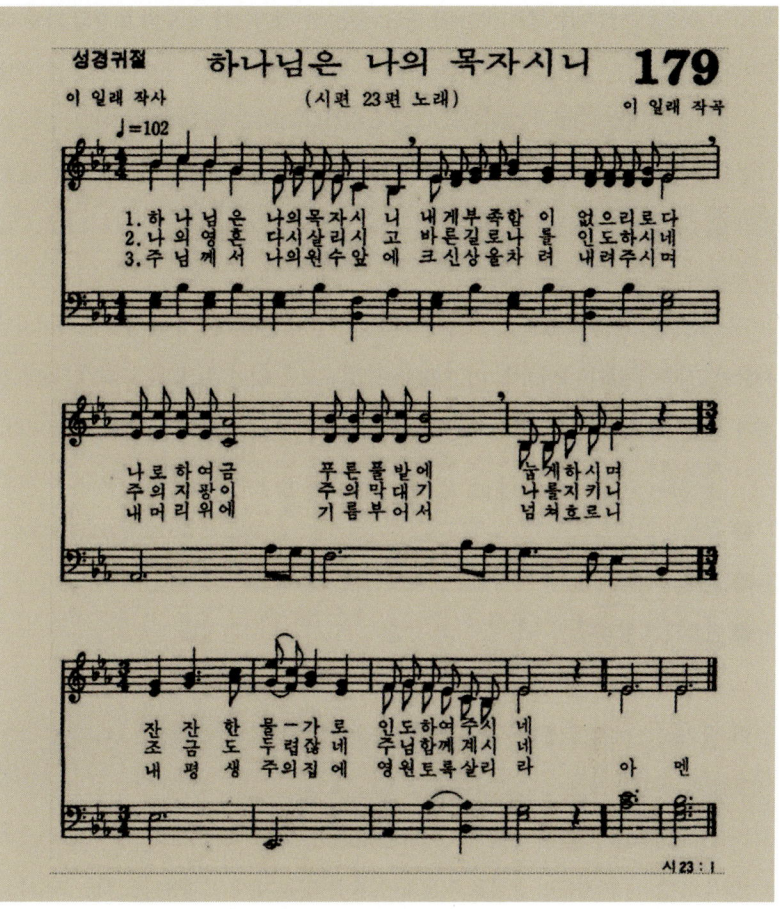

《어린이 찬송가, 1979》179장

다음 개편 때는 이 어린이 찬송으로 바로잡기를 바란다.

마무리 글:

① 하나님은 영원하시다. 그의 구원도 영원하고, 구원받은 인간들의 찬양도 영원하다.

② 이 영원한 찬양에는 흠이 없어야 한다. 흠은 왜 생기는가, 실수와 이생의 자랑 때문이다.

③ 완전치 못한 인간들은 고의건 아니던 실수한다. 살수는 바로잡아야 한다.

실수임이 확실한데도 바로잡지 않으면 이는 욕심이요, 욕심이 잉태하면 죄를 낳고, 죄가 장성한즉 사망에 이른다. (약 1:15).

"이 세상이나 세상에 있는 것들을 사랑치 말라. 누구든지 세상을 사랑하면 아버지의 사랑이 그 속에 있지 아니하니, 이는 세상에 있는 모든 것이 육신의 정욕과 안목의 정욕과 이생의 자랑이니 다 아버지께로 좇아 온 것이 아니요 세상으로 좇아 온 것이라." (요1 2:15-16).

❶ 육신의 정욕
❷ 안목의 정욕
❸ 이생의 자랑

이 세 가지는 에덴에서부터 유전되어 오는 원죄들이다.

오늘 이 세상을 보라.

[육신의 정욕]을 이기지 못하여 일어나는 범죄가 얼마나 많은가!

[안목의 정욕]을 채우려 공금을 횡령하여, 혹은 빚을 내서 세계유람을 하는 자들!

[이생의 자랑]을 위하여 정치에 뛰어들어 [거짓의 아비 사탄](요 8:38)의 부하가 되어 거짓으로 일삼는 일부 정상배들 때문에 나라마다 혼란을 겪고 있지 않은가!

거룩한 찬송가 편집에 때마다 제 이름 올리려고 날뛰는 자들이 얼마나 많은가! 과거 나 자신도 그런 자 중의 하나였음을 하나님 앞에 회개한다.

찬송가여 영원하라!
우리가 하늘나라에 가서 할 일은

오직 하나님 찬양 뿐임을 감사한다.
영원히 영원히 늘 찬송하면서
주님께 영광을 돌리오리. 아멘! †